Francisco Lacombe

Recursos Humanos

princípios e tendências

3ª edição

saraiva uni

saraiva EDUCAÇÃO | saraiva uni

Av. Paulista, 901, Edifício CYK, 3º andar
Bela Vista – SP – CEP 01310-100

SAC | Dúvidas referentes a conteúdo editorial, material de apoio e reclamações:
sac.sets@somoseducacao.com.br

Direção executiva	Flávia Alves Bravin
Direção editorial	Renata Pascual Müller
Gerência editorial	Rita de Cássia S. Puoço
Aquisições	Rosana Aparecida Alves dos Santos
Edição	Neto Bach
Produção editorial	Daniela Nogueira Secondo

Preparação	Queni Winters
Revisão	Vero Verbo Serviços Editoriais
Diagramação	Join Bureau
Capa	Deborah Mattos
Impressão e acabamento	Gráfica Paym

ERP 352.671.003.001

DADOS INTERNACIONAIS DE CATALOGAÇÃO NA PUBLICAÇÃO (CIP)
ANGÉLICA ILACQUA CRB-8/7057

Lacombe, Francisco José Masset
Recursos humanos : princípios e tendências / Francisco José Masset Lacombe ; revisão técnica Carolina Aparecida de Freitas Dias. – 3. ed. – São Paulo : Saraiva Educação, 2021.
488 p.

Bibliografia
ISBN 978-85-7144-125-5 (impresso)

1. Administração de pessoal. I. Título.

20-0356 CDD 35(81)
CDU 354.81

Índice para catálogo sistemático:
1. Administração de pessoal

3ª edição

COD. OBRA 2205 CL 651221 CAE 728322

SOBRE O AUTOR

Francisco José Masset Lacombe é formado pela Escola Politécnica da Pontifícia Universidade Católica do Rio de Janeiro, na qual recebeu o Prêmio Metal Leve de 1960 de melhor aluno, é Master of Sciences pela Universidade de Houston.

Suas principais áreas de especialização são Fundamentos de Administração; Administração de Recursos Humanos; Estruturas Organizacionais; Diagnóstico e Planejamento Empresarial; Tendências Atuais da Administração; e Gestão Contemporânea.

Lecionou em diversas faculdades, como a Universidade Federal do Rio de Janeiro, a Escola Politécnica e a Escola Graduada de Ciências e Engenharia da Pontifícia Universidade Católica do Rio de Janeiro, a Fundação Getulio Vargas, a Universidade Santa Úrsula, na qual foi coordenador do curso de Administração de 1999 a 2000, e o Instituto de Tecnologia da Informação e da Comunicação em cursos de graduação e pós-graduação.

Possui larga experiência como executivo, em empresas como Caemi (tanto na *holding* como nas subsidiárias Mauá, Icomi, MBR, Aços Anhanguera, Swift-Armour e Amcel), Editora de Guias LTB, Light, Companhia Brasileira de Montagens, Rheem Metalúrgica e Rio Light S.A., e como consultor nas áreas de diagnóstico empresarial, planejamento organizacional, planejamento estratégico, análise de investimentos e recursos humanos para diversas empresas.

APRESENTAÇÃO

As pessoas são os atores das organizações. São elas que tomam as decisões em nome das organizações. São também agentes econômicos que têm por objetivo maximizar sua satisfação. Todas as atividades econômicas e administrativas são, portanto, conduzidas por pessoas, que procuram satisfazer suas necessidades, seus desejos e até mesmo seus caprichos.

O estudo dos recursos humanos é, em consequência, o estudo dos que agem nas organizações e também dos que delas se beneficiam.

As atividades econômicas visam, em última análise, ao consumo presente ou futuro das pessoas. Quando nos referimos ao consumo, não o estamos limitando a bens materiais; abrangemos qualquer tipo de consumo que possa ser imaginado: arte, cultura, educação, e até mesmo lazer.

O estudo da administração dos recursos humanos conduz, portanto, ao modo de se obter o máximo de resultados para as organizações, satisfazendo, da melhor forma possível, às necessidades dos que contribuem para isso. Trata-se de obter vantagem competitiva para a organização por meio das pessoas que a constituem e, ao mesmo tempo, satisfazer às necessidades dessas pessoas. É desnecessário dizer que sem atender às necessidades dos clientes, proporcionando um produto ou serviço de qualidade e por um preço que eles estejam dispostos a pagar, não será possível a nenhuma empresa sobreviver.

Após uma parte introdutória sobre a importância dos recursos humanos, dividimos o presente estudo em outras três partes: a formação, a condução e o aperfeiçoamento da equipe, seguidas de considerações finais sobre as tendências atuais da administração de pessoas e de alguns tópicos especiais.

Seria enganoso imaginar que as três partes iniciais referidas sejam independentes. Elas estão, na prática, intimamente interligadas. É perfeitamente válido, porém, estudá-las separadamente.

Cumpre lembrar que os planos e as atividades de recursos humanos devem estar sempre em perfeita sintonia com os planos estratégicos da organização, o que é salientado ao longo de todo o texto e com base em motivos reais.

Este livro, idealizado para ser uma introdução aos recursos humanos, é útil não só para os estudantes de administração, mas para todos aqueles que ocupam ou pretendem ocupar a chefia de uma unidade organizacional, qualquer que seja a profissão ou formação teórica, pois o administrador de pessoas é responsável, perante sua empresa, pela motivação, pela lealdade, pelo comprometimento e pelos resultados de seu pessoal.

Assim, este livro não se destina apenas a formar especialistas em recursos humanos, embora possa servir, como um primeiro texto, para os que desejarem essa especialização. Ele é apropriado também para os módulos de recursos humanos dos cursos de pós-graduação *lato sensu*.

Procurou-se evitar, na medida do possível, termos técnicos muito específicos a fim de tornar a leitura mais fácil de ser assimilada por todos.

Cumpre agradecer ao meu filho, Georges Masset Lacombe, pelas inúmeras sugestões; ao professor Eduardo Rozenthal, pela orientação bibliográfica relativa ao estresse no trabalho; ao ex-diretor das empresas Caemi, Américo Muniz Goulart Simas, pelas valiosas contribuições, especialmente nos tópicos relacionados às previdências oficial e privada; ao colega de trabalho na Caemi, Edison Soares Bicudo, pelas excelentes ideias nos assuntos relacionados à legislação trabalhista e previdenciária, bem como às práticas previdenciárias mais recentes, e a Carolina Aparecida de Freitas Dias, pela revisão técnica e atualização desta terceira edição da obra e pela autoria do Capítulo 14. Finalmente, cumpre agradecer à equipe da Editora Saraiva, que viabilizou o acesso a todos os sites exclusivos da empresa, especialmente o SaraivaJur, que foi muito útil para atualizar a legislação trabalhista.

As traduções são todas de minha autoria, exceto quando se referem a obras citadas com base em sua tradução para o português.

Francisco José Masset Lacombe

SUMÁRIO

PARTE I
Introdução

CAPÍTULO 1

O TRABALHO, OS RECURSOS HUMANOS E AS ORGANIZAÇÕES

1.1 A natureza do trabalho

Só o trabalho produtivo gera riqueza. O próprio capital é, em última instância, resultado da remuneração do trabalho, que em vez de consumida é reinvestida para aumentar a quantidade ou a eficiência da produção. Só se pode consumir o que se produz, e o trabalho é o principal fator de produção. O esforço do empresário deve ser considerado, do ponto de vista conceitual, parte do fator trabalho, embora de natureza diferente.

Em relação à conceituação do trabalho, muitos adotam o ponto de vista de que ele é um fardo, de que o homem trabalha para sobreviver, ou, se for afortunado, a fim de conseguir excedentes suficientes para permitir-lhe fazer as coisas de que realmente gosta.

É preciso considerar, porém, que:

- o trabalho é parte essencial da vida do homem, uma vez que constitui aquele aspecto de sua vida que lhe dá *status* e o liga à sociedade;
- as pessoas tendem a gostar de seu trabalho ou a procurar trabalhos que lhes tragam satisfação;
- o trabalho é uma atividade social;
- o moral do trabalhador não tem qualquer relação com as condições materiais do trabalho. A temperatura, iluminação, ruído e umidade afetam a saúde física e o conforto, não a motivação;

- sob condições normais, o dinheiro é um dos incentivos menos importantes;
- o desemprego é um poderoso incentivo negativo, porque elimina o homem de sua sociedade.[1]

Aqueles que perdem seus empregos, que não conseguem se empregar ou se reempregar e passam pelo processo progressivo de dessocialização, sofrem. É sabido que esse processo pode levar à doença mental ou física, pois ataca os alicerces da identidade.[2]

Cabem algumas citações importantes:

> *O trabalho, isento de coeficientes ideológicos, é a mais fecunda afirmação da vida humana. O trabalho não é pena e dor, pelo contrário, é, essencialmente, a alegria de viver, sendo trabalho penoso aquele que não conseguimos fazer nosso, que não se funde com nossas disposições e tendências, ou que não se torna nossas disposições e tendências, ou que não nos empenha inteiramente.*
>
> BENEDETTO CROCE

> *Não há substituto para o trabalho árduo.*
>
> THOMAS ALVA EDISON

> *Gênio é um por cento inspiração e noventa e nove por cento transpiração.*
>
> THOMAS ALVA EDISON

> *Gênio é eterna paciência.*
>
> MICHELANGELO BUONARROTI

> *Nada no mundo pode tomar o lugar da persistência. O talento não o fará; nada é mais comum do que homens sem sucesso com grande talento. O gênio não o fará; o gênio não recompensado é quase um provérbio. A educação não o fará; o mundo está cheio de desamparados instruídos. Só a persistência e a determinação são onipotentes.*
>
> CALVIN COOLIDGE, EX-PRESIDENTE DOS ESTADOS UNIDOS

---

[1] BROWN, J. A. C. *Psicologia social na indústria*. São Paulo: Atlas, 1967.

[2] DEJOURS, C. *A banalização da injustiça social*. 7. ed. Rio de Janeiro: FGV, 2011.

O mundo não será feliz senão quando todas as pessoas tiverem a alma de artista, isto é, quando todos sentirem prazer no seu trabalho.

AUGUSTE RODIN

Escolha um trabalho de que goste e você não terá que trabalhar um só dia na sua vida.

CONFÚCIO

Se você não gosta de seu trabalho, procure modificá-lo para torná-lo atraente, sem prejuízo dos resultados.
Feliz aquele que encontrou um trabalho de que gosta, pois não precisa de outra felicidade.

THOMAS CARLYLE

A humanidade se divide em dois grupos: os que trabalham e os que levam o crédito por ele. É melhor estar no primeiro grupo: há muito menos competição ali.

INDIRA GANDHI

A desvalorização do trabalho é devida, em parte, à própria divisão do trabalho, que, embora existindo desde tempos pré-históricos, foi grandemente acentuada na Revolução Industrial, especialmente pela aplicação do taylorismo. A desvalorização do trabalho, especialmente o manual, não é problema exclusivo do Brasil. Suas origens remontam à Idade Antiga, aos romanos e à maioria das civilizações orientais. Só no século XX, a valorização do trabalho começou a evoluir de forma positiva. A expressão da língua portuguesa "ganhar" dinheiro dá a impressão de que o dinheiro é obtido sem esforço. Em inglês, a expressão "*make money*" sinaliza a existência de um esforço para obtê-lo. A Europa Central, especialmente a Alemanha, sempre teve menos preconceitos em relação ao trabalho manual.

O regime da escravidão, que perdurou por quatro séculos no Brasil, certamente contribuiu para desvalorizar a natureza do trabalho no país.

A preocupação com a qualidade do trabalho é cada vez maior, assim como com a qualidade de vida. O conceito de qualidade de vida no trabalho requer que as organizações sejam capazes de oferecer trabalho qualificado em vez de tarefas, além de juntar novamente o trabalho ao indivíduo e à sua existência.[3]

Podem-se identificar seis dimensões da natureza do trabalho:[4]

1. **dimensão fisiológica**. O ser humano não é e não trabalha como máquina. Não é infalível nem pode trabalhar ininterruptamente. Entretanto, o homem é excelente na coordenação. Além disso, diferentemente das máquinas, ele consegue relacionar a percepção à ação. As pessoas trabalham melhor se não forem vistas como máquinas, ou seja, se o ser inteiro estiver engajado no trabalho: seus músculos, sentidos e cérebro;
2. **dimensão psicológica: o trabalho como maldição e bênção**. Os monges beneditinos valorizavam o trabalho no campo e na oficina tanto quanto as orações e o ensino. Isso era um corte deliberado em relação às crenças da Antiguidade, que sustentavam que os "senhores" ou "homens livres" deveriam ser liberados das tarefas manuais para terem tempo para o trabalho de nível mais alto: para aprender, para participar da política, dos serviços cívicos e do serviço militar. Como resultado, a Antiguidade – também na maior parte das civilizações não ocidentais – definia diferentes tipos de trabalho em uma hierarquia de personalidades, com o trabalho manual cabendo ao mais ignóbil (escravo, camponês, artesão e soldados), e o trabalho intelectual dizendo respeito à personalidade integral. Com a Revolução Industrial, o número de horas trabalhadas aumentou. Isso se refletiu em substancial melhora nas condições de vida, incluindo a nutrição, que aumentou a energia física disponível para o trabalho. O aumento do trabalho causou mudanças de valores. As recompensas econômicas tornaram-se mais significativas, em grande parte, porque as satisfações econômicas tornaram-se mais disponíveis;
3. **dimensão social: o trabalho como vínculo social e comunitário**. O trabalho cria vínculos sociais. Determina em grande parte o *status*. Quando uma pessoa diz "sou médico" ou "sou bombeiro", faz uma afirmação significativa sobre ela mesma, sua posição na sociedade e seu papel na

[3] SIEVERS, B. La motivacion: un ersatz de significations. In: CHANLAT, J.-F. *L'individu dans l'organisation:* les dimensions oubliées. Québec: Les Presses de l'Université Laval/Éditions Eska, 1990. p. 347.

[4] DRUCKER, P. F. *Management:* tasks, responsabilities, practices. New York: Harper & Row, 1993. p. 180s.

comunidade. O trabalho é para muitas pessoas o único vínculo fora de sua família, em especial para jovens solteiros e para os mais velhos;

4. **dimensão econômica: o trabalho como meio de vida**. O trabalho passa a ter um componente econômico a partir do momento em que a sociedade adota a divisão de trabalho. Quando as pessoas deixam de ser autossuficientes e passam a trocar os frutos de seu trabalho, elas criam não só um nexo econômico, mas também um conflito econômico. O trabalho é um meio de vida para o trabalhador, e também produz o capital para a economia. Produz os meios pelos quais a economia se perpetua, proporciona os riscos da atividade econômica e os recursos para o futuro, especialmente, os necessários para criar os empregos de amanhã, e com eles a forma de vida dos trabalhadores do futuro;
5. **dimensão do poder**. Existe sempre uma relação de poder implícita quando se trabalha em grupo, especialmente, no trabalho dentro de uma organização. O fazendeiro que arava sozinho sua terra tinha que se impor uma disciplina rígida, mas as forças às quais estava subordinado eram impessoais: vento, chuva, estação do ano, geada ou as forças impessoais do mercado. Mas em qualquer organização, não importa quão pequena, é indispensável que exista autoridade pessoal. A vontade do membro da organização é subordinada à de outra pessoa. A sociedade moderna é uma sociedade de empregados, o que implica a existência de relações de poder que afetam a todos. Isso tem pouco ou nada que ver com a propriedade dos meios de produção. É um fato inerente às organizações;
6. **dimensão do poder econômico.** Em todas as sociedades modernas, o poder e a economia estão ligados, seja empresa, agência do governo, universidade ou hospital. A distribuição das compensações econômicas aos membros da organização requer uma autoridade central com poder de decisão. Não se trata de peculiaridade do capitalismo ou de qualquer outro "ismo". É fato fundamental que a instituição moderna é um órgão da sociedade, que existe para proporcionar satisfações fora da instituição. Ela deve obter sua receita fora dela: um cliente no mercado, um contribuinte de impostos, um paciente no hospital ou estudantes em uma escola. É necessária uma autoridade para dividir a renda disponível entre os membros da organização. A situação negativa no trabalho vem do fato de que as pessoas são "alugadas". Teoricamente, as pessoas não são obrigadas a vender seu trabalho; elas são livres para dá-lo ou retê-lo. Na prática, a maior parte delas não tem outra opção senão vendê-lo ou

> aceitar caridade. É possível que montem um negócio por conta própria, mas seu trabalho ainda estaria sendo comprado por outros indiretamente. A liberdade de escolha é limitada e existe um elemento de compulsão. A maioria das pessoas tem de trabalhar para outras pessoas, quer queiram ou não. O fato de que alguns têm condições de viver da riqueza que herdaram, sem trabalhar, reforça o sentido de injustiça e os ressentimentos.[5]

Por outro lado, o trabalho traz satisfações: o desemprego é um mal terrível, um processo corrosivo, que, muitas vezes, traz a apatia e tira a satisfação de viver, mesmo para quem já se aposentou. Vários aposentados, sem a rotina do trabalho, sentem um vazio interior e são levados a um declínio precoce. A maior parte das pessoas tem de estar sempre fazendo alguma coisa: o homem é um ser ativo, um sistema de energia. Sua capacidade para a inatividade ou reflexão é limitada. O trabalho proporciona um escape para a energia e assegura que alguma coisa está sendo feita para a satisfação de necessidades.[6] Para o homem, a doença corresponde à ideologia da vergonha de parar de trabalhar.[7]

1.2 O trabalho: fonte do êxito individual e das civilizações

Recorrendo ao estudo das civilizações, verificamos que para o êxito de uma civilização é necessária a existência de um desafio, além de uma resposta positiva a ele. Esse desafio e essa resposta são indispensáveis para a criação e o desenvolvimento da civilização. A resposta positiva ao desafio conduz a um progresso que só será contínuo se essa resposta bem-sucedida produzir nova dificuldade, que, por seu turno, provocará nova resposta positiva, e assim sucessivamente. A noção de progresso inevitável é inadequada, pois há sempre riscos de involução e retrocesso, e o êxito tende a causar acomodação.[8]

---

[5] FLORY, C. et al. *Managers for tomorrow*. New York: The New American Library, 1965. p. 50.

[6] FLORY, 1965, p. 55.

[7] DEJOURS, C. *A loucura do trabalho*. 6. ed. São Paulo: Cortez, 2018. p. 33.

[8] TOYNBEE, A. *A study of history*. Oxford: Oxford University Press, 1972. p. 127.

Em um ciclo de palestras com dez convidados muito bem-sucedidos, três pontos ficaram claros: (i) todos definiram um projeto de vida; (ii) todos fizeram muito esforço, especialmente no início da vida; e (iii) todos gostavam do que faziam.

Como disse Iacocca, "Quem nunca teve de lutar para vencer pode tornar-se inseguro".

1.3 As organizações

As organizações são constituídas de pessoas. São elas que agem, que tomam as decisões. Nada acontece em uma organização até que as pessoas tomem decisões e ajam em seu nome. Por outro lado, são as organizações que executam quase todas as atividades na sociedade moderna. As organizações complexas representam um dos elementos mais importantes das sociedades modernas. As pessoas vivem nelas: nascem em hospitais, são educadas em escolas, trabalham em empresas e divertem-se em clubes. Os membros das sociedades modernas obtêm grande parte de sua satisfação material, social e cultural por meio das organizações. O caminho para a compreensão das pessoas e da sociedade conduz, portanto, ao estudo das organizações complexas.[9] Elas obtêm, em média, um desempenho tão superior ao dos indivíduos, que torna difícil a uma pessoa competir com o que está sendo executado por uma organização, pois esta proporciona sinergias que multiplicam os resultados obtidos pelos esforços individuais das pessoas que a compõem.

Denominamos aqui **organização** um grupo de pessoas que se constitui de forma organizada para atingir objetivos comuns. *Para que exista uma organização, é preciso que existam objetivos comuns, divisão de trabalho, fonte de autoridade e relações entre as pessoas*. Incluem-se nessa definição as empresas, as universidades, os hospitais, as escolas, as creches, as associações culturais, os partidos políticos, os sindicatos, os clubes, os condomínios, as cooperativas, as famílias, as organizações não governamentais, as associações de classes profissionais, as corporações militares, as associações de moradores de bairro e muitas outras. Quase tudo, portanto, é realizado pelas organizações. A sociedade atual é formada por elas, e tudo indica que assim continuará sendo. Por que isso acontece? Por que existem organizações e quais são as suas

[9] ETZIONI, A. *Organizações complexas*. São Paulo: Atlas, 1978. p. 13.

origens? Quando o homem começou a constituí-las? Desde tempos pré-históricos elas existem e podemos até mesmo dizer que ocorrem em outras espécies animais.

Por que as coisas acontecem por meio de organizações? Por que elas nos permitem alcançar padrões mais elevados e uma qualidade de vida melhor? De que forma? Um padrão de vida elevado requer alto padrão de consumo *per capita*. Isso nos obriga a ter também um alto nível de produção *per capita*, pois é impossível consumir sem produzir, ou seja, o alto padrão de consumo requer, obrigatoriamente, alta produtividade, a qual só se consegue por meio da especialização.

A especialização pressupõe divisão de trabalho, que são dois conceitos intimamente relacionados e também existem em outras espécies. Foi com base na divisão do trabalho em grande escala que a espécie humana teve condições de ampliar a produção e a poupança, e daí começar a investir para aumentar a produção e melhorar as condições de consumo das futuras gerações. Existindo divisão de trabalho, será indispensável a troca dos bens e serviços produzidos pelos especialistas, pois o consumidor não consome o que produziu, mas um bem ou serviço produzido por outrem mais habilitado, e esse consumidor vai produzir outros bens e serviços que serão consumidos por terceiros.

A especialização aumenta muito a produtividade, pois permite que as pessoas se concentrem naquilo que sabem fazer bem, trocando os bens que produzem e os serviços que prestam pelos bens e serviços que consomem, o que as leva a abrir mão da autossuficiência. O indivíduo vive sob uma regra: "Se queres obter o que desejas, encontra o que oferecer em troca".[10]

Esse mecanismo exige um mercado para a troca de bens e serviços produzidos pelos especialistas, o que, por sua vez, exige a vida em grupo. Uma vez estabelecido que as pessoas devem viver assim para poderem usufruir altos padrões de consumo, fica claro que é necessário existir uma liderança, pois os interesses, os objetivos, as necessidades e as prioridades do grupo como um todo não coincidirão com os interesses, os objetivos, as necessidades e as prioridades de cada uma das pessoas que constituem o grupo. Além disso, os objetivos e os interesses dessas pessoas podem ser divergentes.

---

[10] FONSECA, E. G. *Vícios privados, benefícios públicos?* – a ética na riqueza das nações. São Paulo: Companhia da Letras, 2007. p. 112.

Nesse conflito, surgem duas necessidades: a de instituir um processo para compor as diferenças existentes e a de eleger um líder para tomar as decisões em nome do grupo. A vida comunitária organizada possui exigências próprias. Em sociedades com certo grau de complexidade, opulência e impessoalização das relações sociais, o modelo de convivência da família e da tribo – baseado em vínculos afetivos, restrita divisão do trabalho e predomínio da tradição sobre a escolha racional – não é capaz de garantir a estabilidade da ordem social. É a crença na necessidade de um poder soberano, uma autoridade reconhecida e capaz de garantir coercitivamente o respeito às normas de conduta, que torna a vida comunitária estável".[11] A Figura 1.1 ilustra esse raciocínio.

Figura 1.1 Por que existe administração?

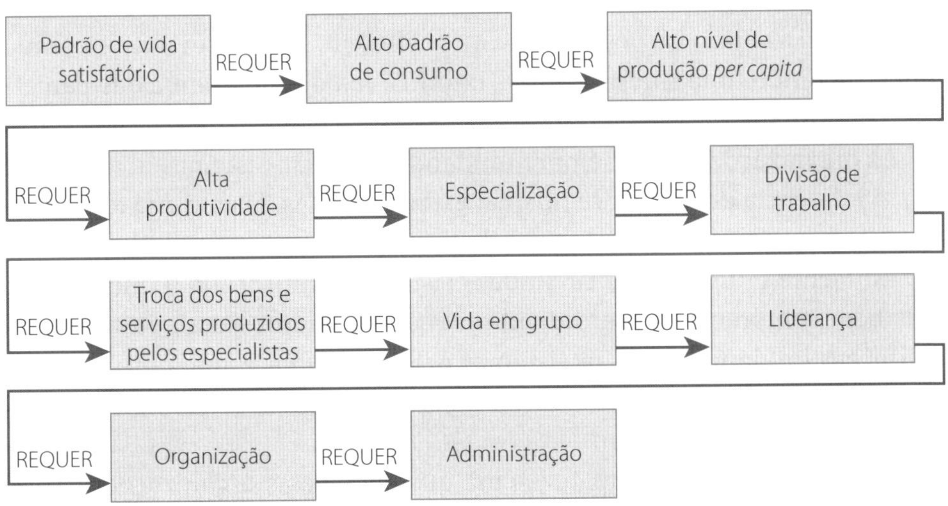

É importante tecer algumas considerações sobre a Figura 1.1. Quando nos referimos a alto padrão de consumo, não o estamos limitando a bens materiais, mas abrangemos qualquer tipo de consumo que possa ser imaginado: artístico, cultural, educacional, incluindo o lazer. Outra qualificação

[11] FONSECA, E. G. 2007, p. 85-87.

importante é o fato de que uma produção maior *per capita* leva a uma qualidade de vida melhor.

Nem sempre isso ocorre, mas convém introduzir o conceito econômico de utilidade marginal decrescente: quanto mais se possui de um bem, tanto menos útil será uma unidade adicional desse bem. Com base nesse princípio, se não houvesse nenhuma divisão de trabalho nem troca de bens e serviços, eles seriam muito escassos, a utilidade dos poucos que existissem seria enorme e o padrão de vida se tornaria insuportável para o homem moderno, acostumado ao conforto e ao bem-estar incompatíveis com a vida em total isolamento. O oposto a tudo o que descrevemos é a vida de Robinson Crusoé, conforme relatado por Daniel Defoe em um romance publicado no início do século XVIII.

Portanto, pessoas e organizações estão intimamente interligadas e dependem umas das outras.

Embora as organizações sejam constituídas por pessoas, a organização é mais do que a soma das pessoas que a constituem. Ela possui outros componentes, gerando uma sinergia, isto é, o todo é maior que a soma das parcelas que o constituem.

As organizações estão sempre mudando, pois são sistemas abertos e sofrem a influência do ambiente no qual estão inseridas. Da mesma forma, elas interferem no ambiente, influenciando-o.

Ambiente é tudo o que circunda o sistema organizacional. Ele pode ser mais bem compreendido se o dividirmos em ambiente geral, ou macroambiente, que influencia todos os sistemas nele existentes, e ambiente operacional, microambiente, ou ambiente-tarefa, que atua mais diretamente sobre o sistema organizacional.

Macroambiente é o amplo sistema que envolve as organizações, abrangendo os aspectos demográficos, científicos, tecnológicos, ecológicos, físicos, políticos, econômicos, sociais e culturais. O macroambiente interage permanentemente com a empresa e esta procura influenciá-lo, mas sua capacidade para isso é relativamente limitada. Microambiente, também denominado ambiente-tarefa, são os sistemas próximos à empresa que interagem com ela de maneira forte e permanente. Abrange os fornecedores de insumos, os clientes, os competidores e os órgãos governamentais ou regulamentadores. O microambiente influencia permanentemente a empresa e ela também procura influenciá-lo, tendo, na maioria dos casos, alguma capacidade para isso.

Simon, Smithburg e Thompson definem da seguinte forma os postulados centrais da Teoria da Organização:

- uma organização é um sistema de comportamentos sociais interligados de numerosas pessoas, que chamaremos participantes da organização;
- cada participante e cada grupo de participantes recebem incentivos da organização, em troca dos quais contribuem para ela;
- cada participante continuará a tomar parte na organização enquanto os incentivos que lhe são oferecidos forem tão grandes ou maiores que as contribuições que dele forem solicitadas;
- as contribuições trazidas pelos diferentes grupos de participantes são a fonte da qual a organização retira os incentivos a eles oferecidos;
- a organização só continuará existindo enquanto as contribuições forem suficientes para proporcionar incentivos bastante grandes para motivar as contribuições.[12]

Assim, os investidores só continuarão provendo recursos financeiros enquanto o retorno for atraente, e os prestadores de serviços, com ou sem vínculo empregatício, só continuarão na organização enquanto os benefícios recebidos forem compensadores. Esses benefícios não serão apenas financeiros, mas pessoais (satisfação no trabalho), sociais (*status* e reconhecimento) ou experimentais (conforto ou superação de experiências de risco).

Se incluirmos os consumidores ou clientes externos entre os participantes, verificaremos que uma empresa somente tem condições de sobreviver enquanto for capaz de proporcionar bens ou serviços com a qualidade desejada pelos clientes por um preço que eles estejam dispostos a pagar. Essa empresa só conseguirá manter seu pessoal enquanto for capaz de proporcionar benefícios monetários ou não monetários considerados atraentes.

Tanto as empresas como as pessoas precisam determinar seus objetivos. Uma pessoa que não conseguiu selecionar um objetivo válido é presa fácil para a ansiedade, que é a base de doenças e desorganizações.[13] Da mesma forma, uma empresa que não selecionou objetivos válidos fica à deriva, sem conseguir montar um plano estratégico. Cabe aos administradores procurar

---

[12] Apud MARCH, J. G.; SIMON, H. A. *Organization*. New York: John Wiley & Sons, 1958. Tradução brasileira: MARCH, J. G.; SIMON, H. A. *Teoria das organizações*. 2. ed. Rio de Janeiro: FGV, 1972. p. 123.

[13] FLORY, 1965, p. XIV.

identificar esses objetivos e conciliar as metas das pessoas com as das organizações às quais elas estão vinculadas.

Burns e Stalker entendem que há dois tipos extremos de organização, o **sistema mecânico** e o **sistema orgânico**, entre os quais se situam muitos tipos intermediários. O sistema mecânico é adequado a condições relativamente estáveis de tecnologia e mercado, enquanto o orgânico é apropriado a condições de mudanças que dão origem constantemente a novos problemas e requisitos imprevistos para ações, que não podem ser desmembradas e distribuídas automaticamente pelos papéis funcionais definidos na estrutura hierárquica.

O sistema mecânico caracteriza-se, entre outras particularidades, por:

- atividades funcionais diferenciadas e especializadas, nas quais ficam divididos os problemas que a organização enfrenta;
- definição precisa de direitos e obrigações e métodos técnicos atribuídos a cada papel funcional;
- tradução de direitos, obrigações e métodos nas responsabilidades de uma posição funcional;
- reforço da estrutura hierárquica pela concentração do conhecimento das atualidades no topo da hierarquia, em que a reconciliação final das diversas atividades é exercida;
- tendência para que as operações e o comportamento no trabalho sejam dirigidos por meio de instruções e decisões tomadas pelos superiores;
- insistência na lealdade à empresa e na obediência aos superiores como condição para continuar como membro;
- maior importância atribuída a conhecimentos, experiência e habilidades internas do que ao conhecimento geral (externo).

Vemos que o sistema mecânico se aproxima dos ensinamentos das escolas de administração científica e da escola clássica.

O sistema orgânico caracteriza-se, entre outras particularidades, por:

- natureza de contribuição especial de conhecimentos e experiências para as atividades comuns da organização;
- natureza realística de atividade individual, que é vista como um conjunto pela situação total da organização;

- redefinição e reajustamento contínuos das atividades individuais pela interação com os outros membros;
- irradiação da responsabilidade como um campo limitado de direitos, obrigações e métodos. Os problemas não podem ser passados para cima, para baixo ou para os lados, como se fossem responsabilidade de outras pessoas;
- difusão do comprometimento com a organização além de qualquer definição técnica;
- não atribuir a onisciência ao topo da organização;
- comunicações laterais mais frequentes que as verticais. As comunicações entre pessoas de nível hierárquico diferente assemelham-se mais a consultas do que a ordens;
- conteúdo das comunicações dotado mais de informações e orientações do que de instruções e ordens;
- comprometimento e identificação com a organização e com sua expansão e progresso tecnológico e material mais valorizados do que lealdade e obediência.

O sistema orgânico aproxima-se das escolas mais recentes de administração. Poucas organizações situam-se em um dos extremos. As organizações que tendem para o sistema mecânico costumam ser menos abertas, mais hierarquizadas, menos flexíveis e mais difíceis de mudar, por isso só costumam ser apropriadas para ambientes estáveis.[14]

Segundo Bertalanffy, o homem não é somente um animal político, mas é antes e acima de tudo um indivíduo. Os valores reais da humanidade não são aqueles que ela tem em comum com as entidades biológicas, a função do organismo ou de uma comunidade de animais, mas os que derivam do espírito individual. A sociedade humana não é uma comunidade de formigas ou cupins, governada por instintos herdados e controlada pelas leis da totalidade superior. A sociedade é baseada nas realizações do indivíduo e estará condenada se ele for transformado em uma roda dentada da máquina social. Este é o preceito final que uma teoria da organização pode dar: não é um manual para ditadores de qualquer denominação subjugarem mais eficientemente os

[14] BURNS, T.; STALKER, G. M. *The management of innovation*. 3. ed. Oxford: Oxford University Press, 1996. p. 120s.

seres humanos pela aplicação científica de Leis de Ferro, mas uma advertência de que o Leviatã da organização não deve engolir o indivíduo sem selar a própria inevitável ruína. Os organismos não são máquinas, mas podem, até certo ponto, se tornar uma, nunca, porém, completamente, porque um organismo inteiramente mecanizado seria incapaz de reagir às condições incessantemente variáveis do mundo exterior.[15]

As organizações não são máquinas, e as que se aproximam do sistema mecânico acabam não resistindo à competição.

Em consequência, da mesma forma que as pessoas, não se pode tipificar precisamente as organizações. Cada caso é único. Podemos concluir que não existe uma única forma de organizar uma instituição para alcançar os resultados desejados. Essa é a base da teoria da contingência, que pode ser creditada a Joan Woodward, Tom Burns, G. M. Stalker, Charles Perrow, Paul Lawrence e Jay Lorsch.

A essência dos estudos de Joan Woodward é que não existe uma única maneira certa de montar a estrutura organizacional; existem sempre várias alternativas e a melhor depende de cada caso específico. Para uma organização obter um bom desempenho, sua estrutura organizacional deve ser projetada com o objetivo de se ajustar às demandas situacionais que derivam da tecnologia que está sendo usada, da sua posição mercadológica, da sua diversidade de produtos e velocidade de mudanças e do seu tamanho. O foco é que fatores contingentes – tecnologia, situação mercadológica, diversidade e tamanho – geram vários graus de incerteza e complexidade, que devem ser enfrentados pelo desenvolvimento de estruturas apropriadas e por estímulos a comportamentos e atitudes adequadas por parte dos administradores e dos trabalhadores.[16] Na prática, sabemos que existem sempre muitas maneiras de organizar uma empresa e, para obtermos mais segurança sobre qual a mais adequada, devemos começar o estudo da organização com um diagnóstico da empresa. *As condições do ambiente é que causam as transformações no interior das organizações e não se consegue alto nível de sofisticação organizacional com a aplicação de um só modelo.*

---

[15] VON BERTALANFFY, L. *Teoria geral dos sistemas*. Petrópolis: Vozes, 1973. p. 80s.

[16] DAWSON, S.; WEDDERBURN, W. Introdução. In: WOOWARD, J. *Industrial organization:* theory and practice. 2. ed. Oxford: Oxford University Press, 1994. p. XVIII.

> *Não existe uma única forma melhor de organizar um negócio. O critério para determinar se uma estrutura é apropriada para uma organização deve ser baseado na extensão em que esta estrutura facilite o alcance dos objetivos dessa organização.*
>
> JOAN WOODWARD

1.4 A importância dos Recursos Humanos

Selecionar, formar, integrar e aperfeiçoar um grupo de pessoas para trabalhar em uma empresa como uma verdadeira equipe, com objetivos definidos, fazendo com que cada membro conheça seu papel, coopere com os demais e "vista a camisa" para produzir resultados é a responsabilidade mais importante dos administradores. O trabalho de formar, integrar, conduzir e aperfeiçoar uma equipe pode levar vários anos e *não há seguro contra a perda desse importante ativo*.

As organizações já se deram conta da importância das pessoas e da forma como são administradas, diferentemente do que ocorria no passado, quando o foco recaía apenas na tecnologia do produto ou do processo, nos mercados protegidos ou regulamentados, no acesso a recursos financeiros e economias de escala.[17]

É preciso considerar que, embora as pessoas precisem ser administradas pelas organizações como seus recursos humanos, não se pode perder de vista que elas são seres humanos, que querem ser felizes e ter qualidade de vida, que têm outros vínculos além daqueles que mantêm com suas organizações e que seus objetivos nunca coincidem integralmente com os da organização, ainda que possam ter muitos pontos coincidentes.

Além de decidir a política de Recursos Humanos a ser adotada, a empresa também deve deixar claros o posicionamento e o tratamento dado às pessoas que nela trabalham. Pode escolher como objetivo a produção de riquezas para um pequeno grupo de administradores e investidores ou desenvolver uma organização que seja uma comunidade. A sobrevivência da organização

---

[17] PFEFFER, J. *Competitive advantage through people:* unleashing the power of the work force. Boston: Harvard Business School Press, 1994. p. 14.

depende muito da escolha que for feita por seus fundadores. Os administradores que desejam construir uma organização perene dão total prioridade ao desenvolvimento das pessoas. Nas organizações em que os benefícios se destinam apenas a um grupo restrito, todos os demais membros são *outsiders*, ou seja, não são verdadeiramente membros da organização. Eles trocam tempo e conhecimento por dinheiro. Como é evidenciado pelas experiências, esse tipo de contrato não inspira as pessoas a se comprometerem com a organização e seus administradores. Elas trabalham com a perspectiva de saída sempre presente. A sucessão nessas organizações é difícil e custosa, e sua continuidade por várias gerações não fica assegurada.[18]

Comumente a alta administração adora dizer "as pessoas são o nosso maior ativo" e enfatiza que aquilo que faz a empresa diferente são as pessoas que a compõem, independentemente de outros recursos que podem ser usados da mesma forma por qualquer outra empresa. Esse jargão já tão desgastado não denota que a organização está se tornando mais humana em razão das pressões competitivas que vêm sofrendo, mas demonstra que quanto mais os negócios se tornam sofisticados, mais o seu sucesso acaba dependente de um padrão de comportamento a ele coerente.[19]

> *O futuro do seu negócio está nas mãos dos seus empregados.*
>
> AKIO MORITA
>
> *Todas as operações de negócios podem ser resumidas em três fatores:* ***pessoas, produtos e lucros. As pessoas vêm em primeiro lugar****. Se você não tiver uma boa equipe, não poderá fazer muito com o resto.*
>
> LEE IACOCCA
>
> *Uma empresa e uma entidade do meio social. É constituída de pessoas. O resultado de uma empresa depende muito mais do desempenho das pessoas do que da excelência de seus manuais ou estruturas de organização.*[20]
>
> HÉLIO BELTRÃO

---

[18] GEUS, A. The living company. *Harvard Business Review*, mar./apr. 1997.

[19] FISCHER, A. L. Um resgate conceitual e histórico dos modelos de gestão de pessoas. In: FLEURY, M. T. L. (Coord.). *As pessoas na organização*. São Paulo: Gente, 2002.

[20] BELTÃO, H. *Descentralização e liberdade*. Rio de Janeiro: Record, 1984. p. 116.

É necessário controlar os custos de mão de obra, a produtividade do trabalho, as reivindicações sindicais. Cuidar disso é necessário e, às vezes, crucial, mas não é administrar pessoas, e sim solucionar os problemas resultantes das falhas na administração de pessoas.

A compreensão de tais fatos deu origem à proposta das pessoas serem colocadas na contabilidade das empresas como ativo em vez de despesas, como ocorre sempre. Não é fácil perceber como é possível registrar pessoas como ativo nos livros contábeis. Um ativo é, por definição, algo que se pode vender e que possui valor quando a empresa é liquidada. Mas uma companhia não é dona de pessoas, e um ativo que pode, pela sua iniciativa, deixar a empresa não é um ativo no sentido contábil da palavra.[21]

A existência de pessoas de bom nível, bem selecionadas, treinadas e integradas e que trabalham como equipe tem um valor inestimável e, quando a empresa é vendida, influencia o valor atribuído ao seu fundo de comércio, embora não se possa, como diz Drucker, apropriar esse valor como ativo no sentido contábil.

A sobrevivência e o progresso de uma grande empresa dependem, em grande parte, de sua capacidade de atrair, selecionar, treinar e posicionar corretamente, no presente, as pessoas com potencial para atuar, no futuro, na alta administração da empresa, assumindo responsabilidades e agindo como uma equipe integrada.

> *As duas coisas mais importantes de uma empresa não aparecem nos seus demonstrativos financeiros: sua reputação e suas pessoas.*[22]
>
> Henry Ford

> *As pessoas são os únicos elementos diferenciados de uma organização. Pessoas excepcionais podem fazer funcionar bem uma organização precária. Pessoas desmotivadas ou incompetentes podem anular a mais perfeita organização.*[23]
>
> Louis Allen

[21] DRUCKER, 1993, p. 308.

[22] Apud BOYLER, L.; BUREAU, R. *600 citations pour le réfléchir.* Paris: Les Éditions d'Organisation, 1997.

[23] ALLEN, L. A. *Management & organization.* New York: McGraw-Hill Book, 1958. p. 43.

Mudanças organizacionais, sozinhas, não solucionam coisa alguma. Pessoas competentes, talentosas e dedicadas podem obter sucesso com quase todas as estruturas organizacionais. Já pessoas medíocres, que não têm bom desempenho, serão ineficientes em qualquer tipo de organização.[24]

Às vezes, é difícil entender por que as empresas não investem mais em Recursos Humanos. A razão disso está, em parte, na insegurança que elas têm em relação à sua capacidade de reter o pessoal competente, à necessidade de privilegiar, em alguns casos, os resultados de curto prazo e à impossibilidade de contabilizar como ativo a capacidade dos seus recursos humanos (*ver a Seção 9.4.*).

É paradoxal o fato da maioria das empresas gastarem de 50% a 70% de seu orçamento em salários e investir menos de 1% de seus recursos em treinamento ou ainda gastar mais tempo e dinheiro na manutenção de seus prédios e equipamentos do que na retenção e no desenvolvimento de seu pessoal.[25]

Convém uma digressão sobre as razões pelas quais o trabalho no Brasil é mal pago, e o capital, bem remunerado. Se as pessoas são tão importantes, por que seriam mal pagas? O regime de escravidão pode ter contribuído, mas a principal razão é a lei da oferta e da procura. Como existe excesso de oferta de mão de obra e escassez de capital, o trabalho, especialmente o pouco qualificado, é muito mal pago, e o capital, em razão da sua escassez, tem remuneração acima do que seria razoável. Qualquer tentativa de mudar artificialmente esse fato provoca distorções que não resolvem o problema. A solução é educar a população, orientá-la no seu planejamento familiar, estimular a poupança e criar condições para investimentos produtivos.

Como será visto adiante, há algumas pessoas que são importantes para a empresa, e nessas ela deve investir. No entanto, é necessária a preocupação de operar com equipes pequenas, principalmente por causa dos custos. Isso leva alguns executivos a sentirem insegurança sobre o retorno do investimento que é feito em treinamento, mas existem meios para solucionar tal dificuldade (*ver a Seção 9.4.*).

No Magazine Luiza, o principal veículo de construção da marca são os funcionários de ponta, ou seja, os que estão em contato direto com os clientes.[26]

---

[24] SPENCER STUART & ASSOCIATES. *Relatório do verão de 1983.*

[25] BLANCHARD, K.; JOHNSON, S. *O gerente minuto:* como tomar decisões rápidas. Rio de Janeiro: Best Business, 2015. p. 66.

[26] JÚLIO, C. A. Entrevista concedida por Luiza Helena Inácio Trajano Rodrigues, diretora-superintendente do Magazine Luiza, ao *HSM Management*, nov./dez. 2003. p. 33.

Essa observação deveria valer para qualquer empresa que atue no comércio de varejo.

Gasta-se mais tempo e dinheiro para consertar problemas causados por pessoas inadequadas do que com uma boa seleção de pessoal. O êxito de uma empresa depende da competência e da motivação dos seus empregados; de quem é admitido e de quem é demitido; em suma, de manter na empresa a equipe adequada para produzir com eficiência e eficácia. Portanto, um dos aspectos mais importantes para a obtenção de resultados positivos é admitir as pessoas certas no momento certo a fim de formar a equipe de que a empresa necessita.

Sobre os empregados incompetentes

O empregado incompetente, por quem quer que seja empregado, estará sempre contra seu empregador.

CHARLES DICKENS IN *O AMIGO COMUM*

A empresa tem de possuir eficientes mecanismos de seleção para evitar a contratação de incompetentes, que têm baixa produção em termos de quantidade e qualidade, e que são quase sempre incapazes de se colocar a favor da empresa.

A importância da seleção

O êxito de uma empresa no futuro depende de sua habilidade em selecionar ***hoje*** *as pessoas com potencial para terem desempenhos com alto nível de qualidade.*

CHARLES FLORY IN *MANAGERS FOR TOMORROW*[27]

A competência tem de ser avaliada pela posição ocupada, mas existem pessoas inerentemente incompetentes por não aceitarem fazer o que sabem e desejarem sempre algo acima de suas possibilidades. Elas sempre culparão

[27] FLORY, 1965, p. 29.

pelos seus fracassos as empresas e os empregadores. O futuro da empresa depende, portanto, de seu processo de seleção.

Como poderemos saber se estamos contratando a pessoa certa? Quais precauções devemos tomar? Como podemos prever quem vai ter condições de assumir posições de responsabilidade no futuro se as pessoas se transformam? Respondendo a essas indagações, devemos lembrar que se trata de uma questão probabilística, e não determinística. Não podemos assegurar que o jovem promissor de hoje será o executivo ideal no futuro. Ele pode vir a ser apenas o ex-jovem promissor, e outro, não tão promissor, pode crescer profissional e pessoalmente para se tornar o executivo ideal. Por isso, a atenção permanente às atividades de recursos humanos é essencial.

As empresas precisam deixar de apenas reagir às crises do dia a dia (o "urgente") para se preocuparem com as questões de longo prazo (o "importante"). Vários profissionais, em vez de planejar e delegar, preferem "apagar incêndios" e centralizar todo o trabalho em si mesmos. Esses gerentes "heroicos" não têm tempo para "pensar a empresa" ou a sua unidade. Com frequência, optam por fazer tudo sozinhos, sem estimular o crescimento dos subordinados, além de prejudicar a própria perspectiva de crescimento na empresa. É nesse contexto que contratar as pessoas certas adquire papel fundamental para a sobrevivência da empresa. *Se você dedicar o tempo necessário à seleção das pessoas certas, fornecer-lhes a orientação apropriada e, depois, deixá-las desempenhar suas missões, grande parte do "combate a incêndios" desaparecerá.*[28]

Quanto menor a empresa, mais importantes são as pessoas. Uma empresa com oito pessoas não pode errar na escolha de nenhuma. As pessoas são ainda mais importantes nas empresas pequenas. Elas se destacam como um farol na escuridão.[29]

1.5 Grupo e equipe

As pessoas nas organizações realizam suas atividades, em geral, relacionando-se entre si, ou seja, para executar seu trabalho depende de outros setores, ou seja, é um elo em um processo. Desse modo, vale destacar brevemente

---

[28] McNEILLY, M. *Sun Tzu e a arte dos negócios.* Rio de Janeiro: Campus, 1998. p. 125.

[29] Jack Welch num bate-papo durante a ExpoManagement em Madri, em 2003, publicado pela *HSM Management* na edição de nov./dez. 2003. p. 20.

a diferença entre grupo e equipe, conceitos oriundos da disciplina Comportamento Organizacional e que norteiam a atuação dos gestores nas organizações.

Grupo é qualquer conjunto de pessoas com um objetivo comum. Equipe é um grupo em que as pessoas, além de terem uma meta comum, atuam com o intuito de colocar os objetivos do grupo acima dos interesses que elas próprias têm dentro dele. Além disso, tais pessoas não ficam presas à burocracia e às formalidades, pois cooperam com as demais no que for necessário e agem de forma consciente em benefício dos objetivos a serem atingidos. Dito de outra forma: grupo é quando nos reunimos, equipe é quando nos ajudamos.[30]

Define-se equipe também como um pequeno número de pessoas com conhecimentos complementares, compromissadas com um propósito, metas de desempenho e abordagem comuns, e pelos quais se mantêm mutuamente responsáveis.[31] O grupo deve ser pequeno. Grupos grandes têm dificuldade em obter a coesão necessária para motivar seus membros ao esforço necessário para atingir os objetivos comuns.

Os conflitos da equipe devem ser trazidos à tona e resolvidos, e não "escondidos debaixo do tapete". Em uma verdadeira equipe tem de haver confiança entre seus membros, a qual precisa ser sempre cultivada e realimentada. O comportamento dos membros visa aos objetivos da equipe, e não ao domínio pessoal. *É indispensável em uma equipe a existência de um propósito claro a respeito dos resultados a serem alcançados.* Esses resultados são aceitos por todos e ajudam a orientar as decisões. A união é fortalecida pelo comprometimento com metas comuns, para as quais todos colaboram. Todos dependem de todos. Também a abordagem usada para se realizar o trabalho é fundamental para que a equipe atinja seus propósitos. O acordo em torno da forma de trabalhar e de como tudo se encaixa para permitir a integração dos conhecimentos individuais constitui a base da abordagem comum. Não se pode sustentar uma equipe que delegue todo o trabalho a apenas alguns membros.[32]

Outro aspecto indissociável de uma verdadeira equipe é a existência de responsabilidades e compromissos mútuos, os quais não podem existir sem que haja confiança recíproca entre as pessoas. Quando elas fazem um trabalho

---

[30] MANDELLI, P. *Muito além da hierarquia*. São Paulo: Nobilis, 2018. p. 151.

[31] KATZENBACH, J. R.; SMITH, D. K. Fundamentos da equipe: uma definição operacional e disciplinar no trabalho. In: KATZENBACH, J. R.; SMITH, D. K. *Gestão de pessoas*. Belo Horizonte: Fundação Dom Cabral, 2001. p. 106.

[32] KATZENBACH; SMITH, 2001, p. 119.

realmente em conjunto na direção de um objetivo comum, confiança e compromisso as estarão acompanhando. Os líderes de equipes devem colocar como seu primeiro objetivo a construção desse senso de compromisso e confiança em cada participante.[33] Grupos que não possuem responsabilidade mútua de desempenho não são capazes de desenvolver propósito e abordagem comuns, necessários para sustentá-los como equipe.[34]

Embora os conceitos de grupo e equipe não sejam universalmente consagrados, vêm-se consolidando, na teoria administrativa, na forma descrita. Podemos criar um grupo e nunca chegarmos a ter uma equipe. Essa requer coesão e o sentimento de missão compartilhada e de responsabilidade coletiva. Uma equipe eficiente e eficaz age de forma coesa, motivada e integrada (*ver Seção 10.8*).

1.6 O administrador de recursos humanos

Os administradores dos recursos humanos são os gestores de cada unidade da empresa. Dessa forma, cabe destacar que a gestão de pessoas é realizada pelos gerentes, os quais colocam em prática os processos de gestão, estabelecendo limites ou estimulando determinados padrões de comportamento.[35] Eles são os responsáveis:

- pelos resultados de sua área e de seus subordinados;
- por distribuir os trabalhos, planejar e controlar os resultados;
- por motivar e avaliar os subordinados e lhes dar *feedback* sobre seu desempenho;
- por decidir quem deve ser admitido, promovido e demitido;
- pela orientação e educação dos novos empregados;
- pelo treinamento de seus subordinados;
- e, sobretudo, por zelar pela segurança no trabalho de todo o seu pessoal.

---

[33] Líderes de equipes. In: KATZENBACH; SMITH, 2001. p. 171.

[34] KATZENBACH; SMITH, 2001, p. 124-125.

[35] FISCHER, A. L. Um resgate conceitual e histórico dos modelos de gestão de pessoas. In: FLEURY, M. T. L. (Coord.). *As pessoas na organização*. São Paulo: Gente, 2002.

Até um encarregado de uma equipe de turno é um administrador de recursos humanos. A principal função do administrador é formar uma boa equipe e liderá-la. Tudo o mais é consequência disso.

Alguns administradores acreditam que formar pessoas não é parte de sua atribuição, que isso cabe ao órgão de recursos humanos. Os bons administradores, no entanto, são verdadeiros educadores de seus subordinados e devem agir sempre com imparcialidade e justiça nas decisões que afetam os subordinados. A ética é importante. O chefe de uma unidade é o modelo de comportamento para seus subordinados.

O órgão de recursos humanos deve orientar e apoiar os gerentes e prestar-lhes serviços, mas a cada gerente cabe a administração dos recursos humanos da empresa. Não se deve, porém, menosprezar a importância do departamento de Recursos Humanos. A ele cabe não só o apoio, a orientação e a prestação de serviços centralizados, como também a sensibilização dos gerentes para a importância da equipe nos resultados. Cabe-lhe "educar" os gerentes para que eles, por sua vez, atuem como educadores de sua equipe; sugerir novas formas de administrar o pessoal, além de se manter informado sobre o "estado da arte" nos assuntos de recursos humanos, trazendo esses conhecimentos para a organização. Cabe-lhe, também, administrar as atividades que devem ser executadas de forma centralizada e atuar como elemento aglutinador das pessoas. Deve, ainda, zelar pelo tratamento ético e justo de cada pessoa da organização, orientando os gerentes para esse propósito. Compete-lhe a orientação nos assuntos relacionados à Consolidação das Leis do Trabalho (CLT). Embora todos os gerentes devam ter um conhecimento básico de direito do trabalho, é inviável que se tornem especialistas no assunto.

A empresa deverá, também, montar programas de âmbito geral para avaliação, capacitação e aperfeiçoamento de pessoal, especialmente no preparo daqueles de alto potencial; para isso, a atuação do órgão central de recursos humanos é vital.

A eficácia e a eficiência desse órgão dependerão, em grande parte, do conhecimento que seu gestor tem do negócio da empresa (seus pontos fortes e fracos, seus principais competidores, as demandas dos clientes, as ameaças e as oportunidades da empresa, as características do mercado financeiro em que a empresa opera, o ambiente externo em que está a empresa e a sua cultura). É por meio de um diálogo baseado no conhecimento do negócio que se torna possível orientar e "educar" os chefes de linha responsáveis pelos resultados finais e mostrar-lhes a melhor maneira de administrar os recursos humanos a fim de agregar valor para os clientes. Esse órgão precisa ser prestigiado. É importante que o principal executivo de recursos humanos fique subordinado ao principal executivo da empresa, o que dá condições para influenciar a forma como são administrados os recursos humanos da empresa e obter as informações adequadas sobre sua estratégia. Além disso, a subordinação a níveis menos elevados conduz a uma mentalidade subserviente, incompatível com a importância que deve ser atribuída à administração de pessoal. O nível atribuído a um órgão determina, em grande parte, o que a empresa espera dele. O pessoal aí lotado deve não só estar a par do "estado da arte" na administração dos recursos humanos como também das práticas adotadas pelos principais competidores da empresa. Deve ser capaz de contribuir para as principais decisões estratégicas e a forma de sua implementação, além de montar o plano de recursos humanos da empresa consistente com o seu plano estratégico.

> *Estar acima dos outros não é senão uma obrigação de trabalhar mais e de servi-los melhor.*
>
> L. Bourdaloue

1.7 Tendências na administração de recursos humanos

A provável tendência das organizações é a de manter um pequeno órgão central de recursos humanos, de alto nível, com grande domínio dos assuntos dessa área e bons conhecimentos dos negócios da empresa, utilizando-se da consultoria interna para apoio aos gerentes de linha. Nas empresas do século XXI, as comunicações serão intensas e tanto mais eficientes quanto maior for a qualificação dos administradores.[36] A área de recursos humanos terá de participar intensamente na formulação e na implementação das estratégias da empresa, pois elas dependem cada vez mais das pessoas em todos os

[36] Ver sobre este assunto o artigo "Why doesn't this HR departament get any respect?" publicado na *Harvard Business Review*, mar./apr. 1998. p. 24-40.

níveis. O pessoal dessa área terá de dominar a tecnologia da informação e proporcionar orientações por meio da intranet e dos portais da empresa. A velocidade de resposta aos desafios dos ambientes externo e interno precisa ser rápida e eficaz. Se a empresa precisar de um *downsizing* (*ver Seção 10.1*), por exemplo, a área de recursos humanos terá de participar do processo desde o início de sua concepção e colaborar em todas as fases de implementação.

A força de trabalho está ficando mais velha. A média de idade dos empregados aumentará continuamente em um futuro próximo. Isso forçará uma mudança na forma de administrar as pessoas, e o órgão central de recursos humanos deve ser capaz não só de acompanhar essas mudanças, mas também de antecipá-las.

O aumento da participação do setor de serviços no total da economia causa uma mudança no modo de administrar os recursos humanos. Dessa maneira, administrar o pessoal em uma instalação industrial não é o mesmo que administrar prestadores de serviço, especialmente serviços profissionais especializados. A empresa depende muito mais de seu pessoal na nova economia. Um bancário e um vendedor que não sabem lidar com os clientes podem prejudicar a empresa de forma irreparável.

Os novos métodos de administração preocupam-se essencialmente com a administração do capital humano, representado pelos profissionais do conhecimento, que não podem simplesmente receber ordens e metas para serem atingidas em um prazo determinado (*ver a Seção 10.4.*).

A Sociedade de Gestão de Recursos Humanos elaborou, em 2014, uma pesquisa junto aos seus membros para identificar as tendências em Recursos Humanos para os próximos anos. A pesquisa contou com painéis compostos de um mix de profissionais seniores de RH, consultores, acadêmicos e especialistas políticos, os quais foram selecionados e aprovados por um comitê da instituição[37]. Dentre as tendências em RH para os próximos anos, destacam-se:

- contínuo impacto da economia: apesar de vários aspectos da economia terem melhorado, há desafios que permanecem e impactam os orçamentos, a contratação de pessoas e as estratégias de RH;

[37] SOCIETY FOR HUMAN RESOURCE MANAGEMENT (SHRM). Future insights: The top trends for 2014 according to SHRM's HR subject matter expert panels. Disponível em: https://www.shrm.org/hr-today/trends-and-forecasting/labor-market-and-economic-data/pages/toptrendsfor2014.aspx. Acesso em: 3 abr. 2020.

- aumento da incerteza e volatilidade dos mercados: o aumento da globalização, a interdependência dos mercados e a inquietação e partidarismo político nos países ao redor do mundo estão tornando a incerteza do "novo normal";
- forte influência do desenvolvimento de tecnologias de informação e comunicação: as mídias sociais têm se tornado especialmente importantes nos processos de recrutamento;
- mudanças demográficas: o já mencionado envelhecimento da força de trabalho, aliado ao ingresso das novas gerações, tal como os *Millenials*, aumentam a diversidade e afetam vários aspectos relacionados às práticas de RH;
- a importância das estratégias de trabalhos flexíveis: conforme a força de trabalho envelhece, mais trabalhadores têm de lidar com múltiplas responsabilidades e, em alguns casos, com múltiplos empregos, o que enfatiza a necessidade e o crescimento da demanda por trabalhos flexíveis;
- competição para contratação de trabalhadores especializados e qualificados: a necessidade de contratação de trabalhadores especializados e qualificados tem aumentado ao redor do mundo. Essa mudança influencia todas as estratégias de benefícios, políticas de marca do empregador para imigração e realocação das operações globais; e
- crescente importância das mensurações: medidas e análises mais profundas estão sendo demandadas para demonstrar o retorno sobre o investimento realizado nos principais gastos em RH.

PARTE II

Formando a equipe

CAPÍTULO 2

PLANEJAMENTO DOS RECURSOS HUMANOS

Cronologicamente, as atividades de recursos humanos começam com a formação da equipe. O objetivo é ter as pessoas certas nos lugares certos, conforme o ditado inglês *"the right man in the right place"*.

Todas as técnicas modernas de administração recomendam sempre admitir os melhores. Em um mundo altamente competitivo, é cada vez mais importante que se disponha de uma equipe à altura dos objetivos e dos planos da empresa, capaz de responder positivamente aos constantes desafios do ambiente externo.

Uma equipe ótima não é formada de gênios, mas de pessoas competentes para o trabalho que devem executar, que são motivadas pelo que fazem, que se identificam com a organização, que sabem e gostam de colaborar com os companheiros de trabalho, que não tendem a criar problemas e que têm potencial para o crescimento profissional.

Não existe uma equipe ideal para todas as situações. Cada empresa tem suas peculiaridades, seu ambiente externo de negócios, sua cultura, seus pontos fortes e fracos, suas ameaças e oportunidades, seus processos, seus produtos, sua competição e até seus vícios e cacoetes. Além disso, todas as pessoas têm qualidades e defeitos: são boas para algumas atividades, mas não para outras. É importante que as pessoas "se encaixem" muito bem nas posições disponíveis na empresa e tenham condições de contribuir para os resultados previstos nos planos estratégicos da organização. O objetivo é sempre ter a pessoa certa na posição certa. E no momento certo.

O ponto de partida, portanto, é o planejamento da equipe, que se baseia no plano estratégico da empresa. É preciso salientar, porém, que a formação da equipe não acaba nunca. Os planos da empresa mudam e com isso as suas necessidades de pessoal. As pessoas também mudam: envelhecem, aumentam sua experiência, ganham ou perdem motivação, adquirem ou perdem vícios, entre outras mudanças. Em consequência, é preciso estar constantemente avaliando o pessoal e renovando-o, sem mencionar o seu aperfeiçoamento, sua condução e a criação de um ambiente propício à atração de bons colaboradores.

Tão importante quanto admitir as pessoas certas é saber "se livrar" delas quando isso se torna inevitável ou muito conveniente para a organização. A demissão correta também faz parte da formação e da renovação da equipe.

> *O empregador geralmente consegue as pessoas que ele merece.*
>
> Sir Walter Bilbey

A boa condução da equipe e seu aperfeiçoamento serão inúteis para os resultados se não formos capazes de, antes de tudo, formarmos a equipe adequada e de a mantermos sempre renovada e consistente com os objetivos da empresa.

2.1 Planejamento estratégico da empresa

2.1.1 Ponto de partida para o planejamento dos recursos humanos

O planejamento dos recursos humanos tem de ser elaborado como parte do planejamento estratégico da empresa. Do contrário, muitos recursos serão desperdiçados: serão contratadas pessoas que não se encaixam nos programas previstos; as equipes poderão estar superdimensionadas ou aquém do necessário em quantidade e qualidade; serão efetuados treinamentos inúteis e outros absolutamente indispensáveis deixarão de ser feitos; a condução inadequada da equipe pode levar à falta de motivação e até a fuga de talentos.

O plano estratégico indicará quais as pessoas necessárias, suas qualificações e o que elas precisam fazer para atingir os objetivos previstos no plano.

Só assim podemos formar a equipe adequada, conduzi-la de forma correta e aperfeiçoá-la de acordo com o que se deseja alcançar. O plano estratégico será, portanto, o ponto de partida não só para as políticas e os procedimentos de recursos humanos e para a formação da equipe, mas também para sua condução e seu aperfeiçoamento. As organizações formais de maior porte compreendem três grandes níveis: o institucional, em que são decididas as estratégias e o rumo que deve seguir a organização; o gerencial, administrativo ou intermediário, em que são preparados e executados os planos operacionais; e o operacional, ou técnico, no qual são executadas as atividades.

2.1.2 Conceituação

O planejamento estratégico refere-se ao planejamento sistêmico das metas de longo prazo e dos meios disponíveis para alcançá-las, ou seja, são os elementos estruturais mais importantes da empresa e de sua área de atuação, considerando não só os aspectos internos, mas também, principalmente, o ambiente externo no qual ela está inserida. O planejamento estratégico deve definir os rumos do negócio e, portanto, responder à pergunta: Qual é o nosso negócio e como ele deveria ser? Seu propósito geral é influenciar os ambientes interno e externo, a fim de assegurar o desenvolvimento ótimo de longo prazo da empresa de acordo com um cenário aprovado. Seu ponto de partida é o diagnóstico da organização, dos seus pontos fortes e fracos e das ameaças e oportunidades existentes. Ele é efetuado pelos dirigentes de mais alto nível da empresa, isto é, diretores e seus assessores, pois, quase sempre, são os que possuem a visão sistêmica (global ou holística) da empresa e têm melhores condições para ficar atentos ao que ocorre no ambiente externo. Os gerentes de nível intermediário, na maioria dos casos, têm uma visão especializada de sua área de atuação e menos tempo para acompanhar e interpretar as mudanças no ambiente externo.

O planejamento estratégico inicia-se no topo da hierarquia. Em qualquer plano empresarial, é preciso haver sintonia com a realidade. A autoilusão é capaz de dominar a organização e de levar as pessoas a conclusões absurdas.

Alguns planos de longo prazo são projeções das operações presentes, embora considerem modificações nos ambientes externo e interno. Eles não são estratégicos, pois nem todo planejamento de longo prazo é estratégico. Para que o seja, é necessário que não se limite a uma extrapolação do que está sendo feito. É necessário que, após um bom diagnóstico, seja definido o cenário que se deseja alcançar em determinado prazo, bem como a estratégia para viabilizá-lo. Cenário é a previsão da situação geral dos ambientes externo e interno de uma empresa para determinada época futura, feita, em geral, com a finalidade de se formular um planejamento estratégico.

A estratégia define os rumos e as decisões que determinam a natureza da organização. "A essência da estratégia está nas atividades: escolher atividades diferentes ou executar as atividades de forma diferente da que é usada pelos competidores".[1]

> *Trabalhamos não para realizar coisas, mas para melhorar o futuro, pois é lá que vamos passar o resto das nossas vidas.*
>
> CHARLES KETTERING
>
> *Como seria idiota começar uma viagem sem saber aonde se quer chegar. Você já traçou um plano para a sua vida?*
>
> B. C. FORBES

O cenário traçado deve ser abrangente, incluindo todos os produtos, as áreas geográficas e as funções da empresa, bem como a forma desejada de relacionamento com os clientes, os fornecedores, os empregados e os acionistas. O cenário inclui também uma descrição do ambiente externo, pois ele indica aonde se deseja chegar. Uma das formas utilizadas para elaborar o cenário é pedir a cada executivo de alto nível que faça sua versão do que consideraria o cenário ideal. Essas versões são progressivamente consolidadas para formarem o cenário desejado pela equipe. A decisão sobre a forma final do documento cabe ao principal executivo da empresa ou ao conselho de administração.

Aprovado o cenário, monta-se o planejamento estratégico, que deve visar, acima de tudo, ao que deve ser feito para se atingir o cenário desejado. Deve-se definir as ações certas para se chegar aonde se deseja, até mesmo, se necessário, as ações sobre o ambiente externo com a finalidade de modificá-lo. Enfatiza-se"fazer a coisa certa". O planejamento estratégico deve ser de natureza indicativa, sem os detalhes que caracterizam os planejamentos operacionais.

---

[1] PORTER, M. What is strategy? *Harvard Business Review*, nov./dec. 1996. p. 61s.

O cenário precisa ser periodicamente revisto para adaptar a empresa às novas condições do ambiente. Nenhum planejamento é estático. O planejamento estratégico deve ser colocado em prática por meio do seu desdobramento em planejamentos operacionais, de responsabilidade dos dirigentes de cada área e cada órgão da empresa, sendo o planejamento de recursos humanos um desses desdobramentos.

O conceito de planejamento estratégico está intimamente vinculado ao de eficácia, isto é, fazer aquilo que precisa ser feito para atingir resultados que sejam válidos para a organização. Para isso, um dos aspectos relevantes é o aproveitamento das oportunidades.

A elaboração de um bom planejamento estratégico deve ser precedida de um diagnóstico para que saibamos onde estamos. Um bom diagnóstico responde às perguntas: Qual é o nosso negócio? Como está o nosso negócio? Quais seus pontos fortes e fracos? Quais as oportunidades que nos apresentam? O que pode nos ameaçar? Como deveria ser o nosso negócio? O cenário deve responder às perguntas: Como deverá ser o nosso negócio daqui a *x* anos? O cenário poderá alterar até mesmo os objetivos gerais.

2.1.3 O diagnóstico da empresa

Um bom diagnóstico depende mais das perguntas certas que das respostas. Não existe receita para as perguntas a serem feitas, mas algumas podem ajudar a iniciar o diálogo e, com base nisso, o analista deve formular as próprias perguntas em função das respostas.

A seguir, como exemplo, formulamos algumas perguntas que podem ser úteis para iniciar o diálogo sobre o diagnóstico da área de recursos humanos. Essas e outras perguntas devem ser feitas a várias pessoas que atuam na mesma área ou em áreas afins. Nem sempre as respostas coincidem. No decorrer das entrevistas, o analista pode incluir novas perguntas que vão surgir naturalmente por causa das respostas obtidas.

É importante que o analista respeite ao máximo seu interlocutor e procure criar um ambiente descontraído, no qual o entrevistado pode dizer algo importante que não tinha sido sequer cogitado. É também importante saber ouvir e nunca interromper o entrevistado, que, às vezes, envereda por um assunto que aparenta não ter importância, mas que, posteriormente, demonstra sua relevância em razão de outras observações. O analista deve tomar poucas notas durante a entrevista e complementá-las logo a seguir.

Dependendo da empresa, a maioria dessas perguntas não fará sentido, e cabe ao analista que efetua o diagnóstico selecionar as que são válidas, sem a preocupação de utilizar todas no seu diagnóstico.

2.1.3.1 Perguntas gerais e estratégicas

1. Quais são, em linhas gerais, as atividades da empresa? É possível descrever, sinteticamente, o histórico da empresa?
2. Quais são os objetivos da empresa? Esses objetivos têm sido mantidos há quanto tempo? Os funcionários os conhecem? Eles acreditam nesses objetivos? Quantos e quais os conhecem? Como são comunicados? Os objetivos de cada área e de cada unidade da empresa são consistentes entre si e com os objetivos gerais da organização? O que é feito para assegurar essa consistência?
3. Como poderia ser definido o ramo de negócio da empresa? É fácil entrar e sair dele? Como você imagina o futuro desse ramo de negócio? O ramo de negócio é fragmentado ou concentrado? Quantos competidores existem? Qual o tempo que a alta administração dedica ao pensamento do futuro? O que deveria ser feito de maneira diferente para criar esse futuro?
4. Qual é a estratégia da empresa? O que ela faz para se distinguir dos seus competidores? A estratégia está bem divulgada ao pessoal da empresa?
5. O ambiente em que atua a empresa é complexo e difícil de entender? Os dirigentes estão cientes disso?
6. Existem mudanças fortes no ambiente em que a empresa opera? A empresa tem flexibilidade para reagir tempestivamente a essas mudanças? Os dirigentes estão conscientes das mudanças e têm sensibilidade para mudar, se necessário?
7. O mercado em que atua a empresa está crescendo? Saturado? Declinando? Pode-se repetir a pergunta para cada tipo de produto.
8. Quem é quem no topo da organização? Na sua opinião, quais as características de cada um? Quais os principais detentores de poder e liderança?
9. A estrutura organizacional é adequada à estratégia da empresa? As atividades estratégicas estão bem posicionadas na estrutura, isto é, estão em nível hierárquico adequado?

10. Existem metas de resultados para a empresa? Para cada unidade? Como são estabelecidas? Como são cobradas? Para que prazo costumam ser definidas?
11. Quais são os pontos fortes da empresa? O que é possível fazer para aproveitá-los melhor? Existem atividades que a empresa execute melhor que seus competidores e que eles tenham dificuldade em imitar? Quais? Qual é a base da vantagem competitiva da empresa? Quais são as maiores oportunidades que existem para a empresa? Ela está preparada para aproveitá-las? Existem obstáculos na cultura da empresa que dificultam o seu aproveitamento?
12. Quando são montados os planos de investimento, procura-se dar prioridade aos pontos fortes e às oportunidades? Isso se reflete no orçamento? Os recursos estão adequadamente alocados em função da estratégia?
13. Já foram criadas equipes para recomendar a melhor forma de aproveitar os pontos fortes e as oportunidades?
14. Quais são os pontos fracos (as vulnerabilidades) da empresa?
15. Já foram criadas equipes para estudar e recomendar soluções a respeito dos pontos fracos? Quais são as principais ameaças para a empresa?
16. Como você gostaria de ver sua empresa daqui a dois anos? Cinco anos? Dez anos? Como você vê o futuro desse ramo de negócio nesses prazos?
17. Há recursos para que a empresa chegue ao ponto desejado daqui a dois anos? Cinco anos? Dez anos?
18. Os fornecedores de insumos e serviços para a empresa estão fragmentados ou concentrados? Eles têm condições de se integrar verticalmente a jusante e de passar a competir com a empresa? Em uma negociação, quem tem maior poder de barganha: os fornecedores ou a empresa? Existe um plano para desenvolver fornecedores? Tem havido mudanças de hábitos entre os fornecedores? Quais?
19. Existe um processo para projetar e viabilizar o futuro desejado para a empresa? Existe um planejamento estratégico aprovado? Quem o conhece? Esse plano leva em consideração os pontos fortes da empresa e a conveniência de dar prioridade a eles?
20. Esse plano leva em consideração possíveis mudanças no mercado? Existe um plano contingente ou um plano B?

21. Como são estabelecidos e aprovados as metas e os planos da empresa?
22. Como é aprovado o orçamento? Como são controlados os desvios?
23. Quem aprova as prioridades de investimento?
24. Quem aprova compras de equipamentos e de ativos de valor relevante?
25. Como é feita a coordenação dos programas de vendas e de produção?
26. A empresa vende mais do que produz ou pode produzir mais do que vende?
27. Existe auditoria externa? Quem a faz?
28. Como são estabelecidas as prioridades para o planejamento dos sistemas de informática?
29. Quem aprova os preços dos produtos? E a tabela de preços?
30. A empresa sabe se está operando na faixa elástica ou inelástica de preços? Pode-se repetir a pergunta para cada produto.
31. Como são estabelecidas as metas de qualidade? Quem as aprova?
32. Indique a ordem de prioridade que a empresa, em sua opinião, atribui a cada um dos seguintes valores: lealdade, identificação com a empresa, disciplina, capacidade de delegar, pontualidade, responsabilidade, liderança, iniciativa, criatividade, capacidade de assumir riscos, capacidade de decidir, capacidade de trabalhar em equipe, motivação, capacidade de comunicar, relacionamento com os superiores, relacionamento com os colegas, relacionamento com os subordinados, capacidade de conviver com pressões, capacidade de administrar conflitos, estabilidade emocional, capacidade de adaptação a situações.
33. Indique a ordem de prioridade que você atribuiria aos valores da pergunta anterior.
34. Existem políticas ou esforços com o intuito de procurar integrar os interesses dos empregados com os da empresa? Quais? A empresa já procurou "ampliar" ou "enriquecer" o trabalho? Deu resultado? Por quê?
35. Quais, na sua opinião, deveriam ser as características mais importantes dos gerentes (ou executivos) da empresa? Os demais dirigentes estão de acordo com a sua opinião?
36. Como são efetuados os contatos com os acionistas minoritários e preferenciais? Quem são os responsáveis por esses contatos? Existem dificuldades nos aspectos societários?

37. Como os acionistas minoritários ou preferenciais cobram resultados? Que tipo de cobrança fazem? A quem fazem? Dão também sugestões? Quais?
38. De modo geral, como é feita a coordenação entre as diversas áreas da empresa? É adequada? Como poderia ser melhorada?

2.1.3.2 Perguntas sobre recursos humanos

1. Existe alguém de alto nível responsável pelas políticas gerais e pelo plano estratégico de recursos humanos da empresa? Quem? A quem ele (ela) se reporta?
2. Qual a estratégia de recursos humanos da empresa? Tal estratégia é compatível e consistente com o seu plano estratégico? Essa estratégia conduz à obtenção de uma vantagem competitiva por meio dos recursos humanos?
3. Quais as políticas da empresa em relação a recrutamento, seleção, remuneração, benefícios, planejamento e desenvolvimento de carreira, treinamento, segurança do trabalho, uso de contratos temporários e terceirização, compras de ações pelos empregados e organização do trabalho? Até que ponto essas estratégias são compatíveis entre si e com a estratégia geral da empresa?
4. Como ocorrem as comunicações na empresa? Quais são os canais utilizados?
5. Como os funcionários veem a empresa?
6. Como é feito o recrutamento e a seleção de pessoal? O procedimento é o mesmo nas várias unidades? Qual o procedimento de cada uma? Quais as unidades da empresa que têm serviços próprios de recrutamento e seleção? Quais as fontes usadas para o recrutamento?
7. Quais as características mais importantes que, na sua opinião, deveriam ter os executivos e os empregados da empresa para executar adequadamente o seu plano estratégico? Quais os conhecimentos, as habilidades, as atitudes, as características e os comportamentos que devem ter os que são admitidos na empresa para a execução dos planos de recursos humanos? Os recrutadores e selecionadores compartilham dessa opinião? Estão informados a respeito da sua opinião?

8. Como é feita a integração do pessoal? Existe um responsável por essa integração?
9. Existe um regulamento interno? Quem entrega uma cópia desse regulamento aos novos empregados? Como é feita a entrega? Os empregados assinam um termo de recebimento?
10. É feita uma avaliação após o período de experiência? Como é realizada? Quem toma a iniciativa da avaliação?
11. Como é feito o treinamento de pessoal? Existe um programa de treinamento? Como é elaborado? Como é aprovado? Como é executado? Como é avaliado? É coerente com o planejamento estratégico da empresa? Por quê?
12. Em sua opinião, a empresa tem as pessoas certas nos lugares certos? Quem, a seu ver, não seria suficientemente competente para a posição que ocupa ou não estaria adequadamente motivado? Por quê?
13. Existe um sistema de avaliação de pessoal? Caso afirmativo, o que é avaliado? Como são usadas as conclusões da avaliação? Como é dado o *feedback* aos avaliados? É possível melhorar o sistema? Os funcionários sabem o que se espera deles? Os resultados esperados de cada um estão claros?
14. Como os resultados da avaliação de pessoas conversam com o planejamento estratégico da organização?
15. Existe um planejamento dos recursos humanos? Um planejamento de carreira? Está compatível com o plano estratégico da empresa?
16. Os procedimentos e as práticas de recrutamento, seleção, remuneração, benefícios, treinamento e desenvolvimento, encarreiramento, terceirização, avaliação e uso de equipes autogerenciáveis são compatíveis entre si? São compatíveis com a estratégia geral da empresa? As pessoas que trabalham na área de recursos humanos estão conscientes disso? E as das demais áreas? Esses procedimentos e práticas conduzem à obtenção de vantagem competitiva por meio dos recursos humanos? Existe alguma atividade que deveria ser terceirizada? Qual? Por quê? Existe alguma que é terceirizada e não deveria sê-lo? Qual? Por quê?
17. Como são escolhidos os que devem ser promovidos?
18. Como é organizada a Comissão Interna de Prevenção de Acidentes (Cipa)?

19. Como é organizada a segurança do trabalho na empresa? Como você avaliaria a situação de segurança na empresa? Existem especialistas em Medicina e Segurança no Trabalho? Quantos? Quais as qualificações?
20. Como é processada a folha de pagamento das diversas unidades?
21. Como é controlado o ponto de pessoal?
22. Quais são os índices de absenteísmo e de rotatividade da empresa? Como eles são calculados? Como esses indicadores se comportam comparando-os aos concorrentes? Qual é a sua percepção sobre os resultados desses indicadores?
23. E a rotatividade do pessoal de alto nível?
24. Como a empresa se situa em termos de competitividade salarial no mercado de trabalho?
25. Existe um plano de cargos e salários? O plano é geral para a empresa ou cada unidade tem o seu? No caso de ser geral, como são feitas as adaptações às várias unidades?
26. Como é feita a aferição dos salários da empresa com os do mercado de trabalho? A empresa participa do Grupisa ou de outro grupo de troca de informações salariais? Qual a forma usada para a troca de informações?
27. Quais benefícios a empresa oferece? E os competidores?
28. O sistema de remuneração está alinhado com os objetivos estratégicos da empresa, isto é, o sistema de remuneração estimula esforços que visem alcançar os objetivos estratégicos aprovados? Quais os principais incentivos embutidos no sistema de remuneração? Os resultados são positivos? Como? Valeria a pena modificá-los? Por quê?
29. Existe teletrabalho em alguma área da empresa? Tem funcionado? Qual sua opinião a respeito? Existem planos para estender o teletrabalho a outras áreas? Quais?
30. Como está a situação trabalhista da empresa? Existem muitas ações contenciosas na Justiça do Trabalho? Por quê? Como é feito o acompanhamento dos processos?
31. O contrato de trabalho é padronizado para todas as unidades? O contrato especifica a necessidade de aceitação do regulamento?
32. Existem normas na área de recursos humanos? Quais? Deveriam ser mudadas? Por quê?
33. Deveriam ser introduzidas novas normas? Quais? Qual a prioridade?

2.1.4 O planejamento operacional

O planejamento operacional é uma função gerencial, de acordo com a concepção de Fayol, e as principais decisões a seu respeito são inerentes à atividade de administrar de cada um dos chefes de unidades organizacionais. Trata-se de um planejamento anual, bienal, ou com um horizonte de doze meses adiante, com detalhamento semanal, mensal ou trimestral. Ele especifica, com a precisão praticável, quais recursos devem estar disponíveis para cada produto e serviço específico e fornece cronogramas geralmente precisos para seu uso. Os diversos planejamentos operacionais devem estar coerentes entre si e com o planejamento estratégico da empresa. No planejamento operacional, dá-se muita ênfase à eficiência, à qual esse planejamento está intimamente vinculado.

A eficiência consiste em fazer bem-feito, no sentido mais amplo, aquilo que está sendo feito, considerando todos os aspectos e tendências. Consiste ainda em usar os recursos disponíveis da melhor forma possível e em resolver os problemas, mas sem considerar se o que está sendo feito é o que deveria ser feito.

Plano Estratégico	**Plano Operacional**
• visa à eficácia;	• visa à eficiência;
• responde à pergunta: O que fazer?;	• responde à pergunta: Como fazer?;
• tende a ser de longo prazo;	• tende a ser de curto ou médio prazo;
• visa a resultados finais válidos;	• visa à otimização dos recursos usados;
• abrange o ambiente externo;	• concentra-se mais no ambiente interno;
• é indicativo, não tem detalhes;	• tende a ser detalhado;
• é elaborado pelo pessoal de alto nível;	• é elaborado pelas gerências médias;
• pode ter fortes impactos na empresa.	• não costuma causar fortes impactos.

2.2 Planejamento dos recursos humanos

2.2.1 Consistência com o planejamento estratégico

O planejamento dos recursos humanos deve ser parte integrante desse planejamento global, e o plano de recursos humanos retrata, para esta área, aquilo que é necessário para que se atinjam os objetivos estratégicos da empresa. O ponto de partida para o planejamento dos recursos humanos é o diagnóstico das políticas, práticas e decisões da empresa nessa área, bem como de sua consistência e coerência e da verificação da forma como elas se encaixam no planejamento estratégico da empresa.

As políticas, práticas e decisões de recursos humanos devem ser coerentes entre si, além de estarem consistentes com o planejamento global da empresa.

Tentar "vender" um plano de recursos humanos sem enquadrá-lo no plano estratégico da empresa é muito difícil, ainda mais porque é quase impossível estimar com precisão o retorno sobre esse investimento.

2.2.2 As avaliações dos recursos humanos

As avaliações em recursos humanos são, pelo menos, de duas naturezas: as aplicadas às pessoas e as que avaliam os resultados de recursos humanos como um todo. Neste tópico, abordaremos as tipologias de avaliação aplicadas às pessoas, entre elas a avaliação de desempenho; a de potencial e de qualificações; e a 360°. Essas avaliações são de extrema importância para a construção dos planos sucessório e de carreira na organização, tópicos abordados na sequência. A Avaliação de Resultados em Recursos Humanos, em razão da importância e da complexidade do tema, será tratada em capítulo específico (vide Capítulo 14).

2.2.2.1 A importância das avaliações

É preciso fazer avaliações das pessoas para verificar de que forma elas satisfazem ao que se espera delas. A primeira pergunta que se faz quanto à avaliação dos recursos humanos é: Vale a pena avaliar? A pergunta certa deveria ser: Vale a pena termos um plano formal de avaliação?, porque avaliação existe sempre. Quando estamos em contato com uma pessoa, de alguma forma a avaliamos. As empresas que não têm plano formal de avaliação, quando precisam de uma informação sobre um empregado, procuram-na com seu chefe imediato e com pessoas confiáveis que o conhecem, e assim obtêm uma resposta. O empregado, portanto, foi avaliado. Terá sido bem avaliado? As respostas são confiáveis? Objetivas? Estão corretas? Podemos tomar decisões com base nelas? Se não tivermos outras fontes, não teremos alternativa senão aceitar as informações disponíveis. A única certeza que podemos ter é que a avaliação não terá sido objetiva: nenhuma avaliação é totalmente objetiva, sempre haverá algum grau de subjetividade. A existência de um plano formal de avaliação deve conduzir a avaliações menos subjetivas e menos distorcidas do que as realizadas sem nenhuma estruturação.

A avaliação de recursos humanos:

- existe sempre;
- é subjetiva;
- contém alguma distorção.

Entretanto, quando obtida por meio de um programa formal, a avaliação de recursos humanos contém menos distorções e subjetividades que outros tipos de avaliações.

A existência de um programa formal não invalida avaliações informais. Vale a pena citar as palavras de Jack Welch. Tudo na GE tem a ver com identificar e desenvolver pessoas ótimas, não importa sua origem. Na GE, as pessoas são avaliadas todos os dias, de maneira tácita e informal – nos refeitórios, nos corredores e em todas as reuniões. Esse foco intenso nas pessoas – o teste constante de todos, nos mais variados ambientes – é a essência da gestão na GE. Afinal de contas, isso é a própria GE. Desenvolvemos ótimas pessoas, que então constroem grandes produtos e serviços.[2]

Se, como dissemos, a formação e a manutenção de uma equipe competente e motivada é o maior ativo de uma organização, a redução das distorções inerentes a qualquer avaliação dará à administração informações para saber a qualidade e a motivação da equipe. Um sistema formal de avaliação, bem formulado e conduzido, será um instrumento útil para determinar se a organização dispõe ou não da equipe de que necessita. Além disso, o plano

---

[2] WELCH, J.; BYRNE, J. A. *Jack definitivo:* segredos dos executivos do século. Rio de Janeiro: Campus, 2001. p. 173.

formal e estruturado obriga a detectar as mudanças nas pessoas e sua adequação às necessidades da empresa.

A melhor maneira de reter as "estrelas" da empresa é conhecer o seu pessoal melhor do que eles mesmos se conhecem e então usar a informação para elaborar com eles a carreira ideal. Muitos profissionais de talento deixam as organizações porque os administradores superiores não compreendem a psicologia de satisfação no trabalho. Eles partem do pressuposto de que as pessoas que têm bom desempenho estão necessariamente satisfeitas com o trabalho. Parece lógico, mas nem sempre é verdadeiro. Elas continuarão na empresa se o trabalho estiver de acordo com os seus interesses de vida. Algumas pessoas querem dinheiro, outras, desafio, e outras, ainda, prestígio e uma vida confortável.[3]

Wayne Caseio enumera seis mitos sobre a avaliação:

Mito 1: *Os executivos não precisam e nem querem um sistema de avaliação de desempenho estruturado*. As pesquisas indicam que os executivos entrevistados disseram que um *feedback* sistemático é crucial para ajudá-los a crescer e a melhorar seu desempenho.

Mito 2: *Uma avaliação estruturada está abaixo da dignidade de um executivo*. Uma avaliação causa ansiedade, mas é necessária e desejada para que cada um saiba como está seu desempenho. Como dissemos, a avaliação existe sempre; é preferível que ela seja feita por um método estruturado, que proporciona menos distorções, do que de forma aleatória.

Mito 3: *A alta administração está muito ocupada com outras prioridades para fazer avaliações*. Não há nada tão prioritário quanto conhecer as pessoas e saber como elas estão exercendo suas funções. As biografias dos executivos mais bem-sucedidos mostram como eles se preocupam em conhecer o pessoal que trabalha para a empresa.

Mito 4: *A ausência de* feedback *estimula a autonomia e a criatividade*. A falta de *feedback* deixa as pessoas na ignorância a respeito de:

3 BUTLER, T.; WALDROOP, J. The art of retaining your best people. *Harvard Business Review*, sept./oct. 1999. p. 144s.

como está o seu desempenho; o que se espera delas; e o que elas devem fazer para melhorar.

Mito 5: *Os resultados são a única base para avaliar o desempenho de um executivo.* Claro que é preciso dar ênfase aos resultados, mas é preciso indicar o caminho para obtê-los, do contrário as falhas se acumulam e podem chegar a um ponto de difícil correção. Além disso, existem fatores fora do controle dos executivos na obtenção dos resultados, como as condições econômicas, a disponibilidade de recursos, a contribuição de outras áreas da empresa e muitos outros.

Mito 6: *Uma avaliação abrangente de um alto executivo não pode ser obtida por meio de um sistema estruturado.* Um sistema estruturado não invalida, e sim complementa a intuição e o julgamento pessoal, ambos necessários para se conhecer bem um alto executivo. Se não houver um sistema estruturado, que todos levem a sério, os executivos ficam sem uma referência a respeito do seu desempenho.[4]

2.2.2.2 Distorções nas avaliações

Erros e distorções nas avaliações comprometem os resultados e conduzem a decisões erradas. As distorções são causadas pelos vícios de avaliação. Os mais comuns são:[5]

- **subjetivismo:** atribuir, ao avaliado, qualidades e defeitos do próprio avaliador; ou avaliar em função de valores e objetivos pessoais, que não coincidem com os valores, objetivos e interesses da organização; incluem-se nesse erro os preconceitos em relação a etnia, idade, sexo e outros; também denominado parcialidade (se bem que a parcialidade é consciente, e o subjetivismo é, em geral, inconsciente);
- **unilateralidade:** valorizar aspectos que o avaliador julga importantes, mas que não o são para a empresa ou para a posição que o avaliado ocupa;

[4] CASCIO, W. *Managing human resources:* productivity, quality of work life, profits. 5. ed. New York: McGraw-Hill, 1998.

[5] BERGAMINI, C. W.; BERALDO, D. G. R. *Avaliação e desempenho humano na empresa.* São Paulo: Atlas, 1992. p. 51s.

- **tendência central:** não assumir valores extremos por medo de prejudicar os fracos e de assumir responsabilidades pelos que são avaliados como excelentes; se alguém for avaliado como muito ruim, poderá surgir a pergunta: *Por que nenhuma providência foi tomada?*; se for julgado como muito bom, a pergunta será: *Estará em condições de ocupar a posição do avaliador?*; para evitar esse erro, algumas empresas obrigam a classificar os avaliados em grupos de acordo com a curva normal de Gauss, conforme indicado adiante, incorrendo, possivelmente, em outras distorções;
- **efeito halo:** julgar todas as características como um conjunto homogêneo, sem considerar as diferenças de cada item da avaliação, isto é, todos os itens da avaliação recebem o mesmo conceito, correspondente à impressão geral do avaliado; esse vício é mais útil para indicar como o avaliador procede do que para a precisão da avaliação (por exemplo, um avaliado simpático recebe uma avaliação boa em todos os itens);
- **falta de memória:** ater-se apenas aos últimos acontecimentos, omitindo fatos ocorridos há mais tempo, mas no período de avaliação; também denominado recenticidade;
- **supervalorização da avaliação:** acreditar que um instrumento de avaliação corrija os defeitos das pessoas. A avaliação é uma ferramenta, isto é, um método para se obter resultados ou informações para subsidiar decisões sobre as pessoas. A correção só ocorre com ações executivas;
- **desvalorização da avaliação:** acreditar que a avaliação não contribua em nada para aproveitar melhor os recursos humanos. Um bom sistema de informações sobre pessoas pode ser muito útil se for bem usado;
- **falta de técnica:** desconhecimento das técnicas de avaliação, julgando apenas por meio do bom senso e considerando importantes informações irrelevantes. Boa parte dos avaliadores não é formada em administração e nem recebeu treinamento para saber como deve avaliar;
- **força do hábito:** insensibilidade para apontar variações no avaliado com relação a ele mesmo em períodos anteriores. As pessoas que são rotuladas como boas ou más tendem a se comportar a fim de justificar o rótulo que receberam. Deve-se evitar rotular qualquer pessoa;
- **posições contrárias:** interpretações errôneas da finalidade da avaliação. A avaliação pode ter por objetivo melhorar o desempenho na atual função, ou fornecer informações para decisões da administração em relação ao avaliado. É preciso que o avaliador saiba exatamente a finalidade da avaliação que está fazendo.

Há também o erro causado pela comparação, às vezes denominado *erro de contraste*, que resulta da comparação do avaliado com outros. Esse erro tende a ser ampliado quando o número de avaliados é pequeno. Por exemplo, um avaliado é considerado muito bom, porque em comparação com outros dois muito fracos ele se destaca. Ocorre que todos podem ser fracos e ele esteja sendo beneficiado pela comparação. Por outro lado, se ele for comparado com avaliados excelentes, poderá ser prejudicado na comparação.

Existem ainda os erros causados por avaliadores "bonzinhos" ou "mauzinhos", que avaliam todos muito bem ou muito mal. Erros denominados de brandura ou de rigor.

2.2.2.3 Características e finalidades de um sistema de avaliação

Um bom sistema deve ser:

a) *confiável e válido*: baseado em resultados obtidos;
b) *relacionado ao trabalho*: considerar o que é relevante para o trabalho;
c) *padronizado*: permitir comparações entre as avaliações;
d) *prático*: simples de ser executado.[6]

Existem duas finalidades principais em qualquer plano de avaliação de recursos humanos:

a) melhorar o desempenho da pessoa na posição atual e
b) proporcionar informações ao pessoal da administração superior para decisões sobre o aproveitamento e o encarreiramento dessa pessoa.

Esse plano de avaliação não tem vínculo com o plano de cargos e salários. Este último destina-se a obter uma boa administração salarial, com o fim de atrair, reter e motivar as pessoas; de obter coerência interna entre os salários e coerência externa com o mercado. O plano de avaliação de recursos humanos destina-se a avaliar o desempenho das pessoas para subsidiar decisões administrativas ou o potencial e as qualificações das pessoas para subsidiar decisões sobre promoções, treinamentos, reposicionamento, demissões e encarreiramento.

---

[6] LAZER, R.; WIKSTROM, W. S. *Appraising managerial performance:* current practices and future directions. New York: Research Report from The Conference Board, 1979. p. 4s.

Ao se formular um plano de avaliação de recursos humanos, a primeira decisão a ser tomada é a finalidade do plano, será preciso priorizar os objetivos, porque um plano cuja meta é melhorar o desempenho do empregado na posição atual, dificilmente será bom para proporcionar informações para decisões sobre o seu aproveitamento e encarreiramento e vice-versa. O plano deverá ser montado tendo em vista o seu objetivo principal e poderá proporcionar subsídios para a outra finalidade, mas certamente não será ótimo para o objetivo secundário.

Note-se que não se mencionou a remuneração entre as possíveis decisões a serem tomadas como consequência do plano, porque um plano que vise também a decisões sobre remuneração proporcionará avaliações muito distorcidas. No entanto, indiretamente, por meio das promoções, dos programas de desenvolvimento e reposicionamento, a avaliação acaba influenciando a remuneração.

2.2.2.4 Avaliação de desempenho

Objetivo

Essas avaliações destinam-se a melhorar o desempenho dos avaliados nas atividades que executam. Deve ficar claro para todos os participantes que este é o objetivo da avaliação. Podem existir outros objetivos secundários, como proporcionar um *feedback* para o processo de seleção, dar indicações sobre as necessidades de treinamento, identificar problemas na estrutura organizacional e dar subsídios para as decisões sobre encarreiramento, mas não se deve perder de vista que o objetivo principal é melhorar o desempenho dos avaliados nas posições que ocupam.

O processo de avaliação

Algumas empresas começam o processo com uma autoavaliação, que é uma forma de verificar como o avaliado se "vê". Essa autoavaliação será, a seguir, debatida com o chefe imediato. Outras empresas começam com a avaliação do chefe imediato. McGregor recomendava que toda avaliação de desempenho deveria começar com a autoavaliação, pois isso obrigaria a pessoa a pensar sobre seu trabalho, meditar sobre seus pontos fortes e suas fraquezas e formular planos para alcançar resultados específicos. O papel do superior é vincular os resultados e as metas propostas às necessidades da organização. Esse sistema coloca a responsabilidade maior no subordinado e desloca a ênfase de uma avaliação para uma análise.[7] A oportunidade de participar do processo de avaliação aumenta a responsabilidade do avaliado. Existe, porém, um fato a ser considerado: as pessoas tendem a se julgar melhores do que realmente são. Conforme o velho ditado: ninguém é bom juiz em causa própria.

Um bom sistema de avaliação de desempenho deve ser acoplado ao método de administração por objetivos, ou mais propriamente administração por metas. Esse método concentra os esforços naquilo que é considerado importante para a organização, desde que os objetivos de cada unidade sejam compatíveis e estejam de acordo com as metas e os objetivos da organização. Além disso, proporciona um mecanismo para uma avaliação mais objetiva.

Um administrador bem-sucedido assegura que cada pessoa na organização saiba o que se espera dela, conheça suas responsabilidades, como elas se encaixam no conjunto da organização e como seu desempenho será avaliado. Cada pessoa deve ter metas para atingir dentro de determinada conjuntura, de modo que não haverá mal-entendidos sobre o que se supõe que ela deva fazer. Atingir as metas previstas deve ser a medida básica do desempenho.[8]

As avaliações de desempenho não devem se limitar aos resultados alcançados, pois existem muitos fatores que estão fora do controle do avaliado e isso precisa ser considerado. Existem influências fortes dos ambientes externo e interno. A situação econômica do país, do ramo de negócios em que opera a empresa, o desempenho de outras áreas da empresa que afetam o resultado do avaliado e muitos outros fatores. Além disso, alguns fatores são difíceis de serem avaliados, como o "clima" de confiança e motivação que o administrador cria nos seus subordinados, embora isso possa ser inferido, até certo ponto, pela rotatividade, pelo absenteísmo e por outros fatores mensuráveis. O modelo que o chefe representa para seu pessoal pode influenciar muito os resultados, mas não é fácil medir isso. É preciso considerar ainda se o avaliado dispunha dos recursos adequados para atingir os resultados previstos.

Feedback

Em qualquer caso, na avaliação de desempenho é indispensável o *feedback* completo ao avaliado. O avaliado tem de saber em quais aspectos vai bem e em que pontos não vai. Uma das características de um bom administrador é ser

---

7 McGREGOR, D. Uneasy look at performance appraisal. *Harvard Business Review*, sept./oct. 1972.

8 SPENCER STUART & ASSOCIATES. *Relatório do verão de 1983.*

capaz de fazer uma boa avaliação e dar o *feedback* ao subordinado, bem como planejar, em conjunto com o subordinado, como melhorar seu desempenho. Uma entrevista de *feedback* mal conduzida causa sérios conflitos e essa avaliação é quase sempre incômoda, especialmente quando há necessidade de se dar um *feedback* negativo. Há empresas que chegam a ponto de aceitarem que não seja dado o *feedback*, alegando que se forçados a isso muitos executivos, não preparados para confrontar subordinados, farão avaliações benevolentes. Dizem que preferem uma avaliação mais precisa do que forçar o *feedback*. Mas, se ele não ocorrer, como poderá o avaliado se preparar para melhorar? Como vai saber o que se espera dele? E para que servirá a avaliação? O chefe, por sua vez, deve informar ao seu superior sobre as avaliações e aceitar uma revisão e, se for o caso, modificações.

Um bom *feedback* deve ter várias características. A entrevista de avaliação do desempenho deve ser efetuada em local reservado, sem a presença de mais ninguém além do chefe e do subordinado. Não deve ser interrompida por outras pessoas ou por telefonemas. O chefe deve começar com os aspectos positivos, pois isso deve predispor o avaliado a aceitar melhor os negativos. Começar com os aspectos negativos predispõe o avaliado à defensiva. Ele deve limitar-se aos resultados do trabalho, de preferência em função de metas preestabelecidas, sem atingir a pessoa do avaliado e sem comparar com resultados de outras pessoas, na medida do possível. Devem-se evitar críticas pessoais. É preciso deixar claro que a pessoa não está sendo julgada na sua essência, mas em seus atos, decisões e resultados. Além disso, o período abrangido pela avaliação não deve ser muito longo. É mais fácil avaliar e conversar sobre o que ocorreu no passado recente do que sobre o que ocorreu há mais tempo.

A prática constante do *feedback* facilita o diálogo, especialmente se for adotado o sistema de administração por metas, com compromissos recíprocos de resultados a serem alcançados. Finalmente, o chefe deve preparar a entrevista de *feedback*. Trata-se de um momento delicado em que há fatores emocionais em jogo e improvisações podem não dar certo. A forma de comunicar é muito importante. Imagine um funcionário que com muito esforço consegue melhorar seus resultados e recebe o seguinte *feedback*: "Até que enfim você conseguiu um bom desempenho!". Pior que isso, só um comentário sarcástico. O chefe deve usar uma linguagem clara, evitando prolixidades e ambiguidades. Um clima informal e cordial é muito importante. É preciso não esquecer que o objetivo é melhorar o desempenho e que o chefe está procurando ajudar o subordinado para esse propósito.

As pessoas tendem a se julgar com benevolência e a ter uma visão mais favorável de si do que a real. Resumindo: o *feedback* deve ser *tempestivo*, isto é, oportuno, *de preferência imediatamente após o fato*; descritivo, em vez de avaliativo; *específico*, e não genérico; sensível às necessidades do recipiente; dirigido ao comportamento controlável; proposto em vez de imposto; e testado para sua precisão com o que o recebe.[9]

Com certa frequência, os subordinados não aceitam o *feedback* que lhes é dado. Para evitar que isso aconteça, é necessário haver muita clareza sobre os resultados desejados de cada um e a forma de obtê-los. O ideal é a prática da administração por metas. As metas pessoais ou as fixadas para o órgão, para as quais todos devem contribuir.

> *Poucas pessoas são suficientemente sábias para preferir a crítica que lhes é útil ao elogio que as trai.*
>
> F. de La Rochefoucauld
>
> *Não se pode corrigir as pessoas senão fazendo-as ver como elas são.*
>
> Beaumarchais[10]
>
> *A censura é, muitas vezes, útil, o elogio, enganoso.*
>
> Winston Churchill
>
> *A crítica não deve ser recriminatória, mas instrutiva e inspiradora.*
>
> Ralph Waldo Emerson
>
> *Não pense nos que elogiam suas palavras e ações, mas nos que bondosamente reprovam suas faltas.*
>
> Sócrates

---

9 MYERS, M. S. *Every employee a manager.* San Diego: Pfeiffer & Company, 1991. p. 205s.

10 Apud BOYOER; BUREAU, 1997.

Para Thomas Wilson, *feedback* é um desses encontros humanos em que o gerente não consegue dormir na noite anterior e o subordinado não consegue dormir na noite seguinte.[11] Para evitar isso, é preciso que o superior se comunique com frequência com os subordinados para tornar o *feedback* uma prática habitual.

Um *feedback* tempestivo e bem comunicado proporciona condições excelentes para as pessoas se aperfeiçoarem e crescerem profissionalmente.

Tão importante quanto saber dar *feedback* é obtê-lo dos subordinados não só sobre o desempenho deles como também sobre o trabalho em geral. É indispensável a criação de um clima de confiança e que o superior saiba ouvir.

Finalmente, é preciso administrar o processo, isto é, premiar os que têm bom desempenho e tomar algum tipo de providência em relação aos que não têm. Essas avaliações podem proporcionar alguns subsídios para decisões sobre o futuro do avaliado, mas o objetivo principal não deve ser esse, e sim melhorar o desempenho atual.

Existem vários tipos de avaliações de desempenho, como a avaliação do final do período de experiência; a avaliação do pessoal de nível operacional (níveis hierárquicos inferiores); a avaliação do pessoal de nível intermediário; e a avaliação do pessoal da administração superior.

Avaliação do pessoal operacional

A avaliação de desempenho dos empregados de nível operacional, nos níveis hierárquicos inferiores da organização, deve ser muito simples. Para a sua realização, é necessário verificar a quantidade do trabalho produzido, sua qualidade e o relacionamento com as pessoas.

A avaliação é feita pelo chefe imediato, devendo ser revista pelo seu superior. A área de recursos humanos coordena o processo, distribuindo os formulários, recolhendo-os, tomando conhecimento das informações e, se for o caso, fazendo sugestões.

As avaliações de desempenho nesse nível devem ser feitas com frequência trimestral, pois as semestrais podem não ser suficientes. Avaliações mais frequentes tendem a aumentar a precisão.

---

[11] Apud WOOD Jr., T.; PICARELLI FILHO, V. *Remuneração estratégica:* a nova vantagem competitiva. São Paulo: Atlas, 1999. p. 203.

Figura 2.1 Formulário de graus de desempenho pessoal operacional

Nome	Cargo
Chefe imediato	Órgão

Fatores de avaliação	Muito abaixo do esperado	Abaixo do esperado	Dentro do esperado	Acima do esperado	Muito acima do esperado
Quantidade de trabalho: Volume de produção	Fraco ☐	Insuficiente ☐	Normal ☐	Bom ☐	Excelente ☐
Qualidade de trabalho: Cuidado, exatidão, correção	Fraco ☐	Insuficiente ☐	Normal ☐	Bom ☐	Excelente ☐
Sociabilidade: Relacionamento com as pessoas	Fraco ☐	Insuficiente ☐	Normal ☐	Bom ☐	Excelente ☐

Avaliação do pessoal intermediário

Em uma organização bem administrada, o pessoal de nível intermediário deve ter metas periódicas a cumprir. A melhor forma de avaliar seu desempenho é verificar o cumprimento das metas. A avaliação é feita pela chefia imediata em reuniões de acompanhamento do trabalho. Nessas reuniões, são verificados o andamento e a qualidade do trabalho e o cumprimento dos prazos, entre outras informações. São também formulados novos programas e metas. O *feedback* tende a ser automático, como parte do encaminhamento da reunião. Como as reuniões com as chefias devem ser constantes para o pessoal desse nível, o processo de acompanhamento, avaliação e *feedback* tende a ser um processo executado com naturalidade. Um bom administrador está em contato frequente com os subordinados e orienta permanentemente a execução dos trabalhos.

Um fato importante em qualquer avaliação é que o avaliador é avaliado pelas próprias avaliações que faz. Uma das características de um bom administrador é saber avaliar. É engano pensar que as avaliações serão aceitas sem crítica.

Na avaliação do desempenho, há que se considerar que alguns resultados podem não ter sido alcançados em virtude de fatores que estavam fora do controle do avaliado. Este é um ponto delicado, porque, às vezes, não é simples determinar que fatores estavam realmente fora de controle. Uma tentativa é procurar avaliar os resultados que os avaliados tenham condições de controlar. Nem sempre é fácil distinguir o que pode e o que não pode ser controlado pelo avaliado.

As avaliações de desempenho nesse nível devem ser feitas pelo menos uma vez a cada semestre.

Avaliação do pessoal de alto nível

Neste nível, a avaliação de desempenho tende a ser menos estruturada que nos anteriores e é feita, em geral, com base nos resultados alcançados pelas áreas ao final de cada exercício. Como as pessoas desse nível, frequentemente, têm bom conhecimento umas das outras, têm contatos periódicos e boa capacidade de julgamento, a periodicidade anual para a formalização é suficiente. As grandes áreas das empresas têm metas determinadas para cada período e o resultado tende a ser uma boa medida do desempenho. Valem as mesmas observações acima sobre fatores que podem estar fora do controle e sobre o *feedback*.

2.2.2.5 Avaliação de potencial e de qualificações

Objetivos, nível dos avaliados e *feedback*

O objetivo dessas avaliações é proporcionar informações à alta administração da empresa para decisões sobre o aproveitamento e o encarreiramento do avaliado. Este ponto deve ficar claro para todos os envolvidos no processo, pois, embora esse tipo de avaliação possa proporcionar alguns subsídios para melhorar o desempenho dos avaliados na sua posição atual, esta não é sua principal finalidade. O objetivo é proporcionar informações sobre promoções, demissões, tipos de treinamento requeridos, transferências e outras decisões sobre o reposicionamento do pessoal. As ações executivas posteriores visam selecionar as pessoas certas nos lugares certos com o treinamento adequado. Muitas vezes, temos pessoas excelentes que não são adequadas para as posições que ocupam. Com as informações proporcionadas pela avaliação, pode-se corrigir esse problema.

Em termos de custo e benefício, há que se limitar o pessoal a ser incluído no processo. Geralmente, avalia-se do pessoal de chefia intermediária para cima, inclusive os que têm perspectivas de assumir uma chefia intermediária.

O inventário de pessoal

O processo começa com o inventário do pessoal a ser incluído nessas avaliações e suas qualificações, competências e habilidades. Preenche-se um formulário para cada pessoa, no qual são indicados: a data de nascimento e da admissão na empresa; a formação básica profissional e o nível educacional obtido; escolas frequentadas, habilidades, experiências profissionais; grau de fluência em idiomas estrangeiros; participação em programas de treinamento; viagens ao exterior a passeio ou a negócios; dependentes, nome e profissão do cônjuge, entre muitas outras informações que nos permitem inferir o potencial de cada um. Um bom inventário nos indica as experiências, conhecimentos e habilidades da força de trabalho da empresa.

Algumas empresas incluem os *hobbies* a que cada um se dedica, pois revela o gosto por algum tipo de atividade que a pessoa pratica nos momentos em que é absolutamente livre para escolher o que fazer. As habilidades a serem inventariadas devem incluir as que são necessárias ao negócio e aos planos da empresa.

Quase todas as grandes empresas possuem esse inventário em meio magnético, inclusive com aplicativos para recuperar, cruzar e disponibilizar as informações. Seria impossível recuperar manualmente essas informações.

A seguir, um exemplo de formulário de inventário usado por um grupo empresarial.

Nesse tipo de avaliação, embora seja indispensável dar um *feedback* ao avaliado em relação aos aspectos mais importantes, dificilmente será dado um *feedback* completo da avaliação, pois alguns pontos dizem respeito ao seu aproveitamento futuro e não se devem criar expectativas que não se concretizem, nem cortar expectativas que desmotivariam a pessoa. O que costuma ser feito, na maioria dos casos, é informar o avaliado sobre pontos em relação aos quais deve tomar providências para seu aperfeiçoamento, sem lhe mostrar o formulário de avaliação.

Figura 2.2 Formulário de inventário

EMPRESA ______________________

PLANEJAMENTO DE RECURSOS HUMANOS
FICHA DE DADOS PESSOAIS

(1) DADOS PESSOAIS

NOME ______________________

NACIONALIDADE ____________ NATURALIDADE ____________ DATA NASC. __/__/__

ESTADO CIVIL ____________ Nº e ANO DO NASC. DOS FILHOS (_) __/__/__ __/__/__ __/__/__

PROFISSÃO ____________ ANO DA FORMATURA ____________

ENDEREÇO ____________ TELEFONE ____________

(2) FILIAÇÃO

		NACION.	PROFIS.	NASCIM.
PAI				/ /
MÃE				/ /

(3) CURSOS FORMAÇÃO

CURSOS	INSTITUIÇÃO	CIDADE	PERÍODO
			/ / a / /
			/ / a / /
			/ / a / /
			/ / a / /
			/ / a / /
			/ / a / /

(4) OUTROS CURSOS

CURSOS	INSTITUIÇÃO	CIDADE	DURAÇÃO	ANO

(5) IDIOMAS

____________ FALA? ______ LÊ? ______ ESCREVE? ______ ENTENDE? ______

____________ FALA? ______ LÊ? ______ ESCREVE? ______ ENTENDE? ______

____________ FALA? ______ LÊ? ______ ESCREVE? ______ ENTENDE? ______

____________ FALA? ______ LÊ? ______ ESCREVE? ______ ENTENDE? ______

(6) OUTRAS ATIVIDADES

ESTÁGIOS / ATIVIDADES / TRABALHOS PUBLICADOS / VIAGENS / PRÊMIOS / BOLSAS / ETC.

A vantagem de se possuir uma boa avaliação das qualificações do pessoal é ilustrada pelo caso que se segue.

João entra na sala do diretor e reclama: "Por que não fui promovido no lugar do Antônio? Tenho 15 anos de empresa e o Antônio só 5". O diretor, ouvindo um barulho de caminhões na rua diante do escritório, diz a João: "Por favor, veja que barulho é este aí em frente". João vai até a rua e retorna: "É uma fila enorme de caminhões...". O diretor pergunta: "O que estão levando?". João volta e retorna: "São caixotes". "O que contêm?", indaga o diretor. "Não dá para ver, estão fechados", responde João. "Para onde se dirigem os caminhões?", volta o diretor a perguntar. João volta mais uma vez à rua e completa: "Vão na direção do leste".

"Acho que tenho uma resposta ao seu pedido de promoção; aguarde um pouco aqui na sala", diz o diretor. João fica radiante esperando, enquanto o diretor chama Antônio e lhe pergunta: "Antônio, por favor, tem um barulho aí na rua em frente. Veja o que é para mim".

Cinco minutos depois, Antônio volta e diz: "São nove caminhões carregados com caixotes contendo artefatos de ferro da Siqueira & Cia. Fazem parte de uma encomenda que a empresa está mandando para São Paulo. Esta manhã passaram outros dez caminhões com a mesma carga. O carregamento é consignado à firma Zanon Oliveira Ltda. da cidade de Cascavel, no Paraná". O diretor agradece a Antônio, com um sorriso vira-se para João e limita-se a lhe dizer: "Entende por que Antônio foi promovido?...".[12]

Quem avalia e quem revê a avaliação

Em qualquer tipo de avaliação de potencial e qualificações das pessoas, quem avalia é o chefe imediato. Ninguém pode substituir o chefe imediato nesse tipo de trabalho, embora algumas empresas comecem o processo com uma avaliação preliminar efetuada pelo próprio avaliado.

[12] Extraído do *Jornal Andifes*, enviado para a Universidade Santa Úrsula (USU) por Luiz Almeida Martins Filho.

Quais as vantagens da avaliação pelo chefe imediato? Bom conhecimento do avaliado e do trabalho executado. É ele quem tem as melhores oportunidades para observar o comportamento e o desempenho do avaliado. E as desvantagens? Envolvimento emocional, dificuldade de dar *feedback* e, é claro, corresponsabilidade nos resultados.

Toda avaliação deve ter alguma revisão. Quem revê a avaliação? Temos várias alternativas: o superior do chefe imediato; o diretor da área; o chefe funcional (no caso de o avaliado ter subordinação funcional diversa da subordinação de linha); ou uma comissão de avaliação.

A comissão de avaliação será constituída por alguns membros permanentes da área de recursos humanos e alguns membros *ad hoc*, que têm contato frequente com o avaliado. Os membros permanentes são importantes para assegurar a uniformidade de critérios e os membros *ad hoc* para fornecer as informações necessárias a uma boa avaliação. Em uma grande empresa, estruturada em centros de resultado, o diretor da área funcional do avaliado deve ser um dos membros da comissão, junto com alguns clientes internos importantes.

Comissão de avaliação
Vantagens:
• maior uniformidade dos padrões de avaliação;
• diminuição do subjetivismo;
• maior engajamento do pessoal de alto nível no processo.
Desvantagens:
• custo elevado;
• consome muito tempo de executivos de alto nível;
• menor conhecimento específico dos avaliados.

A desvantagem do custo elevado, por consumir muito tempo dos executivos de alto nível, é relativa. A atividade de avaliar o pessoal é uma das mais importantes para a empresa. Jack Welch, quando era CEO da General Electric, costumava entrevistar pessoalmente os 500 principais executivos da empresa. Dizia que, "*se não conseguimos as pessoas certas, perdemos: essa é a coisa mais importante em nosso negócio*". O que Jack Welch queria é que todos os gerentes tivessem ao seu redor pessoas de talento.[13] Jeffrey Immelt, CEO da GE, diz que há 50 ou 60 anos a GE já havia concluído que em uma empresa multinacional os denominadores comuns são as pessoas e a cultura. Na GE, recursos humanos não é uma das prioridades, é a prioridade. Ao longo de um ano, Immelt revê, em detalhe, cinco ou seis mil currículos. Ele se tranca em uma sala várias vezes por ano para esse trabalho e faz questão de entrevistar pessoalmente cerca de 300 executivos por ano.[14]

O problema é *que o urgente afasta o importante*. Os executivos estão sempre tão assoberbados que não dedicam tempo suficiente para atividades importantes, mas não urgentes.

2.2.2.6 Avaliação 360°

Algumas empresas usam a avaliação 360°, na qual todos aqueles que tiveram contato profissional com o avaliado contribuem para a avaliação. A avaliação 360° tende a diminuir significativamente a subjetividade das avaliações e a aumentar a precisão, uma vez que a subjetividade de alguns avaliadores tende a compensar a de outros. No entanto, o processo tem de ser muito bem conduzido para evitar conluios e outros desvios, além de ser necessário treinar as pessoas nesse método.

O chefe imediato é corresponsável pelos resultados obtidos pelos subordinados, ele escolhe e treina a equipe, distribui tarefas e na hora de avaliar está comprometido com suas decisões em relação ao seu pessoal. Ele é avaliado pelas avaliações que faz. Ele pode até procurar camuflar as próprias falhas e deficiências profissionais ao fazer a avaliação. Sempre que alguém toma uma série de decisões a respeito de uma pessoa ou de um assunto, as que se seguem são influenciadas pelas anteriores. Como pode o chefe avaliar muito mal um subordinado cuja admissão ele recomendou e cujo treinamento foi por ele orientado?

Os clientes internos, por outro lado, querem bom atendimento e não estão comprometidos com o passado dos prestadores de serviço, mas podem desconhecer as limitações de recursos à disposição do avaliado. Por isso, nas avaliações de 360° raramente os avaliadores são identificados. Isso é uma faca

---

[13] BLECHER, N. *Exame*. 12 ago. 1998. p. 111.

[14] Entrevista concedida à *Harvard Business Review*, aug. 2003. p. 38s.

de dois gumes, pois dependendo do ambiente na empresa pode levar a distorções que buscam vantagens pessoais para o avaliador.

Os subordinados podem entrar em conluio com o chefe para melhorar todas as avaliações.

Esse método de avaliação exacerba a burocracia, amplia as tensões políticas e consome enorme quantidade de horas. Além disso, quatro paradoxos estão inexoravelmente embutidos no processo:

- **a)** paradoxo dos papéis: não se pode ser ao mesmo tempo de igual nível e juiz;
- **b)** paradoxo do desempenho do grupo: focar no indivíduo põe em risco todo o grupo;
- **c)** quanto mais fácil for obtido o *feedback*, mais difícil será aplicá-lo;
- **d)** paradoxo das recompensas: quando a avaliação dos pares é mais importante, ela ajuda muito pouco.

Os pares que se reportam à mesma chefia podem avaliar mal com medo da competição. Por outro lado, alguns colegas relutam em dizer abertamente aos seus pares, e mais ainda aos seus chefes, que eles não estão indo bem. Esses pontos são estudados por Maury Peiperl que analisa em detalhe cada um dos paradoxos e estuda formas de minimizar seus efeitos negativos.[15]

Uma das formas de minimizar os efeitos negativos é fazer uma avaliação estruturada e anônima em formulários próprios com as informações sendo compiladas por meio de aplicativos próprios para isso.

O que é avaliado

Considerando que o objetivo é proporcionar informações ao pessoal da administração superior da empresa para a tomada de decisões sobre o avaliado, a avaliação deve concentrar-se nas qualidades que se presume que sejam essenciais para o avaliado assumir posições de responsabilidade. Cada empresa, em função de sua cultura, seus objetivos, seus produtos, sua estratégia e do ambiente em que está situada, elege as qualidades e os atributos que considera importantes para o seu pessoal de topo.

No final da avaliação, pode-se recomendar que posições o avaliado teria condições de ocupar no presente ou após algum tipo de treinamento.

---

[15] PEIPERL, M. Getting 360° feedback right. *Harvard Business Review*, jan. 2001. p. 143s.

Figura 2.3 Formulário de avaliação

<table>
<tr><th colspan="2">Exemplo de formulário</th></tr>
<tr><td colspan="2">Empresa</td></tr>
<tr><td>Nome do avaliado/Sigla</td><td>Tempo na função

Anos Meses</td></tr>
<tr><td>Órgão</td><td>Função</td></tr>
<tr><td>Avaliador</td><td>Data desta avaliação</td></tr>
<tr><td colspan="2">Principais atividades do avaliado
______
______
______
______
______
______</td></tr>
<tr><td colspan="2">Recomendações
– A avaliação deve ser efetuada em função de resultados apresentados pelo avaliado.
– Avalie com base em observações concretas e dados objetivos.
– Não permita que um fato isolado influencie toda a avaliação, nem que as últimas impressões predominem.
– Procure evitar que a avaliação seja realizada em momentos de mau humor ou excesso de otimismo. Se necessário, faça a avaliação duas vezes, guardando uma primeira avaliação e revendo-a dias depois.
– Formalize com o empregado um programa de trabalho, de modo que a avaliação seja mais objetiva.
– A avaliação é um processo contínuo, portanto pratique-a sempre que necessário.</td></tr>
</table>

1. COMPETÊNCIA TÉCNICO-PROFISSIONAL	E	B	S	I
Tem conhecimentos teóricos e práticos das atividades da função e experiência na sua execução.	Tem profundos conhecimentos teóricos e práticos das atividades da função e grande experiência na sua execução. É uma autoridade no assunto. Está totalmente familiarizado com as técnicas, práticas e procedimentos da sua área profissional.	Tem bons conhecimentos teóricos e práticos das atividades da função e boa experiência na sua execução. Está familiarizado com as técnicas, práticas e procedimentos da sua área profissional.	Tem os conhecimentos necessários, teóricos e práticos, das atividades que exerce e experiência suficiente para aplicá-los.	Executa suas atividades de maneira mecânica e rotineira, sem o conhecimento técnico adequado.
( ) Não aplicável	( )	( )	( )	( )

Observações ______

2. DEDICAÇÃO	E	B	S	I
Emprega-se com afinco no trabalho. Não poupa esforços para atingir os objetivos que lhe cabem. Não recusa serviços no contexto do seu trabalho.	Entrega-se integralmente e com entusiasmo ao trabalho. Não poupa esforços para atingir os objetivos e está sempre disponível para ajudar os companheiros. Produz sempre grande volume de trabalho. É muito dedicado. Não recusa serviços.	Emprega-se com afinco no trabalho. Não poupa esforços para atingir os objetivos e, em geral, está disponível para colaborar com os colegas e superiores. Costuma produzir grande volume de trabalho. Não recusa serviços.	Trabalha dedicadamente, procurando atingir os seus objetivos. Seu volume de trabalho é adequado em relação às exigências normais. Não recusa serviços.	Nem sempre se dedica como deveria. Seu volume de trabalho nem sempre é suficiente. Costuma arranjar desculpas para o não cumprimento de algumas tarefas. Alternativamente, pode ter interesses externos ou problemas pessoais.
( ) Não aplicável	( )	( )	( )	( )

Observações ______________________________

3. PERFEIÇÃO E RIGOROSIDADE	E	B	S	I
Seu trabalho é abrangente quanto à sua finalidade e completo nos detalhes. Não costuma ter erros e omissões.	Seu trabalho é praticamente perfeito, mesmo sob pressão. Abrange todos os aspectos quanto à finalidade e é completo nos detalhes. Não contém erros ou omissões. A qualidade final é excelente.	Seu trabalho é abrangente quanto à finalidade e, em geral, completo nos detalhes. Raramente contém erros ou omissões.	Seu trabalho é adequado. Não costuma conter erros ou omissões.	Seu trabalho corresponde aos padrões mínimos aceitáveis para ser mantido no cargo e pode requerer revisões com certa frequência.
( ) Não aplicável	( )	( )	( )	( )

Observações ______________________________

4. IDENTIFICAÇÃO COM A EMPRESA	E	B	S	I
Compreende e aceita os valores básicos, objetivos e políticas da empresa e os defende diante de terceiros. Decide e age considerando os interesses da empresa.	Integralmente identificado com a empresa. Compreende e aceita seus valores básicos, objetivos e políticas e os defende com convicção diante de subordinados e terceiros. Decide e age como se a empresa fosse sua.	Muito identificado com a empresa. Compreende seus valores básicos, objetivos e políticas e os defende diante dos subordinados e terceiros. Decide e age considerando os interesses da empresa.	Identificado com a empresa. Compreende seus valores, objetivos e políticas e costuma defendê-los diante de subordinados e terceiros. Decide e age em casos importantes considerando os interesses da empresa.	Pouco identificado com a empresa. Nem sempre defende seus valores, objetivos e políticas. Suas decisões podem envolver interesses pessoais. Alternativamente, pode ter interesses externos que dificultem a identificação.
( ) Não aplicável	( )	( )	( )	( )

Observações ______________________________

5. HABILIDADE COM PESSOAS	E	B	S	I
Sabe trabalhar em equipe, visando a objetivos comuns. É aceito pelos colegas. Tem habilidade com pessoas sem envolver-se em intimidades. Sabe exigir com tato e ouvir.	Muito hábil no trato de pessoas. Sabe escolher as palavras ideais para cada ocasião. É lembrado para missões delicadas que requerem capacidade de ouvir, discernir, argumentar e exigir sem ferir suscetibilidades. É muito bem aceito.	Bom colaborador em equipe. Coopera com os colegas. É bem aceito. Tem habilidade com pessoas sem envolver-se em intimidades. É capaz de pedir e exigir de forma adequada. Sabe ouvir. Relaciona-se bem e sem preferências	Procura ser bom colaborador em equipe. É aceito pelos colegas. Pode ter dificuldades em ocasiões delicadas ao comunicar, pedir, ou exigir, mas não cria situações complicadas. Pode ser impaciente, mas contém-se.	É impessoal nas comunicações e relacionamento. Costuma ter dificuldade em aproximar-se das pessoas. Alternativamente, pode ser impaciente e perder o controle. Suas observações às vezes inábeis podem desagradar.
( ) Não aplicável	( )	( )	( )	( )

Observações ______________________________

6. INICIATIVA	E	B	S	I
Aciona, no seu âmbito, os recursos disponíveis para solucionar problemas e aproveitar oportunidades. Age por sua conta, assumindo riscos de acordo com os limites da sua função.	Altamente criativo. Suas ideias e decisões otimizam os recursos para solucionar problemas e aproveitar oportunidades. Quase não requer supervisão, mesmo em atividades inovadoras. Age por sua conta assumindo riscos de acordo com sua função.	Tem boas iniciativas e ideias para solucionar problemas e aproveitar oportunidades. Requer pouca supervisão, mesmo em casos não rotineiros. Assume riscos de acordo com sua função.	Às vezes, tem boas ideias e iniciativas. Requer supervisão periódica. Em atividades não rotineiras, pode, às vezes, obter resultados satisfatórios com soluções inovadoras.	Nem sempre aproveita as oportunidades para agir e empreender. Não gosta de assumir riscos. É adequado a trabalhos de rotina. Requer supervisão frequente.
( ) Não aplicável	( )	( )	( )	( )

Observações ______________________________

7. LIDERANÇA	E	B	S	I
Capacidade de avaliar pessoas e identificar o que podem fazer bem; de selecionar os subordinados, motivá-los e integrá-los em equipe que vise a objetivos comuns; e de desenvolvê-los e dar-lhes *feedback*.	Tem grande interesse em desenvolver e motivar subordinados; avalia-os com precisão e identifica o que fazem bem. Seleciona e desenvolve muito bem seu pessoal, que trabalha como equipe muito motivada e integrada. Comunica-se bem e é hábil em dar *feedback*. É formador de equipes vencedoras.	Capaz de desenvolver e motivar subordinados; selecioná-los, desenvolvê-los e avaliá-los bem. Sua equipe trabalha motivada e integrada. Comunica-se bem com os subordinados e dá-lhes *feedback* adequado. Obtém bons resultados do seu pessoal.	Procura desenvolver e motivar os subordinados. Comunica-se de forma adequada. Fica constrangido em dar *feedback*, mas se esforça para fazê-lo bem. Avalia e seleciona seu pessoal adequadamente. Obtém resultados satisfatórios.	Só vê os subordinados como instrumentos de trabalho. Não se comunica bem, nem dá *feedback*. Suas equipes nem sempre são motivadas e os resultados são medíocres. Prefere trabalhar sozinho.
( ) Não aplicável	( )	( )	( )	( )

Observações ______________________________

8. EQUILÍBRIO E MATURIDADE	E	B	S	I
Não é impulsivo. Não foge dos problemas. Suporta ambiguidades, pressões e frustrações. Respeita os outros. É discreto. Decide sem muito desgaste.	Mantém a calma em situações difíceis. Transmite segurança aos colegas e subordinados. Decide com pouco desgaste mesmo sob pressão e diante de situações ambíguas. Muito discreto. Respeita os outros e suas diferenças.	Controla-se em momentos difíceis. Decide com objetividade mesmo diante de pressões e ambiguidades. É discreto. Respeita os outros. Recupera-se bem das frustrações.	Procura controlar-se nos momentos difíceis. Sofre com as pressões e ambiguidades, mas esforça-se para continuar a produzir nessas situações. Nem sempre sabe se colocar no lugar do outro.	Perde a calma diante de situações difíceis. Não sabe resistir a pressões nem conviver com ambiguidades. Pode ser indiscreto e, às vezes, inseguro. Sofre com as frustrações. Pode gostar de aparecer.
( ) Não aplicável	( )	( )	( )	( )

Observações ____

9. CAPACIDADE DE DELEGAR	E	B	S	I
Capacidade de dar ordens com segurança e informar aos subordinados os resultados esperados da delegação, de autorizar iniciativas e o uso de recursos. Capacidade de cobrar e controlar o que foi delegado.	Sabe dar ordens com muita habilidade e segurança. Define e comunica com perfeição os resultados esperados. Estimula a obtenção dos resultados e a iniciativa. É reconhecido como distribuidor de atividades, estimulador de iniciativas e ótimo cobrador dos resultados.	Dá ordens com segurança. Informa aos subordinados os resultados esperados das delegações. Autoriza iniciativas e o uso dos recursos necessários. Controla o cumprimento em termos de prazo e qualidade.	Costuma dar ordens com segurança. Informa aos subordinados o que se espera das delegações. Autoriza o uso dos recursos necessários. Pode ficar constrangido, mas controla adequadamente o cumprimento do que foi delegado.	Prefere executar muitos trabalhos pessoalmente. Distribui apenas as tarefas de rotina. Tende a achar que os subordinados não têm condições de realizar o que deveriam. Encontra-se quase sempre sobrecarregado. As decisões são adiadas e os subordinados trabalham pouco.
( ) Não aplicável	( )	( )	( )	( )

Observações ____

Resumo desta avaliação (pontos fortes e fracos do avaliado):

____

____

____

____

____

____

A seguir transcrevemos o resultado da avaliação de desempenho efetuada em outro formulário:

Excede em alto grau os resultados esperados	Excede os resultados nas áreas-chave	Atinge os resultados nas áreas-chave	Atinge os resultados em várias áreas-chave	Não atinge os resultados previstos
☐	☐	☐	☐	☐

Em função das avaliações, recomendar as ações a serem tomadas: treinamento (indicar o tipo), promoção, transferência para outra função, manutenção na função atual, demissão etc.

____

____

____

____

____

____

____

Comentários dos revisores

____

____

____

____

____

____

____

____

____

Função do avaliador	Rubrica do avaliador	Data
Nome do primeiro revisor	Rubrica do 1º revisor	Data
Nome do segundo revisor	Rubrica do 2º revisor	Data

Podemos fazer várias observações a partir desse formulário.

Não adianta aumentar muito o número de atributos a serem avaliados, pois eles começam a se sobrepor em alguns casos e, em termos de custo e benefício, o pequeno aumento de precisão não será compensado pelo tempo requerido do pessoal de alto nível. Temos de limitar seu número. De oito a doze atributos devem ser suficientes para informar sobre as decisões a serem tomadas em relação ao avaliado.

Esse tipo de avaliação costuma ser feito por executivos de alto nível, que não dispõem de muito tempo. Assim, não adianta fazer um manual de avaliação: dificilmente será lido. É preciso que as instruções estejam contidas no próprio formulário. O coordenador do processo, da área de recursos humanos, deverá estar disponível para esclarecer dúvidas. Cada atributo e cada um de seus níveis devem estar claramente definidos no formulário.

Algumas empresas em vez de avaliarem atributos classificando-os de excelente a insuficiente preferem avaliar características pessoais dos empregados de alto nível. Algumas características que podem ser inadequadas para gerentes de alto nível podem ser as ideais para pesquisadores ou para assessores. Assim, fica eliminado o viés de que todos deveriam tender para um modelo que nem sempre será ideal para algumas funções. Por exemplo, a capacidade de delegar, que é importante para um diretor ou gerente de alto nível, pode ser um defeito para um pesquisador ou um analista especializado.

Ponderação de atributos

O sistema pode ser modificado, não só se alterando os atributos considerados, mas também ponderando esses atributos, isto é, estabelecendo pesos para cada um, que podem variar de pessoa para pessoa, conforme sua importância para a função exercida, desde que a soma dos pesos permaneça constante. Atribuem-se também, nesse caso, valores numéricos ou graus para os níveis que cada pessoa obteve em cada atributo, por exemplo: o nível excelente teria o grau 5, o bom grau 3, o suficiente grau 1 e o insuficiente grau 0. A multiplicação do grau pelo peso daria a contribuição do atributo. A soma dessas multiplicações daria o valor numérico da avaliação. Outra forma de ponderar, sem distorcer o resultado, seria dividir o valor da soma pela soma dos pesos. Nesse caso, não haveria a preocupação de manter constante a soma dos pesos. Muitas empresas preferem não atribuir valores numéricos para não concentrar o foco das atenções no resultado final, sem considerar o processo utilizado e as qualificações de cada avaliado.

Outras empresas montam mais de um sistema de avaliação, um para os executivos de linha de alto nível, outro para analistas e assessores de alto nível, outro para o pessoal de vendas, outro para chefias intermediárias, conforme as conveniências e as necessidades da empresa e as funções exercidas.

Variação no rigor das avaliações

Outro ponto a ser lembrado é o maior ou menor rigor das chefias ao fazerem as avaliações. Algumas empresas costumam requerer que seja feito um ajuste para enquadrar grupos maiores dentro de uma distribuição estatística normal, do tipo da curva de Gauss. Assim, ficariam eliminados os efeitos de distorção provocados pelos "bonzinhos" e pelos "mauzinhos". Esse tipo de ajuste é complicado e, se aplicado a números pequenos, as distorções podem ser maiores. O resultado dessas avaliações, após os ajustes, pode ser plotado em gráfico, conforme a curva mostrada na figura a seguir.

Figura 2.4 Distribuição normal obtida pela correção estatística da avaliação

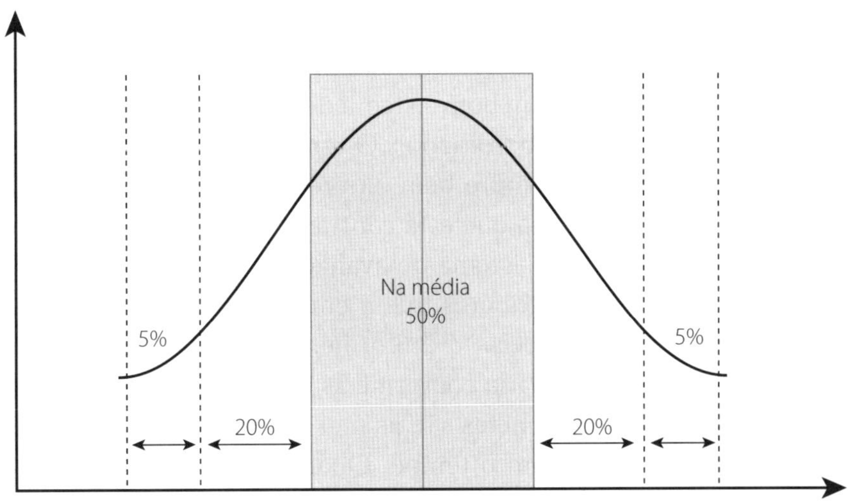

A GE adotou esse método para cada um dos seus ramos de negócio. Como o número de pessoas em cada negócio é relativamente grande, o sistema funcionou bem, pelo menos durante algum tempo. As pessoas eram divididas em três grupos, quais sejam grupo A: pessoas cheias de paixão, empenhadas em fazer acontecer, abertas a ideias de qualquer procedência e aquinhoadas com grande "pista de decolagem" pela frente; grupo B: constituído pela maioria das pessoas e sua contribuição é essencial para o sucesso operacional, deve-se empenhar toda a energia para melhorar os membros dessa classe; grupo C: incapaz de executar suas tarefas: adiam em vez de produzir, não se pode perder tempo com essa gente. A GE solicitou que os seus centros de negócio classificassem as pessoas colocando 20% no grupo A, 70% no grupo B e 10% no grupo C. No primeiro ano, os 10% piores são logo descobertos. No segundo ano, fica mais difícil, os 10% piores já foram eliminados no ano anterior. No terceiro ano, a obrigação de colocar 10% no grupo C é uma verdadeira guerra.[16]

Por que alguns sistemas de avaliação não dão certo

A principal razão pela qual alguns sistemas de avaliação não dão certo é porque são malfeitos ou são encarados como mais uma rotina a ser cumprida! É fácil dizer, mas o desenvolvimento de um bom sistema de avaliação é um processo caro e leva tempo para ser completado. Além disso, requer o apoio e a participação de membros da alta administração, que, geralmente, têm pouco tempo.

A principal vantagem de um bom sistema de avaliação é ajudar as chefias a conhecerem melhor seus subordinados. O tempo despendido no conhecimento dos subordinados é sempre bem empregado. Às vezes, o executivo, que está sempre ocupado, acha que está continuamente avaliando os subordinados e não precisa de um sistema de avaliação formal. No entanto, esse sistema indica quais são os atributos que a empresa valoriza e isso ajuda a obter uma avaliação mais precisa e uniforme. É preciso considerar que o comportamento das pessoas varia conforme as circunstâncias e nem sempre suas atitudes em relação aos chefes são as mesmas em relação aos subordinados. As pessoas mudam com o tempo. Quanto menos subjetivas e mais completas forem as informações sobre elas, maiores as probabilidades de decisões acertadas a seu respeito. A experiência tem demonstrado que um bom sistema de avaliação tende a melhorar os resultados da empresa.

[16] WELCH; BYRNE, 2001, p. 174s.

É preciso lembrar, porém, que existem outros defeitos que devem ser evitados:

1. sistemas de avaliação com objetivos múltiplos e conflitantes, ou com objetivos pouco claros e indefinidos; o sistema deve ser desenvolvido para atender a um objetivo bem definido e só subsidiariamente fornecer algumas informações para outros fins;
2. avaliações prejudicadas pela subjetividade, porque são utilizadas apenas para fins de remuneração;
3. executivos não treinados para efetuar as avaliações, sem bom conhecimento dos objetivos da empresa ou incapazes de minimizar sua subjetividade nas avaliações;
4. a alta administração não utiliza o sistema, ou por não ter participado da sua elaboração, ou por não acreditar que tenha sido bem-feito, ou por desejar medidas que conflitariam com as que seriam resultantes da aplicação do sistema;
5. dificuldade em demonstrar os benefícios proporcionados pelo sistema, uma vez que a maior parte deles se projeta mais no longo que no curto prazo. O defeito de objetivos múltiplos e conflitantes pode ser entendido se lembrarmos que *uma pessoa pode ter desempenho excelente na posição atual sem estar qualificada para a posição superior*. Se a avaliação se limitar ao desempenho, ela poderá ser promovida sem ter condições de exercer suas novas funções. Uma consequência desse fato foi mostrada no princípio de Peter, que diz que, em uma hierarquia, todas as pessoas tendem a ser promovidas até atingirem um nível acima da sua competência, ou seja, até atingirem seu nível de incompetência. O princípio de Peter diz que a promoção até o nível de incompetência é inevitável. O antídoto para isso é uma boa avaliação dos atributos e das potencialidades das pessoas e um treinamento adequado. A avaliação de desempenho não basta.[17]

Tão ou mais importante que a estruturação de um bom sistema de avaliação é a forma como ele é utilizado: a frequência da aplicação, o treinamento dos avaliadores, a importância atribuída pela alta administração e o uso que

[17] PETER, L. J.; HULL, R. *The Peter principle:* why things always go wrong. New York: William Morris & Co., 1969.

faz das avaliações. Por isso, algumas empresas preferem simplificar as avaliações limitando-as a um processo narrativo dos avaliadores, no qual são indicados os pontos fortes e fracos dos avaliados. Se os avaliadores são bem treinados para explicitar o que é importante para a empresa, esse método pode dar resultados adequados. Caso contrário, fica difícil comparar avaliações e chegar a conclusões válidas. Outras empresas limitam as avaliações a um *ranking* dos avaliados. Comparando-se dois a dois para se chegar à relação completa do pessoal. Esse processo pode dar certo, mas em grandes empresas pode chegar a resultados bastante deficientes se o número de avaliados for muito grande.

2.3 Plano sucessório

Se não houver um bom planejamento de recursos humanos e uma atenção permanente da alta administração à manutenção de um quadro de alto gabarito, corre-se o risco da aplicação da Lei de Gresham formulada originalmente para a economia e com diversas adaptações, por analogia, para a administração. O princípio formulado por Gresham diz que a moeda ruim expulsa a moeda boa de circulação. Na prática, quando existem duas moedas diferentes circulando, as pessoas entesouram a de valor maior, isto é, aquela que tende a manter seu valor por mais tempo, reservando a de menor valor, ou que tende a se desvalorizar, para as relações de troca. Assim, só a última tende a circular. Uma analogia dessa lei com as práticas de administração diz que, se não houver uma ação consciente e permanente dos administradores de alto nível, *haverá uma tendência no sentido do pessoal medíocre expulsar os melhores elementos da empresa*. Outra analogia com o processo de tomada de decisões diz que as menos importantes e repetitivas tomam todo o tempo do executivo e expulsam as mais importantes, que acabam sendo postergadas.

Um aspecto importante da avaliação de recursos humanos é, como dissemos, que seu objetivo precisa ficar claro e que suas consequências são função do tipo de avaliação. Avaliações de desempenho devem conduzir a alguma recompensa ou punição, mas não necessariamente a uma promoção. Avaliações de potencial ou de qualificações podem conduzir a promoções, mas não estão diretamente vinculadas ao desempenho atual, embora ele possa ser considerado fator adicional.

Com avaliações bem-feitas, é possível montar um planejamento de recursos humanos, que começa com a previsão das suas necessidades de alto nível em função do planejamento estratégico da empresa. O objetivo do plano é prever quem deve ocupar quais posições no futuro. Um bom plano sucessório inclui as alterações previstas na estrutura da empresa e indica os atuais ocupantes das posições e os melhores substitutos, bem como as necessidades de treinamento para cada substituto potencial (P = promovível; T = treinamento). O *output* final de um planejamento desse tipo é um organograma, no qual são indicados não só os atuais ocupantes das funções, mas também os que têm perspectivas de vir a ocupá-las e em que condições: imediatamente ou mediante treinamento. Além disso, podem-se incluir também outros dados, como tempo de casa, idade, resultado do resumo final da avaliação, entre outros.

Com essas informações, é possível combinar a estrutura organizacional prevista no planejamento estratégico com a previsão do pessoal necessário para levar adiante esse planejamento. Monta-se, assim, um organograma, no qual estão indicados os futuros ocupantes das posições previstas. Esse tipo de organograma é estritamente confidencial e constitui a base de um plano sucessório, que é, portanto, um processo para garantir o suprimento de pessoal para cargos-chave atuais e previstos para o futuro próximo, incluindo o perfil desejado para o ocupante de cada posição, bem como a avaliação do potencial e das qualificações dos candidatos às posições previstas. Ele permite analisar a demanda por profissionais por nível e tipo de função, bem como planejar as carreiras daqueles com maiores perspectivas de ocupar posições de alta responsabilidade na empresa. Caso a empresa não disponha internamente dos profissionais previstos, ela pode começar a planejar seu recrutamento externamente. Outro aspecto que precisa ser considerado é que uma posição importante na empresa, em princípio, não deve ser usada apenas como trampolim para treinar seu ocupante para posições mais elevadas, a não ser que ele tenha o perfil adequado para essa posição e também para a outra para a qual esteja sendo preparado.[18] Um exemplo de plano sucessório é mostrado na Figura 2.5.

[18] CESPEDES, F. V; GALFORD, R. M. Succession and failure. *Harvard Business Review*, jun. 2004. p. 31s.

Figura 2.5 Planejamento de recursos humanos

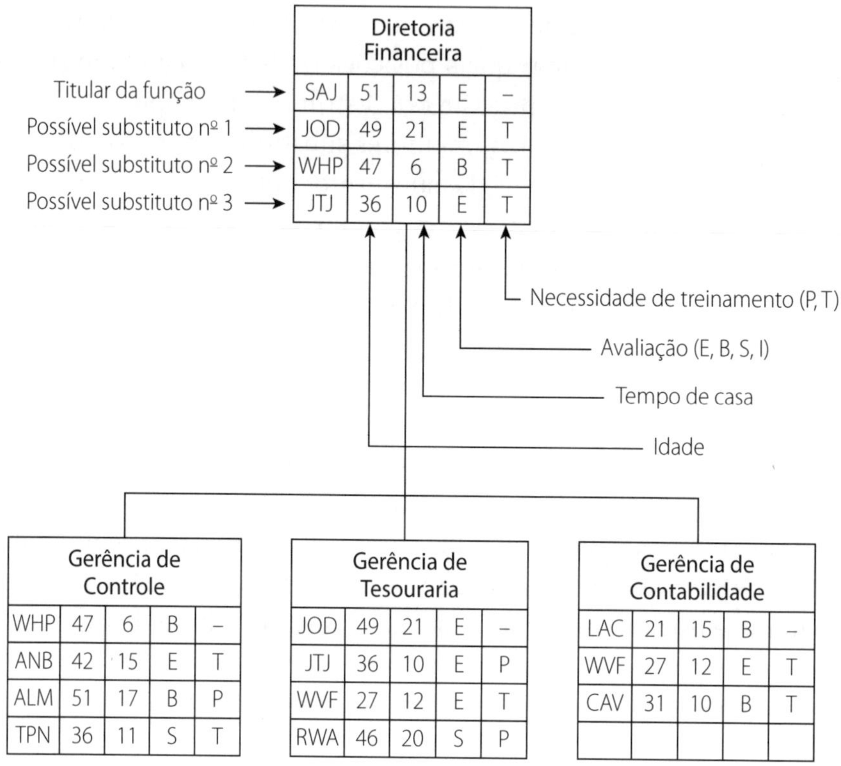

A seguir, monta-se o programa de treinamento indicado para viabilizar o plano sucessório.

Os êxitos desse tipo de plano são bastante variados. Algumas vezes, a alta administração não dá a devida atenção ao plano e às necessidades de treinamento previstas. Outras vezes, alguns executivos preferem preparar, como sucessores, pessoas que lhes são mais chegadas em vez de usar informações objetivas que podem ser obtidas por meio do plano. No entanto, onde ele é aplicado cuidadosamente, costuma-se obter resultados muito positivos.

O planejamento de recursos humanos deve ser efetuado em um contexto global da empresa. O problema se torna mais crítico em uma empresa divisionalizada, em que é preciso haver regras claras para o desenvolvimento do pessoal e para as transferências de uma divisão para outra. Qual o papel e o poder decisório do órgão central de recursos humanos nessas empresas? O órgão central deve ter um papel importante nas decisões sobre esses assuntos. A inexistência de parâmetros e critérios para as decisões pode levar a conflitos.[19]

O planejamento de recursos humanos se torna crítico nos momentos de fusões e incorporações de empresas. Quem continua e quem sai? Se não houver um ótimo planejamento dos recursos humanos, a nova empresa corre o risco de perder seus melhores elementos e ainda de posicionar de forma inadequada os que continuam.[20] O plano deve estar pronto logo que as empresas decidem sobre a fusão. Nesse caso, algumas empresas usam a técnica Delphi para se chegar a um consenso sobre as posições a serem ocupadas pelo pessoal de topo. A técnica Delphi é um método estruturado para obter consenso entre várias pessoas que debatem um assunto e que consiste em um levantamento das opiniões de cada um, as quais são enviadas a outra que não faz parte do processo e é incumbida de fazer um resumo imparcial das opiniões e remeter o resumo de volta para os debatedores, para que revejam suas opiniões, considerando as dos demais. O processo é repetido até se obter uma convergência de opiniões. Essa técnica é muito usada para estimar a demanda futura por um bem ou serviço.

A existência de um plano sucessório não garante que os substitutos estejam disponíveis no momento adequado. Eles podem ainda precisar de treinamento, podem estar ocupando posições importantes para as quais não tenham substitutos e, com a mobilidade atual, podem até ter deixado a empresa. A solução é procurar preparar sempre mais de um funcionário para cada posição-chave, assegurar o treinamento adequado e proporcionar condições para reter na empresa as pessoas para as quais esteja sendo prevista uma promoção. Além disso, procurar preparar o pessoal-chave para mais de uma posição, a fim de lhe dar as oportunidades esperadas.

Finalmente, é preciso que os gerentes não impeçam as promoções e o aproveitamento dos seus subordinados em outras unidades. A retenção egoística dessas pessoas prejudica não só a elas, mas também a toda a empresa. É necessário que exista uma política para esclarecer a todos que as pessoas devem ser posicionadas no interesse da empresa, e não de uma de suas unidades. E não basta a existência dessa política, é preciso colocá-la em prática.

---

19 KESNER, I. F. The coach who got poached. *Harvard Business Review*, mar. 2002. p. 31s.

20 LIGHT, D. A. Who goes, who stays. *Harvard Business Review*, jan. 2001. p. 35s.

2.4 Planejamento de carreira

2.4.1 Em que consiste

O planejamento de carreira pode ser visualizado a partir de duas perspectivas: a da pessoa e a da organização. A partir da perspectiva da pessoa, discute-se o seu papel na gestão de sua carreira, relacionando temas como autoconhecimento, mercado de trabalho, escolha de carreira, formas de planejar a carreira, como negociá-la com a organização, entre outros. Já a partir da perspectiva da organização, discute-se como ela pode estimular e dar suporte ao desenvolvimento das pessoas; dessa forma, são tratados temas como estruturação de carreiras, suporte ao autodesenvolvimento, acesso democratizado às oportunidades etc.[21]

Em termos conceituais, a carreira pode ser entendida como uma série de posições exercidas por uma pessoa ao longo de sua vida profissional, essa é a visão mais comumente conhecida. Entretanto, considerando-se uma das visões mais atuais sobre o tema, a carreira é compreendida como a sequência percebida pelo indivíduo de comportamentos e atitudes relacionados às suas experiências e atividades de trabalho no decorrer de sua vida.[22] A partir dessa conceituação, percebe-se que a pessoa é a principal responsável pela própria carreira. A organização, em contrapartida, deve auxiliar seus colaboradores, ajudando-os no planejamento de suas carreiras, utilizando-se da avaliação de pessoal e elaborando um bom plano sucessório dentre outras ações que forneçam caminhos para que a pessoa atenda às suas expectativas de desenvolvimento, conciliando-as às necessidades da organização.

No passado, muitas empresas assumiam a responsabilidade pelo planejamento da carreira do seu pessoal. A velocidade das mudanças, como as fusões, incorporações, alianças, abertura e fechamento de negócios, redução de custos por meio de *downsizings*, entre outras, tornou difícil para a maioria das empresas manter essa responsabilidade. Assim, houve uma quebra do contrato psicológico que imperava até então: a troca da lealdade do indivíduo à organização por um emprego vitalício.[23]

---

[21] DUTRA, J. S. A gestão de carreira. In: FLEURY, M. T. L. (Coord.). *As pessoas na organização*. São Paulo: Gente, 2002.

[22] HALL, D. T. Careers in and out of organizations. London: Sage, 2002, apud VELOSO, E. F. R. *Carreiras sem fronteiras e transição profissional no Brasil:* desafios e oportunidades para pessoas e organizações. São Paulo: Atlas, 2012.

[23] CORDEIRO, H. T. D. *Perfis de carreira da geração Y*. Dissertação (Mestrado em Administração) – Faculdade de Economia, Administração e Contabilidade, Universidade de São Paulo, São Paulo, 2012.

Como devem agir os profissionais?

1. Atenção permanente às oportunidades que aparecem: aproveitá-las sempre que possível, avaliando se elas são aderentes ao seu plano de carreira.
2. Aceitação de sacrifícios de curto prazo que possam trazer benefícios no longo prazo, especialmente se eles criam condições de aprendizagem ou perspectivas de novas oportunidades.
3. Cuidado com trabalhos isolados altamente especializados que não dão visibilidade.
4. Conhecimento dos seus pontos fortes e como aproveitá-los e também dos seus pontos fracos e como eliminá-los, atenuá-los ou neutralizá-los em uma posição em que não apareçam.
5. Atenção permanente para evitar a obsolescência: educação contínua, por meio de leituras, seminários, cursos universitários, programas de treinamento e outras formas de "reciclagem".
6. Atenção permanente à contribuição que está sendo dada à empresa e se é chegado o momento de mudar de posição, na mesma ou em outra empresa.
7. Se tiver de sair da empresa, sair bem, isto é, deixando uma boa imagem nos colegas e superiores, e evitar pedir demissão voluntariamente antes de ter outra forma de trabalho assegurada.

Apesar disso, a empresa pode colaborar com o seu pessoal, ajudando-o a planejar seu futuro. Como deve agir a empresa? Definindo as responsabilidades de cada um de acordo com seus interesses e habilidades e posicionando-os a fim de atender a esses interesses e utilizar essas habilidades. Segundo Butler e Waldroop, as pessoas só estão satisfeitas com o trabalho quando ele se encaixa profundamente nos seus interesses vitais. O administrador deve se preocupar, acima de tudo, em definir as responsabilidades de cada um com o objetivo de satisfazer àqueles interesses. O problema é que a maioria das pessoas não tem um conhecimento preciso dos seus interesses vitais.[24] Segundo esses autores, existem oito grupos principais de interesses:

[24] BUTLER; WALDROOP, 2001

a) aplicação de tecnologia;
b) uso de análise quantitativa;
c) desenvolvimento de teorias e pensamento conceituais;
d) produção criativa;
e) aconselhamento e educação;
f) administração de relações pessoais;
g) poder e controle empresarial;
h) influência por meio de linguagem e de ideias.

O autoconhecimento e o planejamento individual de carreira se tornam processos importantes para a identificação desses interesses e a definição de objetivos de carreira coerentes a eles.

2.4.2 Promoções

Um cuidado extremo deve ser tomado nas promoções, é preciso:

a) considerar todo o universo de candidatos;
b) usar critérios claros e adequadamente divulgados;
c) comunicar adequadamente a todos, promovidos ou não, as razões das escolhas e as perspectivas futuras de cada um.

Os preteridos tendem a assumir uma atitude negativa se não houver uma boa explicação e uma indicação de suas perspectivas na empresa.

2.4.3 Carreira em Y

Uma das formas de programação de carreira é o chamado plano de carreira em Y, um plano próprio para funções técnicas, que tem por pressuposto a mobilidade e a ascensão profissional do empregado pelo exercício de funções gerenciais, ou, alternativamente, de funções técnicas na sua área de especialidade. Esse tipo de plano permite mais flexibilidade na administração salarial de pessoas técnicas de alto nível, uma vez que nem todos os técnicos especializados de alto gabarito são bons administradores. Prevê a ascensão em um plano único até determinada escala, a partir do qual a carreira se bifurca em carreira gerencial e carreira técnica especializada de alto nível.

Mostramos, a seguir, dois exemplos desse tipo de plano.

Figura 2.6 Carreira em Y – Exemplo 1

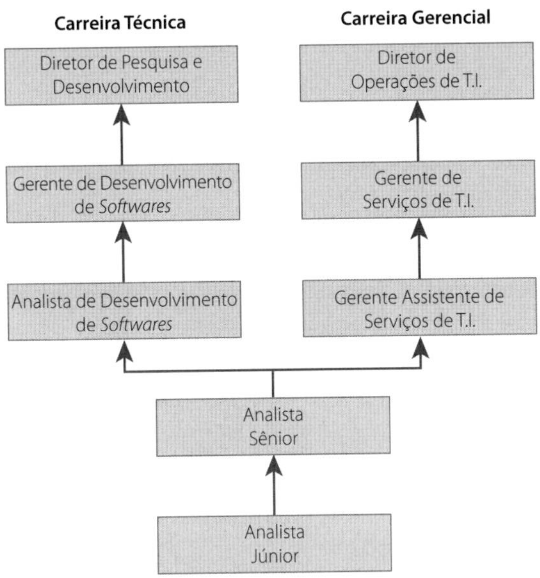

Figura 2.7 Carreira em Y – Exemplo 2

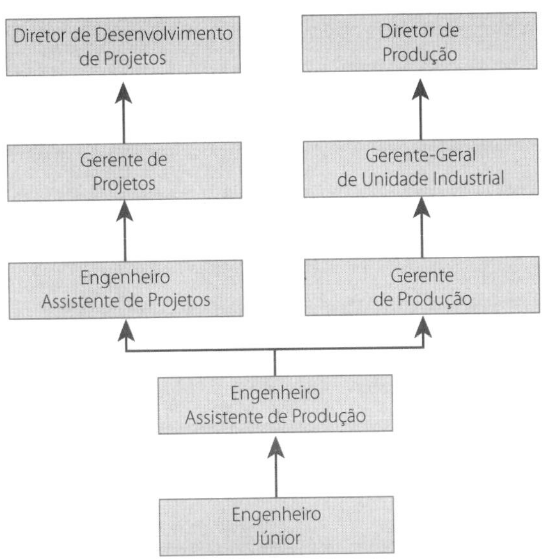

CAPÍTULO 3

RECRUTAMENTO, SELEÇÃO, ADMISSÃO E DESLIGAMENTO

3.1 Recrutamento

3.1.1 Atividade permanente

O recrutamento abrange o conjunto de práticas e processos usados para atrair candidatos para as vagas existentes ou potenciais. Ele deve ser efetuado em uma unidade centralizada e é uma *atividade permanente*, sendo apenas intensificada nas ocasiões em que existem vagas. O recrutamento é apenas a primeira etapa de um processo que termina com o contrato definitivo após o período de experiência.

Quase todas as empresas mantêm um cadastro de candidatos nessa unidade central, o qual é constantemente alimentado por anúncios, ofertas espontâneas, indicações, apresentações e outros meios. Ao se abrir uma vaga, o ponto de partida para o recrutamento é a pesquisa nesse cadastro. A pesquisa tem de ser feita em função das características que se deseja para a pessoa que deve ocupar a vaga. A maioria das grandes empresas dispõe de um banco de dados em computador com as informações importantes sobre os candidatos cadastrados, com nome, idade, experiência profissional e profissão. Com base nessas informações, pode ser feita uma busca e recuperado o currículo. Quando a empresa tem um sistema informatizado, a recuperação é simples, independentemente da forma como o currículo é guardado. A recuperação pode ser feita por meio de uma variável que relacione as informações do computador ao currículo, por exemplo, um número de código, um número sequencial ou data e hora do arquivamento.

O uso das redes sociais no processo de recrutamento já é uma realidade e a inteligência artificial também vem sendo utilizada nos processos de recrutamento. Entre as redes sociais mais utilizadas estão o Facebook, Twitter e LinkedIn, sendo o primeiro utilizado para acessar informação pessoal do candidato e averiguar a veracidade do que é apresentado em seu currículo; o segundo é empregado para predizer a personalidade do candidato; e o terceiro auxilia o candidato em sua promoção, pois contém referências de empresas, trabalhos vigentes, uma rede de contatos que pode lhe proporcionar conexões de grande alcance e recomendações de outras pessoas.[1]

A inteligência artificial, segundo dados da revista *Exame*, começou a ser adotada pelas organizações no Brasil em 2016. Apesar de ainda recente e pouco utilizada, a perspectiva é que o seu uso aumente, principalmente por causa da otimização do trabalho dos recrutadores e ampliação do universo de candidatos. Essa nova tecnologia se caracteriza pela utilização de algoritmos na análise de uma quantidade massiva de dados, uma vez que, em alguns casos há utilização de robôs que interagem com os candidatos.[2]

3.1.2 Como saber quem deve ser recrutado

Só é possível recrutar a pessoa certa se soubermos antecipadamente o perfil desejado, isto é, as características pessoais e profissionais. O êxito no processo de recrutamento depende desse perfil bem definido. Para isso é preciso saber o que se espera do candidato, isto é, o que ele vai fazer. Isso é estabelecido nas descrições das funções, que têm como um dos objetivos proporcionar informações para facilitar o recrutamento, a seleção e o reposicionamento das pessoas adequadas para cada função. Além disso, para chegarmos ao perfil ideal, é preciso conhecer a cultura da empresa, seus valores, sua ética e suas prioridades, bem como o chefe a quem o candidato vai se

---

1 CONTRERAS-PACHECO, O. E.; CAMACHO-CANTILLO, D. C.; BADRAN-LIZARAZO, R. M. Las Social Networking Sites (SNS) en los procesos de reclutamiento y selección del talento humano. Revisión de literatura. *Entramado*, Cali, v. 13, n. 1, p. 92-100, jun. 2017. Disponível em: http://revistasojs.unilibrecali.edu.co/index.php/entramado/article/view/488. Acesso em: 4 abr. 2020.

2 CRIVELLARO, D. Como a inteligência artificial ajuda no recrutamento e na seleção. *Você RH*, 27 mar. 2018. Disponível em: https://exame.abril.com.br/negocios/como-a-inteligencia-artificial-ajuda-no-recrutamento-e-na-selecao. Acesso em: 4 abr. 2020.

reportar. Se o candidato for ótimo, mas não tiver um perfil condizente com os valores, as expectativas e a estratégia da empresa, provavelmente não conseguirá se adaptar à organização. As pessoas a serem recrutadas e admitidas são as que devem ter condições de executar as estratégias da empresa, em conjunto com as que já foram anteriormente admitidas. Portanto, ao solicitar o preenchimento de uma vaga, o solicitante deve indicar, no formulário de "requisição de pessoal", os requisitos exigidos, aí incluídos a descrição sucinta da função e o perfil desejado para o candidato. Resumindo, *precedem o recrutamento: a descrição da função e a definição do perfil do candidato.*

Entre os pré-requisitos indispensáveis e desejáveis constantes no formulário de"requisição de pessoal", incluem-se a formação profissional, o tipo de experiência, as características de personalidade, os conhecimentos e as qualidades que o candidato deve possuir. Se, por um lado, o perfil dos candidatos deve considerar a cultura da empresa, por outro, essa cultura é reforçada pela admissão de candidatos que sejam com ela compatíveis. A"cara" da empresa será definida pelo perfil das pessoas contratadas. Esta é uma das razões pelas quais é difícil mudar a cultura de uma empresa. Esse ponto tem de ser considerado com maior ênfase no processo seletivo (*ver a Seção 7.1*).

Outro ponto a ser lembrado é que, para algumas posições, a capacidade de inovar, a coragem, a persistência e outras características pessoais são muito importantes, e nem sempre é fácil avaliá-las em um processo seletivo. É preciso considerar ainda o estágio de desenvolvimento da empresa: se ela está iniciando, se está em uma fase de crescimento, se já é uma empresa madura ou se está em fase de redução de algumas atividades. Cada um desses estágios requer tipos diferentes de pessoas.

Cumpre lembrar que os admitidos poderão ficar muitos anos na empresa e que uma admissão malfeita custará muito mais à empresa do que qualquer processo de recrutamento e seleção, por maior que seja o seu custo. É mais fácil atrair as pessoas certas durante um período tranquilo do que durante uma crise.

É comum exigir-se requisitos um pouco além do necessário para a função, a fim de aumentar a qualificação dos candidatos. Muitas empresas exigem nível superior para funções em que o nível secundário seria suficiente. O objetivo é aproveitar o filtro já existente dos que foram capazes de terminar um curso universitário para facilitar o processo de seleção. Pela mesma razão, é, às vezes, exigido nível de segundo grau para funções em que o primeiro grau seria suficiente. É preciso refletir sobre essas decisões nos processos seletivos, pois candidatos com perfil superior ao necessário podem criar expectativas em relação ao seu desenvolvimento de carreira que não serão atendidas pela organização, gerando, assim, frustrações e perdas de talentos. As pessoas podem se submeter a posições inferiores à sua capacidade em momentos de crise, porém, assim que tiverem uma oportunidade melhor sairão da organização.

Finalmente, há de se considerar que, com a diminuição da taxa de natalidade e o aumento da longevidade, haverá uma tendência para aumentar a idade dos funcionários das empresas.

3.1.3 As descrições de funções

Por que fazer descrições de funções?

NÃO É COMIGO

Esta é uma historinha sobre quatro pessoas: TODO MUNDO, ALGUÉM, QUALQUER UM e NINGUÉM.
Havia um importante trabalho para ser feito e TODO MUNDO tinha certeza de que ALGUÉM o faria.
QUALQUER UM poderia fazê-lo, mas NINGUÉM o fez.
ALGUÉM se zangou, porque era um trabalho de TODO MUNDO.
TODO MUNDO pensou que QUALQUER UM poderia fazê-lo, mas NINGUÉM imaginou que TODO MUNDO deixasse de fazê-lo.
Ao final, TODO MUNDO culpou ALGUÉM, quando NINGUÉM fez o que QUALQUER UM poderia ter feito.

São os seguintes os objetivos das descrições de funções:

a) definir a função de forma ampla, indicando o que lhe é essencial, para que seu titular possa otimizar sua eficiência, utilizando sua potencialidade e criatividade, tomando iniciativas, correndo riscos calculados, de acordo com os limites que lhe foram delegados, tendo em vista o desenvolvimento da empresa;

b) oferecer meios para facilitar a coordenação e as comunicações entre as pessoas, indicando com quem devem ser tratados os assuntos, dando melhores condições para um bom relacionamento entre os ocupantes das funções;

c) proporcionar informações para facilitar o recrutamento, a seleção e o reposicionamento das pessoas adequadas para cada função;

d) propiciar informações para facilitar a integração de novos empregados, indicando-lhes com quem devem se relacionar em cada assunto;

e) fornecer subsídios para a avaliação e o treinamento das pessoas, bem como para um planejamento dos recursos humanos da empresa, tendo em vista o objetivo *"the right man in the right place"*;

f) assegurar a existência de um responsável formal para as atividades essenciais da empresa, bem como para a tomada de iniciativas em situações que não estejam mencionadas explicitamente, mas que se enquadrem na conceituação genérica da função;

g) fornecer subsídios para cobrança de resultados, contribuindo, dessa forma, para melhorar o controle na empresa.

Cumpre lembrar que a descrição deve ser desafiadora, pois assim será um bom mecanismo para se obter ganhos de produtividade. Finalmente, é preciso salientar que, em uma época em que tudo muda com muita velocidade, é preciso atualizar as descrições com certa frequência, e esta é outra razão pela qual elas devem ser feitas de forma sucinta.

3.1.4 Recrutamento e seleção: a unidade central

Uma característica do recrutamento é a conveniência de se efetuá-lo em uma unidade central prestadora de serviços. A centralização das prestações de serviços tem as seguintes vantagens: especialização das pessoas que executam o serviço, assegurando, em princípio, maior eficiência; maior aproveitamento do tempo de pessoas especializadas, uma vez que, servindo a muitas unidades e executando sempre as mesmas atividades, elas podem aproveitar melhor o tempo e ampliar sua experiência nesse tipo de serviço; o chefe de um órgão operacional, como produção ou vendas, deixa de se preocupar com essas atividades, concentrando-se nas atividades-fins do seu órgão; maior facilidade do controle da atividade. Trata-se de um passo à frente na divisão de trabalho.

Em relação aos serviços de recrutamento e seleção, poderíamos acrescentar ao que foi assinalado, em caráter genérico, as seguintes vantagens adicionais para a existência de uma unidade central: o conhecimento das características e das qualidades normalmente desejadas pela alta administração da empresa para seus empregados, fortalecendo, dessa forma, a "cultura" desejada para a empresa; a eliminação ou, pelo menos, a diminuição do risco do nepotismo e da criação de "feudos", que certamente ocorreriam se a atividade fosse descentralizada; a facilidade de intercâmbio com outras empresas para recrutamento e seleção, por meio dos contatos profissionais dos especialistas das empresas.

A unidade central de recrutamento e seleção precisa ser formada por pessoas competentes e comprometidas com a empresa, pois é a sua porta de entrada, o seu cartão de visitas. O único contato que alguns candidatos fazem é com as pessoas dessa unidade, e a impressão que eles levam da empresa é a que foi proporcionada pelos funcionários aí lotados. Essa unidade é a responsável pelo primeiro filtro dos candidatos a emprego e por isso precisa estar em perfeita sintonia com a cultura e a estratégia da empresa. A decisão a respeito da aceitação do emprego por parte dos candidatos depende, em muitos casos, da qualidade do pessoal dessa unidade e da forma como são conduzidas as entrevistas. Por essa razão, muitas empresas escolhem cuidadosamente seus recrutadores e selecionadores, e ainda oferecem um programa de treinamento sobre a empresa e o que ela proporciona e deseja do seu pessoal. Não há uma segunda oportunidade para se causar uma primeira boa impressão.

3.1.5 Prioridade para o recrutamento interno

Um ponto importante a ser considerado em qualquer recrutamento é a prioridade que se deve dar ao recrutamento interno.

O aproveitamento do pessoal da empresa tem as seguintes vantagens: *motiva todos os empregados, sinalizando a disposição de se promover a "prata da casa" e de se criar perspectivas de carreira;* no longo prazo, *facilita o recrutamento de pessoas mais qualificadas; costuma ser mais rápido,* pois as pessoas estão disponíveis e as vagas são preenchidas mais depressa; *o custo de admissão é praticamente nulo; se houver uma boa avaliação dos candidatos, a probabilidade de acerto tende a ser maior,* uma vez que eles já estão na empresa e são conhecidos; *aproveita melhor o treinamento do pessoal; diminui a probabilidade de rejeição pelos colegas.*

Para a obtenção dessas vantagens, porém, *é necessária uma boa avaliação do pessoal.* Existem inúmeros exemplos de promoções malsucedidas por falta de conhecimento adequado das qualificações do pessoal, causando a perda de bons empregados. Se o processo de promoções não for bem administrado e bem comunicado, pode gerar frustrações nos que não forem promovidos.

No recrutamento externo, os preteridos não influem no ambiente da organização, mas no interno é preciso ter um cuidado maior, pois os preteridos continuarão trabalhando na empresa. É preciso haver uma boa comunicação com o pessoal e um clima organizacional adequado para evitar possíveis ressentimentos. Se a empresa pretende adotar a prática de recrutamento interno de forma sistemática, deve recrutar e selecionar pessoas com potencial de crescimento, prover um bom treinamento e ter um sistema adequado de avaliação das qualificações e do potencial das pessoas. Além da preocupação em verificar se o promovido ou o transferido está apto para exercer a nova função, é preciso verificar também, antes da transferência, se ele tem um substituto para a posição que ocupa.

A falta de cuidado no recrutamento interno acaba nos conduzindo ao princípio de Peter, que diz que, em uma hierarquia, todas as pessoas tendem a ser promovidas até atingirem um nível que está acima da sua competência, ou seja, até atingirem seu nível de incompetência, o que, segundo esse princípio, é inevitável. A principal razão para isso é a inexistência de um bom sistema de avaliação das qualificações e do potencial das pessoas.[3]

Da mesma forma que no recrutamento externo, o recrutamento interno precisa ser divulgado. A divulgação deve ser cuidadosa para atrair quem realmente tem condições de ocupar a vaga disponível. Em muitos casos, a divulgação fica restrita a um pequeno número de executivos de confiança da alta administração. Em algumas grandes empresas, o processo está informatizado, com as vagas anunciadas no site da empresa e em sua intranet (no site interno), assim os empregados podem se candidatar por meio deles. Esse processo, embora mais democrático e mais abrangente, que pode lembrar nomes que muitas vezes não apareceriam, tem o risco de causar algumas frustrações entre os não aproveitados.

É preciso considerar que alguns gerentes relutam em ceder seu pessoal, mesmo para promoções. Isso, além de injusto, diminui o moral de toda a força de trabalho da empresa. Assim, algumas organizações proíbem essa prática, mas, além da proibição, a política de promoções internas precisa ter forte apoio da administração superior para ser implantada com eficácia.

Quase todas as empresas que têm resultados financeiros muito acima da média dão prioridade ao recrutamento interno e possuem gerentes que

---

[3] PETER, L. J.; HULL, R. *The Peter principle.* New York: Bantam, 1970. Tradução brasileira: PETER, L. J.; HULL, R. *Todo mundo é incompetente.* Rio de Janeiro: José Olympio, 1974.

conhecem melhor a empresa. Além disso, a experiência tem demonstrado que, na média, as pessoas recrutadas internamente têm mais chance de ficar mais tempo na empresa.

O recrutamento externo traz pessoas com novas experiências e percepções e também novos conhecimentos, que podem colaborar para aperfeiçoar os procedimentos da empresa e para sensibilizar a administração para o ambiente externo e o mercado. O ideal é mesclar os dois tipos de recrutamento, embora priorizando o interno. Nada deve ser rígido em administração. Todas as organizações têm seus vícios e cacoetes, que podem ser válidos ou não. As pessoas recrutadas externamente têm, em geral, mais espírito crítico para avaliar as práticas e os procedimentos.

Sabe-se do estudo de biologia que quanto mais diversificado o código genético, maior a capacidade de adaptação a mudanças no ambiente. Gary Hamel e C. K. Prahalad concluem que uma empresa que admite sempre pessoas muito parecidas em termos de valores culturais e que dê prioridade total ao recrutamento interno pode ter problemas com o seu "código genético", com possíveis dificuldades de mudanças para novas condições do ambiente externo. Eles aconselham recrutar externamente em algumas ocasiões e ser tolerante com pessoas que têm valores culturais diferentes.[4] A diversidade de formações, de qualificações e, em alguns casos, de valores proporciona mais força e dinamismo às organizações.

3.1.6 Métodos de recrutamento externo

O processo de recrutamento permaneceu estável até a década de 1990, quando as organizações buscavam seus potenciais candidatos simplesmente enviando seus recrutadores a feiras de emprego ou universidades, divulgando suas vagas em mídias locais ou contando com anúncios de boca em boca. Entretanto, o avanço da tecnologia da informação, principalmente com o advento da internet, rapidamente conduziu à necessidade de uso de novas estratégias, as quais suplantaram e modificaram substancialmente as abordagens tradicionais de recrutamento.[5]

---

4 HAMEL, G.; PRAHALAD, C. K. *Competing for the future*. Boston: Harvard Business School Press, 1994.

5 LLORENS, J. J. A model of public sector e-recruitment adoption in a time of hyper technological change. *Review of Public Personnel Administration*, v. 31, n. 4, p. 410-423, 2011.

O Quadro 3.1 traz os principais métodos de recrutamento externo, que serão vistos a seguir. Esses métodos continuam válidos, porém, é preciso atentar que seu uso tem se adaptado às novas tecnologias e há organizações que ainda utilizam os métodos tradicionais de recrutamento.

Quadro 3.1 Métodos de recrutamento

- Anúncios na mídia – Tabuletas na porta – Informações em quadros de avisos
- Apresentações ou indicações – Indicações – Apresentações espontâneas
- Agências de emprego – Intercâmbios com outras empresas
- Anúncios em revistas técnicas – Empresas de *headhunting*
- Instituições de formação de mão de obra especializada e de profissionais de alto nível
- Sites de oferta e procura de mão de obra

Anúncios na mídia. Os anúncios na mídia consistem em divulgar a vaga em jornais de grande circulação ou voltados para um público específico. Em casos especiais, podem ser úteis anúncios em estações de rádio de grande audiência para cargos menos qualificados, quando existem muitas vagas. Raramente são usados anúncios em televisão, em razão do custo elevado.

Os jornais de grande circulação ainda constituem o veículo de divulgação tradicional para recrutamento, embora tenham perdido terreno no passado recente para a internet, tendência que deve continuar no futuro próximo. Os anúncios podem ser de dois tipos: aberto e fechado. Anúncio fechado é o que não indica quem está recrutando. Nesse caso, pede-se que as respostas sejam enviadas para uma caixa postal ou para a portaria do jornal sob determinado número de registro. A maioria das empresas, especialmente nas grandes cidades, prefere esse tipo de anúncio para evitar aglomerações nas suas portas e para não evidenciar a necessidade de recrutamento ostensivo, que, se muito frequente, pode macular a imagem da empresa. Os anúncios podem ainda ser mistos, indicando o nome da empresa, mas não a unidade nem o endereço que possui a vaga, solicitando o envio para a portaria do jornal, como no anúncio fechado. Os anúncios abertos, indicando quem recruta, são usados, em alguns casos, por empresas que gozam de alto conceito, com a finalidade de atrair maior número de respostas. Outra razão é estimular respostas de candidatos que poderiam desconfiar que estariam respondendo a um anúncio da própria empresa. Muitos bons candidatos deixam de responder a anúncios por esse motivo, pois os empregadores não costumam aceitar bem o fato de um empregado estar procurando emprego, interpretando-o como insatisfação em relação à empresa.

Algumas empresas usam a prática de anunciar sem dispor de vaga, só para alimentar o cadastro de candidatos. Isso, em geral, só é feito nos casos em que, havendo necessidade de se colocar um anúncio, aproveita-se para pedir candidatos para vagas que são apenas potenciais, as quais poderão não se concretizar.

Um anúncio em jornal de grande circulação não é barato, mas tende a proporcionar grande quantidade de respostas. Na maioria dos casos, existe uma correlação positiva entre o preço do anúncio e a tiragem do jornal, mas é preciso considerar o público que lê a publicação em que se anuncia. Não se vai recrutar um soldador com anúncio no *Estado de S. Paulo*, em *O Globo* ou na *Folha de S.Paulo*, da mesma forma que não se recruta um gerente financeiro com anúncios no *Diário do Povo*, no *Extra* ou no *Dia*. A escolha do veículo de divulgação é fundamental: temos de considerar a importância de conseguir bons candidatos para as vagas, a possibilidade de usarmos outros métodos de recrutamento e o preço do anúncio.

Não há o costume, no Brasil, de recrutar executivos de alto nível por meio de anúncios na mídia. No entanto, esse método é bastante utilizado no Reino Unido e nos Estados Unidos, até mesmo para diretores de grandes empresas, embora, geralmente, sob a forma de anúncio fechado e, quase sempre, por meio de empresas de *headhunting*. Provavelmente, uma das razões é o alcance da mídia nos diversos países de língua inglesa. No Brasil, a maior parte das vagas para executivos de alto nível não é anunciada, o preenchimento é feito mediante indicação de pessoas conhecidas de confiança ou com a ajuda de *headhunters*.

Tabuletas na porta. As tabuletas na porta são o método utilizado para recrutamento de pessoal com pouca qualificação. As empresas de construção civil utilizam esse recurso com frequência, pondo as tabuletas na entrada das obras. Sua vantagem é obter candidatos que costumam passar pelo local, presumindo-se que morem perto ou estejam habituados com as redondezas.

Informações em quadros de avisos. As informações em quadros de avisos são utilizadas por algumas empresas industriais que consideram proveitoso recrutar candidatos recomendados pelos seus empregados. Sua vantagem é o baixo custo e, em alguns casos, o fato de trazer candidatos que sejam, de alguma forma, conhecidos. Esta última vantagem, porém, é "uma faca de dois gumes". Na maioria dos casos, os empregados que trazem conhecidos para se candidatar estão mais interessados em servir ao candidato que à empresa: podem recomendar seus conhecidos, mesmo que não tenham o perfil adequado à vaga disponível. Claro que há certo comprometimento de quem indica, mas, dependendo de quem o faz, pode ser um fator negativo para a escolha. Outro problema possível desse método de recrutamento, se usado com frequência, é a formação de "feudos" e "panelinhas". Os grupos informais podem ser positivos ou negativos para a empresa. Os empregados que dispõem de amplo apoio interno dos colegas, obtido por meio de benefícios pessoais, podem vir a usar tal poder contra ou a favor da empresa, e não há dúvida de que o fato de indicar e obter a contratação de um colega é um benefício.

Apresentações ou indicações. Para as apresentações ou indicações, valem as mesmas observações feitas para o caso anterior. Estamos presumindo que a apresentação foi espontânea e não partiu de um anúncio interno da empresa. Em consequência, os fatores negativos tendem a ser ampliados. É preciso considerar também a área de onde partiu a indicação e aquela para a qual se recruta. Esse método de recrutamento para admitir novos empregados pode funcionar adequadamente na área de produção, especialmente em uma empresa industrial, desde que não seja o único a ser usado, mas não costuma dar certo na área de vendas, principalmente, se utilizado de forma sistemática; pois aí deve haver competição entre os vendedores, ao contrário da cooperação que é indispensável na área de produção. A admissão de um bom vendedor poderia deixar em má situação os vendedores acomodados e, por isso, eles tendem a evitá-la.

Em qualquer caso, é importante considerar *quem indicou* e o grau de idoneidade e comprometimento que essa pessoa tem com a empresa. Por isso, é, em geral, preferível o método descrito a seguir.

Indicações. No método de indicações, pede-se a pessoas altamente confiáveis e identificadas com a empresa a indicação de pessoas de sua confiança que tenham o perfil adequado para a vaga. O assunto fica restrito a um grupo seleto, que colabora no recrutamento do candidato com o perfil adequado. Difere dos casos anteriores, porque não se abre ao grande público a incumbência de encontrar a pessoa desejada.

Apresentações espontâneas. As apresentações espontâneas são comuns nas grandes empresas, especialmente, quando possuem boa imagem junto ao público. Quase sempre, os currículos vão para o cadastro geral de candidatos para consultas futuras, quando existirem vagas. Em alguns casos, esses candidatos são chamados para preencher um formulário denominado *proposta de emprego*, que será visto adiante. As apresentações espontâneas aumentam nos períodos de desemprego e recessão. A experiência mostra que a probabilidade de se conseguir um emprego com o simples envio do currículo, sem um contato prévio, é muito pequena.

Agências de emprego. Quando a empresa não dispõe de pessoal para recrutamento e seleção, porque seu tamanho não justifica a existência de uma unidade para isso, ou porque a alta administração entende que não convém internalizar esse serviço, uma alternativa é a utilização de agências de emprego, isto é, empresas especializadas em recrutar e selecionar candidatos para as vagas existentes e apresentá-los para decisão final. Algumas empresas que dispõem de unidades próprias de recrutamento e seleção também costumam usar agências de emprego em momentos de "pico" de atividade. As agências, em geral, trabalham com amplo cadastro de candidatos, e as melhores costumam se especializar em pequeno número de clientes, a fim de conhecer bem as empresas a que servem, e assim recrutam e selecionam considerando não só o perfil do candidato, mas também a cultura empresarial.

Muitas agências de emprego também oferecem serviços de testes psicológicos ou de mão de obra para serviço temporário. A maioria delas costuma cobrar em torno de um salário por candidato colocado e quase sempre dão garantia de reposição, caso o candidato não seja aprovado no período de experiência.

A escolha de uma boa agência é muito importante, pois a admissão da pessoa certa no momento certo é fundamental para o êxito da empresa.

Algumas agências estão mais interessadas no faturamento dos serviços do que em escolher o candidato ideal, atuam muito mais como "vendedoras" de mão de obra do que como profissionais de recrutamento. Dificilmente se entregaria a responsabilidade pelo recrutamento e seleção de uma pessoa de alto nível a uma agência do gênero aqui considerado. Para isso, existem as empresas de *headhunting*.

Intercâmbios com outras empresas. Como a maioria das grandes empresas trabalha com cadastros de candidatos e, além disso, os responsáveis pelos serviços de recrutamento e seleção, em geral, conhecem seus colegas de profissão e mantêm com eles bons contatos, existe amplo intercâmbio entre as empresas para fins de troca de informações sobre os candidatos a emprego; inclusive, permitindo o acesso dos responsáveis pelo recrutamento e seleção de algumas empresas selecionadas ao cadastro de outra. Dessa forma, as unidades de recrutamento atuam como uma espécie de *pool*, buscando candidatos onde estiverem cadastrados. Por isso, em alguns casos, um candidato pode se oferecer para trabalhar em uma empresa e ser chamado para uma entrevista de seleção por outra, para ele desconhecida, sem que saiba por quê. O fato é explicado pelo acesso que teve a segunda empresa ao cadastro da primeira.

Na maioria das grandes metrópoles e suas áreas adjacentes, estão organizados centros de intercâmbio de informações sobre vagas e candidatos. Em geral, os responsáveis pelo recrutamento e seleção das empresas participantes se reúnem uma vez por mês para trocar informações sobre os perfis dos candidatos desejados para as vagas disponíveis e sobre os empregados que a empresa terá de dispensar por motivos que não têm relação com o seu desempenho ou com a sua qualificação, mas que ela recomendaria para serem admitidos em outra. Esses centros funcionam também como um *pool* de candidatos que podem ser muito úteis para todos os participantes. No entanto, ainda não é comum usá-los para pessoal muito qualificado.

Anúncios em revistas técnicas. Os anúncios em revistas técnicas são pouco usados, sendo úteis apenas para o recrutamento de técnicos muito especializados. As grandes empresas não costumam usá-los, mas empresas técnicas de pequeno porte ou empresas de projetos podem empregá-los. É preciso não confundir esse método com o anúncio em revistas de grande tiragem, que devem ser considerados anúncios na mídia. Nos países de língua inglesa, o anúncio em revistas importantes é muito comum, especialmente para o recrutamento de pessoal altamente qualificado. No caso dessas revistas internacionais de grande tiragem, é comum solicitar aos candidatos que enviem suas respostas para um *e-mail* determinado, incluindo vários anexos: o currículo, uma carta abrangente sobre suas características, entre outros.

Empresas de *headhunting*. Literalmente, *headhunter* é uma expressão da língua inglesa que significa "caçador de cabeças". As *headhuntings* são empresas especializadas no recrutamento e seleção de executivos de alto nível. Trabalham sempre "por encomenda", isto é, só começam o processo com base na solicitação do cliente. Mantêm, em geral, um cadastro muito selecionado de pessoas de alto gabarito. Fazem sempre questão de dizer que não são agências de emprego, pois não se atêm à colocação de desempregados; ao contrário, preferem buscar seus candidatos entre os que estão empregados, partindo do princípio de que um bom executivo raramente está desempregado. O trabalho costuma ser artesanal, no sentido de que os sócios e gerentes da empresa de *headhunting* saem diretamente em campo em busca das pessoas procuradas. Algumas empresas de *headhunting* costumam estar em permanente contato com alguns executivos de alto nível para facilitar o recrutamento quando eles se encaixarem nas necessidades dos clientes.

O processo de recrutamento inicia-se com uma descrição muito precisa da função que está vaga, isto é, do que se espera que o executivo faça. A seguir, define-se o perfil ideal do candidato. É importante que o *headhunter* conheça bem a cultura da empresa e as pessoas com as quais o novo executivo terá de trabalhar, especialmente o seu futuro chefe. Ele certamente se informará a respeito antes de começar a procura, pois, por melhor que seja o executivo, se ele não se adaptar à cultura e às pessoas da empresa, não terá condições de atuar com bom desempenho. Em alguns casos, o *headhunter* pergunta em que empresas deveria estar empregado um executivo com o perfil desejado; e vai procurá-lo no próprio trabalho, usando os mais diversos artifícios. Algumas atitudes que seriam aéticas para a empresa que possui a vaga podem não o ser para o *headhunter*, possibilitando contatos com pessoas que a empresa não teria condições de procurar diretamente.

No Reino Unido e nos Estados Unidos é comum encontrarmos, em jornais de grande circulação, anúncios de empresas de *headhunting* procurando executivos. A razão desses anúncios é que eles são lidos em vários continentes, propiciando uma busca muito abrangente.

Os *headhunters* estão sendo cada vez mais solicitados pelas empresas multinacionais que precisam recrutar pessoal nativo para suas operações fora de sua sede.

Cláudio Fernandez Araoz, da Egon Zehnder International, uma das maiores empresas de *headhunting*, enumera dez armadilhas que costumam ocorrer quando se procura um executivo de alto nível:

a) abordagem reativa, que consiste em procurar alguém parecido com o executivo que saiu, mas sem os seus defeitos – o problema dessa armadilha é que ela focaliza o antigo ocupante, e não a função ou o perfil ideal do candidato;

b) especificações das qualificações fora da realidade, isto é, enumerar todas as qualidades desejadas, que podem ser, às vezes, incompatíveis, sem considerar as prioridades de cada uma – é preciso destacar as qualidades prioritárias;

c) avaliar as pessoas em termos absolutos, sem considerar as condições em que tais termos ocorrem;

d) acreditar no que as pessoas dizem, sem checar adequadamente as informações – nas entrevistas de recrutamento, as pessoas tendem a mostrar seu lado mais positivo;

e) acreditar nas referências oferecidas, sem checá-las e sem saber se as pessoas que as deram são idôneas – muitas vezes, as pessoas que deram a referência estão mais interessadas em ajudar o candidato que a empresa;
f) o viés de procurar alguém parecido com o chefe ou o entrevistador ("alguém como eu...");
g) delegações inadequadas, que consistem em delegar a triagem dos candidatos a subordinados – isso pode eliminar ótimos candidatos por medo de competição ou por incapacidade de avaliação;
h) usar entrevistas não estruturadas, que dificultam as comparações entre os candidatos e não conduzem a uma avaliação objetiva – um bom recrutamento requer entrevistas estruturadas;
i) ignorar a inteligência emocional, que não aparece nos currículos e nem sempre se manifesta em uma entrevista, mas é geralmente muito importante em quase todas as funções, especialmente nas de alto nível;
j) pressões políticas a favor de um candidato inadequado.

Ele recomenda que se invista fortemente na definição de qualidades e competências da pessoa desejada e que se despenda todo o tempo necessário para encontrar essa pessoa, com entrevistas estruturadas por diversos executivos de alto nível.[6] Isso requer uma abordagem sistemática e muita disciplina. É preciso fazer o"dever de casa".

Na maioria dos casos, os *headhunters* costumam dar garantia de um ano, isto é, comprometem-se a repor o executivo sem ônus, caso ele seja dispensado antes desse prazo. Em compensação, cobram um preço alto: entre 15% e 35% do salário anual previsto para o executivo, considerando 13 salários, e sem contar bônus e gratificações que ele possa vir a receber. As grandes multinacionais de *headhunting* não têm fronteiras na busca do candidato, realizando a procura nos diversos países onde a empresa mantenha filial.

Uma diferença fundamental entre as agências de emprego e os *headhunters* é que as agências de emprego representam tanto as empresas como os candidatos, funcionando, na prática, como catalisadores do processo de admissão. Os *headhunters* representam apenas as empresas.

Existem também empresas em uma faixa intermediária entre as de *headhunting* e as agências de emprego, que trabalham com cadastros relativamente grandes de executivos de bom nível, mas que não fazem uma procura

6 FERNANDEZ-ARAOZ, C. Hiring without firing. *Harvard Business Review*, jul./aug. 1999.

tão minuciosa entre os que estejam empregados. Em geral, essas empresas cobram perto de 15% do salário anual do empregado contratado.

Instituições de formação de mão de obra especializada e de profissionais de alto nível. O recrutamento de pessoal jovem com bom potencial é, muitas vezes, feito em instituições de mão de obra especializada e de profissionais de alto nível: universidades e escolas técnicas profissionais. Algumas empresas entram em contato direto com os coordenadores dos cursos e chegam a obter permissão para fazer palestras, seguidas de entrevistas com os interessados, mas, mais comumente, enviam anúncios para serem colocados nos quadros de avisos das instituições. Na maioria dos casos, a oferta inicial é para estágio, e não para emprego. Os bons alunos devem escolher com cuidado as empresas que oferecem esses estágios, pois existem não só casos de bons estágios, que oferecem boas condições de aprendizagem, mas também posições para as quais se deseja apenas mão de obra barata. A maioria das universidades americanas tem um órgão de *placement*, isto é, de colocação dos seus recém-formados em empresas com as quais a universidade mantenha contatos.

Sites de oferta e procura de mão de obra. Tem aumentado muito o número de sites especializados de oferta e procura de mão de obra. Existem sites só para recrutamento, mas algumas empresas também o fazem por meio de páginas especializadas nos seus sites. Algumas recebem milhares de currículos a cada mês. A tendência é o aumento da importância dessa forma de recrutamento. As mais importantes universidades americanas já divulgam a relação dos recém-formados com suas características para aumentar a procura por eles. No Brasil, esse processo ainda é incipiente, mas tende a se fortalecer muito. Já é comum, porém, utilizar a internet como instrumento de resposta dos candidatos mais qualificados a anúncios na mídia.

Existem muitas vantagens para o uso da internet: o custo mais baixo e a velocidade de resposta são as principais. Um anúncio em jornal custa caro e leva pelo menos uma semana para dar uma resposta na quantidade desejada pela empresa. A internet custa muito pouco para as empresas que já dispõem de site, e mesmo as que usam o site de empresas especializadas em recrutamento pagam muito menos pelo recrutamento feito dessa forma, nos quais as respostas começam a fluir no mesmo dia ou poucos dias depois da inclusão da vaga. Além disso, a internet permite dar informações muito mais completas sobre a empresa e sobre o que ela oferece e requer do candidato. Finalmente, o anúncio em jornal é publicado uma vez e em pouco tempo cessam as respostas. A internet continua gerando oferta de candidatos durante um período relativamente longo.

Para muitos que procuram emprego, a internet é o local onde está a ação. O mercado de trabalho se transformou em um verdadeiro mercado: amplo, sem controle por parte das empresas e sem limites geográficos. Os executivos precisam tratá-lo como um mercado. O processo de conseguir as pessoas pela internet pode ser dividido em três etapas: obter a relação dos candidatos, selecionar nessa relação os que parecem melhores e entrar em contato direto com eles. Deve-se fazer os contatos depressa, porque certamente os melhores vão ter várias ofertas.[7]

Na escolha do processo de recrutamento, devemos considerar, além dos fatores já mencionados, a urgência e o custo. Quanto maior a urgência para preencher a vaga, maior será a tolerância em relação ao custo, e vários métodos podem ser usados concomitantemente.

3.1.7 O processo de recrutamento

O processo de recrutamento inicia-se com a requisição de pessoal. Cada empresa tem seu formulário próprio de requisição de pessoal, o qual, muitas vezes, é informatizado e faz parte de um sistema integrado de gestão de pessoas. Esse formulário, emitido pela área que requisita a admissão do empregado, deve indicar o motivo da requisição (aumento de quadro ou substituição) e o perfil desejado para o empregado a ser admitido. Outras informações importantes desse instrumento: o cargo, o horário de trabalho, o salário previsto e a data de emissão.

Quando se trata de aumento de quadro, o órgão de recrutamento e seleção deve checar se esse aumento estava previsto e, caso contrário, solicitar que a área requisitante obtenha a autorização. Caso se trate de substituição, deve-se procurar verificar quem saiu da empresa, ou está saindo, qual o seu salário e as razões da saída. É fundamental verificar se o formulário contém todas as aprovações previstas nas normas, as quais podem ocorrer por meio de processo informatizado, e se estão bem caracterizados a função e o perfil do empregado solicitado.

Em função do perfil definido, inicia-se o processo de recrutamento, utilizando-se de um ou diversos métodos indicados.

Uma vez obtido um universo relativamente amplo para a escolha de um bom empregado, inicia-se a segunda etapa do processo de admissão, a seleção.

A seguir, damos um exemplo de um formulário de requisição de pessoal utilizado em uma grande empresa.

---

7 CAPPELLI, P. Making them most of on-line recruiting. *Harvard Business Review*, mar. 2001. p. 139s.

Figura 3.1 Formulário de requisição de pessoal

RECURSOS HUMANOS

REQUISIÇÃO DE PESSOAL

ÁREA REQUISITANTE

DE: SETOR REQUISITANTE:

PARA: RECURSOS HUMANOS

CARGO REQUISITADO:

MOTIVO DA REQUISIÇÃO: ☐ AUMENTO DE QUADRO ☐ SUBSTITUIÇÃO

HORÁRIO DE TRABALHO:

NOME:

DATA DE SAÍDA: ___/___/___

REQUISITOS EXIGIDOS PARA O EXERCÍCIO DO CARGO:

FUNCIONÁRIO INDICADO PARA O PREENCHIMENTO DA VAGA: __________

CARGO ATUAL: __________ SETOR: __________

DATA: ___/___/___

SETOR REQUISITANTE

RESP. GERAL DA ÁREA

ÁREA DE RECURSOS HUMANOS

RECEBIDO EM: ___/___/___

APROVAÇÃO DA VAGA

Nº __________

LOTAÇÃO ATUAL DO SETOR REQUISITANTE: __________

SALÁRIOS DO CARGO: ▶ MAIOR: __________ MENOR: __________

CUSTO DA RESCISÃO: __________

SALÁRIO DO EXONERADO: __________

CANDIDATO APROVADO: __________

CARGO: __________ SALÁRIO: __________

FONTE DE RECRUTAMENTO: __________

DATA DE ADMISSÃO: ___/___/___ LOTAÇÃO: __________

APROVAÇÃO PARA ADMISSÃO:

3.2 Seleção

3.2.1 Conceituação

A seleção abrange o conjunto de práticas e processos usados para escolher, dentre os candidatos disponíveis, aquele que parece ser o mais adequado para a vaga existente. Como mais adequado entende-se aquele que tem melhores condições de se ajustar à empresa e ao cargo e de conseguir um bom desempenho. A seleção é a segunda etapa do processo, que começa com o recrutamento e termina com o contrato definitivo após o período de experiência. Uma boa seleção costuma considerar não só a vaga atual, mas também o potencial do candidato. Em geral, a unidade central de seleção faz a triagem e a seleção preliminar. A escolha final cabe à futura chefia.

Cumpre salientar que a seleção deve considerar a cultura da empresa e os valores e as crenças do candidato, pois ele deve ter condições de se adaptar a essa cultura. Candidatos muito bons, mas que têm poucas perspectivas de adaptação à empresa, não costumam ficar muito tempo no emprego, gerando custos e perdas de tempo (*ver a Seção 7.1*). Além disso, é preciso considerar não só a qualificação, mas também a personalidade do candidato, especialmente para as vagas em posições que requerem contato com os clientes.

Uma boa seleção deve considerar que se deve dar preferência aos candidatos que possuem habilidades, atitudes e comportamentos requeridos pela empresa e que são difíceis de serem adquiridos por meio de treinamento, como a habilidade de lidar com as pessoas, de ouvir o interlocutor, de não perder o controle de si, o conhecimento de si próprio, das suas limitações e dos seus pontos fortes. Não é fácil avaliar com precisão todos esses fatores. Uma boa seleção requer ainda um amplo universo de candidatos. Quanto maior o número de candidatos, maior a probabilidade de se admitir a pessoa certa.

Nos níveis mais altos da organização, deve-se procurar admitir sempre os melhores, considerando os seguintes pontos:

- habilidade para executar: capacidade analítica, ideias, educação e preparo são partes importantes na formação do líder, mas é também muito importante sua capacidade para implantar essas ideias, para fazer as coisas acontecerem;
- projeto de carreira: deve-se escolher considerando não só a posição que será imediatamente ocupada, mas também as perspectivas de carreira;
- orientação para a equipe: pessoas de alto nível e seguras admitem novas pessoas de bom nível, e medíocres admitem medíocres; é essencial também saber trabalhar em equipe;
- pessoas com experiências variadas tendem a ter mais probabilidade de êxito.[8]

É preciso ter confiança nos selecionadores e não esquecer que os medíocres têm medo de candidatos muito bons, especialmente quando selecionam para posições afins com as que eles exercem: seus interesses pessoais colidem com os objetivos da organização.

3.2.2 O processo de seleção

A seleção começa com a análise dos currículos dos candidatos. Quando se faz um recrutamento por meio de anúncios na mídia, costuma-se receber grande quantidade de currículos, mas a maioria, após uma simples leitura, é descartada sem mesmo entrar para o cadastro de candidatos. Também são considerados os currículos dos candidatos cadastrados. Segue-se o estabelecimento de critérios para determinar quais serão os candidatos chamados para prosseguir no processo de seleção. Estes são solicitados a preencher um formulário próprio para padronizar as informações sobre candidatos, denominado formulário de proposta de emprego, ou, alternativamente, formulário de inscrição, disponível na maioria das empresas, o qual atende ao propósito de obter as informações que a empresa julga importantes para a seleção. A análise preliminar obtida por meio do currículo é complementada com as informações contidas nesse formulário. A seguir, algumas informações geralmente contidas no formulário de proposta de emprego ou formulário de inscrição:

[8] BOSSIDY, L. The job no CEOS should delegate. *Harvard Business Review*, mar. 2001. p. 47s.

- função pretendida;
- nome completo do candidato, estado civil, local e data do nascimento, endereço completo, telefone de contato, nome do pai e da mãe (quando existir: fax e e-mail);
- educação formal e graus completados, incluindo o nome das instituições cursadas e as datas de início e fim de cada curso, outros cursos extras, idiomas e fluência;
- condição da moradia (própria ou alugada), número e idade dos dependentes (filhos e outros), compromissos financeiros mensais;
- empregos e outros trabalhos anteriores (para cada um indicar: nome da empresa; data da admissão e da saída, endereço de trabalho, telefone, cargo ou função, cargo do chefe, salário inicial, último salário, motivo da saída);
- habilidades e principais realizações;
- Carteira de Trabalho e Previdência Social (anteriormente denominada carteira profissional), número do CPF (Cadastro de Pessoa Física), carteira de identidade, título de eleitor, carteira de motorista, tempo de INSS e certificado de serviço militar.

A maioria das grandes empresas possui esses formulários em meio magnético, inclusive com aplicativos próprios para recuperação das informações.

A seguir, damos dois exemplos de *formulários de proposta de emprego* ou *formulário de inscrição*.

É comum a unidade central ser pressionada para preencher as vagas com rapidez. Vários fatores colaboram para isso, como a demora na aprovação da vaga, ainda que seja de reposição, e receio da futura chefia de que venha a ser cortada; necessidade urgente do preenchimento e desconhecimento da dificuldade de se encontrar o candidato ideal. *É preciso que todos estejam de acordo com a importância de se conseguir a pessoa certa.* A pressa pode levar a uma definição inadequada do perfil do candidato ou à admissão de um candidato que não tenha o perfil que se deseja, mas a chefia age de acordo com o velho ditado: "Ruim com ele, pior sem ele". Essa atitude somente adia problemas, quase sempre agravando-os.

Figura 3.2 Formulário de proposta de emprego – Exemplo 1

PROPOSTA DE EMPREGO	FOTO 3X4

NOME ______

SAL. ATUAL ______

CARGO PRETENDIDO ______ SAL. DESEJADO ______

DADOS PESSOAIS		
	FILIAÇÃO	PAI: ______ MÃE: ______
	ENDEREÇO ______ Nº ____ APTO/C ____ TEL. ______ BAIRRO ______ CIDADE ______ ESTADO ____ CEP ______ TEL. REC. ______	
	DATA DE NASCIMENTO ___/___/___ SEXO ☐M ☐F ESTADO CIVIL ______ NATURALIDADE ______ NACIONALIDADE ______	

DOCUMENTAÇÃO		
	BRASILEIRO	CARTEIRA PROFISSIONAL Nº ______ SÉRIE ____ DATA DE EMISSÃO ___/___/___ TÍTULO DE ELEITOR Nº ______ ZONA ____ SEÇÃO ____ LOCAL DA EXPED. ______ CARTEIRA DE IDENTIDADE Nº ______ ÓRGÃO EMISSOR ______ ESTADO ______ CERT. MILITAR Nº ______ CATEG. ____ RM ____ ÓRGÃO EMISSOR ____ LOCAL ______ CARTEIRA DE MOTORISTA Nº ______ DATA ___/___/___ CAT. ______ CEF Nº ______ PIS/PASEP — Nº ______ CADASTRADO EM ___/___/___ — BANCO ______ AGÊNCIA ______ ENDEREÇO ______ FGTS — OPTANTE ☐SIM ☐NÃO; DATA DA OPÇÃO ___/___/___; MOVIMENTOU CONTA ☐SIM ☐NÃO — BANCO ______ AGÊNCIA ______ ENDEREÇO ______ INSS — TEMPO DE VINCULAÇÃO DO INSS ____ ANOS ____ MESES; TEMPO DE SERVIÇO PÚBLICO ____ ANOS ____ MESES — APOSENTADO ☐SIM ☐NÃO IMPOSTO SINDICAL — PAGOU? ☐SIM ☐NÃO ☐ISENTO; QUAL SINDICATO? ______
	ESTRANGEIRO	CARTEIRA PROFISSIONAL Nº ______ SÉRIE ____ DATA DE EMISSÃO ___/___/___ CARTEIRA DE IDENTIDADE Nº ______ ÓRGÃO EMISSOR ______ ESTADO ______ REGISTRO DE ESTRANGEIRO Nº ______ REGISTRO GERAL Nº ______ DATA DE EMISSÃO ___/___/___ DESEMBARQUE ___/___/___ LOCAL ______ NATURALIZADO ☐SIM ☐NÃO DEC-LEI Nº ______ DATA ___/___/___ PROVA DE PROFISSÃO DECLARADA DOCUMENTO Nº ______

EMPREGOS ANTERIORES

FIRMA ____________________
ENDEREÇO ____________________ TEL. __________
BAIRRO __________ CIDADE __________ ESTADO __________
ÚLTIMO CARGO __________ ÚLTIMO SALÁRIO __________
DATA DA ENTRADA ___/___/___ DATA DA SAÍDA ___/___/___ CARTEIRA ASSINADA ☐ SIM ☐ NÃO
MOTIVO DA SAÍDA ____________________

FIRMA ____________________
ENDEREÇO ____________________ TEL. __________
BAIRRO __________ CIDADE __________ ESTADO __________
ÚLTIMO CARGO __________ ÚLTIMO SALÁRIO __________
DATA DA ENTRADA ___/___/___ DATA DA SAÍDA ___/___/___ CARTEIRA ASSINADA ☐ SIM ☐ NÃO
MOTIVO DA SAÍDA ____________________

FIRMA ____________________
ENDEREÇO ____________________ TEL. __________
BAIRRO __________ CIDADE __________ ESTADO __________
ÚLTIMO CARGO __________ ÚLTIMO SALÁRIO __________
DATA DA ENTRADA ___/___/___ DATA DA SAÍDA ___/___/___ CARTEIRA ASSINADA ☐ SIM ☐ NÃO
MOTIVO DA SAÍDA ____________________

FIRMA ____________________
ENDEREÇO ____________________ TEL. __________
BAIRRO __________ CIDADE __________ ESTADO __________
ÚLTIMO CARGO __________ ÚLTIMO SALÁRIO __________
DATA DA ENTRADA ___/___/___ DATA DA SAÍDA ___/___/___ CARTEIRA ASSINADA ☐ SIM ☐ NÃO
MOTIVO DA SAÍDA ____________________

FIRMA ____________________
ENDEREÇO ____________________ TEL. __________
BAIRRO __________ CIDADE __________ ESTADO __________
ÚLTIMO CARGO __________ ÚLTIMO SALÁRIO __________
DATA DA ENTRADA ___/___/___ DATA DA SAÍDA ___/___/___ CARTEIRA ASSINADA ☐ SIM ☐ NÃO
MOTIVO DA SAÍDA ____________________

EXPERIÊNCIA PROFISSIONAL

____
____
____
____
____

<table>
<tr><td rowspan="5">INSTRUÇÃO</td><td>CURSOS</td><td colspan="2">ATÉ</td><td>ANO DE FORMADO</td><td>NOME DA ESCOLA</td><td>CIDADE</td><td>ESTADO</td></tr>
<tr><td>Ensino Fundamental I (1ª a 5ª)</td><td rowspan="4">SÉRIE</td><td></td><td></td><td></td><td></td><td></td></tr>
<tr><td>Ensino Fundamental II (6ª a 9ª)</td><td></td><td></td><td></td><td></td><td></td></tr>
<tr><td>Ensino Médio ( )</td><td></td><td></td><td></td><td></td><td></td></tr>
<tr><td>Superior ( )</td><td></td><td></td><td></td><td></td><td></td></tr>
<tr><td colspan="2">ENTENDE-SE COMO:</td><td colspan="6">Ensino Fundamental I (1ª a 5ª)
Ensino Fundamental II (6ª a 9ª)
Ensino Médio (2º grau)
Superior: Ensino de nível universitário</td></tr>
</table>

<table>
<tr><td rowspan="2">IDIOMAS</td><td colspan="3">FALA</td><td colspan="3">LÊ</td><td colspan="3">ESCREVE</td></tr>
<tr><td>BOM</td><td>REGULAR</td><td>NOÇÕES</td><td>BOM</td><td>REGULAR</td><td>NOÇÕES</td><td>BOM</td><td>REGULAR</td><td>NOÇÕES</td></tr>
<tr><td></td><td></td><td></td><td></td><td></td><td></td><td></td><td></td><td></td><td></td></tr>
<tr><td></td><td></td><td></td><td></td><td></td><td></td><td></td><td></td><td></td><td></td></tr>
<tr><td></td><td></td><td></td><td></td><td></td><td></td><td></td><td></td><td></td><td></td></tr>
<tr><td></td><td></td><td></td><td></td><td></td><td></td><td></td><td></td><td></td><td></td></tr>
<tr><td></td><td></td><td></td><td></td><td></td><td></td><td></td><td></td><td></td><td></td></tr>
</table>

OUTROS CURSOS		DATA DE INÍCIO E TÉRMINO		ESCOLA	
			/		
			/		
			/		
			/		
			/		
			/		
			/		
			/		
			/		

DEPENDENTES		GRAU DE PARENTESCO		DATA DE NASCIMENTO		NACIONALIDADE		PROFISSÃO	
					/ /				
					/ /				
					/ /				
					/ /				
					/ /				
					/ /				
					/ /				
					/ /				
					/ /				

REFERÊNCIAS PESSOAIS		ENDEREÇO		TELEFONE	
			/		
			/		
			/		
			/		
			/		
			/		
			/		
			/		
			/		

REFERÊNCIAS COM. E BANCÁRIAS	NOME	CIDADE	ESTADO

INFORMAÇÕES ADICIONAIS

QUAL A ORIGEM DE SUA APRESENTAÇÃO? ____________

JÁ SOLICITOU EMPREGO EM ALGUMA EMPRESA

☐ SIM | NOME DA EMPRESA ____________

☐ NÃO | PERÍODO ____________

MOTIVO DA SAÍDA ____________

TEM PARENTE EM ALGUMA DAS EMPRESAS DO GRUPO?

☐ SIM | NOME DA PESSOA ____________

☐ NÃO | GRAU DE PARENTESCO ____________

EMPRESA E LOCAL DE TRABALHO ____________

EXERCE OUTRA ATIVIDADE ☐ SIM ☐ NÃO QUAL? ____________ ONDE? ____________

CASO SEJA ADMITIDO NAS EMPRESAS CONTINUARÁ ESTA ATIVIDADE? ☐ SIM ☐ NÃO

ACEITA TRABALHAR FORA DO RIO DE JANEIRO? ☐ SIM ☐ NÃO

"RESPONSABILIZO-ME, PARA TODOS OS EFEITOS, PELA VERACIDADE DA PRESENTE DECLARAÇÃO, CIENTE DE QUE QUALQUER DECLARAÇÃO FALSA IMPORTA EM RESPONSABILIDADE CRIMINAL."

____________ DATA

____________ ASSINATURA DO CANDIDATO

DEPARTAMENTO PESSOAL

SOLICITAMOS A GENTILEZA DE PROCESSAR A ADMISSÃO DO(A)

SR.(a) ____________

CARGO ____________ SALÁRIO ____________

DEPARTAMENTO ____________ SEÇÃO ____________ COMPONENTE ____________

MOTIVO ____________ REQ. Nº ____________ DE ___/___/___

____

SEÇÃO DE RECRUTAMENTO E SELEÇÃO

Figura 3.3 Formulário de proposta de emprego – Exemplo 2

RECRUTAMENTO E SELEÇÃO **PROPOSTA DE EMPREGO**

CARGO | PRETENSÃO SALARIAL R$ | DATA-BASE | FOTO 3X4

IDENTIFICAÇÃO
NOME

ENDEREÇO (RUA, AVENIDA, TRAVESSA) | NÚMERO | COMPLEMENTO

BAIRRO | CEP | CIDADE | ESTADO | TELEFONE

NACIONALIDADE | NATURALIDADE | ESTADO

SEXO | IDADE | DATA DE NASC. | ESTADO CIVIL | Nº FILHOS | Nº DEPENDENTES

ESPOSA(O)

PAI | MÃE

FORMAÇÃO ESCOLAR

ESCOLARIDADE	ESTABELECIMENTO DE ENSINO/CURSO	COMPLETO S/N	ATÉ A SÉRIE	DIPLOMA S/N
Ensino Fundamental I (1ª a 5ª)				
Ensino Fundamental II (6ª a 9ª)				
Ensino Médio				
Ensino Superior				

INFORMAÇÕES GERAIS

IDIOMAS	INGLÊS	FRANCÊS	ESPANHOL	ALEMÃO			INDIQUE
LÊ							E EXCELENTE
FALA							B BOM
ESCREVE							R REGULAR

VEIO ATRAVÉS DE:
( ) AGÊNCIA QUAL? ( ) ____________
( ) JORNAL ____________
( ) FUNCIONÁRIO DA ____________? QUEM? ____________

VOCÊ TEM PARENTES TRABALHANDO NA EMPRESA? ( ) SIM ( ) NÃO
QUEM? ____________ QUAL O GRAU DE PARENTESCO? ____________

VOECÊ JÁ TRABALHOU NA EMPRESA? ( ) SIM ( ) NÃO

EXPERIÊNCIA PROFISSIONAL – EMPREGADORES ANTERIORES

EMPRESA (ÚLTIMA OU ATUAL)		ADMISSÃO	DEMISSÃO
ENDEREÇO			TELEFONE
CARGO	SALÁRIO R$	MOTIVO DA SAÍDA	

EMPRESA		ADMISSÃO	DEMISSÃO
ENDEREÇO			TELEFONE
CARGO	SALÁRIO R$	MOTIVO DA SAÍDA	

EMPRESA		ADMISSÃO	DEMISSÃO
ENDEREÇO			TELEFONE
CARGO	SALÁRIO R$	MOTIVO DA SAÍDA	

EXPERIÊNCIA PROFISSIONAL – ATIVIDADES **APRESENTE A SEGUIR UM RESUMO:**

DOCUMENTAÇÃO

CARTEIRA PROFISSIONAL NÚMERO	SÉRIE	UF	CPF/CIC NÚMERO	DV	PIS/PASEP	CERT. RESERVISTA NÚMERO	CAT.	REG.

CARTEIRA IDENT. NÚMERO	EXP.	EMISSÃO	TÍTULO DE ELEITOR NÚMERO	ZONA	SEC.	CARTEIRA MOTORISTA NÚMERO	PRONT.	TEMPO INSS

TERMO DE RESPONSABILIDADE – VERIFICANDO-SE A QUALQUER TEMPO ALGUMA INEXATIDÃO NAS INFORMAÇÕES PRESTADAS PELO PROPONENTE ABAIXO ASSINADO, SUA INSCRIÇÃO SERÁ CANCELADA OU SERÁ DISPENSADO DO QUADRO DE FUNCIONÁRIOS SE JÁ ESTIVER ADMITIDO. IGUAL PROCEDIMENTO SERÁ ADOTADO SE O CANDIDATO NÃO APRESENTAR OS DOCUMENTOS EXIGIDOS NESTA PROPOSTA, OU QUALQUER OUTRO IMPRESCINDÍVEL AO EXERCÍCIO DE SUAS FUNÇÕES.

LOCAL	DATA	CIENTE (ASSINATURA DO PROPONENTE)

USO INTERNO

	SALÁRIO MENSAL	DEPT/SETOR
SETOR HIERÁRQUICO REQUISITANTE NOME	CARGO	VISTO DE APROVAÇÃO DATA

OBSERVAÇÕES

3.2.3 Métodos de seleção

O Quadro 3.2 enumera os principais métodos utilizados para a seleção, que serão vistos com mais detalhes a seguir.

Quadro 3.2 Métodos usados na seleção

Triagem preliminar de currículos – Entrevista na unidade de seleção – Informações de pessoas confiáveis – Testes técnico-profissionais – Testes psicológicos – Dinâmica de grupo – Entrevistas pelas chefias futuras – Informações de empregos anteriores – Informações cadastrais – Exame médico

Triagem preliminar de currículos. A triagem preliminar destina-se a checar se o candidato tem possibilidade de ser aproveitado. Verifica-se sua formação básica e sua experiência e compara-se com o que se requer para a vaga. Deve-se, também, procurar inferir o potencial do candidato. Não adianta "enfeitar" o currículo. Todas as informações serão checadas. Quase sempre se descarta nessa triagem mais da metade dos candidatos.

Entrevista na unidade de seleção. A entrevista na unidade de seleção é realizada com o objetivo de observar o candidato e checar as informações do currículo. No currículo, basicamente analisa-se a veracidade e a coerência das informações; as qualificações do candidato, seus conhecimentos, a formação profissional, as razões das saídas dos últimos empregos, as realizações do candidato, as posições ocupadas, as principais atribuições que teve, sua experiência profissional, seus objetivos e planos para o futuro, suas aptidões e vulnerabilidades etc. As informações sobre os empregos anteriores devem estar coerentes com as anotações na Carteira de Trabalho e Previdência Social (CTPS), anteriormente denominada carteira profissional. Tenta-se, ainda, obter algumas informações sobre os traços de personalidade do candidato, seus valores, seus desejos, seus conhecimentos sobre a empresa e outras que possam ser úteis para a seleção.

O entrevistador, quase sempre um psicólogo especializado, preocupa-se em fazer uma análise global e, se for o caso, marcar testes e entrevistas complementares. Um entrevistador experiente costuma tirar uma conclusão preliminar bastante aproximada por essa entrevista, especialmente, se ela for adequadamente preparada e aplicada. Um bom entrevistador não faz perguntas que possam ser respondidas com "sim" ou "não". Como sempre é possível que a impressão obtida em um primeiro encontro, relativamente breve, seja incorreta, é indispensável prosseguir o processo de seleção por meio de outros métodos.

Nas grandes empresas, é comum o uso de entrevistas estruturadas em relação às perguntas que são feitas, para diminuir possível viés do entrevistador e facilitar comparações com entrevistas feitas por pessoas diferentes. Além disso, entrevistas estruturadas podem ser feitas por entrevistadores menos experientes. Entre as perguntas comumente usadas nas entrevistas acham-se, por exemplo, as seguintes: Quais seus objetivos a longo prazo? Quais seus objetivos a curto prazo? O que você considera que sejam seus pontos fortes? E seus pontos fracos? O que você sabe a respeito da nossa empresa? Como você avalia as vantagens da empresa ao contratá-lo? Por que deveríamos contratá-lo? Quais as suas expectativas em relação à empresa? O que você gostava e não gostava nos seus empregos anteriores? Como você avalia as empresas em que trabalhou anteriormente? O que você faz no seu tempo livre? Qual é o seu *hobby*? Como você se relaciona com seus pares, superiores e subordinados? Cite alguns exemplos de suas realizações profissionais. A todas elas o candidato deve responder dizendo a verdade, salientando, porém, os aspectos positivos. Deve mostrar-se otimista e capaz de dar uma boa contribuição à empresa e evitar falar mal dos empregadores anteriores.

Alguns conselhos aos candidatos a emprego para essa entrevista: seja pontual (calcule uma margem de segurança para os problemas de trânsito); diga sempre a verdade: é válido omitir algo que não foi perguntado, mas as mentiras cedo ou tarde acabam descobertas; não se mostre nervoso e muito menos em pânico; deixe transparecer o sincero desejo de obter a posição, mas não vá "com muita sede ao pote"; não seja irônico, especialmente se o entrevistador não o for.

Alguns conselhos aos entrevistadores: seja pontual; prepare a entrevista; reveja os requisitos do cargo e o perfil desejado; releia o currículo do entrevistado; realize a entrevista sem a presença de terceiros e com a maior privacidade possível; tome poucas notas durante a entrevista e complemente-as depois, após a saída do candidato; mostre interesse por ele; deixe claro para ele que está satisfeito com a organização; abra espaço para ouvir atentamente o candidato; termine a entrevista de forma clara e polida e agradeça ao candidato a sua presença.

Alguns erros comuns nas entrevistas são: os julgamentos precipitados; a ênfase negativa do entrevistador; o desconhecimento do cargo por parte do entrevistador; a pressão da administração superior para contratar; a influência das impressões causadas pelos que já foram entrevistados.[9]

Informações de pessoas confiáveis. Se o candidato é conhecido por uma pessoa em quem podemos confiar, tanto em termos de capacidade de avaliação quanto em integridade, não há razão para não buscarmos as informações que essa pessoa possa nos dar sobre ele. Quanto mais informações confiáveis, tanto mais provável o êxito de uma boa seleção. Claro que elas nada valem se provierem de pessoas pouco confiáveis, podendo até prejudicar o candidato. Em caso de dúvida, as informações devem ser checadas, sem nos esquecermos de que muitas vezes o informante está mais interessado em ajudar o candidato do que a empresa.

Testes técnico-profissionais. A finalidade desses testes é avaliar a competência técnico-profissional do candidato. Geralmente, são usados para candidatos de nível intermediário para baixo e para profissionais em início de carreira. No caso de profissionais especializados, são aplicados com a participação do órgão em que o candidato vai trabalhar.

Testes psicológicos. São testes para avaliar as características de personalidade e temperamento do candidato, bem como seu raciocínio lógico e compreensão, habilidade verbal, raciocínio e relações espaciais, funções motoras, habilidades físicas, capacidade de percepção e memorização etc. São preparados e renovados periodicamente por instituições especializadas que os vendem às unidades de recrutamento e seleção das empresas. A necessidade de renovação periódica resulta do fato de ficarem esses testes conhecidos e, por isso, serem, após algum tempo, passíveis de manipulação. Um bom teste, bem aplicado, permite conhecer o perfil do candidato e compará-lo com o perfil desejado para o ocupante da vaga.

Dinâmica de grupo. A dinâmica de grupo é, em geral, efetuada colocando-se os candidatos em uma situação simulada do trabalho cotidiano e observando suas atitudes e reações diante de problemas que surgem no tipo de trabalho que deverão executar. As informações obtidas costumam contribuir bastante para complementar as conseguidas nos testes. Podem ser feitos muitos tipos de simulações que indicam as aptidões e as características dos candidatos.

---

[9] DESSLER, G. *Administração de recursos humanos*. 2. ed. São Paulo: Prentice Hall, 2003. p. 116s.

Entrevistas realizadas pelas chefias futuras. Após a seleção preliminar pela unidade central de recrutamento e seleção, os candidatos que passaram por essa triagem são encaminhados às chefias futuras, que devem decidir, entre os que lhes foram encaminhados, quem deve ser admitido. A decisão final tem de caber à futura chefia, pois ela é que será responsável pelo seu desempenho. Deve-se respeitar a decisão do futuro chefe mesmo se não for possível explicitar com clareza sua preferência por determinado candidato. O arbítrio é relativo: os candidatos insatisfatórios já foram eliminados. A área de recursos humanos não tem quase nenhum poder decisório na escolha final, mas pode eliminar os piores candidatos antes do encaminhamento às futuras chefias. Empresas que têm um rigoroso processo de seleção costumam fazer o candidato passar por várias entrevistas com pessoal de alto nível e que tenha bom conhecimento da empresa. Em empresas bem-sucedidas, é comum a participação do pessoal da alta administração no processo de seleção. Isso tem várias vantagens: diminui o arbítrio; assegura que os que são admitidos foram avaliados com cuidado; sinaliza aos admitidos que eles fazem parte de um grupo bem selecionado e, portanto, presumivelmente, de elite; sinaliza para os executivos que participam do processo a importância de se admitir a pessoa certa. Um processo de seleção cuidadoso requer um aperfeiçoamento criterioso e permanente e um *feedback* sobre a qualidade dos admitidos.

Informações de empregos anteriores. Escolhido o candidato a ser admitido, resta o processo de coleta de informações a seu respeito, deixado para o final por envolver não apenas custos internos, mas também pagamentos a terceiros. Raramente uma empresa fornece informações sobre seus antigos empregados pelo telefone. Isso só ocorre se existirem amizades pessoais entre empregados do futuro e do antigo empregador, e não é frequente nas grandes cidades. Existem empresas especializadas em coletar essas informações por escrito, que cobram honorários para isso. Elas podem vir distorcidas, especialmente se o candidato saiu brigado da antiga empresa. No entanto, podem fornecer subsídios válidos para a decisão final sobre a admissão.

Informações cadastrais. As mesmas empresas que obtêm informações dos antigos empregadores informam se os candidatos emitiram cheques sem fundos, se estão na lista do Serviço de Proteção ao Crédito (SPC) ou do Serasa e se respondem a processos. O custo das informações será tanto mais alto quanto mais completas forem. É necessário fazer a tradicional análise de custos e benefícios. Informações sobre telecheque e SPC são baratas e podem ser obtidas rapidamente, de modo que raramente são dispensadas. Já as informações sobre empregos anteriores e as dos ofícios distribuidores são mais caras e demoradas.

Exame médico. É obrigatório por lei um exame médico antes da admissão. Por ser caro e pelo fato de raramente encontrar problemas que impeçam o aproveitamento do candidato, esse exame costuma ser feito após as demais etapas. Muitas questões de natureza ética podem ser levantadas na realização dos exames médicos. Se ele se atém às condições de saúde necessárias para o exercício da função pretendida, não há o que objetar, mas é impossível controlar que tipo de exame é feito no material colhido para testes laboratoriais. Aqui está o problema ético: muitas empresas aproveitam o exame médico para eliminar candidatos com doenças crônicas ou viciados em drogas e mulheres grávidas. Esse tipo de problema tende a se agravar com a possibilidade de se fazer uma seleção genética, que, além de odiosa, seria muito perigosa para a sociedade; trata-se de uma invasão de privacidade, mas de muito difícil comprovação.

Cada um dos métodos de seleção deve ser examinado quanto à sua validade e confiabilidade. A validade do método é o grau em que seus resultados confirmam suas previsões, isto é, até que ponto ele é capaz de determinar como a pessoa vai se adequar à posição e como será seu desempenho. Confiabilidade é a consistência com que as informações proporcionadas são verídicas e refletem as características do candidato,[10] a precisão com que um teste mede aquilo que se deseja, ou seja, cumpre a finalidade para a qual foi desenvolvido. A validade é determinada aplicando-se o teste a diversos candidatos e verificando seu desempenho nas condições reais de trabalho. Uma das formas de checar a confiabilidade do teste é aplicá-lo para as mesmas pessoas em ocasiões diferentes. Ainda que o momento em que se encontra o avaliado possa influenciar os resultados, a aplicação em várias pessoas diminui essa distorção.

Apesar das dificuldades, estudos confirmam que os testes de personalidade podem ajudar as empresas na contratação de funcionários mais eficientes. Psicólogos organizacionais frequentemente enfatizam as "cinco grandes" dimensões da personalidade, segundo a aplicação dos testes de pessoal:

---

[10] MILKOVICH, G.; BOUDREAU, J. *Administração de recursos humanos*. São Paulo: Atlas, 2000.

extroversão, estabilidade emocional, agradabilidade, conscientização e abertura a experiências.[11]

As entrevistas e os testes na unidade central de recrutamento e seleção devem ter alta validade e confiabilidade. Portanto, eles devem ser bem preparados e bem aplicados. Em uma grande empresa, as entrevistas de seleção devem ser estruturadas, para que possam ser comparadas e permitir que vários entrevistadores participem do processo.

3.2.4 Considerações sobre casos especiais

Alguns casos merecem atenção especial, como os apresentados a seguir.

Empresas pequenas. O processo descrito é comum em grandes empresas, especialmente em grandes cidades. Nas pequenas e médias empresas de cidades pequenas, várias etapas do processo tendem a ser eliminadas. A conclusão para se saber se o resultado disso é positivo para elas depende de uma análise de cada caso. As pequenas empresas tendem a adotar mecanismos de baixo custo, que nem sempre conduzem à melhor alternativa. Nessas empresas, porém, o conhecimento que se costuma ter das pessoas é maior do que o que se consegue nas grandes empresas, permitindo uma correção mais rápida de decisões erradas.

Oportunidades iguais. Todas as empresas deveriam adotar, como política, o princípio de igualdade de oportunidades, isto é, a seleção deveria ser efetuada somente com base no mérito e nas qualificações de cada candidato. Isso só favoreceria o objetivo de se conseguir a melhor escolha possível. Nem sempre, porém, essa política é seguida à risca. Além disso, não se consegue fazer uma seleção com julgamentos totalmente objetivos. Como vimos, todas as avaliações envolvem alguma subjetividade. Mesmo que a política de oportunidades iguais seja adotada, é difícil aplicá-la com rigor, mas deveria ser perseguida com afinco em benefício da própria empresa. Oportunidades iguais significam ampla publicidade, perfil dos candidatos claramente definido, critérios de seleção definidos e divulgados, número de vagas divulgado.

Minorias. Em muitos países, existe o problema das minorias étnicas. Em alguns casos, a legislação ou as normas da empresa preveem a reserva de certa proporção de vagas para determinados grupos étnicos. Não deveria ser o caso do Brasil, onde a miscigenação é tão grande que é difícil aplicar regras

[11] DESSLER, 2003, p. 112.

desse tipo. As tentativas feitas geraram muita celeuma e poucos resultados práticos. No entanto, é preciso alertar para a possível existência de discriminações raciais, que, além de odiosas do ponto de vista ético, são proibidas por lei e não ajudam a empresa a conseguir os melhores candidatos. É preciso considerar os candidatos que possuem algum tipo de deficiência física. Deve ser feito um esforço para propiciar as condições de acesso e de trabalho para eles, não apenas em benefício dessas pessoas, mas da própria empresa. A experiência mostra que, dependendo do tipo de deficiência e com condições adequadas de trabalho, essas pessoas têm, na maioria dos casos, uma produtividade maior que a média, pois, como as oportunidades são menos frequentes, elas tendem a se esforçar mais.

Admissão de parentes. A admissão de parentes na mesma empresa é assunto bastante controvertido. Algumas empresas chegam a proibir a admissão de pessoas da mesma família. A principal razão disso é a formação de grupos informais muito fortes *a latere* da organização formal. Grupos informais podem ser positivos ou negativos para a organização e, em qualquer caso, tendem a diminuir o poder da organização formal. A avaliação das pessoas tende a ser mais subjetiva, o poder das chefias pode ficar minado em alguns casos, o "moral" dos empregados pode diminuir e a eficiência pode ser seriamente prejudicada.

Por outro lado, o *esprit de corps* de um grupo informal muito identificado com a organização pode ajudar a melhorar consideravelmente os resultados, principalmente, em pequenas empresas.

Uma empresa que tenha operações em regiões remotas e, em consequência, dificuldades em conseguir mão de obra qualificada para trabalhar nesses locais, pode obter vantagens com a admissão de pessoas da mesma família pela facilidade de fixação dos empregados em locais fora da sede.

Posicionamento provisório. Algumas empresas, no decorrer de um processo de seleção, encontram um candidato com qualificações excelentes, mas não exatamente as que o credenciariam para a vaga. Vale a pena admiti-lo para não perder um ótimo empregado? Se a empresa possui uma posição em que o candidato possa oferecer uma contribuição importante, mesmo não sendo aquela para a qual se está selecionando, é possível que seu aproveitamento seja válido. No entanto, seria um erro admiti-lo pensando apenas em um aproveitamento futuro. Seria ruim tanto para a empresa como para o empregado.

Para a empresa, o custo incorrido, sem uma contrapartida imediata de benefícios à altura desse custo, seria provavelmente indesejável; e para o empregado, a provável frustração pelo não aproveitamento das suas qualificações acabaria gerando desmotivação e sentimentos negativos.

Empregados idosos. O envelhecimento da população obrigará cada vez mais à contratação de pessoas mais velhas. Dependendo do tipo de trabalho e da saúde da pessoa, a produtividade varia muito pouco com a idade. A criatividade e a capacidade intelectual não declinam com a idade, a não ser quando ela já está avançada. O absenteísmo tende a ser menor entre os idosos, a não ser em caso de doenças crônicas, que podem ocorrer também com pessoas mais jovens. A lealdade dos idosos tende a ser maior.

Empresas públicas. Desconsiderando-se os aspectos ligados às razões de natureza política, as empresas estatais usam o concurso público como critério para a seleção. O concurso não deixa de ser um teste e, às vezes, outros mecanismos de seleção são também usados. Cumpre salientar que, em uma empresa privada, o administrador pode fazer tudo o que não é vedado pela lei ou pela empresa, visto que as proibições da empresa são flexíveis. Em uma empresa pública, o administrador tem todos os procedimentos detalhadamente estabelecidos em leis e regulamentações e só pode fazer o que é permitido, da forma como está previamente definida. Mencionamos que a prática de oportunidades iguais é benéfica para a empresa e a empresa privada deve segui-la em seu próprio benefício. Na empresa pública, desconsiderando-se os aspectos ligados a razões de natureza política que, em geral, limitam-se a algumas posições da alta administração, a prática de oportunidades iguais é obrigatória por lei, excluindo-se apenas as limitações impostas pela idade para algumas posições. Podemos dizer que a sociedade define para os administradores públicos, por meio de seus representantes, o que eles podem fazer, mas não elimina a possibilidade de serem os editais das vagas elaborados a fim de favorecer determinados grupos ou determinadas pessoas.

Seleção dos que podem ser mantidos. Um ponto a ser considerado em qualquer processo seletivo é a possibilidade de retenção dos candidatos na empresa. Embora se deva sempre procurar selecionar os melhores, não se deve perder de vista a possibilidade de serem mantidos na empresa os candidatos selecionados. Se a ideia é mantê-los por longo período, este é um ponto muito importante.

3.3 Admissão

3.3.1 Documentação e registro

Terminado o processo de seleção, é processada a admissão, que começa com a comunicação do resultado ao candidato e o pedido de apresentação dos documentos exigidos pela empresa e pela legislação. A maioria das empresas possui um formulário próprio em que são relacionados os documentos que o novo empregado deve apresentar antes da sua admissão, a penúltima etapa do processo que começa com o recrutamento e termina com o contrato definitivo após o período de experiência. A Figura 3.4 mostra um exemplo.

Figura 3.4 Formulário de documentação para admissão

DEPARTAMENTO DE RECURSOS HUMANOS

DOCUMENTAÇÃO PARA ADMISSÃO

☐ CERTIDÃO DE NASCIMENTO (XEROX) OU CERTIDÃO DE CASAMENTO (XEROX)	☐ TÍTULO DE ELEITOR
☐ CPF (XEROX), CASO SEJA MENOR, DO RESPONSÁVEL	☐ CARTEIRA PROFISSIONAL
☐ CARTEIRA DE IDENTIDADE (XEROX)	☐ PIS
☐ CERTIDÃO DOS FILHOS MENORES DE 14 ANOS (XEROX)	☐ ATESTADO MÉDICO
☐ CERTIFICADO MILITAR (XEROX)	☐ ABREUGRAFIA
☐ CONTA DE LUZ, GÁS OU TELEFONE (XEROX)	☐ TRÊS FOTOS TAM. 3X4
☐ ATESTADO DE ESCOLARIDADE (XEROX)	

OBSERVAÇÃO: PROCURE VERIFICAR SE SEUS DOCUMENTOS ESTÃO EM ORDEM. VOCÊ SÓ PODERÁ SER ADMITIDO APÓS A APRESENTAÇÃO DE TODOS ELES.

No momento em que a vaga é preenchida, isto é, quando o novo empregado começa a trabalhar, devemos dar uma satisfação aos que participaram do processo de seleção e não foram aproveitados. Eventualmente, alguns poderão sê-lo no futuro e, independente disso, a comunicação é importante pelo respeito que se deve às pessoas e pela contribuição que isso traz à imagem da empresa, bem como pela predisposição favorável que provoca no candidato em relação à empresa.

A seguir, damos o exemplo de uma carta com essa finalidade.

Modelo de carta aos participantes do processo seletivo

Ilmo.(a) Sr.(a) ____

São Paulo, _____ de ___________ de 20 ___.

Prezado(a) Senhor(a),

Agradecemos a sua participação no nosso processo de seleção para a vaga de _______ ___________, bem como o seu interesse em vir colaborar conosco.

Cumpre-nos informar-lhe que, terminado o processo de seleção, foi escolhido outro candidato para aquela vaga.

Não obstante, com sua permissão, apreciaríamos manter seus dados pessoais em nossos arquivos para futuras oportunidades.

Somos gratos pela atenção com que nos distinguiu.

Atenciosamente,

____

Chefe do Departamento dos Recursos Humanos

Hoje, com o acesso disseminado à internet, a comunicação via e-mail é um caminho viável e que pode, inclusive, ser realizado pelo próprio sistema de gestão às atividades de Recrutamento e Seleção (R&S). Esse sistema pode ser parametrizado para, findo o processo seletivo, enviar uma mensagem automática aos não selecionados. Entretanto, cada vez mais, é esperado algum retorno mais personalizado, ao menos àqueles que chegaram à etapa final do processo seletivo, fornecendo um breve *feedback* ao candidato, destacando suas qualidades e possíveis lacunas a desenvolver.

Algumas empresas chegam a agradecer até os currículos que recebem. A maioria das que adotam essa prática, porém, só o faz no caso dos candidatos muito qualificados, pelo custo que representaria agradecer a todos.

3.3.2 Integração

A integração consiste em informar ao novo empregado os objetivos, as políticas, os benefícios, as normas, as práticas, os horários de trabalho da empresa, bem como explicar quem é quem na empresa, como funcionam os serviços de apoio, o que é permitido e o que não é, que atitudes e comportamentos se esperam dele, entre outras informações. Algumas empresas proporcionam extenso treinamento de integração, que pode durar vários meses. Em outras, a integração pode resumir-se a uma conversa de alguns minutos na unidade de registro e cadastro de pessoal ou na unidade de recrutamento e seleção. É preciso muito cuidado com o que se diz ao admitido nessa integração. Em geral, quanto mais alto o nível do admitido, mais extenso é o programa de integração, porque maior é a necessidade da visão sistêmica da empresa para a realização do trabalho.

Outro aspecto importante da integração é a socialização, isto é, a adaptação do novo empregado aos seus colegas de trabalho, ao seu chefe, às práticas e à cultura da empresa. Programas que aceleram a socialização tendem a reduzir a rotatividade.

Um bom programa de integração pode contribuir também para encontrar o posicionamento mais adequado para cada recém-admitido, contribuindo para otimizar o aproveitamento do pessoal.

3.3.3 Período de experiência

A legislação faculta aos empregadores contratar os empregados por dois períodos de experiência, com prazo total não superior a noventa dias. Cumpre salientar que não são três meses, mas noventa dias corridos. Aprovado o empregado nos períodos de experiência, o contrato passa a vigorar por prazo indeterminado.

A vantagem para a empresa desse período de experiência é que, caso o empregado não seja aprovado no prazo previsto, a incidência de encargos sociais será menor. Não caberá pagamento de aviso prévio, nem férias proporcionais ou décimo terceiro proporcional. Em compensação, caso a empresa rescinda o contrato de experiência antes do término, deverá pagar ao empregado a metade do valor que ele receberia até o final do prazo previsto. Assim, algumas empresas fazem um contrato de experiência de trinta dias, prorrogável por sessenta dias. Outras fazem um contrato de quarenta e cinco dias, prorrogável por mais quarenta e cinco. Em qualquer caso, se o empregado não é aprovado, a tendência é esperar o término do contrato de experiência e não prorrogá-lo, só o rescindindo antes do prazo em casos excepcionais. Dessa forma, a empresa dispõe de noventa dias para avaliar se o novo empregado satisfaz às exigências da posição para a qual foi contratado.

No término de cada contrato de experiência, é feita, pela chefia imediata, uma avaliação do empregado. As empresas possuem formulários próprios para essa avaliação, que são enviados pela unidade de recursos humanos para os chefes imediatos com certa antecedência. Como são dois contratos de experiência para cada novo empregado, são feitas, em geral, duas avaliações nesse período de noventa dias.

Algumas empresas ainda usam um estratagema para ampliar esse período de experiência por mais noventa dias: elas contratam os serviços de uma empresa fornecedora de mão de obra, a qual admite o candidato nos seus quadros com a finalidade de prestar serviços à empresa por noventa dias. Findo esse prazo, elas admitem ou não o candidato na empresa.

A aprovação no período de experiência é a última etapa do processo que começou com o recrutamento.

Figura 3.5 Avaliação do empregado no período de experiência

Nome	Data
Cargo	Admissão
Chefia imediata	Sigla
Departamento	Sigla

Grau de cada fator

Fator	Conceito	1	2	3
Responsabilidade	Noção do dever no cumprimento das funções			
Iniciativa	Capacidade de improvisar			
Interesse	Motivação para adquirir novos conhecimentos			
Relacionamento	Habilidade em se relacionar com colegas e chefia			
Participação	Capacidade de participar e cooperar			
Competência	Capacidade de executar suas atividades			
Pontualidade	Cumprimento do horário de trabalho			
Assiduidade	Frequência ao local de trabalho			

Observação: Grau 1: Bom; Grau 2: Satisfatório; Grau 3: Insatisfatório.

CONCEITO GLOBAL	

Mediante os conceitos acima, consideramos o(a) empregado(a) habilitado(a) a exercer suas funções, após o término do período de experiência.

☐ SIM ☐ NÃO

OBSERVAÇÕES

ASSINATURA DO AVALIADOR	CHEFE DO DEPARTAMENTO

PARECER DA ÁREA DE RH

3.3.4 Fluxograma de recrutamento, seleção e admissão

Figura 3.6 Fluxograma de recrutamento, seleção e admissão

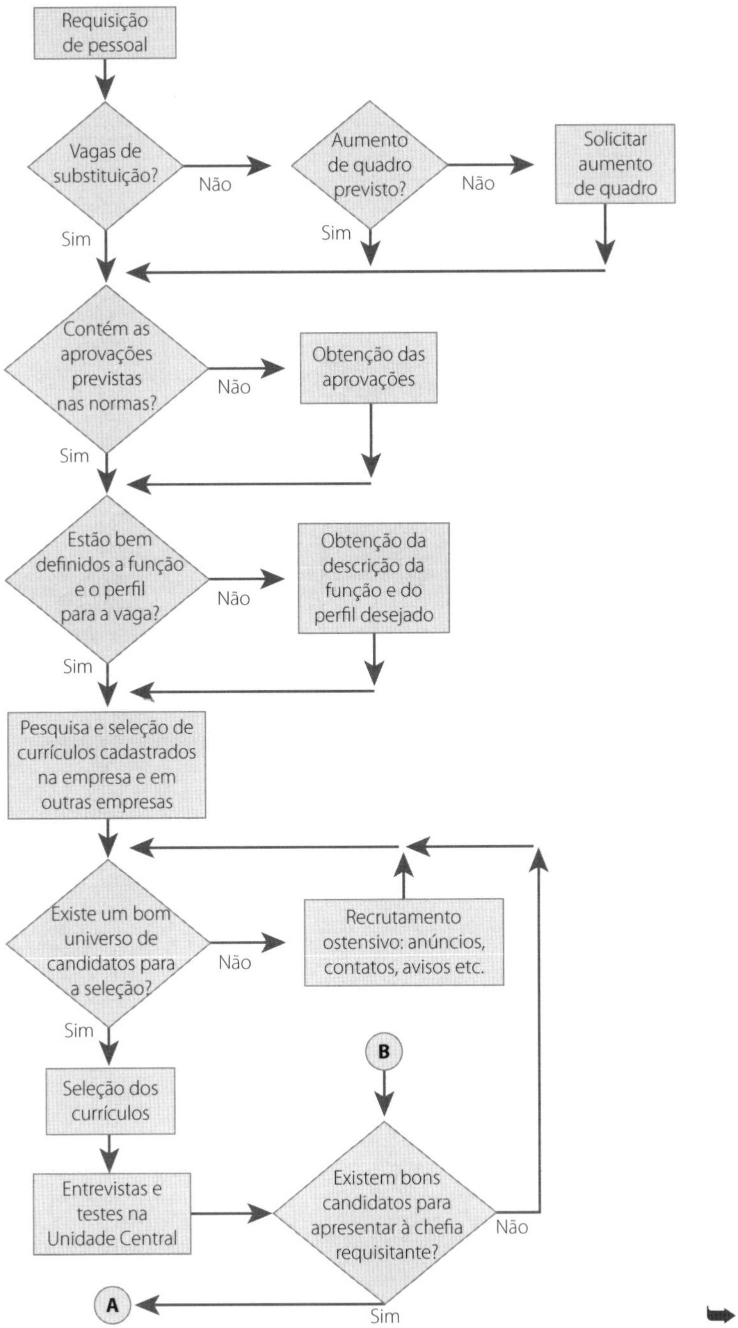

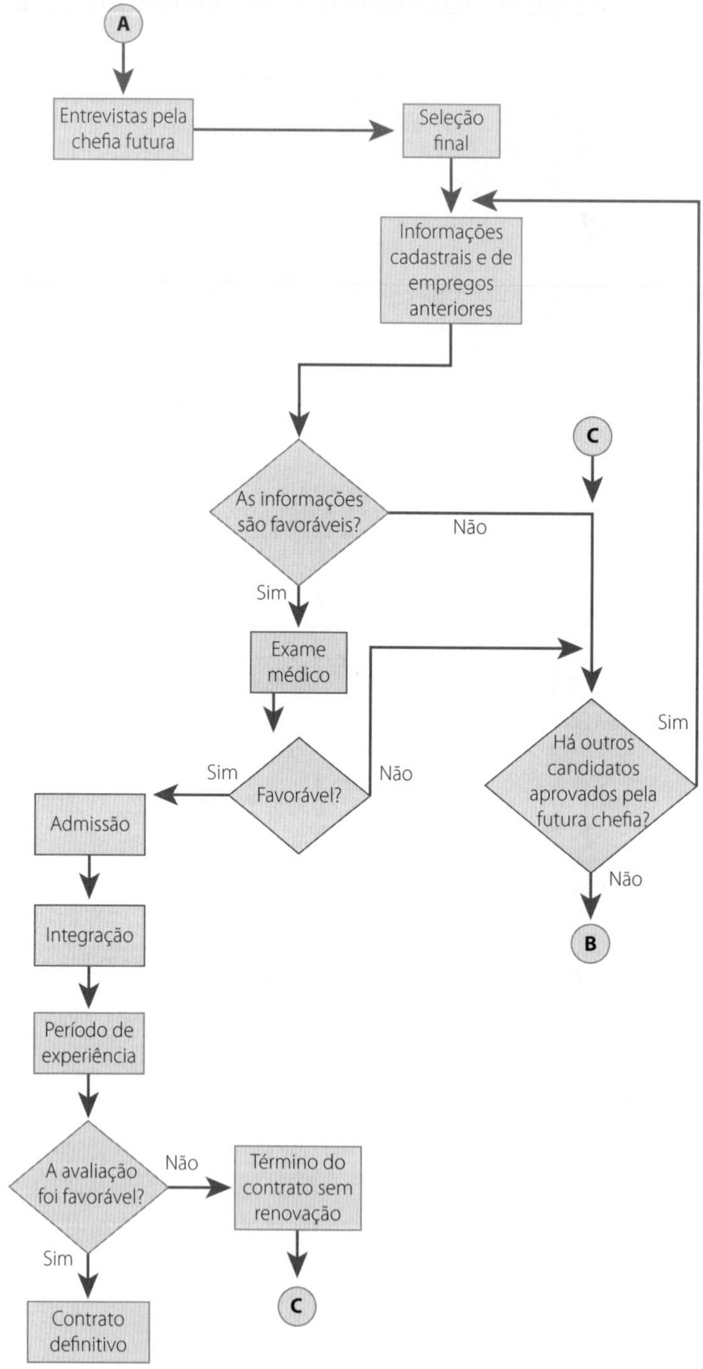
A
Entrevistas pela chefia futura
Seleção final
Informações cadastrais e de empregos anteriores
C
As informações são favoráveis?
Não
Sim
Exame médico
Sim
Favorável?
Não
Sim
Há outros candidatos aprovados pela futura chefia?
Não
B
Admissão
Integração
Período de experiência
A avaliação foi favorável?
Não
Término do contrato sem renovação
Sim
C
Contrato definitivo

3.4 Desligamento

3.4.1 A importância do desligamento

Como dissemos, tão importante quanto admitir as pessoas certas nos momentos certos é demitir as pessoas no momento em que se torna necessário. Deixar uma pessoa "ir ficando" porque é "boazinha" e não cria problemas, embora não produza, não costuma ser uma boa prática, quanto mais deixar permanecer um elemento negativo que cria problemas para a empresa.

O erro mais frequente e grave é conviver muito tempo com pessoas que produzem pouco.[12] Portanto, é preciso ter uma boa avaliação do pessoal e "coragem" para tomar essas decisões, mas também é preciso muita habilidade na forma de comunicação. Dizem alguns que o êxito de uma empresa depende de quem é admitido e de quem é demitido, isto é, da formação da equipe. Claro que isso é uma supersimplificação, mas mostra a importância de se ter as pessoas certas. Da mesma forma que não convém a um empregado sair mal da empresa, também é ruim para a empresa não tomar algumas providências simples que evitam a propagação de uma imagem negativa. A maneira como as demissões são decididas e comunicadas afeta o moral e a motivação dos que ficam, tanto quanto as decisões e a forma de comunicação sobre os admitidos. Não se deve mentir na hora da comunicação da demissão: a verdade sempre acaba aflorando. Pode-se "aparar" algumas arestas e omitir alguns detalhes mais "duros", mas nunca mentir.

Muitas empresas têm receio de que pessoas demitidas levem consigo informações vitais para a empresa: mala direta de clientes e fornecedores, especificações de processos e produtos ou outras que podem servir a competidores. Não adianta muito impedir o acesso do demitido a seus arquivos ou computadores. Quase todos os demitidos já "sabiam" que seriam desligados da empresa e já se apoderaram das informações antes da demissão. É preferível criar um clima de confiança do que piorar as coisas ao tratá-lo mal.

3.4.2 Demissões de bons empregados

A demissão de um empregado é uma das tarefas mais ingratas dos administradores, especialmente quando se trata de um bom empregado que é

[12] SPENCER STUART & ASSOCIATES. *Relatório do verão de 1983.*

demitido por motivos fora do seu controle. A demissão é um processo traumático não só para quem é demitido, mas também, em muitos casos, para aquele que toma a decisão de demitir.

A melhor maneira de lidar com uma demissão é procurar evitá-la. Muitas demissões começam com más contratações ou com promoções indevidas.[13]

A demissão de um funcionário não deve ficar ao arbítrio de uma só pessoa. Embora o chefe imediato tenha uma parcela importante nesse processo decisório, outras pessoas devem ser ouvidas e mesmo participar da decisão. No Magazine Luiza, um gerente não pode dispensar um funcionário sem ouvir as pessoas do conselho da loja. Cada loja tem o seu conselho, formado por funcionários e eleito pela própria equipe. A dispensa não costuma ser vista como algo bom, porque já se investiu naquele funcionário e ele já conhece a cultura da empresa. Por isso, quando é necessária uma demissão, deve haver o parecer do gerente e do conselho.[14]

Sempre que uma empresa demite um empregado dedicado e comprometido, que está sendo dispensado por motivos alheios ao seu desempenho, deve-se considerar uma das suas preocupações prioritárias os reflexos que essa decisão terá sobre os demais empregados que continuarão na empresa. Nesses casos, a empresa deve ser generosa e a contratação de uma agência de *outplacement* (ou recolocação) beneficia o empregado que sai, causando boa impressão entre os que permanecem nela, melhorando sua imagem em seu ambiente interno e aumentando o comprometimento dos que ficam.

Quando a demissão foi causada por uma redução de quadro, a maior preocupação da empresa deve ser em relação aos sentimentos dos "sobreviventes" desse processo (*ver a Seção 10.1*). Imagine o que pode pensar um empregado: "Hoje ele saiu, apesar de ter sido comprometido e dedicado durante tanto tempo. Amanhã, eu serei considerado descartável". Para assegurar o comprometimento dos que ficam, a contratação de uma agência de *outplacement* é muito útil. A reação será: "Hoje, a empresa foi justa com ele, colocando-o em outra empresa em retribuição aos serviços prestados. Amanhã, se eu tiver sido comprometido e dedicado, devo provavelmente ter o mesmo tipo de tratamento". Uma boa comunicação aos empregados ajuda muito, mas atos importam mais do que palavras. Além disso, a empresa colhe dois benefícios adicionais: um bom empregado que sai acaba, cedo ou tarde,

---

[13] DESSLER, 2003.

[14] JÚLIO, C. A. Entrevista concedida por Luiza Helena Inácio Trajano Rodrigues, diretora-superintendente do Magazine Luiza ao *HSM Management*, nov./dez. 2003. p. 33.

arranjando uma colocação em outra. Aonde ele vai buscar as pessoas competentes para trabalhar com ele? Onde as conheceu, isto é, na empresa de onde saiu. Mas não fará isso se tiver obtido a nova colocação por meio da empresa que o demitiu. Além disso, empresa a que demite pode colaborar na escolha da que admitirá seu antigo empregado, e o fará zelando também pelos próprios interesses, procurando evitar que ele transfira conhecimentos importantes para competidores. Há ainda os reflexos que essa medida terá na imagem da empresa na comunidade, entre os clientes e os fornecedores e no público em geral.

Outra forma de impedir que o funcionário trabalhe para um competidor, transferindo conhecimentos adquiridos na empresa, é o chamado pacto restritivo. Trata-se de um contrato em que a empresa efetua um pagamento em troca do compromisso de ele não trabalhar para a concorrência.

As demissões tendem a causar grande impacto na autoestima e na segurança das pessoas. Com frequência, é uma experiência traumatizante.

As demissões de pessoal sempre serão as decisões mais difíceis com que se defronta o líder. Quem "gosta de demitir" não deve estar na folha de pagamento, da mesma maneira que é também indesejável quem "não consegue demitir".[15]

Quando um bom empregado é demitido e a empresa não contrata uma recolocação, deve, pelo menos, preparar uma carta de recomendação que lhe facilite encontrar um novo emprego. Não se pode dar carta de recomendação a quem não teve bom desempenho, pois a empresa está empenhando seu nome diante de outra, mas deve ser oferecida aos que o tiveram, dizendo sempre a verdade e salientando os aspectos positivos.

Conforme disse Jack Welch, "Ninguém que trabalhava para mim há algum tempo e tenha sido convidado a deixar a GE ficou surpreso, porque as avaliações são sinceras e diretas. A pior coisa para um administrador é ter de tirar o emprego de alguém. Trata-se de uma experiência terrível".[16]

3.4.3 Comportamento dos demitidos

Mesmo os bons profissionais podem ser demitidos. Portanto, todos devem estar preparados para isso. As atitudes dos despedidos tendem a ser

[15] WELCH, J.; BYRNE, J. *Jack definitivo:* segredos dos executivos do século. Rio de Janeiro: Campus, 2001. p. 141.

[16] Jack Welch em um bate-papo durante a ExpoManagement em Madri, em 2003, publicado pela *HSM Management* na edição nov./dez. 2003. p. 28.

fortemente influenciadas pela emoção, e eles precisam evitar armadilhas psicológicas que podem levá-los a problemas pessoais. As principais armadilhas a ser evitadas são: a perda de identidade: as pessoas se confundem com o seu cargo; a perda da "família": as pessoas consideram seus companheiros de trabalho como se fossem parte da sua família; a perda do "ego": pessoas introvertidas podem se retrair e cair em depressão.[17] No caso de bons empregados, a empresa deve também procurar apoiá-los nesse sentido. É importante reiterar, a demissão é sempre uma experiência traumática.

É comum, no Brasil, um empregado que imagina que possa ser demitido ter atitudes que favoreçam essa demissão para receber as verbas rescisórias e levantar o Fundo de Garantia do Tempo de Serviço (FGTS) (*ver a Seção 8.4.2*). Trata-se, na maioria dos casos, de uma visão míope. O empregado hipoteca o longo prazo em troca de benefícios discutíveis de curto prazo. Ele sairá mal da empresa e não a poderá usar como referência para futuros empregos. As verbas rescisórias algum dia se esgotam se não forem muito bem aplicadas.

> *Quando uma porta se fecha, outra se abre; mas muitas vezes olhamos tão tristes para a porta fechada que nem vemos as outras que se abrem para nós.*
>
> ALEXANDER GRAHAM BELL

3.4.4 Planos de demissão voluntária

Quando uma empresa tem necessidade de reduzir grande número de pessoas para adaptar seu quadro às suas necessidades ou possibilidades, um dos métodos utilizados é o plano de demissão voluntária. Nesse plano, a empresa oferece diversas compensações para estimular os empregados a pedirem demissão, como um pagamento adicional, a prorrogação do plano de saúde por determinado período e outros benefícios, como a continuação do pagamento da contribuição para um fundo de pensão ou outras vantagens. Trata-se de um método discutível, pois os que tendem a aceitar a oferta são muitas vezes os melhores, isto é, os que têm possibilidade de conseguir outro

[17] STYBEL, L. J.; PEABODY, M. The right way to be fired. *Harvard Business Review*, jul./aug. 2001. p. 87s.

emprego sem grande dificuldade. Os que têm mais iniciativa e sabem aproveitar oportunidades podem ser exatamente aqueles que convêm reter na empresa, mas tendem a ser os que têm mais propensão a aceitar a oferta. A empresa pode, porém, limitar a oferta aos que têm condições de se aposentar ou a algum grupo que não interessa muito manter na organização.

Às vezes, o problema da empresa é o contrário desse: reter o pessoal em condições de se aposentar, tornando o ambiente de trabalho mais agradável que a aposentadoria.

Em períodos de baixo desemprego, pode haver demissões voluntárias sem estímulo por parte da empresa. Com certa frequência, os que saem voluntariamente já têm outro trabalho em vista.

3.4.5 Entrevista de desligamento

Uma atividade que complementa o desligamento é a entrevista de desligamento ou a entrevista de saída. Poucas empresas a realizam de forma sistemática, mas elas podem trazer contribuições importantes. São raras as empresas que entrevistam todos os que saem. Algumas selecionam casos específicos, por exemplo: pessoas de determinado nível para cima; ou empregados de determinada área onde tem havido rotatividade de pessoal acima do normal, ou onde se presume existirem problemas; áreas críticas para o desempenho e a competitividade da empresa.

A entrevista de desligamento consiste em uma conversa com um empregado cuja saída, por iniciativa dele ou da empresa, já foi decidida. É feita pelo psicólogo de recrutamento e seleção, sem a presença de nenhuma outra pessoa. Como a empresa tem dez dias para homologar a saída do empregado depois de feita a comunicação, a entrevista é quase sempre realizada entre a comunicação e a homologação.

A tendência é a de uma avaliação negativa da empresa e das chefias. O empregado que está saindo quase sempre está descontente, e isso se reflete de forma clara nessas entrevistas. Portanto, uma entrevista de desligamento isolada não significa quase nada. No entanto, se várias entrevistas apontam, de forma consistente, na direção de problemas em determinada área ou de determinado tipo, é provável que sejam necessárias algumas providências para resolvê-los. Para permitir comparações e conclusões, a entrevista deve ser estruturada ou, pelo menos, semiestruturada, isto é, com perguntas previamente estabelecidas e respostas livres. Uma vantagem da entrevista é que o empregado diz tudo o que pensa, embora com viés negativo, mas não esconde nada, pois nada tem a perder.

A razão pela qual essa entrevista costuma ser feita pelo serviço de recrutamento e seleção é que nessa unidade estão os psicólogos com experiência para conduzir uma entrevista desse tipo, e também porque as conclusões encontradas podem ser úteis como *feedback* para futuras seleções. Além disso, o desligamento é o complemento da admissão; seu objetivo é o mesmo, embora no sentido inverso: determinar quem deve ficar na empresa. Em casos de empregados de alto nível, a entrevista pode ser conduzida pelo próprio diretor de recursos humanos. Essas entrevistas devem ser estruturadas, uma vez que terão de ser comparadas com outras e tabuladas.

O entrevistador deve preparar cuidadosamente a entrevista, deve ser conciso e colocar os assuntos de forma clara e definitiva. Deve evitar debates e discussões sobre fatos que ocorreram no passado que levaram à decisão da dispensa. Deve evitar humilhar o funcionário demitido e mesmo evitar comentários sobre desempenhos negativos. Deve ouvir o demitido e procurar mostrar que compreende seu ponto de vista, porém sem lhe dar razão. Deve manter-se calmo e focado na entrevista estruturada.

Nas páginas seguintes, damos um exemplo de formulário para a entrevista de desligamento totalmente estruturada.

Pode-se fazer, também, uma entrevista semiestruturada com algumas perguntas, como:

- Por que você aceitou entrar para a nossa empresa?
- Como era o ambiente de trabalho?
- Como era o seu relacionamento com os colegas? Com a chefia? Com os subordinados (se existirem)?
- Quais os aspectos positivos e negativos da empresa?
- Você já tem algum emprego em vista?
- Qual o tipo de trabalho que você prefere?
- Por que deixou a empresa? (Se a decisão tiver sido do empregado.)

As respostas podem ser livres, dando margem a comentários às vezes inesperados.

Figura 3.7 Formulário para entrevista de desligamento

1. Identificação

Nome do empregado			Matrícula		
Nascimento / /	Sexo	Escolaridade	Estado civil	Chefe imediato	
Admissão / /	Cargo	Salário em R$	Desligamento / /	Cargo	Salário em R$
Endereço residencial				CEP	Telefone

2. Razão da demissão (no caso de empregado demitido)
(motivos apontados pela chefia para dispensa do empregado)

[ ] Aposentadoria (Compulsória, doença, velhice, tempo de serviço)
[ ] Justa causa (Falta grave)
[ ] Redução de quadro (Contenção de despesas ou extinção de atividades)
[ ] Pontualidade e assiduidade
[ ] Desempenho insatisfatório
[ ] Problemas de relacionamento (Com superiores, colegas, público)
[ ] Comportamento inadequado (Em relação a normas da empresa, a colegas)
[ ] Outros (Especifique):

3. Razão da demissão (no caso de empregado demissionário)
(motivos alegados pelo empregado)

[ ] Descontentamento salarial
[ ] Problemas com superiores (Relativos a ordens recebidas, relacionamento etc.)
[ ] Relacionamento com colegas (Agressividade, competição, liderança etc.)
[ ] Falta de amparo (Benefícios, incompreensão etc.)
[ ] Falta de perspectivas de desenvolvimento e acesso
[ ] Restrições ao ambiente de trabalho (Espaço, material, segurança, conforto)
[ ] Problemas com horário
[ ] Problemas pessoais (Saúde, estudo, viagem, alteração de endereço etc.)

4. Aspectos gerais da entrevista

Reação do empregado quanto ao seu desligamento
Aspectos da empresa considerados negativos
Aspectos da empresa considerados positivos
Perspectivas de trabalho fora da empresa [ ] Vai se dedicar aos estudos [ ] Tem convite já confirmado de outra empresa [ ] Vai trabalhar como autônomo (renda prevista de R$) [ ] Tem promessa de outro trabalho [ ] Desempregado [ ] Está em processo de seleção em outra empresa Empresa futura: Cargo: Salário:

Participou de algum treinamento [ ] não [ ] sim [ ] interno [ ] externno Especifique quais (palestras, cursos, reuniões, seminários etc.) ___
Utilidade do treinamento O treinamento acima especificado foi útil para seu desenvolvimento pessoal e profissional?
Apenas para os empregados demissionários Voltaria a trabalhar na empresa? Em que condições? Em caso negativo, por quê?
Como avalia seu superior imediato?
Sugestões de melhoramento para a empresa ou qualquer condição de trabalho:
Faça uma autoavaliação (Desempenho, conduta, relacionamento, integração, entre outros).

5. Síntese da entrevista
(Conclusões do entrevistador)

Data / /	Assinatura do desligado	Assinatura do chefe imediato	Assinatura do entrevistado

Em qualquer caso, a entrevista deve procurar obter a resposta para as seguintes perguntas: Por que deixou a empresa? O que considerava bom e ruim na empresa? O que achava do seu chefe imediato? Por quê? O que achava do ambiente e das condições de trabalho? O que acha da remuneração e dos benefícios concedidos pela empresa? Que oportunidades acha que deve encontrar no mercado de trabalho?

Às vezes, a razão alegada para os colegas pelo empregado que sai não é a verdadeira. Em alguns casos, isso pode ser captado na entrevista de desligamento, mas, em outros, mesmo nessa entrevista ele não revela suas verdadeiras razões. Havendo desconfianças a respeito desse assunto em vários casos semelhantes, pode-se tentar entrevistas com os remanescentes para saber a verdade.

3.4.6 Aposentadoria

Uma das formas de desligamento é a aposentadoria, seja por iniciativa do empregado, seja estimulada pela empresa. Em qualquer caso, a empresa deveria proporcionar ao pessoal que nela trabalhou por muito tempo algum tipo de aconselhamento em relação ao uso alternativo do tempo: *hobbies*, nova carreira, trabalho voluntário, entre outros, bem como sobre os cuidados com a saúde e a administração das finanças pessoais.

Cumpre lembrar que nem sempre é conveniente estimular as aposentadorias de pessoas que ainda estão produzindo. As práticas de recursos humanos relativas à aposentadoria foram criadas em uma época em que a taxa de natalidade era muito mais alta e a expectativa de vida muito mais baixa.

Além disso, os novos recursos da medicina permitem que as pessoas mais idosas tenham uma qualidade de vida melhor que no passado e possam continuar produzindo durante muito mais tempo, contribuindo com sua experiência, sua maturidade e seu conhecimento da empresa.[18] A prática de desligar os mais experientes pode causar uma diminuição do valor das ações no longo prazo.[19]

---

[18] DYCHTWALD, K.; ERICKSON, T.; MORISON, B. It's time to retire retirement. *Harvard Business Review*, mar. 2004. p. 48s.

[19] BASSI, L.; McMURRER, D. How's your return on people? *Harvard Business Review*, mar. 2004. p. 18.

PARTE III

Conduzindo a equipe

CAPÍTULO 4

CONDUZIR PARA OBTER RESULTADOS E MOTIVAÇÃO DA EQUIPE

4.1 A prioridade é obter resultados em longo prazo

Todo administrador é responsável pelos resultados de sua equipe. Assim, da mesma forma que a equipe deve ser formada e renovada em função dos planos estratégicos da empresa, sua condução deve ter como objetivo alcançar os objetivos e as metas previstos naquele plano. A melhor maneira de obter resultados por meio da equipe é comprometê-la com metas, desafios e, até mesmo, riscos.

Toda empresa de grande porte tem metas aprovadas para cada período orçamentário e as empresas de médio e pequeno portes, mesmo que não as tenham, possuirão, pelo menos, objetivos, estabelecidos como propósitos permanentes. A condução da equipe deve, portanto, observar esses objetivos e metas.

O administrador deve fazer acontecer e por isso precisa conhecer e avaliar as pessoas sob sua responsabilidade para conduzi-las de forma adequada. Pessoas não são *commodities*.

O administrador deve sempre, em toda ação e decisão, colocar, em primeiro lugar, o desempenho econômico. Ele só pode justificar sua existência e sua autoridade pelos resultados econômicos obtidos. Podem existir grandes resultados não econômicos: felicidade dos membros do negócio ou contribuição ao bem-estar ou à cultura da comunidade. O administrador, no entanto, terá falhado se não produzir os bens e serviços desejados pelo consumidor, por um preço que o consumidor esteja disposto a pagar. Terá falhado, se não melhorar a capacidade de produzir riqueza que existe nos recursos econômicos a ele confiados.[1] Toda organização, com ou sem fins lucrativos, precisa ter lucro. Associações sem fins lucrativos não são as que se obrigam a não ter lucro, pois isso equivaleria ao suicídio, mas as que se obrigam a não distribuí-lo. *Cumpre salientar que estamos nos referindo a resultados de longo prazo. De nada adianta hipotecar o futuro para obter resultados positivos em curto prazo.*

É muito fácil melhorar os resultados do trimestre cortando treinamento e pesquisas, pagando mal, exigindo excesso de esforços do pessoal, demitindo pessoas. A pergunta que cabe é qual é o impacto dessas ações nos resultados de longo prazo. A experiência demonstra que é possível melhorar durante alguns meses, ou mesmo poucos anos, os resultados econômicos com essas medidas, mas a empresa vai "pagar a conta" adiante e não vai ser barato. Ela perderá suas vantagens competitivas em relação aos concorrentes e acabará tendo prejuízos maiores que os lucros obtidos em curto período. Podemos concluir que o administrador deve deixar muito claro para seus subordinados quais são os resultados desejados. Do contrário, ele não obterá a unidade de sua equipe nem poderá cobrar adequadamente os resultados e o desempenho dos subordinados.

Alguns administradores administram visando formar "uma grande família feliz". Isso pode ser útil, em alguns casos, para a obtenção dos resultados desejados pela organização, mas nem sempre é, embora deva ser um objetivo válido se não for de encontro aos resultados desejados. Não se pode esquecer de que, para fazer os membros da equipe produzirem os resultados previstos, é preciso ter energia e coragem, além de um bom conhecimento da equipe.

> *É uma ideia socialista considerar o lucro um vício. Acho que vício mesmo é dar prejuízo.*
>
> WINSTON CHURCHILL

---

[1] DRUCKER, P. F. *Prática de administração de empresas*. Rio de Janeiro: Fundo de Cultura, 1970. p. 21.

4.2 As qualidades do administrador

O administrador deve ter grande habilidade para lidar com as pessoas. Robert L. Katz, em um artigo na *Harvard Business Review*,[2] sintetizou as habilidades necessárias ao administrador. Ele pressupôs que o administrador seja alguém que dirige as atividades de outras pessoas e assume a responsabilidade de atingir determinados objetivos por meio da soma de esforços. Segundo essa definição, uma administração bem-sucedida parece apoiar-se em três habilitações básicas, que chamaremos de técnica, humana e conceitual. Apesar de tais aptidões estarem interligadas, vale a pena examinar e desenvolver cada uma delas em separado.

4.2.1 Habilidade técnica

Esta habilidade implica a compreensão e o domínio de determinado tipo de atividade. Envolve conhecimento especializado, habilidade analítica de acordo com a especialidade e facilidade no uso das técnicas e do instrumental da disciplina específica. É a habilidade típica de um profissional que executa seu trabalho pessoalmente, como marceneiro, torneiro, advogado ou contador. Quando iniciamos nossa carreira em uma organização, quase sempre utilizamos em maior proporção a habilidade técnica. A habilidade técnica é adquirida por meio de experiência, educação e treinamento profissional.

4.2.2 Habilidade humana

Habilidade humana é a capacidade de trabalhar com eficácia como membro de um grupo e de conseguir esforços cooperativos nesse grupo na direção dos objetivos estabelecidos. Refere-se às *aptidões para trabalhar com pessoas e para obter resultados por meio dessas pessoas*. Requer capacidade para criar uma atmosfera de segurança, para comunicar e encorajar a comunicação entre subordinados e para compreender as necessidades e motivações dos membros do grupo. Ela inclui a capacidade de se colocar no ponto de vista do outro para compreendê-lo em sua plenitude. Alguns autores a chamam de habilidade

2 KATZ, R. Skills of an effective administrator. *Harvard Business Review*, jan./feb. 1955. p. 33; sept./oct. 1974. p. 90s.

gerencial, mas o nome habilidade humana, cunhado por Robert L. Katz, parece mais sugestivo.[3] Uma das características da habilidade humana é a estabilidade emocional. Um bom administrador deve ser previsível em suas reações, mesmo quando está sob pressão. Outros a chamam de inteligência emocional.

Uma das principais características de um bom administrador é sua habilidade em lidar com pessoas, pois os resultados obtidos pelos administradores são fruto do trabalho e do esforço das pessoas que ele coordena e supervisiona. Por isso, ele precisa ter, antes de tudo, muita habilidade para saber lidar com essas pessoas. Esse ponto é tão importante que voltaremos a ele em diversas ocasiões.

Pela habilidade para lidar com pessoas pagarei mais do que por qualquer outra habilidade ***que se possa imaginar.***

JOHN D. ROCKEFELLER

O principal ingrediente na fórmula do sucesso é saber como se relacionar com as pessoas.

THEODORE ROOSEVELT

4.2.3 Habilidade conceitual

Habilidade conceitual, ou visão sistêmica ou holística, significa habilidade para visualizar a organização (instituição, empresa ou grupo de empresas) como um conjunto integrado. Implica a capacidade de se posicionar no ponto de vista da organização, *perceber como as várias funções são interdependentes e como uma alteração em uma delas afeta todas as demais.* Requer ainda a capacidade de visualizar a organização em seu ambiente externo e compreender as forças políticas, econômicas e sociais que atuam sobre ela. Implica não só reconhecer essas relações, mas também saber destacar os elementos significativos em cada situação e *identificar, do ponto de vista da organização, a alternativa mais adequada para ação ou decisão,* considerando todos esses aspectos.

---

[3] A habilidade humana é extensamente relatada no livro *Inteligência emocional*, de Daniel Goleman, no qual ele analisa todos os aspectos relacionados a essa habilidade.

Como parte das habilidades conceituais, o administrador tem de saber conviver, compreender e lidar com *situações complexas e ambíguas*. Isso requer maturidade, experiência e capacidade para analisar pessoas e situações.

4.2.4 A necessidade de cada habilidade conforme o nível

É fácil compreender que, à medida que as pessoas sobem na hierarquia da organização, a proporção da necessidade de cada uma dessas habilidades muda. Uma grande habilidade técnica é vital no início da carreira, nos níveis menos graduados da organização. Dependendo do caso, esse tipo de habilidade pode continuar sendo o mais importante, como ocorre com um consultor jurídico ou um analista econômico. Na maioria dos casos, no entanto, a tendência é no sentido do aumento gradual da necessidade de habilidade humana e, finalmente, nos níveis superiores de direção, com grande necessidade de habilidade conceitual ou visão sistêmica, também conhecida como visão holística.

Figura 4.1 Variação da necessidade de cada habilidade

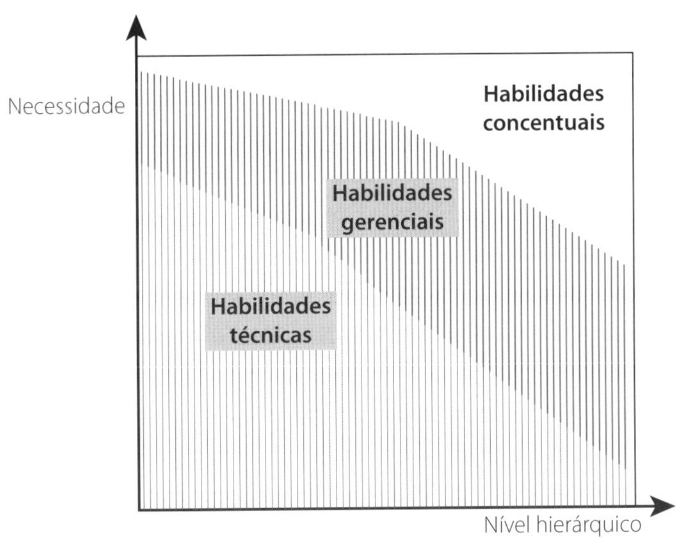

A Figura 4.1 é, portanto, uma aproximação qualitativa, ilustrando o que ocorre, em média, em termos de *proporção* das necessidades de cada uma dessas habilidades em função do nível hierárquico. Cada empresa, ou mesmo cada pessoa, tem um gráfico diferente, que segue mais ou menos o padrão médio.

Outra consideração importante é que a figura indica uma proporção relativa das habilidades. Portanto, em termos absolutos, é possível que aumentem *as necessidades de todas as habilidades à medida que se sobe hierarquicamente na organização.*

4.3 As políticas e os procedimentos de recursos humanos

É fácil dizer que as decisões devem conduzir aos objetivos da empresa e estar coerentes com sua estratégia. Em uma empresa média ou pequena, os administradores tendem a conhecer os objetivos e a estratégia; portanto, as decisões podem, com relativa facilidade, ser coerentes e consistentes entre si. Em uma grande empresa, os administradores precisam de um sistema de referências que os oriente para a tomada de decisões. Por isso, as grandes empresas determinam explicitamente seus objetivos principais e suas políticas, que devem orientar as decisões para o cumprimento daqueles objetivos.

Como vimos no capítulo sobre *Planejamento dos Recursos Humanos*, os planos de recursos humanos devem estar coerentes com os planos estratégicos da empresa. Além disso, as políticas de recursos humanos devem estar claras para os administradores, de modo que as decisões tomadas sejam orientadas para a realização dos objetivos aprovados e a estratégia a ser seguida.

Política é um conjunto de declarações escritas a respeito das intenções da instituição em relação a determinado assunto. As políticas indicam os meios e a forma desejados para atingir os objetivos principais. As políticas, se bem estabelecidas e executadas, conduzem a esses objetivos. São formuladas, em geral, de forma ampla e proporcionam as linhas mestras para orientar as decisões mais importantes e a formulação dos objetivos setoriais e das normas.

Exemplos de políticas de recursos humanos

Nossa empresa se compromete a:

- Pagar salários que se comparem favoravelmente com os oferecidos pelas outras empresas;
- Aceitar a discutir com os empregados as condições de trabalho;
- Devotar os melhores esforços à construção e à manutenção de um clima de confiança, amizade e harmonia no trabalho, com adequada segurança e com oportunidades para todos, sem distinção de credo, etnia ou nacionalidade.

Política de recursos humanos da Shell

É possível criar um ambiente em que a maioria das pessoas sinta prazer em trabalhar e esteja disposta a *dar o melhor de si*, e essa maioria espera coisas simples: dignidade e respeito, remuneração justa, trabalhos compatíveis com as habilidades, treinamento para o desconhecido, informação honesta e a tempo, um chefe competente e confiável e alguma garantia de tratamento correto quanto ao futuro.

Como se vê pelos exemplos acima, as políticas são formuladas de modo amplo. Para orientar de forma mais precisa as decisões, existem os procedimentos ou as normas de procedimentos.

4.4 As normas de procedimentos de recursos humanos

As normas detalham e complementam as políticas e devem ser coerentes com elas.

Segundo a ABNT, norma é o documento elaborado e aprovado segundo procedimentos preestabelecidos, resultantes do consenso dos interessados, contendo prescrições que visam obter *economia* geral em termos de *esforço humano*, energia, material e outros meios necessários à produção e à troca de bens e serviços; proteção aos interesses dos consumidores por meio de *qualidade* adequada de bens e serviços; *segurança* de pessoas e bens; e *uniformidade* dos meios de *expressão e comunicação* entre as partes interessadas.

Podemos também definir norma como o veículo de comunicação que tem por objetivo definir os princípios gerais orientadores de uma ação, ou seja, as regras que regulam o que deve e não deve, pode e não pode ser feito, e quem decide o que, a fim de assegurar unidade e coerência de orientação e comportamento; e determinar, de forma ordenada e racional, como executar a ação, ou seja, quem faz, o que faz, como faz e em que sequência o trabalho é desenvolvido.

Dois pontos precisam ser salientados: as normas são feitas para ajudar a empresa; e quanto maior a empresa, maior a necessidade de formalização e, portanto, de escrever e divulgar as normas. Uma empresa pequena pode operar com normas implícitas, mas, à medida que cresce e se torna complexa, passa a necessitar de normas explícitas.

Condições para formalizar as normas

As normas devem ser formalizadas quando:

- A complexidade dos assuntos tratados aumenta rapidamente, tornando impossível a manutenção dos sistemas e das práticas administrativas com base em tradição e em comunicações informais;
- A segurança e a coerência das decisões e dos procedimentos administrativos passam a ser prioritárias e difíceis de serem mantidas sem documentos escritos e adequadamente divulgados;
- A dispersão física da organização cria problemas de comunicação, causando dificuldades para supervisão, coordenação e controle.

Exemplos de assuntos típicos de normas de recursos humanos

1. Recrutamento e seleção de candidatos
2. Admissão e integração de novos empregados
3. Cadastramento e circulação de currículos
4. Desligamento de pessoal
5. Programação e controle de férias
6. Revisão médica periódica
7. Pontualidade e controle do ponto
8. Remuneração do pessoal
9. Avaliação do desempenho

10. Treinamento dos funcionários
11. Trabalhos em horas extraordinárias
12. Assiduidade e abono de faltas

Deve-se tomar especial cuidado para não emitir normas em excesso, pois elas acabam sendo esquecidas.

> *As leis inúteis enfraquecem as necessárias.*
>
> MONTESQUIEU

4.5 A motivação da equipe

4.5.1 Estudos pioneiros sobre o comportamento humano nas empresas

Os adeptos da escola pomposamente denominada Administração Científica não davam muita importância à motivação. Achavam que o importante era encontrar as condições adequadas de trabalho – luminosidade, ventilação, altura das bancadas e outros fatores – e remunerar em função da produção.

Apesar disso, desde a década de 1920, Mary Parker Follet já publicava estudos e fazia palestras sobre liderança, motivação, a forma adequada de lidar com as pessoas e a importância da coesão do grupo.[4] Seus estudos sobre o conflito construtivo, as formas adequadas de dar ordens e a importância da coordenação informal são até hoje atuais, apesar de terem sido escritos há décadas. Follet sempre esteve preocupada com o papel e o comportamento do indivíduo no grupo e na sociedade.

Foi a partir das experiências da Western Electric, em Hawthorne, que ficou clara a importância da motivação na produtividade. Os estudos iniciados

[4] FOLLET, M. P. *Profeta do gerenciamento*. Conferências selecionadas para a Harvard Business Review. Rio de Janeiro: Qualitymark, 1997.

em 1924, em Hawthorne, pela Western Electric Company, e finalizados no final da década de 1930, sob a supervisão de Elton Mayo, mostraram que, além da remuneração e das condições de trabalho, algo mais importante influenciava a produtividade.

Os especialistas no assunto "sabiam", na época, que a melhor forma de aumentar a produção seria encontrar a medida ideal de luminosidade, temperatura, ventilação, altura da bancada de produção etc., e estimular os empregados por meio da remuneração. Assim, formaram, na Western Electric, um grupo experimental, para o qual seriam melhoradas as condições de trabalho e, ao mesmo tempo, um grupo de controle, para o qual essas condições seriam mantidas inalteradas. Para surpresa dos experimentadores, a produção subia em ambos os grupos, com pouca correlação com os fatores físicos que eram periodicamente alterados no grupo experimental. Como não havia estímulos monetários para aumentar a produção, a empresa ficou sem saber a que atribuir essa melhoria de produtividade que ocorria de forma sistemática.

A Western Electric Company chamou então o professor Elton Mayo, da Harvard Graduate School of Business Administration, para conduzir as experiências. Após muitas alterações, resolveram voltar exatamente às condições iniciais, imaginando que a produção cairia drasticamente. No entanto, a produção cresceu mais, atingindo valores superiores aos anteriores. Era visível que existia um fator que motivava os empregados e não era nenhum dos fatores ambientais nem a remuneração. Concluíram, após estudos e entrevistas com o pessoal da produção, que o que realmente motivava os empregados era a atenção que lhes era dada pelos experimentadores e pela alta administração da empresa. A partir daí, começou a tomar vulto a preocupação com a motivação dos empregados, com a necessidade de se compreenderem as relações entre as pessoas e com a importância de ouvir os empregados para melhorar a produção.

Para Elton Mayo, os estudos em Hawthorne e os dados obtidos posteriormente em entrevistas com os trabalhadores eram uma prova convincente de que o ambiente industrial tinha eliminado toda significação do trabalho, frustrando, dessa forma, as necessidades mais básicas do ser humano. Nas entrevistas, muitos trabalhadores se queixavam de um sentimento de alienação e de uma perda do sentimento de identidade, levando Mayo a estabelecer uma série de hipóteses sobre a natureza humana, diferentes das hipóteses de Taylor sobre o homem racional econômico, como se verifica a seguir:

a) O homem se acha motivado basicamente por suas necessidades sociais e obtém seu sentido básico de identidade mediante suas relações com os demais.
b) Como resultado da Revolução Industrial e da racionalização do trabalho, desapareceu o significado desse último e devemos buscá-lo, portanto, nas relações sociais no emprego.
c) O homem responde mais às forças sociais do grupo de companheiros do que a incentivos e controles da direção.
d) O homem responde à direção na medida em que um supervisor pode satisfazer as necessidades sociais de seus subordinados.[5]

Em 1938, Chester Barnard, um executivo bem-sucedido, publicou duas obras de grande importância,[6,7] que foram enriquecidas com sua experiência pessoal. Ele introduziu a preocupação do homem como ser social, reconheceu a importância da organização informal e mostrou que só é possível o exercício eficiente da autoridade se houver aceitação dos subordinados.

A partir da década de 1930, foram efetuados estudos importantes sobre o que leva uma pessoa a se motivar. Surgiu, na ocasião, a Teoria das Relações Humanas, com ênfase nas pessoas, especialmente em sua satisfação. Essa teoria dizia que pessoas satisfeitas produziam mais. Embora se saiba atualmente que isso nem sempre é verdade, os estudos realizados sobre os tipos de supervisão constituem, ainda hoje, uma contribuição válida dessa teoria.

Sabe-se atualmente que, em geral, em trabalhos de escritório, uma pessoa pode conservar seu emprego produzindo apenas um terço do que seria capaz. O que leva ao aumento da produção e da produtividade, nesses casos, é a motivação. Os esforços das pessoas não podem levar a resultados por meio de normas, manuais ou mesmo ordens diretas dos superiores.

---

5 MAYO, E. *The social problems of an industrial civilization*. Boston: Harvard University Graduate School of Business, 1945, apud SCHEIN, Edgar. *Psicología de la organización*. Madrid: Ediciones del Castillo, 1972. p. 71.

6 BARNARD, C. *The functions of the executive*. Cambridge: Harvard University Press, 1938.

7 BARNARD, C. *Organization and management*. Cambridge: Harvard University Press, 1948.

4.5.2 A teoria das necessidades de Maslow

No início da década de 1940, Abraham Maslow desenvolveu sua teoria sobre a hierarquia das necessidades, a partir da qual é possível inferir o que motiva cada pessoa. Segundo Maslow, o princípio básico da motivação é: *uma necessidade satisfeita não é um motivador de comportamento.*

O que motiva as pessoas são as necessidades insatisfeitas. O progresso é causado pelo esforço das pessoas para satisfazer suas necessidades. As pessoas sempre têm necessidades insatisfeitas. Quando uma necessidade prioritária é satisfeita, ainda que não o seja à saciedade, outras emergem e ocupam o primeiro lugar na lista de prioridades. Damos um exemplo simples da variação de algumas necessidades básicas, como fome, sono e sede.

O exemplo da Figura 4.2 a seguir só considera três necessidades básicas e simples. Como, porém, definir prioridades entre essas necessidades fisiológicas e outras vinculadas à segurança, *status* (ou autoestima), relações interpessoais harmoniosas e reconhecimento de mérito?

Figura 4.2 Variação das necessidades

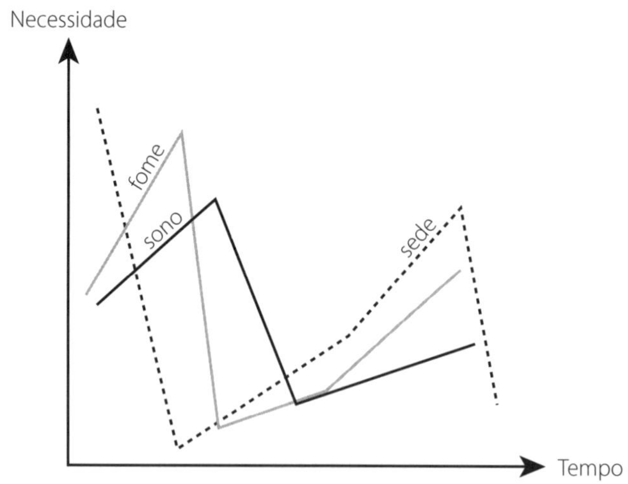

Abraham Maslow procurou definir uma hierarquia das necessidades e chegou à conclusão mostrada na Figura 4.3.

Figura 4.3 A hierarquia das necessidades, segundo Maslow

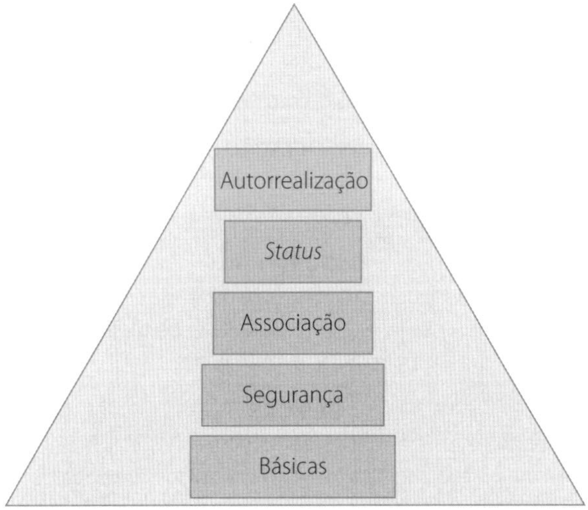

Segundo Maslow, há uma tendência, na maioria das pessoas, para procurar satisfazer, primeiro, as necessidades básicas. Após o atendimento delas, procura-se satisfazer as de segurança e, a seguir, as de associação, as de *status* e as de autorrealização, nessa ordem, na maioria dos casos. Dois pontos precisam ficar claros: as necessidades de cada pessoa variam no tempo, não só em função de sua satisfação como também em função das alterações na hierarquia dos valores de cada um; e a hierarquia de Maslow representa uma tendência média e não deve ser encarada como uma escala rígida.

Vejamos as necessidades incluídas em cada um desses cinco conjuntos.

Figura 4.4 A tendência é satisfazer as necessidades na ordem indicada pelas setas

A hierarquia das necessidades segundo Maslow

AUTORREALIZAÇÃO
Provar a si próprio a necessidade de trabalho desafiante e criativo.

STATUS
Desejo de sobressair socialmente; oportunidade de progresso; reconhecimento de mérito.

ASSOCIAÇÃO
Filiação e aceitação por grupos; amizade com colegas; relações interpessoais harmoniosas.

SEGURANÇA
Ordem e segurança públicas, previdência social etc.; planos de aposentadoria; planos de assistência médica, seguros; poupança, investimentos.

BÁSICAS
Abrigo, roupa, comida, água, conforto físico etc.; melhor remuneração imediata; melhores condições de trabalho.

Figura 4.5 Necessidades fisiológicas: básicas para a manutenção da vida: alimento, sono, abrigo, agasalho, impulso sexual (preservação da espécie)

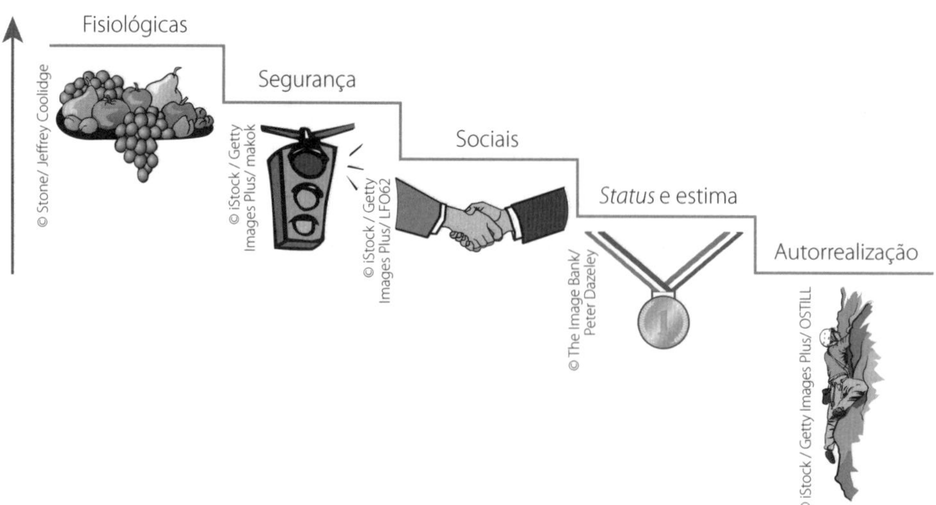

Figura 4.6 Satisfeitas as necessidades fisiológicas, a tendência é priorizar as necessidades de segurança: preservação, afastamento do perigo físico e do risco de privação das necessidades básicas

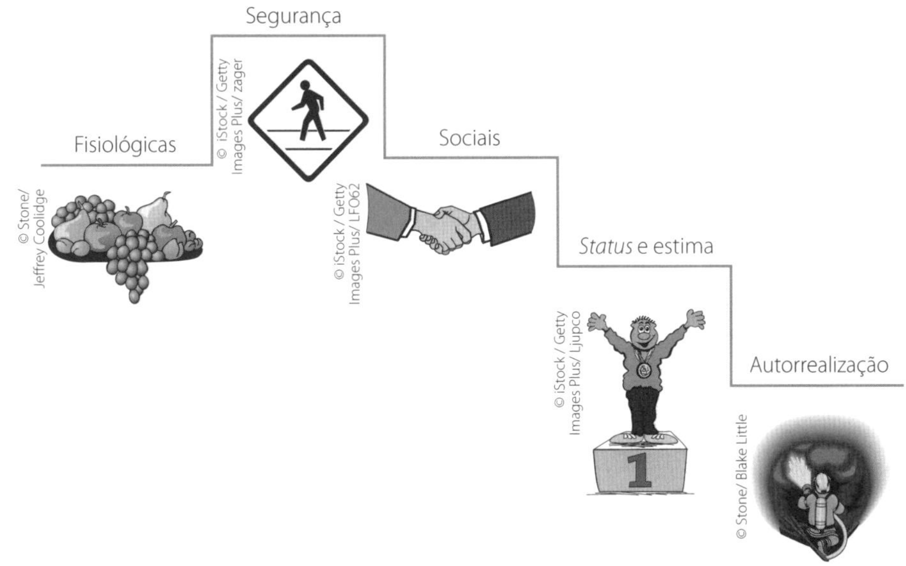

Figura 4.7 Satisfeitas as necessidades de segurança, a tendência é priorizar as necessidades sociais: participação, identificação com os seus iguais, formação de famílias, grupos de amigos, equipes, associações etc.

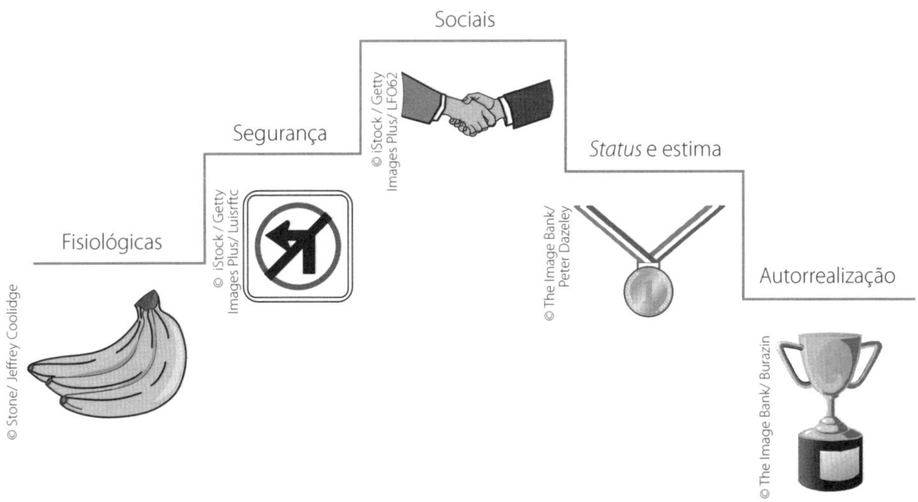

Figura 4.8 Satisfeitas as necessidades sociais, a tendência é priorizar as necessidades de *status* e autoestima: necessidades do ego, amor próprio, reconhecimento do valor por si mesmo e pelo respeito alheio

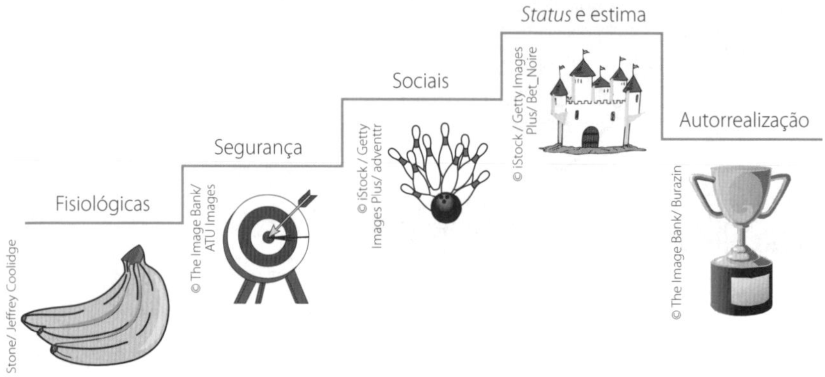

A satisfação dessas necessidades traz um sentimento de poder, prestígio, autoconfiança: o indivíduo influencia seu ambiente.

A insatisfação pode gerar comportamento imaturo e perturbador: acessos de raiva, discussões inúteis etc.

Figura 4.9 Satisfeitas as necessidades de *status* e autoestima, a tendência é priorizar as necessidades de autorrealização: atingir o máximo do potencial individual, tornar-se aquilo de que se é capaz e dar uma contribuição efetiva para a sociedade e para o país

Como dissemos, essa ordem de prioridade corresponde a uma tendência média, e *a prioridade de uma necessidade não significa a eliminação das demais*. Todas as pessoas têm, em geral, todos os tipos de necessidades em maior ou menor grau. Testes denominados *motivogramas* detectam a prioridade que cada pessoa atribui a essas necessidades no momento da realização do teste. O resultado, que reflete a importância atribuída às necessidades, varia de pessoa para pessoa e de momento para momento. Quando uma necessidade aparece com baixa prioridade significa que, naquele momento, não está sendo dada a ela a mesma importância que às demais, porque já foi satisfeita ou porque, mesmo não tendo sido satisfeita, prefere-se dar prioridade a outra, considerada mais importante. Um soldado que corre no meio de uma batalha para destruir um ninho de metralhadoras do inimigo está arriscando a mais básica das necessidades, a vida, para satisfazer uma necessidade de autorrealização. Os líderes que fazem greve de fome estão na mesma situação. A maneira de procurar a autorrealização, ou qualquer outra necessidade, pode variar durante a vida da pessoa, em razão da mudança de seus objetivos. A Figura 4.10, a seguir, resume esses conceitos.

Figura 4.10 O que se quer em cada nível de necessidades

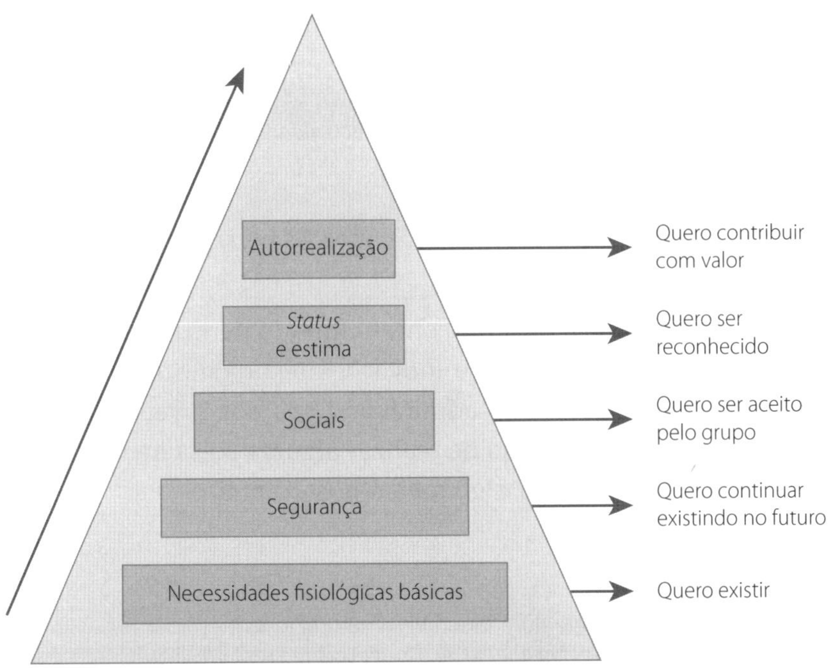

Gareth Morgan sugere as seguintes medidas a serem usadas pelas empresas:[8]

a) **autorrealização:** estímulo ao completo comprometimento. O trabalho como dimensão importante na vida do empregado;
b) **autoestima:** cargos que permitam realização, autonomia e responsabilidade; trabalho que valorize a identidade;
c) **sociais:** estímulo à interação com os colegas no trabalho; possibilidade de atividades sociais e esportivas e reuniões fora da organização;
d) **segurança:** seguro-saúde e planos de aposentadoria, segurança no emprego; estabelecimento e divulgação de plano de carreira;
e) **fisiológicas:** salário e benefícios; segurança e condições agradáveis de trabalho.

A propósito, como disse Maquiavel:

> *nada pode saciar os apetites humanos, pois a natureza nos deu a faculdade de tudo desejar, mas não nos deixa senão provar poucas coisas, disto resultando um descontentamento permanente, e um desgosto pelo que possuímos, o que nos faz culpar o presente, louvar o passado e desejar o futuro, ainda que sem razão.*[9]

> *É difícil determinar os limites para as necessidades se não determinarmos, primeiro, limites para os desejos.*
>
> CÍCERO

Cumpre lembrar que é esse descontentamento permanente que nos motiva para invenções, descobertas e inovações tecnológicas. É a insatisfação que impulsiona o progresso. Os administradores nos níveis mais altos tendem a ser motivados pelo desejo de realizar alguma coisa melhor que aquela que está sendo feita, de deixar algo para a posteridade.

---

8 MORGAN, G. *Imagens da organização*. São Paulo: Atlas, 1996. p. 47

9 MACHIAVELLI, N. *Discurso sobre a primeira década de Tito Lívio*. Brasília: Editora Universidade de Brasília, 1892. Livro II, Introdução, p. 191.

A teoria das necessidades de Maslow foi pioneira e muito reconhecida, principalmente pelos gestores, por ser fácil de entender e intuitivamente lógica. Entretanto, as pesquisas empíricas não confirmaram sua validade.[10]

4.5.3 As teorias X e Y de McGregor

McGregor estudou as formas mais adequadas de administrar e de conduzir os subordinados para alcançar melhores resultados e identificou dois estilos de gestão, a que chamou de teoria X e teoria Y.

A teoria X, segundo McGregor, é praticada pelos administradores que não acreditam nas pessoas e impõem forte dependência dos subordinados em relação às chefias. Ela pressupõe que o ser humano tem aversão ao trabalho e, portanto, a maioria das pessoas precisa ser coagida, controlada, dirigida, ameaçada de punição e premiada materialmente para se esforçar e produzir de forma eficiente e eficaz.

A teoria Y tem uma visão oposta: pressupõe que o ser humano aceita responsabilidades e pode considerar o trabalho da mesma forma que um jogo. Para produzirem de forma eficiente e eficaz, as pessoas devem ser motivadas em função de suas necessidades específicas, que podem incluir o relacionamento no trabalho, a perspectiva de valorização profissional e pessoal e o desafio de um projeto interessante.

Segundo McGregor, a teoria X poderia ser válida no início do século XX, mas as mudanças no ambiente tornaram-na anacrônica e é necessário procurar, na medida do possível, fazer que os administradores passem a praticar a teoria Y.[11]

Podemos, assim, resumir as pressuposições da teoria X:

1. O ser humano tem aversão ao trabalho e o evita sempre que possível.
2. Em razão dessa característica humana, a maioria das pessoas precisa ser coagida, controlada, dirigida e ameaçada de punição ou premiada para se esforçar e produzir.
3. O ser humano, de modo geral, prefere ser dirigido, quer evitar responsabilidades, tem pouca ambição e quer segurança acima de tudo.

---

[10] ROBBINS, S. P. *Fundamentos do comportamento organizacional*. 12. ed. São Paulo: Pearson Education do Brasil, 2014.

[11] McGREGOR, D. *O lado humano da empresa*. São Paulo: Martins Fontes, 1980. p. 41-116.

As pressuposições da teoria Y podem ser assim resumidas:

1. O dispêndio de esforço físico e mental no trabalho é tão natural como o jogo ou o descanso.
2. O controle externo e a ameaça de punição não são os únicos meios de estimular o trabalho em vista dos objetivos organizacionais. O homem está sempre disposto a se autodirigir e a se autocontrolar a serviço de objetivos com os quais se compromete.
3. O compromisso com objetivos depende das recompensas associadas à sua consecução.
4. O ser humano aprende, sob condições adequadas, a aceitar responsabilidades e a procurá-las.
5. A capacidade de usar alto grau de imaginação e criatividade na solução de problemas da empresa é mais amplamente distribuída na população do que geralmente se pensa.
6. Nas condições atuais da vida moderna, as potencialidades intelectuais do ser humano são apenas parcialmente usadas.

Quadro 4.1 Características da teoria X

Pressupostos	⇒	As pessoas são preguiçosas e não gostam de responsabilidades
Objetivo das pessoas	⇒	Segurança individual
Motivação para produzir	⇒	Emprego e remuneração
Instrumentos do empresário e os gerentes	⇒	Disciplina prêmios materiais *stick and carrot*

Quadro 4.2 Características da teoria Y

Pressupostos	⇒	As pessoas não são preguiçosas e assumem responsabilidades
Objetivo das pessoas	⇒	Realização pessoal e profissional
Motivação para produzir	⇒	Participação

Os estudos de McGregor foram importantes pelo pioneirismo e pela criação das teorias X e Y. McGregor defendia a ideia de que a teoria Y era a correta de acordo com a realidade americana das décadas de 1950 e 1960. Estudos subsequentes mostraram que, embora McGregor estivesse certo na maioria dos casos, havia situações de exceção em que a aplicação da teoria X proporcionava resultados melhores que a teoria Y. É preciso salientar que ocorre, com muita frequência, o fenômeno da profecia autorrealizável: as pessoas tendem a se comportar de acordo com o que se espera delas. Assim, na maioria dos casos, a teoria Y proporciona um comportamento mais saudável e mais propício para a obtenção dos resultados desejados.

Nossas crenças e expectativas sobre as atitudes das pessoas influenciam seu comportamento, atuando como profecias autorrealizadoras, uma teoria segundo a qual certas previsões acabam se realizando porque as pessoas acreditam nelas, agindo e investindo recursos para sua concretização, com o intuito de aumentar a probabilidade de que elas se realizem. A forma como os administradores tratam seus subordinados é influenciada pelo que estes esperam deles. As expectativas têm influências profundas no comportamento.

Expectativas de desempenho muito alto podem aumentá-lo de fato, ao passo que expectativas de baixo desempenho tendem a diminuí-lo. Além disso, nosso exemplo tende a produzir nos outros o tipo de comportamento que eles observam em nós. O mais importante não é o que o administrador diz, mas a forma como ele se comporta. As mensagens são comunicadas inconscientemente. Isso é mais crítico para os jovens que estão em seu primeiro emprego.

Uma das vantagens de confiar nas pessoas é, portanto, o fato de que as pessoas tendem a corresponder a essa confiança, ao passo que a falta de confiança gera nas pessoas comportamentos negativos, corroendo a motivação, que é essencial para se obter um desempenho extraordinário.

Os médicos e os psicanalistas sabem há muito tempo que sua expectativa em relação à recuperação dos pacientes tem grande influência na cura.

4.5.4 A teoria Z

A teoria Z foi idealizada por William Ouchi, no livro que leva esse nome, em uma referência intencional à distinção feita anteriormente entre a teoria X e a teoria Y de administração de Douglas McGregor.[12]

---

[12] OUCHI, W. *Teoria Z:* como as empresas podem enfrentar o desafio japonês. 10. ed. São Paulo: Nobel, 1988. p. 71.

A primeira lição da teoria Z é a confiança. Por estranho que pareça, produtividade e confiança andam de mãos dadas... Outra lição importante que a teoria Z traduz da prática japonesa para o modo americano é a sutileza. Os relacionamentos entre as pessoas são sempre complexos e estão em mudança. Um supervisor que conhece seus subordinados pode identificar personalidades com precisão, decidir quem trabalha com quem e formar equipes de trabalho eficazes. Produtividade, confiança e sutileza não só proporcionam maior produtividade por meio de coordenação mais efetiva como também se encontram inextricavelmente ligadas entre si. Há também o lado humano: como é que uma pessoa tratada com desconfiança no trabalho se sente quando está em casa?[13] As promoções são sempre internas. Uma vez contratado, quase sempre recém-formado, o empregado é mantido até a aposentadoria compulsória. A tradição de segurança no emprego cria um vínculo muito forte entre a empresa e o empregado, estimulando-a a investir em treinamento.

4.5.5 Os fatores de motivação segundo Herzberg

Frederick Herzberg estudou de que forma e em que grau diversos fatores motivam os empregados. Segundo ele, existem dois tipos de fatores motivacionais:

1. Os fatores relacionados aos aspectos pessoais de realização profissional e ao conteúdo do trabalho, como gosto pelo trabalho, aumento de conhecimentos, responsabilidade, reconhecimento pelos resultados, realização pessoal e profissional, que ele considera os fatores motivacionais propriamente ditos e que são intrínsecos ou inerentes à pessoa.
2. Os fatores externos que dizem respeito ao ambiente de trabalho, como tipo de supervisão, conforto, salário, benefícios, *status* e segurança, que ele chamou de fatores higiênicos.

Segundo Herzberg, os fatores realmente motivadores operam no sentido positivo, tendendo a aumentar a produtividade e os resultados, ao passo que os fatores higiênicos tendem a atuar com o objetivo de impedir situações negativas, isto é, se não forem bem administrados a produtividade cai, mas não adianta aumentá-los além de determinado limite, pois isso não influiria na motivação.

[13] OUCHI, 1988, p. 5s.

Os fatores motivadores são internos às pessoas: a motivação está dentro de cada um. Os fatores higiênicos são externos, ou parcialmente externos. A Figura 4.11, a seguir, mostra a influência de cada fator na produtividade.[14]

Figura 4.11 Gráfico dos fatores de motivação segundo Herzberg

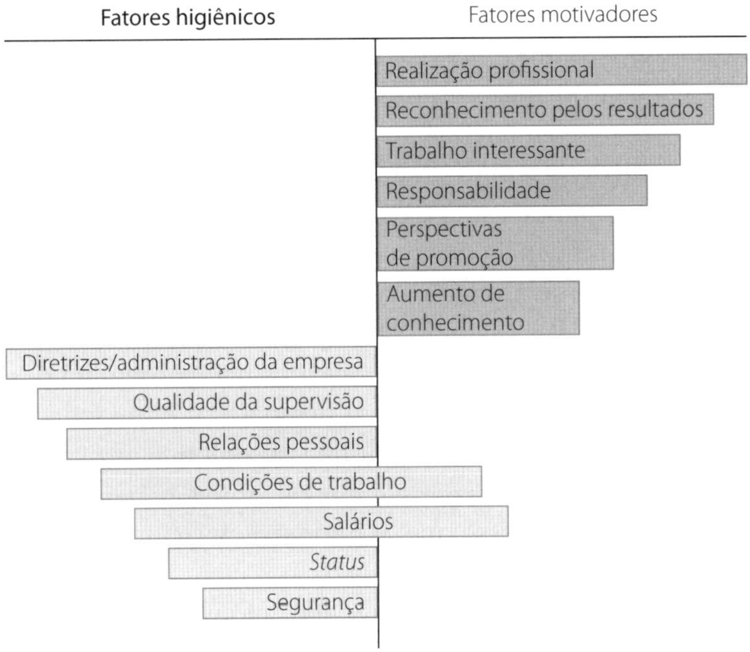

Como se vê pela Figura 4.11, as condições de trabalho e os salários, embora sejam predominantemente fatores higiênicos, avançam até certo ponto sobre o lado motivacional na linha divisória. A razão disso é que ambos contêm, implicitamente, como veremos nas *seções 5.4.2* e *5.5*, aspectos subjetivos relacionados ao reconhecimento pelos resultados. Do ponto de vista concreto, o salário só pode ser gasto *fora do trabalho* e, dessa forma, é eminentemente higiênico. Estudos realizados sobre a motivação proporcionada pelo salário mostram que o período de satisfação consequente de um aumento na remuneração dura

[14] HERZBERG, F. One more time: how do you motivate employees? *Harvard Business Review*, jan./feb. 1968.

muito pouco. O aspecto motivador do salário é que é interpretado, devida ou indevidamente, como sendo um reconhecimento do mérito pela empresa.

O tamanho da barra horizontal de cada fator, na Figura 4.11, indica a importância que costumam ter os fatores para a maioria das pessoas.

Os fatores motivacionais proporcionam satisfação no trabalho, os higiênicos evitam insatisfação no trabalho.

Segundo Herzberg, o que mais contribui para que as pessoas produzam são os fatores motivacionais. Deve-se procurar aumentar ao máximo esses fatores, pois são os principais responsáveis pela melhora dos resultados. Os higiênicos devem ser administrados para não ficarem abaixo do que seria razoável nas condições normais do ambiente no qual a empresa opera. Não adianta, porém, um grande esforço para aumentá-los acima desse valor médio razoável, pois a influência nos resultados não traria um benefício condizente com o custo desse aumento. Alguns fatores higiênicos precisam ser dosados com cuidado. Por exemplo, uma empresa que não proporciona nenhuma segurança de emprego aos empregados não conseguirá reter os melhores nem obter bons resultados de seu pessoal. Por outro lado, excesso de segurança poderá causar acomodação, que se refletirá negativamente nos resultados. A conclusão de Herzberg é que os fatores higiênicos têm limites inferiores e superiores, ao passo que os fatores motivacionais devem ser proporcionados na maior quantidade possível.

Na realidade, a classificação de Herzberg, embora válida, merece explicações. É verdade que os fatores que ele chama de motivadores podem produzir efeitos positivos em limites mais elevados do que os higiênicos. Todos os tipos de incentivos à motivação estão, no entanto, sujeitos à lei econômica da utilidade marginal decrescente, isto é, quanto mais se possui de qualquer coisa, tanto menos útil será a unidade adicional obtida. Isso vale para qualquer tipo de incentivo, embora os fatores chamados de higiênicos por Herzberg estejam sujeitos a limites mais baixos sob esse aspecto. Outro ponto a ser salientado é que não há incentivo ideal. Os incentivos variam de ambiente para ambiente, de organização para organização e de pessoa para pessoa, dependendo dos valores vigentes, da cultura da organização e das necessidades satisfeitas de cada um. Os dados apresentados por Herzberg referem-se, como ele mesmo diz, a valores médios colhidos em universo amplo.

Cumpre lembrar que as organizações são constituídas por pessoas e os administradores só podem ser bem-sucedidos se estiverem atentos e compreenderem bem os sentimentos, as necessidades e as motivações dessas pessoas. Os administradores precisam motivar sua equipe. Nem sempre isso é fácil, considerando as pressões a que estão submetidos. O primeiro passo para isso é conhecer a equipe. Muitos consideram que alguém que está produzindo com eficiência está satisfeito com o trabalho. Embora isso seja verdade em muitos casos, às vezes não é. Quando tratamos do planejamento de carreiras, abordamos esse assunto em maior profundidade. Segundo Butler e Waldroop, as pessoas só estão satisfeitas com o trabalho quando ele se encaixa profundamente em seus interesses vitais. O administrador deve se preocupar acima de tudo em definir as responsabilidades de cada um a fim de satisfazer aqueles interesses. O problema é que a maioria das pessoas não tem um conhecimento preciso de seus interesses vitais.[15]

Assim como a teoria das necessidades de Maslow, a teoria dos dois fatores de Herzberg recebeu diversas críticas pelos pesquisadores da área, quais sejam:[16]

1. A teoria baseia-se em autorrelatos; desse modo, as pessoas tendem a atribuir os créditos a si próprias e os fracassos ao ambiente.
2. A confiabilidade da pesquisa fica prejudicada, visto que os resultados são interpretados pelos pesquisadores, sofrendo, assim, a influência de sua subjetividade.
3. Não foi empregada nenhuma medida geral de satisfação, pois, apesar de uma pessoa não gostar de parte do trabalho, ela pode estar satisfeita com trabalho de forma geral.
4. Herzberg propôs que há relação entre satisfação e produtividade, entretanto, pesquisou somente a satisfação.

Apesar das críticas recebidas, a teoria dos fatores de Herzberg tem sido muito importante e conhecida pelos gestores.

---

15 BUTLER, T.; WALDROOP, J. *The art of retaining your best people*: finding and keeping the best people. Boston: Harvard Business School Press, 2001.

16 ROBBINS, 2014.

4.5.6 Os estudos de Argyris

4.5.6.1 Maturidade e imaturidade pessoal e profissional

Argyris estudou como as pessoas evoluem de um estágio de imaturidade pessoal e profissional para um de maturidade. Pessoas imaturas tendem a ser passivas e dependentes e a ter interesses superficiais e perspectiva limitada do tempo, têm dificuldade em antecipar e planejar o futuro, tendem a não ter consciência e controle do "eu" e a ter dificuldade de perceber as situações sob o prisma de outras pessoas. Para Argyris, o desenvolvimento da maturidade pessoal e profissional se dá de forma gradual e contínua, desde uma completa imaturidade até a maturidade. Na maturidade, as pessoas tendem a ser ativas e independentes; são capazes de se comportar de diversas maneiras, dependendo das circunstâncias; tendem a ter interesses profundos e ampla perspectiva do tempo, sabendo antecipar situações e planejar; são capazes de ter consciência do "eu", de dominar seus impulsos e de perceber as situações sob o ângulo de terceiros.[17] A maioria das pessoas se encontra em um estágio intermediário entre os dois extremos.

Quadro 4.3 Características da imaturidade e da maturidade segundo Argyris

IMATURIDADE	MATURIDADE
• Comportamento uniforme	• Comportamento variado (conforme a situação) • Interesses profundos
• Interesses superficiais • Perspectiva limitada do tempo (visão "míope") • Posição subordinada • Falta de consciência e controle do "eu"	• Ampla perspectiva do tempo (capacidade de planejar) • Posição inferior, igual ou superior • Consciência e controle do "eu"
• Comunicação precária • Percepção sob ponto de vista único (pessoal)	• Comunicação eficaz • Percepção sob vários pontos de vista

Dependendo do estilo de administração utilizado, as pessoas podem ser estimuladas ou não a amadurecer, podendo chegar a ponto de serem impedidas de se desenvolver por causa das práticas administrativas adotadas.

[17] ARGYRIS, C. *Integrating the individual and the organization*. New York: John Wiley, 1964.

O uso satisfatório de deficientes mentais em alguns serviços repetitivos mostra como o trabalho é planejado, em alguns casos, com nível de exigência muito baixo em termos intelectuais e de maturidade.

4.5.6.2 Ampliação e enriquecimento do trabalho

Argyris propôs um tipo de organização do trabalho que ficou conhecido como *job enlargement*, no qual as pessoas não se limitam a uma tarefa, mas realizam diversas atividades correlatas e sequenciais, formando um processo ou parte de um processo, abrangendo um conjunto completo de ações, pelas quais se responsabilizam. Por exemplo, em uma linha de produção, a mesma pessoa faria a montagem final, a inspeção da qualidade e o empacotamento. Em uma estação transformadora de energia elétrica, a mesma pessoa faria vários ou mesmo todos os tipos de manutenção, ficando uma pequena equipe responsável pela manutenção de toda a estação ou de um conjunto de estações próximas, e permitindo que a departamentalização da manutenção de estações da empresa possa ser feita pelo critério geográfico em vez do funcional, economizando tempo de transporte de pessoal e equipamentos e identificando melhor as responsabilidades de cada equipe, além de aumentar o "moral", o nível de qualificação e a maturidade dos empregados. Esse tipo de organização do trabalho tende a dar resultados superiores em termos de produtividade e de resultados, dependendo do nível de treinamento e de maturidade dos empregados, além de diminuir o número de atividades que não agregam valor ao produto ou serviço.

- *Job enlargement, ampliação do trabalho* ou *ampliação horizontal do trabalho,* significa uma abordagem que procura aumentar a motivação das pessoas, descrevendo funções e cargos a fim de ampliar o número de atividades atribuídas a cada um. Dessa forma, cada um tem uma participação mais ampla no processo de trabalho.
- *Job enrichment, enriquecimento do trabalho* ou *ampliação vertical do trabalho,* significa uma abordagem que procura aumentar a motivação das pessoas descrevendo cargos e funções a fim de delegar a elas atividades variadas, que envolvem algum grau de autonomia e de responsabilidade na forma de execução e de controle dos resultados.

A tendência atual não é mais no sentido de dividir o trabalho em tarefas muito elementares, pois isso cria grandes necessidades de coordenação e comunicação, cada vez mais complexas nas grandes organizações. A ênfase é nos processos, atribuindo a responsabilidade por eles a uma pessoa ou a uma equipe.

4.5.6.3 *Empowerment*

Estudos subsequentes desdobraram os conceitos acima apresentados, criando a teoria do *empowerment*, que sustenta que a motivação individual aumenta e os resultados melhoram quando são dadas às pessoas oportunidades de participar com maior envolvimento e poder decisório em seu trabalho e nas metas a ele pertinentes.

Segundo os idealizadores desse conceito:

> *empowerment não é dar poder às pessoas, mas permitir que façam uso do poder, conhecimentos e habilidades que já possuem. Para isto, é necessário que os gerentes criem condições favoráveis à aprendizagem, ação e decisão para que as pessoas possam fazer uso da autonomia, iniciativa e responsabilidade e a organização deve proporcionar um ambiente de apoio, voltado para a responsabilidade e o desenvolvimento contínuo, deixando de lado a velha mentalidade de comandar e controlar.*[18]

Na prática, há que se considerar que algum poder é dado às pessoas, embora em um quadro de referências definido e limitado em um nível estabelecido.

O *empowerment* só traz resultados se tiver o apoio da alta administração. Para implantá-lo, Blanchard et al. definem três condições:

- **compartilhar informações com todos:** sem informação as pessoas não podem agir com responsabilidade; com informação, as pessoas são obrigadas a isso.

---

[18] BLANCHARD, K.; CARLOS, J. R; RANDOLPH, A. *Empowerment:* exige mais do que um minuto. Rio de Janeiro: Objetiva, 1996. p. xi-xiv.

- **criar autonomia por meio de limites:** quando compreendem de que forma sua contribuição influencia os resultados, a motivação e a responsabilidade aumentam.
- **substituir a hierarquia por equipes autogerenciadas:** ensinar às pessoas o que podem fazer para terem mais autonomia.[19]

Desdobramentos subsequentes do *job enlargement, job enrichment* e *empowerment* são encontrados na reengenharia, que usa esses conceitos na reformulação dos processos da empresa. Integrar processos traz benefícios, como redução de custos e tempo e diminuição de erros, atrasos e reparos gerados por esses erros.[20]

A reengenharia tem proporcionado melhoras no desempenho, mas não produziu o número necessário de pessoas altamente motivadas para assegurar desempenhos consistentemente altos nas organizações.[21]

Se os administradores desejam que os empregados assumam mais responsabilidade, devem encorajar o comprometimento interno, intimamente relacionado com o *empowerment*. É importante lembrar que *empowerment é* uma meta da qual as empresas podem se aproximar, sem, contudo, atingi-la. É possível existirem vários níveis de comprometimento em uma organização e conseguir-se que o trabalho seja bem-feito. O *empowerment*, portanto, tem seus limites. Infelizmente, alguns administradores trabalham consciente ou inconscientemente contra o *empowerment*, com receio de perda do poder, mas os empregados não se sentirão comprometidos se alguém estiver sempre controlando o que eles fazem.[22]

4.5.7 A remuneração motiva?

Este assunto será estudado no Capítulo 5, sobre *Remuneração, Incentivos e Benefícios*, mas podemos adiantar alguns comentários. Como já dissemos, as compensações dadas ao empregado pelo trabalho assalariado são destinadas a satisfazer suas necessidades *fora do local de trabalho*. Os salários não são gastos no trabalho. Existe um aspecto do salário, entretanto, que é altamente

[19] BLANCHARD; CARLOS; RANDOLPH, 1996, p. 31-78.

[20] HAMMER, M.; CHAMPY, J. *Reengenharia:* revolucionando a empresa em função dos clientes, da concorrência e das grandes mudanças da gerência. Rio de Janeiro: Campus, 1994. p. 39

[21] ARGYRIS, C. *Empowerment on managing people*. Boston: Harvard Business School Press, 1999. p. 101s.

[22] ARGYRIS, 1999, p. 101s.

motivador e sensível: o reconhecimento do mérito do profissional pela alta administração, que decide sobre as remunerações. A remuneração tem, portanto, um valor simbólico que pode ser mais forte que o valor financeiro em si. Esta é a razão pela qual um empregado fica desmotivado ao saber que uma pessoa que ele considera profissionalmente inferior a ele tem remuneração superior à sua, mais desmotivado do que se receber um pouco aquém do que deveria em relação ao mercado de trabalho.

Existem, portanto, aspectos subjetivos importantes nos salários: o reconhecimento, a avaliação indireta e o *status* resultante. Esta é também a razão pela qual diferenças insignificantes podem causar problemas muito além do razoável se não existissem aqueles aspectos subjetivos. Também é a razão pela qual os salários costumam ser, ao menos teoricamente, confidenciais. A maioria das pessoas se autoavalia com benevolência; portanto, o que a alta administração da empresa considera que cada pessoa vale não coincide com o que ela acha que vale nem com o que ela realmente vale no mercado de trabalho. Há sempre discordâncias em relação aos salários dos empregados. O único consenso é a frase do industrial Enzo Ferrari: "O profissional mais caro da empresa é o incompetente de qualquer cargo ou função".

A boa administração salarial, portanto, deve ter como um dos objetivos a *coerência interna* entre os salários dos empregados da empresa; só assim será possível manter uma equipe competente e motivada, com custos adequados. As pessoas querem justiça. O problema consiste em saber como conseguir isso com tantos fatores subjetivos e tanta emoção envolvidos. Além disso, os sistemas de pagamento refletem os valores e as práticas da organização.

O estudo de caso da *Harvard Business Review*, "When salaries aren't secret", mostra as dificuldades dos administradores quando os salários deixam de ser secretos.[23] A principal vantagem de uma folha de pagamento não secreta é a obrigação dos administradores de justificarem os valores estabelecidos, mas, em geral, essa vantagem é, quase sempre, menor que as vantagens da confidencialidade.

4.5.8 Como motivar seu pessoal?

O ponto de partida para motivar o pessoal é conhecê-lo e identificar suas necessidades, prioridades e desejos. O que motiva uns não é válido para outros. Os empregados mais intratáveis absorvem uma proporção enorme do

[23] CASE, J. When salaries aren't secret. *Harvard Business Review*, may, 2001. p. 37s.

tempo e da energia dos gerentes. Não é possível a um chefe motivar esses subordinados. Somente eles mesmos podem se motivar. Ao chefe, cabe criar as condições para que a motivação inerente a esses subordinados possa ser canalizada para resultados atingíveis. Todas as pessoas têm algum tipo de motivação, mas muitas vezes ela está canalizada para outras áreas fora do trabalho. É preciso descobrir que obstáculos estão impedindo que essa motivação também seja dirigida para o trabalho.[24]

Uma das formas de motivar é dar autonomia: valorizar a independência dos funcionários, fazendo que cada um se sinta "dono" daquilo que lhe cabe. O negócio é feito por todos remando na mesma direção. É importante reconhecer que todos gostam de ser bem tratados e de trabalhar em um lugar alegre. Deve-se evitar contratar gente de mau humor. Deve-se também evitar excesso de manuais e normas, pois isso criaria o vício de muita justificativa e pouca ação.[25] Para compreender a motivação dos outros, é preciso se colocar sob seu ponto de vista, mesmo que não se concorde com ele. É preciso saber quais são suas necessidades, prioridades, desejos e até caprichos.

Finalmente, é preciso lembrar que motivação não é um ato isolado, mas um processo que requer esforços continuados.

---

[24] NICHOLSON, N. How to motivate your problem people. *Harvard Business Review*, jan. 2003.

[25] JÚLIO, C. A. Entrevista concedida por Luiza Helena Inácio Trajano Rodrigues, diretora-superintendente do Magazine Luiza, ao *HSM Management*, nov./dez. 2003. p. 33.

CAPÍTULO 5

REMUNERAÇÃO, INCENTIVOS E BENEFÍCIOS

5.1 Remuneração do fator trabalho

5.1.1 Produtividade e remuneração

Todos os fatores de produção precisam ser remunerados e o fator trabalho, nos processos judiciais, tem prioridade sobre todos os demais, inclusive o fisco. Mais importante que isso, porém, é a necessidade que qualquer organização tem de obter boa produtividade de seu pessoal. Geralmente, o pessoal operacional precisa ser estimulado para se interessar pelo aumento da produtividade. Uma das formas para isso é repartir os ganhos entre os que contribuíram para obtê-lo. Pessoas de bom nível, capazes de atuar como equipe, constituem imenso patrimônio para qualquer empresa. Para conseguir boa eficiência, é necessária uma boa administração do sistema de remuneração, instrumento indispensável para atrair e reter bons profissionais e motivá-los a trabalhar em equipe.

Em termos de pesquisas acadêmicas, esta é uma das áreas de Recursos Humanos mais negligenciada, pois os estudos são escassos e esporádicos. Essa negligência gera inúmeros problemas, visto que a remuneração é um dos fatores de influência mais críticos sobre a qualidade e a eficácia do capital humano. A remuneração influencia a qualidade das pessoas que se candidatam a trabalhar na organização, das que são contratadas, a probabilidade de aceitação do emprego, os níveis de desempenho e motivação da força de trabalho e a qualidade de quem permanece na organização.[1]

5.1.2 Necessidade de coerência interna

Um dos fatos que mais desmotiva um profissional é considerar-se injustiçado em sua remuneração, pois ela afeta não só o nível material, mas também o bem-estar psicológico das pessoas; por isso, é indispensável haver coerência interna entre as remunerações concedidas ao pessoal da mesma empresa. Alguns preferem denominar equidade interna (*ver a Seção 4.5.7*).

Existem muitas formas de remuneração. A mais usada é a remuneração funcional, mas, no passado recente, tem-se verificado que um sistema de remuneração que vincule o pagamento do pessoal aos objetivos estratégicos da empresa, denominado remuneração estratégica, costuma ser mais eficaz para seus resultados.

5.1.3 A coerência externa com o mercado

Além da coerência interna na remuneração do pessoal, outro objetivo é a coerência com o mercado, isto é, a coerência externa entre os salários pagos pela empresa e os praticados pelo mercado de trabalho. Se a empresa pagar abaixo do mercado, perderá os melhores profissionais e sua produtividade se tornará tão baixa que o custo e a qualidade de seus produtos deixarão de ser competitivos. Se pagar muito acima, o custo de produção pode subir a um ponto indesejável, eliminando as margens de lucro mesmo com produtividade alta. A coerência com o mercado é vital para a sobrevivência e o progresso da empresa. Como todos os demais, o mercado de trabalho obedece à lei da oferta e da procura e varia segundo a época e a região. Quanto maior for a oferta de empregos, maior será o valor da remuneração; quanto maior o número de pessoas que procuram emprego, menor será esse valor.

Os estudos mais recentes indicam que é preferível pagar um pouco acima do que um pouco abaixo do mercado de trabalho, porque o pagamento mais generoso tende a aumentar a produtividade de forma compensadora.

---

[1] GUPTA, N.; SHAW, J. D. Employee compensation: the neglected area of HRM research. *Human Resource Management Review*, v. 24, n. 1, p. 1-4, 2014.

Os níveis de remuneração são importantes não só para manter os melhores, mas também para atraí-los.

Para alcançar isso, é preciso montar e manter atualizado um *Plano de Cargos e Salários,* que esteja sempre em sintonia fina com o mercado.

Não é fácil estabelecer o valor justo para o salário de um executivo de alto nível, especialmente em uma empresa globalizada. A preocupação com a coerência interna e a externa, as diversidades de mercado conforme as regiões em que atua a empresa, a importância do executivo para a empresa, as necessidades de gastos de cada um e as vaidades pessoais tornam esse problema com excesso de variáveis difícil de ser resolvido.[2]

5.1.4 Características dos sistemas de remuneração

Na escolha do sistema de remuneração, é preciso considerar as seguintes questões:

1. Quanto se deve pagar a cada um.
2. Que ênfase se deve dar à remuneração financeira em relação ao total das recompensas pelo trabalho.
3. Que ênfase se deve dar à tentativa de diminuir os valores pagos.
4. Se deve ser implantado um sistema de incentivos para obter melhores desempenhos e, em caso afirmativo, que tipo de sistema.[3]

Vamos estudar os vários sistemas e também os benefícios usualmente concedidos.

5.1.5 Custo dos sistemas de remuneração

Sistemas eficazes de remuneração não precisam ser caros. Podem-se tornar as remunerações mais eficazes maximizando as compensações não econômicas que as pessoas recebem pelo trabalho. Para isso, as empresas podem

---

[2] FRYER, B. In a world of pay. *Harvard Business Review*, nov. 2003. p. 31s.

[3] PFEFFER, J. Six dangerous myths about pay. *Harvard Business Review*, may/june, 1998. p. 109s.

contratar pessoas que gostem das atividades que lhes são atribuídas ou formar uma equipe vencedora, à qual as pessoas tenham orgulho de pertencer.[4]

Provavelmente, os incentivos mais importantes que os empregados têm sejam o interesse pelo trabalho e o orgulho da organização a que servem.

Resumindo, a administração da remuneração é o conjunto de métodos que tem por finalidade a atribuição de remuneração adequada a todos os que colaboram com a empresa, assegurando a coerência interna entre os valores da remuneração e dos benefícios de cada um e a coerência externa com o mercado de trabalho, visando proporcionar constante motivação ao pessoal, aumento da produtividade e controle dos custos de mão de obra.

Cumpre salientar que é comum existirem dificuldades para estabelecer remunerações justas. As pessoas tendem a se autoavaliar com benevolência e a julgar que merecem uma remuneração maior que aquela considerada adequada pela empresa. Quanto mais complexa a empresa e mais abrangente a área geográfica em que atua, mais difícil chegar a uma conclusão. O problema se torna mais grave nos níveis mais altos, nos quais a comparação entre as pessoas é mais difícil e algumas são críticas para o êxito da empresa.[5]

Finalmente, no custo do sistema de remuneração, é preciso considerar não só o que se paga e os benefícios concedidos, mas também o custo de administração do sistema, que não deve ser excessivamente complicado.

Em remuneração, algumas tendências são observadas tanto pelos profissionais, quanto pelos pesquisadores do tema. Dentre elas, observa-se que remunerar de forma justa e engajadora é uma tendência, pois remuneração e benefícios são diferenciais competitivos das organizações, conforme afirma Elaine Saad, presidente da ABRH-Brasil.[6] Outra tendência observada é como remunerar trabalhos flexíveis, uma realidade organizacional muito atual.[7]

---

[4] KELLY, F. J.; KELLY, H. M. *What they really teach you at the Harvard Business School*. New York: Warner Books, 1986. p. 155.

[5] O estudo de caso "In a world of pay", de Bronwyn Fryer – publicado na *Harvard Business Review*, nov. 2003; p. 31-35 – ilustra bem esse fato.

[6] ASSOCIAÇÃO BRASILEIRA DE RECURSOS HUMANOS (ABRH-Brasil). *Presidente da ABRH--Brasil elenca 10 tendências em RH*. 2017. Disponível em: https://www.abrhbrasil.org.br/cms/materias/noticias/presidente-da-abrh-brasil-apresenta-dez-tendencias-da-area-de-rh. Acesso em: 4 abr. 2020.

[7] HERASYMENKO, O. O.; SHCHETININA, L. V.; RUDAKOVA, S. G. The remote employment: current trends in the organization and remuneration of labor. *Bìznes Inform*, v. 11, n. 478, p. 233-239, 2017.

Por fim, entre os benefícios oferecidos pelas organizações, destaca-se como tendência os relativos aos programas de cuidado infantis, destinados aos pais que trabalham, visando à redução do absenteísmo em razão da ausência dos pais quando os filhos adoecem ou quando a escola ou o berçário não funcionam, como em férias escolares. Dessa maneira, organizações têm criado centros infantis *backup* para essas situações, horários flexíveis de trabalho e licença familiar remunerada, além dos períodos obrigatórios por lei.[8,9]

5.2 Benefícios

5.2.1 Conceituação

Além do salário, as empresas concedem benefícios, monetários ou não. Ao se fazer uma comparação de valores pagos, deve-se considerar a remuneração mais os benefícios não monetários, e não apenas o salário. *Remuneração é a soma de tudo o que é periodicamente pago aos empregados por serviços prestados: salários, gratificações, adicionais (por periculosidade, insalubridade, tempo de serviço, trabalho noturno e horas extras), bem como todos os benefícios financeiros, como prêmios por produtividade, participação nos resultados e opção de compras de ações, entre outros* (*ver a Seção 8.5*). Além disso, existem os benefícios proporcionados pelo *status*, pelo reconhecimento, pelo conforto nas condições de trabalho e tudo o mais que causa satisfação às pessoas que trabalham na empresa.

5.2.2 Tipos de benefícios

5.2.2.1 Encargos sociais

Se o benefício é obrigatório por lei, deve ser encarado como encargo social. Nesse caso, estão incluídos: décimo terceiro salário; férias remuneradas; abono de férias; repouso semanal remunerado; contribuição para a previdência oficial,

---

[8] WILKIE, D. *Paying to fly nannies on work trips*? Companies get creative with child care benefits, 2008. Disponível em: https://www.shrm.org/resourcesandtools/hr-topics/employee-relations/pages/child-care-benefits-.aspx. Acesso em: 4 abr. 2020.

[9] LOJACONO, S. Mildly Ill, back-up child care: a growing trend in employee benefits. *Compensation & Benefits Review*, v. 33, n. 5, p. 54–58, 2001. Disponível em: https://doi.org/10.1177/08863680122098630. Acesso em: jun. 2020.

para o Sesi, Sesc, Senai, Senac, Sebrae, Incra; salário-família; salário-maternidade; seguro de acidentes do trabalho; vale-transporte; salário-educação e despesas de rescisão contratual; e ausência remunerada em virtude de convocação para mesa eleitoral ou para servir como jurado; além, eventualmente, dos adicionais de insalubridade, periculosidade, trabalho noturno e horas extraordinárias, entre outros (*ver a Seção 8.5*).

5.2.2.2 Benefícios concedidos pela empresa

Se o benefício não é obrigatório, é concedido por liberalidade da empresa, em virtude de acordo sindical ou para ganhar competitividade no mercado de trabalho, atraindo e retendo pessoal de melhor nível. Incluem-se nesse caso as gratificações de vários tipos: licença remunerada em caso de doença, invalidez ou luto, seguro de vida em grupo, seguro-saúde ou assistência médico-hospitalar e odontológica, ambulatório na empresa, *check-up* anual, assistência farmacêutica, refeições subsidiadas, cesta básica, bolsas de estudo, auxílio-moradia ou aluguel de casa, empréstimos a juros subsidiados ou sem juros, complementação de aposentadoria, assistência jurídica, prêmios por sugestões, estacionamento, agência bancária no local de trabalho, auxílio funeral, creches para os filhos, locais esportivos ou de lazer para uso nos intervalos de trabalho ou no final do expediente, atividades culturais e recreativas, programas de terapia extensivos à família, venda de produtos e serviços da empresa a preço de custo, reconhecimento público pelo desempenho, cessão de carro da empresa para uso pessoal, auxílio para despesas com automóvel, auxílio para educação própria ou dos filhos, flexibilidade no horário de trabalho e planos para compra de ações da empresa. No caso de hotéis e restaurantes, temos ainda as gorjetas pagas diretamente pelos clientes.

5.2.2.3 Plano cafeteria

Nenhuma empresa concede todos esses benefícios, pois o custo seria exageradamente elevado. Algumas oferecem opções aos funcionários, que podem escolher algumas vantagens, mas não todas. Isso permite adaptar os benefícios, dentro de limites, às prioridades e aos desejos de cada um, concedendo aos empregados aquilo que eles realmente valorizam e consideram prioritário. Nesse tipo de plano, a empresa costuma oferecer alguns benefícios fixos e outros opcionais dentro de determinado limite de custo. Isso recebeu o apelido de "plano cafeteria", expressão usada oficialmente nos Estados Unidos e informalmente no Brasil. A cultura da empresa e a competitividade do mercado de trabalho determinam, em grande parte, os benefícios a serem oferecidos.

5.2.2.4 Vantagens do grupo na obtenção dos benefícios

Os benefícios são especialmente úteis nos casos em que o grupo é mais eficiente que o indivíduo, como seguro de vida e de saúde, planos de aposentadoria e outros em que o número de beneficiários e o poder de barganha da organização ou a redução dos custos administrativos permitem vantagens maiores aos beneficiários.

5.2.2.5 Complementação de aposentadoria

A complementação de aposentadoria é frequentemente administrada por meio de um fundo fechado de previdência complementar e pode ser de dois tipos: plano de contribuição definida ou plano de benefício definido. No plano de contribuição definida, há uma conta separada para cada empregado, na qual são depositadas as contribuições. Não há déficit nem saldo e o valor do benefício equivale ao total acumulado. No plano de benefício definido, há apenas o saldo total de contribuições dividido entre os participantes. O plano pode apresentar saldo ou déficit. Existe, portanto, um risco para o administrador do fundo, geralmente o empregador, pois, embora os fundos sejam constituídos como entidades autônomas sem fins lucrativos, na prática o empregador assume, na maioria dos casos, algumas responsabilidades. O aumento da expectativa de vida e a diminuição da taxa de natalidade obrigaram quase todas as empresas a exigir uma contrapartida dos empregados, que são descontados na folha de pagamento para formar o fundo, dando autorização para isso à empresa. Além disso, algumas empresas deixaram de oferecer o plano de benefício definido, passando a oferecer apenas o de contribuição definida. Esses fundos tornaram-se, em muitos países, grandes investidores institucionais no mercado acionário e financeiro (*ver a Seção 8.7.4*).

5.2.2.6 Benefícios para dirigentes de alto nível

Para dirigentes de alto nível, são comuns outros benefícios, como participação nos resultados, prêmios por desempenho e opções para compra de ações, que consiste em dar ao executivo o direito de optar pela compra de determinada quantidade de ações da empresa a um preço fixo em determinada data futura. Se as ações subirem, ele ganhará na diferença entre o preço de mercado por ocasião da efetivação da compra e o preço contratado inicialmente. Esse benefício e outros similares só são concedidos se o executivo permanece na empresa durante determinado período, por isso são denominados "algemas de ouro". Peter Cappelli argumenta que as estratégias tradicionais para reter os melhores empregados não são adequadas em um ambiente em que as pessoas mudam de emprego com muita facilidade. Mostra que todos acham normal buscar talentos fora da empresa, mas ninguém gosta de ver seus melhores talentos largarem a empresa por outra. Diz que os programas de compensação e as chamadas "algemas de ouro" podem ser quase sempre cobertos pelos competidores e nem sempre dão o efeito esperado. Para a retenção dos melhores, o autor recomenda descrever a função de forma customizada para seu ocupante; criar laços de amizade e relações sociais entre os funcionários; localizar a empresa em local atraente para a mão de obra desejada; e, na ocasião do recrutamento e da seleção, procurar admitir pessoas que não sejam exageradamente difíceis de reter na empresa.[10]

5.2.2.7 Recolocação (*Outplacement*)

Algumas empresas oferecem o *outplacement,* isto é, a recolocação em outras empresas de empregados dispensados por motivos alheios a seu desempenho que foram dedicados e comprometidos com a empresa durante o tempo em que nela trabalharam. A empresa que oferece esse benefício fica em melhores condições de assegurar o comprometimento dos que continuam, em virtude do tratamento dispensado aos que saíram. Além disso, os que saem dessa forma não vão trabalhar para um competidor. O *outplacement* é feito por meio da contratação de empresa especializada nessa atividade.

---

[10] CAPPELLI, P. A market-driven approach to retaining talent. *Harvard Business Review,* jan./feb. 2000. p. 103s.

5.2.2.8 Vantagens para atrair e reter o pessoal

Os benefícios, se bem comunicados, são úteis como um atrativo no momento da contratação de um novo funcionário e também para reter bons profissionais. Seria engano, no entanto, imaginar que eles causam grande motivação, pois, na maioria dos casos, são fatores higiênicos, de acordo com a concepção de Herzberg. Os benefícios aumentam, porém, a produtividade, na medida em que contribuem para atrair pessoas de melhor nível e para retê-las na empresa, reduzindo a rotatividade e, consequentemente, a perda do investimento feito nos profissionais e a da sua experiência nos assuntos da empresa. É preciso considerar, porém, que o corte de um benefício produz uma insatisfação muito maior que a satisfação proporcionada no momento da concessão. Cortar um benefício pode ser altamente prejudicial à empresa. Além disso, uma vez concedidos, os benefícios tendem a ser considerados quase um direito e a motivação causada por sua concessão não costuma durar muito tempo. Por isso, antes de conceder um benefício, a empresa deve examinar se terá condições de mantê-lo por longo período.

5.2.2.9 Por que não substituir benefícios por aumentos salariais?

Seria mais lógico aumentar o salário e deixar ao empregado a decisão de usá-lo de acordo com suas prioridades e preferências, as quais variam de pessoa para pessoa. Um profissional mais velho pode valorizar mais os planos de aposentadoria e o seguro-saúde em grupo, ao passo que um mais jovem pode valorizar mais os investimentos em treinamento, o pagamento da educação própria e dos filhos e as perspectivas de aumento salarial. A empresa prefere conceder benefícios em vez de aumentar salários porque os encargos sociais chegam a 102,06% sobre o salário nominal no caso dos trabalhadores na indústria e incidem sobre tudo o que é pago aos empregados, conforme pode ser demonstrado pela Tabela 5.1, mas não incidem sobre a concessão de benefícios.

Tabela 5.1 Encargos sociais para o setor industrial[11]

Tipos de encargos	Percentual sobre salário
Grupo A – Obrigações sociais	
Previdência social	20,00
FGTS	8,00
Salário-educação	2,50
Acidentes de trabalho (média)	2,00
Sesi	1,50
Senai	1,00
Sebrae	0,60
Incra	0,20
Subtotal do Grupo A	35,80
Grupo B – Tempo não trabalhado I	
Repouso semanal	18,91
Férias	9,45
Feriados	4,36
Abono de férias	3,64
Aviso prévio	1,32
Auxílio-enfermidade (média)	0,55
Subtotal do Grupo B	38,23
Grupo C – Tempo não trabalhado II	
13º salário	10,91
Despesa de recisão contratual (média)	2,57
Subtotal do Grupo C	13,48
Grupo D – Incidências	
Incidência cumulativa Grupo A/B	13,68
Incidência do FGTS sobre 13º salário	0,87
Subtotal do Grupo D	14,55
TOTAL	**102,06**

Os benefícios são também necessários para manter os empregados satisfeitos com a organização. Para isso, é preciso haver uma boa comunicação sobre as vantagens de cada benefício. Segundo Maquiavel, as pessoas devem ser agradadas ou liquidadas, porque se vingam das ofensas leves, mas das graves não podem fazê-lo. Assim, a ofensa feita a uma pessoa deve ser de tal modo que não se tema vingança.[12] Portanto, enquanto são mantidas na organização, as pessoas precisam ser agradadas e os benefícios são úteis para isso.

---

[11] PASTORE, J. *O desemprego tem cura?* São Paulo: Makron Books, 1998. p. 11.
[12] MACHIAVELLI, N. *Il príncipe*. Roma: Tascabili Economici Newton, 1995. p. 26.

5.3 O sistema de remuneração funcional

O sistema de remuneração funcional, também conhecido como sistema de avaliação por fatores e pontos, é o mais antigo e ainda o mais usado. Há organizações que possuem processos de baixa complexidade e ainda preferem o modelo tradicional de cargos e salários, identificando benefícios em seu uso como equidade interna e externa e transparência na gestão de pessoas.[13] A base desse sistema é o salário pago, que é função principalmente do trabalho exercido. Argumenta-se contra esse sistema que ele favorece a burocracia e a antiguidade, o que nem sempre incentiva o esforço pela obtenção dos resultados. Estudaremos esse ponto em maior profundidade na *Seção 5.4*.

5.3.1 Cargo e função

Uma empresa com poucos empregados não terá dificuldade em conseguir as coerências interna e externa. Com uma descrição do que cada um faz, será possível efetuar a comparação dos salários pagos na empresa com os que são praticados no mercado para um trabalho equivalente, bem como fazer um escalonamento, ou *ranking*, de seu pessoal. A comparação relativamente simples, nesse caso, pode ser feita por meio da própria função, sem recurso ao grupamento em cargo. Imagine-se, porém, como uma empresa *com vários milhares de empregados* poderia conseguir essa sintonia com o mercado e essa coerência interna. Somente a descrição do trabalho de cada um teria um custo elevadíssimo e as comparações seriam impossíveis. Por isso, agrupam-se funções equivalentes em cargos, para diminuir o número de descrições e comparações.

Função é uma posição, definida na estrutura organizacional, a qual cabe um conjunto de responsabilidades afins e relacionamentos específicos e coerentes com sua finalidade, ao passo que cargo é um conjunto de funções de mesma natureza de trabalho, de requisitos e nível de dificuldades semelhantes e com responsabilidades em comum. Torna-se, assim, possível elaborar

[13] MOREIRA, P. A.; BENTO, P. A. O.; BORGES, R. C.; MURITIBA, P. M. Modelo de remuneração na gestão de pessoas: a estruturação tradicional de cargos e salários ainda pode trazer benefícios? *Future Studies Research Journal:* trends and strategies, v. 8, n. 3, p. 3-23, 2018. Disponível em: DOI: https://doi.org/10.24023/FutureJournal/2175-5825/2016.v8i3.282. Acesso em: jun. 2020.

uma descrição genérica, que inclua essas responsabilidades comuns e caracterize o cargo.

Em uma empresa, o número de empregados costuma ser pouco superior ao de funções, pois em poucos casos temos mais de uma pessoa ocupando a mesma posição na estrutura organizacional e fazendo exatamente a mesma coisa. Isso ocorre apenas nos níveis inferiores da organização. O número de cargos, porém, será muito menor que o de funções. Em uma unidade de pessoal, por exemplo, teremos um empregado cuidando dos registros e das anotações em carteira, outro processando a folha de pagamentos, outro controlando as férias e acompanhando as rescisões. Todos são incluídos no cargo "assistente de pessoal". Como "assistente de tesouraria", englobaríamos os que trabalham nos caixas, no controle de contas a pagar, no controle de contas a receber, na verificação do crédito e em outras atividades afins. Todos os contínuos, independentemente da unidade organizacional em que estejam lotados e de tarefas específicas que possam executar, terão o mesmo cargo.

Com essa simplificação, podemos fazer uma descrição do cargo de forma genérica, englobando várias funções. Claro que se perde um pouco em precisão, mas é o preço que se paga para viabilizar a administração de tão grande quantidade de salários. O número maior ou menor de cargos depende da conveniência e da política da empresa, conforme ela deseje mais precisão com mais custo ou menos precisão com menos custo. Esse *trade-off* deve ser decidido pelos executivos de alto nível.

5.3.2 Descrição de cargo

Como foi visto, a descrição de cargo é feita para fins de administração salarial. Ao descrever um cargo, deve-se ter em mente que a descrição é genérica e deve abranger as diversas funções nele incluídas. Descreve-se o que fazem os ocupantes do cargo, incluindo-se, em alguns casos, a periodicidade das atividades.

Os requisitos básicos são os exigidos para se ocupar aquele cargo. A descrição não considera as qualificações de seus ocupantes. Portanto, a descrição e a avaliação daí decorrentes são as do cargo, e não as dos ocupantes. Se uma pessoa com nível superior ocupa um cargo para o qual é necessário o ensino médio, o cargo terá como requisito o ensino médio completo e assim será descrito e avaliado.

Quadro 5.1 Descrição de cargos

TÍTULO DO CARGO Secretária		**CÓDIGO** A
LOCAL Rio de Janeiro, RJ	**ÓRGÃO** Seções, divisões, departamentos	**LOTAÇÃO** 12

DESCRIÇÃO SUMÁRIA

Executar serviços gerais de secretaria, em órgãos de nível igual ou superior à seção, agindo com discrição e aplicando as políticas, normas e rotinas da empresa.

DESCRIÇÃO DETALHADA (descrever todas as tarefas do cargo, relacionando apenas "o que faz", por ordem de importância, conforme o critério da área)

- Manter contatos na recepção da sua chefia, atender e encaminhar os visitantes.
- Assistir a sua chefia na solução de problemas administrativos simples e de relacionamento pessoal, atuando com tato, discernimento e discrição.
- Conferir, registrar, classificar, arquivar, localizar e expedir cartas, e-mails, memorandos e documentos, providenciando sua adequada distribuição e tramitação.
- Organizar e manter registros e fichários, consultando documentos e fazendo lançamentos para controle e atualização das informações.
- Recepcionar e encaminhar pessoas, receber e transmitir recados, fazer e receber chamadas telefônicas.
- Operar fac-símile da sua unidade organizacional.
- Organizar a agenda de atendimento e de reuniões ou entrevistas.
- Executar serviços de digitação em processador de texto de microcomputador, providenciar cópias em papel e em meio magnético e distribuir para seus destinatários.
- Zelar pela manutenção do arquivo confidencial da sua unidade organizacional.
- Executar outras tarefas correlatas, a critério do superior imediato.

REQUISITOS BÁSICOS (indicar a instrução formal, cursos de especialização e o tempo mínimo necessário ao desempenho normal do cargo).
Ensino Médio completo, acrescido de cursos de especialização em microinformática e inglês básico.
Mínimo de dois ano em função equivalente.
Discernimento e capacidade de planejamento para as tarefas descritas.

ELABORADO POR MC	**APROVADO POR** EDB	**VISTO RH** ACS
DATA 29/10/20XX	**DATA** 11/11/20XX	**DATA** 13/11/20XX

Os requisitos mais frequentes são a formação profissional e o tempo de experiência para exercer o cargo, além de características pessoais que o ocupante deve ter.

Não adianta fazer uma descrição muito detalhada. Os cargos mudam com frequência: não se ganha muita precisão com isso e o custo da atualização seria muito grande. A descrição deve conter apenas os aspectos fundamentais. Ela pode ser feita pela observação pessoal do responsável pela elaboração, por meio de entrevistas ou com base em questionários, que devem ser complementados com entrevistas para sanar possíveis dúvidas. No caso de serem usados questionários, deve-se enviar um memorando capeando os formulários distribuídos com as instruções necessárias ao preenchimento.

Com base na descrição, é feita a comparação com cargos equivalentes no mercado. O que interessa na comparação com o mercado não é o título do cargo, mas sua descrição. É comum cargos diferentes terem o mesmo nome em empresas distintas. Eles não são comparáveis. O que vale é a descrição. Por outro lado, em alguns casos, cargos equivalentes podem ter títulos diferentes e serem comparáveis.

Da mesma forma que recrutadores e selecionadores, os responsáveis pela administração salarial das principais empresas da mesma região também têm encontros periódicos para trocar informações sobre salários e verificar a sintonia com o mercado. Nessas reuniões, são comparados os salários dos cargos que têm descrições equivalentes, bem como a avaliação que a empresa faz deles. Além desses encontros periódicos, também se trocam informações diretas entre empresas.

5.3.3 Avaliação do cargo

Para assegurar a coerência interna dos salários, cada cargo deve ser avaliado em termos dos pré-requisitos para seus ocupantes, do esforço exigido e da responsabilidade que lhe é inerente, inclusive por erros possíveis e a pela gravidade de suas consequências. Na avaliação, considera-se o conteúdo do cargo.

Existem muitos métodos de avaliação, mas todos requerem:

a) a seleção dos fatores que serão considerados na avaliação;
b) o número de níveis usados nesses fatores;
c) a pontuação a ser atribuída a cada nível de cada fator.

Não adianta aumentar demais a precisão da avaliação utilizando-se de muitos fatores; quase sempre, um cargo a que é atribuído nível mais alto em determinado fator terá nível mais alto na maioria dos demais. Em termos de custo e benefício, o máximo que deve ser usado em uma avaliação é de dez a doze fatores. Há empresas que se limitam a cinco ou seis fatores, com algum prejuízo da precisão, mas diminuindo o custo da administração salarial. A decisão cabe aos executivos de alto nível e esse *trade-off* é avaliado em termos de custo/benefício.

Algumas empresas, para facilitar as comparações, usam cargos de referência, ou cargos-chaves, que têm alguma importância para a empresa e proporcionam facilidade de comparações internas e externas, uma vez que são encontrados com frequência no mercado. Nesse caso, a avaliação é iniciada por esses cargos e os demais são comparados com eles em termos de pontuação e importância.

Os fatores mais importantes têm pontuação mais alta, de modo que a ponderação maior do fator reflita essa importância. Empresas grandes podem usar mais de um método para a avaliação, sendo um para cargos administrativos e outro para cargos operacionais.

Um dos fatores que, no passado, era muito usado na avaliação do cargo era o número de subordinados. Isso tem sido cada vez mais combatido e menos utilizado, pois em nada contribui para manter na empresa uma equipe "enxuta".

Com a descrição do cargo, é possível avaliá-lo em relação a cada um dos fatores escolhidos e enquadrá-lo em um dos níveis para cada fator. Com isso, tem-se a pontuação do cargo, que é a soma dos pontos que o cargo obteve para os níveis em que foi enquadrado em cada fator considerado.

A avaliação é, em geral, feita por uma comissão de avaliação de cargos, com membros permanentes, da área de recursos humanos, e membros *ad hoc*, que conhecem bem os cargos que estão sendo avaliados. Da mesma forma que na comissão de avaliação de desempenho, os membros permanentes proporcionam a uniformidade dos critérios e os membros *ad hoc*, a precisão para a avaliação.

Quando o número de cargos e pessoas a serem considerados não é grande, é possível usar um processo simplificado, denominado *ranking*, que considera não só o cargo, mas também seu ocupante. Comparam-se os cargos e seus ocupantes com outros equivalentes. Com essas comparações, duas a duas, é possível fazer um *ranking* dos cargos sem a necessidade de determinar fatores e usar pontuações. Esse processo, pouco trabalhoso, se torna inviável quando os cargos são numerosos.

A Tabela 5.2 mostra um exemplo de pontuação dos fatores de avaliação de cargos usado numa empresa para cargos operacionais de produção.

Tabela 5.2 Exemplo de pontuação dos fatores de avaliação de cargos

Fatores	1º nível	2º nível	3º nível	4º nível	5º nível
Competência e habilidades					
1. Educação	14	28	42	56	70
2. Experiência	22	44	66	88	110
3. Iniciativa	14	28	42	56	70
Esforço					
4. Esforço físico	5	10	15	20	25
5. Demanda mental	5	10	15	20	25
Responsabilidade					
6. Equipamentos e materiais	5	10	15	20	25
7. Segurança de outros	5	10	15	20	25
8. Trabalho de outros	5	10	15	20	25
Ambiente de trabalho					
9. Condições de trabalho	10	20	30	40	50
10. Riscos inevitáveis	5	10	15	20	25
Relacionamento					
11. Com os colegas	5	10	15	20	25
12. Com a chefia	10	20	30	40	50

Um manual de avaliação inclui a definição do que é exigido para cada nível de cada fator. No caso acima, no nível 1 do fator educação, teríamos o Ensino Fundamental completo; no nível 2, o Ensino Fundamental e alguma especialização; no nível 3, o Ensino Médio completo e alguma especialização técnica; no nível 4, o Ensino Médio completo e cursos de especialização técnica e profissional; no nível 5, Ensino Superior. Para o fator experiência, teríamos, no nível 1, mínimo de um ano de experiência profissional; no nível 2, mínimo de três anos; no nível 3, mínimo de cinco; no nível 4, mínimo de sete; e no nível 5, mínimo de dez anos.

Com a descrição do cargo e o método de avaliação definido em manual, podemos avaliar e pontuar cada cargo e, a partir daí, estabelecer faixas salariais para grupos de cargos cuja pontuação esteja dentro de limites preestabelecidos, como mostrado na Tabela 5.3, na página seguinte. O nível 1 incluiria os cargos com pontuação de 100 a 140; o nível 2, os cargos cuja pontuação estaria entre 143 e 169, e assim sucessivamente.

5.3.4 Faixas salariais

Com os cargos agrupados em níveis, podemos fazer a pesquisa de mercado de salários para converter os pontos em valores monetários, resultando num gráfico conforme mostrado na Figura 5.1.

Figura 5.1 Escala salarial

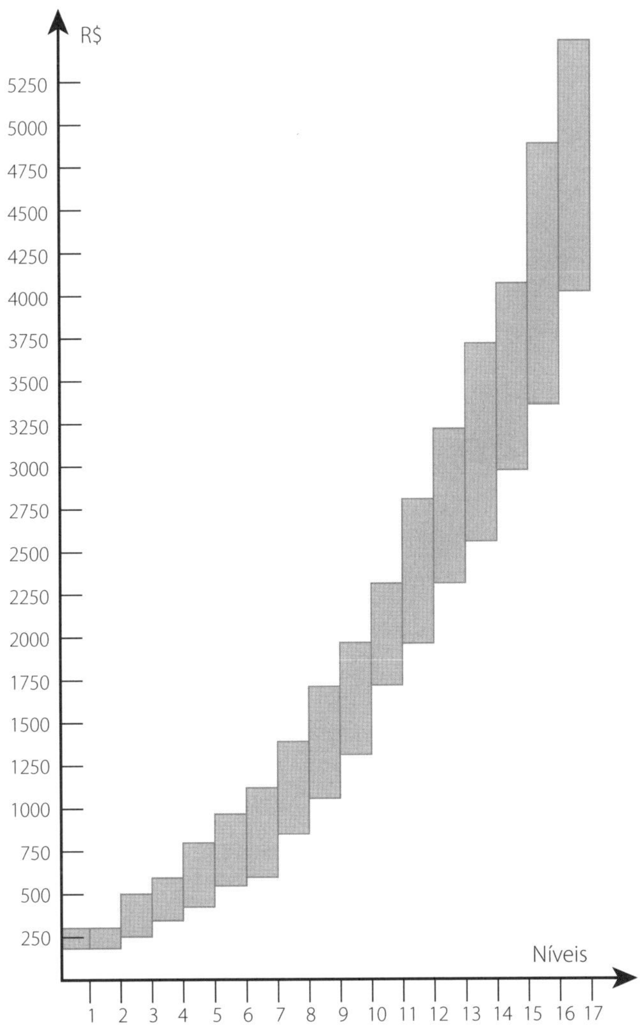

Tabela 5.3 Pontuação dos fatores de avaliação de cargos

Nível	Administração e assessoria	Comercial	Controle	Finanças	Operações	Informática	Recursos humanos	Serviços gerais
1	Mensageiro							Copeira Servente Zelador
2	Prat. Escr.							Contínuo Garçom II Aux. Portar. Aux. Serviços
3	Aux. Escrit. Recepc. II	Prom. Vnd.						Garçom I Aux. Manut. Telefonista Vigilante
4	Aux. Adm. II Datilógraf. Recepc. I Recepc. Bil	Aux. Vnd. II	Aux. Cont. IV Aux. Auditor	Aux. Cobran.			Aux. Enfer. Aux. Pess. II	Enc. Limpeza Insp. Segur. Ass. Manut. Enc. Cópia
5	Aux. Adm. I Dat. Secret.	Aux. Vendas I Vended. III	Mecanógr. Aux. Cont. III	Caixa Aux. Pagad.	Desenhista	Opr. Comp. III	Aux. Pess. I	Enc. Telef. Eletricista
6	Ass Adm. I Secretária	Vendedor II Ass. Mkt.	Auditor IV Aux. Cont. II Aux. Fiscal	Ass. Crédito Cobrador Aux. Progr.		Program. IV Opr. Comp. II		Maître Insp. Turno
7	Ass. Adm. I	Vended. I Aux. Export.	Auditor III Aux. Cont. I	Ass. Seguro		Program. III Opr. Comp. I	Ass. Pess. II	Ass. Segur.
8	Secr. Exec. Secr. Bil. I Enc. Adm. II	Sup. Vendas II Ass. Export.	Auditor II Enc. Cont. II	Enc. Crédito Pagador	Des. Proj.	Program. II Enc. Oper.	Ass. Pess. I Ass. Trein.	Enc. Manut.
9	Advog. Jr. Enc. Adm. I	Sup. Vendas I	Auditor 1 Enc. Cont. I	Ass. Fin. III Ass. Câmbio	Tecn. Mecan. Engenh. V	An. Sist. IV An. Sup. III	Enfermeira Recr. Pess.	
10	Sec. Exec. Bil.		Ass. Contr.	Ass. Plan. III	Engenh. IV Tec. Projet.	An. Sist. III Progr. I An. Sup. II	Médico II	Gte. Rest.
11	Ass. Dir. IV Advogado	Ass. Comer. Gte. Prod II	Ass. Fisc. II Ch. Orçam.	Ass. Fin. II		An. Sist. II An. Sup. I Ch. Prod.	Ch. Reg. Pgt.	Ch. Dp. Seg.

Nível	Administração e assessoria	Comercial	Controle	Finanças	Operações	Informática	Recursos humanos	Serviços gerais
12	Ass. Jurid. Ass. Dir. III	Ch. Dep. Exp. Gte. Prod. I Gte. Vnd. III	Ass. Fisc. I Cont. Ger.	Ass. Plan. II Oper. Câmb.	Engenh. III Eng. Plan. II	An Adm. Dad. Lid. Projeto	Médico I Ch. Adm. Sal.	
13	Ass. Dir. II	Gte. Vnd. II Ch. Sec. Imp.	Gte. Custo Ch. Audit.	Ass. Fin. I Ch. Dp. Cob.	Engenh. III Eng. Plan. II Ch. Pesq.	An. Sist. I Ch. Adm. Dad.	Ch Rec. Sel.	
14	Ass. Dir. I	Gte. Comp. II		Ass. Plan. I Ch. Pl. Fin.	Engenh. I Piloto	Ch. Dp. Int. II	Ch. Dp. Pess.	
15	Ass. Dir. Esp.	Gte. Mkt. II Gte. Vnd. I	Contr. Ass.	Gte. Plan. Ch. Dp. Câmbio	Gte. Oper. Gte. PCP	Ch. Dp. Int. I	Gte. Ree. H. Ch. Serv. Med.	
16	Superint. II	Gte. Mkt. I Gte. Com. I	Cotrolad.	Gte. Pl. Est.				
17		Supte. Vendas			Supte. Oper.			

Pesquisa salarial é, portanto, o estudo sobre o valor dos salários e dos benefícios que outras empresas do mesmo ramo ou da mesma região pagam aos empregados que ocupam os mesmos cargos avaliados pela empresa pesquisadora e considerados significativos para a elaboração de seu plano de cargos e salários e para sua administração salarial. Cada região e cada ramo de negócio têm seus mercados salariais próprios. O tamanho da empresa também influencia o nível salarial, uma vez que empresas maiores tendem a ser mais complexas.

Anteriormente, as pesquisas salariais eram feitas por meio de questionários ou em encontros periódicos entre os representantes das empresas participantes da pesquisa. Ainda existem muitas pesquisas feitas dessa forma, mas, cada vez mais, a internet está disponibilizando os salários dos cargos mais comuns com as respectivas descrições.

Se as descrições e as avaliações estão bem-feitas, os cargos no mesmo nível devem estar com os salários nas faixas mostradas na Figura 5.1. A curva correspondente aos pontos médios de cada faixa é, no Brasil, uma exponencial. Em outros países, essa curva seria uma exponencial menos acentuada ou mesmo uma reta, que pode ser mais ou menos inclinada em relação ao eixo das abscissas.

O tamanho das faixas correspondentes a cada nível varia de empresa para empresa. A variação da remuneração em cada faixa não costuma ser contínua, mas varia em intervalos discretos para facilitar a administração salarial. Assim, podemos ter entre cinco e dez valores diferentes de salários para cada nível. Isso permite também dar aumento de mérito, para premiar desempenho ou aumento de habilidades, sem mudar o cargo. A tendência atual tem sido com o intuito de ampliar o tamanho das faixas e de diminuir o número de níveis. Isso aumenta a flexibilidade no processo de administração da remuneração e está de acordo com a tendência atual de montar a estrutura organizacional na forma de pirâmide achatada. O valor do salário de cada pessoa depende ainda da política salarial da empresa. Geralmente, por ocasião da admissão ou da promoção, o salário atribuído corresponde ao menor valor da faixa em que se insere o cargo, permitindo aumentos de mérito sem mudança da faixa.

Em casos especiais, a procura exacerbada por determinado tipo de profissional pode levar o mercado salarial a supervalorizar o cargo correspondente. Nesse caso, a empresa não tem alternativa senão colocar o cargo temporariamente fora de sua faixa e pagar o que é ditado pelo mercado de trabalho. No médio prazo, esse problema acaba sendo solucionado pelo próprio mercado, em virtude da lei da oferta e da procura. Por outro lado, uma oferta exagerada de um tipo de profissional pode temporariamente subvalorizá-lo. Uma empresa bem administrada deve procurar não prejudicar esse profissional para assegurar a coerência interna. No médio prazo, também esse problema tende a ser resolvido.

Uma pesquisa salarial bem feita levanta também os benefícios praticados pelos principais competidores.

5.3.5 A administração do plano de cargos e salários

O plano de cargos e salários engloba:

1. A relação dos cargos existentes e sua descrição em formulário padronizado.
2. Os fatores utilizados na avaliação dos cargos e os níveis de cada fator, bem como a descrição daquilo que se entende para cada fator e cada nível.

3. A pontuação de cada nível em cada fator e sua justificativa.
4. A avaliação resultante de cada cargo em função dos fatores utilizados, dos níveis atribuídos a cada cargo em cada fator e da pontuação estabelecida para cada nível.
5. O agrupamento dos cargos em níveis para fins de administração salarial.
6. O resultado da pesquisa de mercado salarial para cada nível de cargos e sua respectiva faixa de variação.

Ao montarmos um plano de cargos e salários, temos de compará-lo com a realidade da empresa. Ocorrem, às vezes, discrepâncias entre o plano e a realidade. Alguns cargos podem estar um pouco abaixo ou um pouco acima do valor encontrado na pesquisa. Essas discrepâncias podem ser consequência de descrições e avaliações inadequadas ou distorções nos valores pagos pela empresa. Antes de corrigir os valores, temos de verificar as razões das discrepâncias. Algumas pessoas podem estar fazendo algo mais ou algo menos do que está descrito. Outras podem ter responsabilidades de confiança que não foram detectadas na descrição. Uma vez feitas as correções nas descrições e nas avaliações, restam, em geral, poucos cargos abaixo ou acima dos valores previstos. Como os salários não podem ser reduzidos, a empresa deverá examinar o que fazer com os que estão sendo pagos acima do previsto, a administração deve ser cuidadosa, não fazendo todas as correções imediatamente.

Outro ponto que não pode ser esquecido é a possibilidade financeira da empresa em remunerar de acordo com o plano estabelecido.

Sobre as punições e recompensas

As perversidades devem ser feitas todas de uma vez, porque, durando pouco, ofendem menos; os benefícios devem ser concedidos aos poucos, para serem saboreados melhor.

MACHIAVELLI[14]

[14] MACHIAVELLI, 1995, p. 44.

5.3.6 Críticas ao sistema de remuneração funcional

Esse sistema foi criado para ser usado em grandes empresas na primeira metade do século XX e promove um estilo burocrático de gestão e reforça a hierarquia. Pode inibir a criatividade e o espírito empreendedor e promove a obediência aos superiores, a normas e procedimentos, sem muita ênfase nos resultados. Pode ser útil para a administração pública e para grandes empresas burocratizadas que precisam priorizar a disciplina e a hierarquia. Por ser o mais conhecido, é ainda o mais usado. Seus críticos mostram que raramente é o ideal para obter a sintonia entre os programas de recursos humanos e os planos estratégicos da empresa. Esse sistema também não tende a promover a motivação nem grandes esforços para a obtenção dos resultados. Em alguns casos, pode dificultar mudanças na estrutura e na cultura empresarial.

O foco desse sistema é o cargo, e não a pessoa, independentemente do desempenho. Para atenuar essa deficiência, muitas empresas têm usado o sistema de remuneração funcional com faixas mais amplas para cada cargo, permitindo considerar até certo ponto o desempenho, mas, como os salários não podem ser reduzidos e o desempenho varia no tempo, o problema não é resolvido.

A tendência atual tem sido implantar programas que incentivem o desempenho e os resultados, isto é, sistemas que vinculem os resultados às metas e à estratégia da empresa, e isso não se consegue com o sistema de remuneração funcional. Em consequência, a remuneração tem se tornado mais variável no passado recente, com aumento proporcional dos incentivos: gratificações, bônus, participação nos resultados e opção na compra de ações.

5.4 Novos sistemas de remuneração

5.4.1 Remuneração pelos resultados

5.4.1.1 Conceituação

A remuneração pelos resultados consiste em pagar as pessoas em função de padrões, metas e objetivos a serem atingidos. Esse sistema de remuneração deve vir acoplado à administração por objetivos, pois as metas e os resultados desejados devem ser consistentes entre si e com a estratégia da empresa. O ponto de partida, portanto, é o estabelecimento dos padrões, das metas e dos objetivos. Os objetivos de cada unidade devem ser compatíveis entre si e de acordo com os objetivos da empresa, em um processo de determinação de metas em "cascata", de modo que cada unidade tenha metas compatíveis com as da unidade maior na qual está inserida.

5.4.1.2 Padrões de desempenho

Padrões de desempenho são valores válidos, mensuráveis, compreensíveis, significativos e realistas para medir o progresso ou o resultado desejado para o trabalho. Os resultados reais deveriam, em princípio, equivaler aos padrões. Os padrões compreendem duas partes: a unidade da medida e o índice numérico da medida. Por exemplo, a unidade poderá ser reais por peça e o índice 1,25; assim, teríamos como padrão R$ 1,25 por peça. A unidade poderá ser peças por minuto e o índice 5,45; teríamos, nesse caso, o padrão 5,45 peças por minuto.

As unidades de medidas devem ser válidas, focalizadas em resultados, mensuráveis, relacionadas a determinado período, compreensíveis e significativas, e os índices devem ser realistas. Os padrões são, portanto, metas a serem atingidas, que precisam ser bem escolhidas.[15]

Válidas, focalizadas em resultados e *significativas* referem-se à utilidade para medir o que efetivamente deve ser medido e que conduz às metas e aos objetivos estabelecidos e à avaliação da produtividade do órgão e da eficiência e eficácia da empresa. Por exemplo, num órgão de O&M não faria o menor sentido estabelecer como unidade de medida de produtividade o número de formulários elaborados, pois isso não tem vinculação alguma com a produtividade, a eficiência ou a eficácia do órgão. Pelo contrário, poder-se-ia medir o número de formulários eliminados. Não interessa medir aquilo que não tem relação com os objetivos e as metas aprovados, ou não avalie a produtividade, a eficiência e a eficácia. Um padrão válido para um órgão de O&M poderia ser a diminuição dos custos conseguida em função da eliminação de atividades que não agregam valor para o cliente, ou em função da racionalização de processos, com a diminuição da burocracia.

Compreensíveis significa que as unidades devem ser de fácil entendimento e que sua escolha é mais ou menos evidente. As unidades de medidas devem ser mensuráveis. Na medida do possível, deve-se obter uma mensuração

---

[15] MYERS, M. S. *Every employee a manager*. San Diego: Pfeiffer & Company, 1991. p. 89-97.

quantitativa precisa. Quando não for viável, pelo menos uma mensuração quantitativa aproximada ou, no mínimo, uma avaliação qualitativa.

Os *índices* e, consequentemente, os padrões devem ser realistas, isto é, devem ser altos, mas atingíveis. De nada adianta termos um índice baixo, ou excessivamente alto e inatingível. Ninguém se esforça para atingir um índice baixo ou um inatingível. Os padrões devem representar um desafio alcançável.

Ao se definirem padrões e metas, deve-se procurar *usar expressões que definam resultados a serem atingidos*, como *conseguir, obter, alcançar, terminar, manter* etc. Por exemplo: alcançar um volume de vendas de 1.500 unidades no período, conseguir um faturamento 30% superior ao do período anterior, terminar a construção do navio X até o dia Y ou *manter atualizado* o arquivo de clientes atuais e potenciais. Deve-se evitar o uso de verbos que indiquem metas abstratas de difícil quantificação, como *melhorar, aperfeiçoar, intensificar* os esforços, pois não há como verificar se esses padrões foram alcançados.

As unidades de medida são, em última análise, unidades de produtividade, que podem ser úteis para medir: a produtividade física em relação a um dos fatores de produção; o custo unitário de algum serviço, bem ou componente; o nível de qualidade atingido; o volume total de produção; e a fatia de mercado obtida no período.

Quando se trata de uma empresa comercial ou industrial, é geralmente possível conseguir padrões e metas nas condições relatadas, mas em uma organização de prestação de serviços isso pode ser muito difícil. Por exemplo, em um hospital ou em um escritório de advocacia, o estabelecimento de metas e padrões significativos, válidos e mensuráveis é quase sempre impossível.

Em qualquer caso, é preciso lembrar que: deve-se medir o que é importante ser medido; nem tudo é importante em um processo; as medidas devem estar associadas a uma tomada de decisão; os critérios e as alternativas para a tomada de decisões devem ser bem conhecidos; e cada um dos itens acima deve ser revisto periodicamente.[16]

5.4.1.3 Premiação individual pelos resultados

Os prêmios podem ser individuais, por grupos de pessoas, unidades da empresa ou ainda em forma de participação nos lucros, que tem por base os resultados globais da empresa.

---

[16] DOMINGUES, H. Sinal amarelo na governança de TI. *Gazeta Mercantil*, 12 jan. 2004.

Os prêmios individuais têm sido objeto de controvérsias, por estimularem a competição interna e, principalmente, por desestimularem a colaboração entre as pessoas e as unidades. Edwards Deming, "pai" da qualidade total, era contra os prêmios individuais, alegando que tais incentivos dificultam a formação de equipes e desestimulam as inovações. Além disso, argumentava ele, tais sistemas baseiam-se na premissa falsa de que as pessoas têm completo controle sobre as variáveis que influenciam seus resultados.[17] Eles podem gerar competições exageradas entre as pessoas e focar demais no curto prazo, além de não contribuir para estimular o pessoal para os resultados globais da empresa. O jeito mais simples de entender por que a competição, em geral, não promove a excelência é perceber que fazer bem-feito e tentar sobrepujar os outros são coisas diferentes. Uma consiste em realizar o superior; a outra, em tornar alguém inferior.[18]

Além disso, mesmo com a existência de metas, existe alguma dificuldade para medir os resultados e alguns deles podem estar fora do controle do indivíduo, pois tudo depende de tudo na empresa. Finalmente, muitas vezes, os prêmios têm valor mais psicológico que material. As diferenças de remuneração entre os que superaram as metas e os que as atingiram podem ser relativamente pequenas e isso pode não justificar um esforço especial.

Não se trata de um sistema novo de remuneração. Desde o início do século XX, Taylor já o utilizava. A forma de aplicação é que se tornou mais sofisticada.

5.4.1.4 Incentivos por equipes

Os incentivos por equipes tendem a proporcionar resultados melhores que os individuais, especialmente quando as funções são intimamente relacionadas. Ao cooperarem, as pessoas percebem que têm êxito quando outras pessoas são bem-sucedidas; isso as orienta para o propósito de ajudarem-se mutuamente para obter um desempenho eficaz. Os competidores, ao contrário, veem o sucesso dos outros como uma ameaça e um fator de frustração.[19]

---

[17] CASCIO, W. F. *Managing human resources:* productivity, quality of work life, profits. 5. ed. New York: McGraw-Hill, 1998.

[18] KOUZES, J. M.; POSNER, B. Z. *O desafio da liderança.* 6. ed. Rio de Janeiro: Campus, 1997. p. 162.

[19] JOSVOLD apud KOUZES; POSNER, 1997, p. 163.

5.4.1.5 Participação nos lucros

No caso da participação nos lucros, o ponto de partida é determinar o que se entende por lucro: receita operacional líquida, lucro operacional líquido ou lucro tributável ou lucro depois do imposto de renda. Pode ser ainda o lucro antes ou depois do imposto que exceder determinado valor preestabelecido. Os critérios contábeis, ao menos em linhas gerais, também devem ser definidos. É preciso decidir também o percentual sobre o lucro a ser distribuído aos empregados. Seguem-se as parcelas a serem distribuídas a cada nível hierárquico e as metas a serem alcançadas pelos grupos e pessoas. Os grupos e as pessoas devem alcançar resultados contratados com a empresa para fazer jus a valores maiores de remuneração. O desempenho passa a ser um elemento importante na remuneração, que não fica atrelada exclusivamente ao cargo. A remuneração passa a ser variável, com todas as vantagens e desvantagens daí advindas.

As principais vantagens são a maior consciência do pessoal para os resultados e a convergência entre o sistema de remuneração e a estratégia da empresa, aumentando a identificação do pessoal com a empresa e os estímulos para se alcançar resultados, transformando custos fixos em variáveis, permitindo uma redução nas despesas nos momentos difíceis sem apelar obrigatoriamente para o *downsizing*. Além disso, uma vez definidos os critérios para se determinar o que se entende por lucro e sua forma de distribuição, sua aplicação não é complicada, os valores são obtidos diretamente da contabilidade da empresa e da estrutura organizacional, tornando sua aplicação relativamente simples. Finalmente, todas as pessoas da empresa passam de certa forma a"sócios", aumentando a motivação pela obtenção de resultados e estimulando a compreensão do negócio por todos. Trata-se, portanto, não só de um incentivo, mas também de uma forma diferente de administrar.

5.4.1.6 Participação acionária

Uma variante desse sistema de remuneração é a participação acionária, que pode ser por meio de distribuição de ações mediante a compra com desconto ou por meio de opções de compra. Neste último caso, a empresa concede a um grupo de pessoas, geralmente de alto nível, a possibilidade de comprar ações a um preço prefixado, efetivando a compra em uma data futura, que pode ser de vários anos, em geral entre dois e dez anos. O objetivo é procurar fazer coincidir os interesses dos executivos com os dos acionistas. O sistema apresenta resultados melhores quando a cotação das ações da empresa está subindo. Quando está caindo, o incentivo praticamente desaparece. Algumas empresas estendem o sistema a um grupo grande de funcionários, a fim de não caracterizar a medida como uma separação do pessoal de topo dos demais. Esse sistema, que é muito utilizado nos Estados Unidos, acabou provocando fraudes nos sistemas contábeis de algumas empresas com a finalidade de inflacionar os lucros e, dessa forma, aumentar os ganhos dos executivos por meio da opção de compra de ações.

Transformar o pessoal que trabalha na empresa em acionistas, no entanto, traz, em geral, grandes vantagens em termos de resultados. A experiência mostra que a distribuição de ações pelos empregados, quase sempre por meio de opções de compra, é uma característica comum de empresas com resultados altamente positivos. Essa medida diminui a dicotomia capital *versus* trabalho e proporciona forte incentivo para o aumento da produtividade, mas não deve ser adotada de forma isolada, e sim como parte de uma filosofia de administração dos recursos humanos que valoriza a participação. A propriedade de ações muda comportamentos.

5.4.1.7 Cuidados com a remuneração variável

É preciso certo cuidado com a remuneração variável, porque ela tem de ser, de fato, variável e não incorporada ao salário. É preciso que isso esteja bem determinado e aceito por todos para não gerar problemas legais. Além disso, algumas pessoas tendem a gastar "por conta" da parcela variável, que pode não se concretizar. Isso pode ser perigoso e é preciso, em alguns casos, "educar" as pessoas para gerirem suas finanças. Apesar disso, a tendência atual é o aumento do número de empresas que adotam o sistema de remuneração variável, considerando que, se bem administrado, esse sistema proporciona benefícios maiores que os ônus que acarreta.

5.4.2 Remuneração por habilidade

A remuneração por habilidade consiste em remunerar o empregado pelo que ele sabe fazer. É preciso determinar as habilidades requeridas, isto é, o que se supõe que cada grupo de empregados deva ser capaz de fazer e avaliar as aptidões de cada um para certificar cada habilidade requerida. Cada empregado é testado nas habilidades requeridas e é certificado de que é capaz de executá-las. A remuneração é determinada em função das habilidades certificadas e aumenta com a sua ampliação.

As habilidades são determinadas em função daquilo que a empresa considera que seja importante para seus objetivos e estratégias. É preciso que ela determine quais são seus fatores críticos de sucesso e escolha as habilidades em função desses fatores. Esse sistema é mais utilizado nas áreas técnicas e operacionais e seu foco são as pessoas, e não os cargos que ocupam. Como as pessoas são remuneradas em função de suas habilidades, elas procuram oportunidades de treinamento e às vezes pressionam a empresa para treiná-las. A certificação das habilidades deve ser um procedimento definido em norma própria da empresa.

5.4.3 Remuneração por competência

A remuneração por competência consiste em remunerar as pessoas por seus atributos, conhecimentos e qualidades pessoais e interpessoais. O ponto de partida consiste em identificar as competências desejáveis para cada grupo de pessoas e avaliar cada um em decorrência do grau que possui das competências desejáveis, que são determinadas em função dos objetivos e das estratégias da empresa. Um ponto importante a ser considerado nesse sistema é que as competências requeridas devem ser aquelas capazes de agregar valor aos produtos e serviços desejados pelos clientes. A implantação começa, portanto, com a identificação das competências. As que são mais importantes para as vantagens competitivas da empresa devem ser mais valorizadas que as demais, pois são as que agregam valor percebido pelos clientes. Esse sistema é mais usado para os níveis mais altos da organização. É um desdobramento do sistema de remuneração por habilidades, mas aplicado ao nível gerencial e de assessoria de alto nível.

Em princípio, por esse sistema, quanto maior o conhecimento útil para a empresa, maior deve ser a remuneração, desde que esse conhecimento seja comprovado.

Tem aumentado o uso desse sistema em virtude da importância crescente do conhecimento como fonte de vantagem competitiva.

5.4.4 Sistemas mistos de remuneração

Podem-se usar também métodos diferentes conforme o nível hierárquico, respeitadas as exigências legais, bem como sistemas mistos, em que uma parte básica é determinada pela remuneração funcional ou por habilidade, por exemplo, e um adicional pode ser acrescentado em decorrência dos resultados. A parte variável é função dos resultados da empresa e do desempenho de cada equipe. Muitas empresas têm aderido a esse sistema, por tornar possível remunerar de acordo com um conjunto de fatores considerados estratégicos para os resultados da organização. Além disso, da mesma forma que o sistema de remuneração pelos resultados, o sistema permite transformar custos fixos em variáveis e o sistema de remuneração passa a integrar o plano estratégico da empresa. A proporção entre o pagamento variável e a parte fixa denomina-se alavancagem salarial.

Para o pessoal de alto nível, a parte variável da remuneração tem aumentado mais do que a parte fixa, tornando difíceis algumas comparações entre as remunerações concedidas pelas empresas. Isso tem acontecido também no Brasil, conforme pesquisa publicada na revista *Exame* de 23 de julho de 2003. Com o aumento da parcela variável, os executivos tendem a ganhar mais; as empresas, contudo, têm sido mais rigorosas na medição dos resultados.

No Magazine Luiza, em quase todos os níveis, incluindo a administração central, 70% da remuneração é atrelada à produtividade e 30% depende do resultado da loja ou do resultado global. Assim, automaticamente o funcionário tem de desenvolver a capacidade de ensinar as outras pessoas e de ser mais transparente com elas. A empresa se preocupa muito em premiar o coletivo e evitar a competição predatória. Tudo isso privilegia o resultado global.[20]

5.5 A administração dos incentivos

A remuneração e os demais incentivos, financeiros ou não, devem ser concedidos em função daquilo que se deseja estimular nas pessoas. Ao montar seu plano de remuneração, a empresa deve perguntar: O que desejamos com esse plano? Como podemos vinculá-lo ao plano de recursos humanos e ao plano estratégico da empresa?

---

[20] JÚLIO, C. A. Entrevista concedida por Luiza Helena Inácio Trajano Rodrigues, diretora-superintendente do Magazine Luiza, ao *HSM Management*, nov./dez. 2003. p. 36.

A pergunta que se deve fazer sempre é: O que se deve desejar em termos de comportamento do pessoal da empresa? Se as pessoas são premiadas pelos resultados de curto prazo, mesmo que isso prejudique o longo prazo, elas se esforçarão para conseguir atingir resultados imediatos. O método de administração por objetivos tende a focalizar nos resultados de curto prazo, mas pode ser adaptado para se estimular comportamentos que visem ao longo prazo. Vale, em remuneração, o velho ditado: você obtém aquilo pelo que você paga. Incentivos anuais ou de curto prazo encorajam o uso eficiente dos ativos existentes. Incentivos de longo prazo encorajam o desenvolvimento de novos processos, produtos e a abertura de novos mercados.[21]

Wayne Cascio assim resume: se os sistemas de compensação são usados estrategicamente, é importante que a administração da empresa compreenda e divulgue que tipos de comportamentos e atitudes deseja reforçar; reconheça que o sistema de compensação é parte integrante dos sistemas de planejamento e de controle da empresa; e veja o seu desempenho como o principal critério para o êxito das decisões sobre os programas de compensação.[22] As evidências mostram que um bom sistema, bem administrado, gera resultados positivos para a empresa, porque aumenta sua produtividade. Alguns sistemas de remuneração por mérito não dão o resultado desejado por vários motivos. Os principais são: o valor do incentivo oferecido é baixo; a relação entre o desempenho e as recompensas é baixa; e as chefias tendem a resistir a uma avaliação do desempenho. Para resolver esses problemas, recomenda-se: estabelecer metas de desempenho que representem desafios; implantar um sistema preciso de avaliação do desempenho; treinar as chefias no sistema de avaliação e na arte de dar *feedback* aos subordinados; e atrelar fortemente as recompensas ao desempenho.[23]

5.6 O custo da mão de obra e seu peso nos resultados

5.6.1 Impacto nos resultados

Um aspecto importante da administração salarial é seu impacto nos resultados. Como salários não podem ser reduzidos, é preciso administrá-los

[21] CASCIO, 1998, p. 410.
[22] CASCIO, 1998, p. 402.
[23] CASCIO, 1998, p. 407-409

com cuidado. Não adianta pagar mal e ter baixa produtividade, mas não adianta imaginar que apenas o aumento salarial será o fator decisivo para aumentar a produtividade, embora a experiência demonstre que o pagamento um pouco acima do mercado, se for bem administrado, tende a diminuir o custo da mão de obra, em virtude do aumento da produtividade.

5.6.2 Práticas das empresas bem-sucedidas

As empresas bem-sucedidas tendem a pagar bem, isto é, um pouco acima da média do mercado. Alguns dizem que isso é uma consequência do êxito, mas pode ser visto também como uma causa desse êxito. Na realidade, estaríamos diante de um círculo virtuoso, em que a satisfação com a remuneração aumenta a produtividade, que, por sua vez, proporciona condições para uma boa remuneração.

Vale a pena lembrar as palavras de Ralph Waldo Emerson:

> *No trabalho, como na vida, não pode haver fraude. O ladrão rouba a si mesmo... Tentar cortar o valor do salário é autodestrutivo. Você obtém por aquilo que você paga. Um empregador sábio deve educar seus empregados e deve procurar aumentar o nível de seu bom senso, de sua visão e qualidade de vida.*[24]

5.6.3 Diferenças entre custo de remuneração e custo de mão de obra

É preciso esclarecer que o custo salarial, ou custo da remuneração, é medido em unidades físicas de reais por mês, ao passo que o custo da mão de obra é medido em unidades físicas de reais por unidade produzida e os resultados podem ser bem diferentes, pois o custo da mão de obra é influenciado pela produtividade. O que o trabalhador vende e o empregador compra não é determinada quantidade de trabalho, mas o poder de trabalhar em determinado período. O que o empregador compra tem um potencial enorme, mas é

[24] EMERSON, R. W., apud PFEFFER, J. *The human equation:* building profits by putting people first. Boston: Harvard Business School Press, 1998. p. 171.

limitado em sua prática pelas condições em que o trabalhador opera e por sua motivação para produzir.[25]

5.6.4 Mitos e realidades do custo de remuneração

Jeffrey Pfeffer identificou seis mitos sobre remuneração:[26]

Quadro 5.2 Mitos sobre remuneração – Jeffrey Pfeffer

Nº	MITO	REALIDADE
1	Valor da remuneração e custo da mão de obra são a mesma coisa.	Não é verdade. O custo da remuneração não considera a produtividade, ao passo que o custo da mão de obra é função dela. O custo da mão de obra é medido em reais por peça e depende não só de quanto se paga, mas também de quanto se produz.
2	É possível baixar o custo da mão de obra diminuindo-se os salários.	Nem sempre. É preciso também, nesse caso, considerar a produtividade. A diminuição dos salários pode provocar forte impacto negativo na produtividade, aumentando os custos de mão de obra.
3	O custo da mão de obra é um componente importante dos custos totais.	Nem sempre. Para algumas organizações, como as prestadoras de serviços, isso é verdade; para outras, como refinarias de petróleo ou laboratórios farmacêuticos, não é.
4	Baixo custo de mão de obra é um fator importante e sustentável de competitividade.	Não costuma ser verdade. É preferível obter vantagens competitivas por meio da qualidade, serviço ao cliente, inovações, liderança tecnológica, processos etc.
5	Incentivos individuais de remuneração aumentam o desempenho.	Na maioria dos casos, incentivos individuais diminuem o desempenho, desencorajando o espírito de equipe e priorizando o curto prazo. Incentivos individuais podem reduzir a cooperação entre as pessoas e numa organização todas as atividades estão interligadas e são interdependentes.
6	As pessoas trabalham por dinheiro.	As pessoas trabalham não só por dinheiro, mas também para dar um sentido a suas vidas. É impossível "comprar" os empregados se eles não gostarem do trabalho. A motivação para produzir tende a depender mais do comprometimento que da remuneração.

---

[25] PFEFFER, J. *Competitive advantage through people:* unleashing the power of the work force. Boston: Harvard Business School Press, 1994. p. 122.

[26] PFEFFER, J. Six dangerous myths about pay. *Harvard Business Review*, may/june, 1998. p. 109s.

A remuneração não substitui os incentivos proporcionados pelo ambiente de trabalho, pelo significado do trabalho para o empregado e pelo prazer que proporciona, mas sinaliza o valor que a empresa atribui a seu pessoal.

Dar ênfase exagerada à remuneração encoraja as pessoas a serem admitidas e a permanecerem na organização pelas razões erradas.[27]

Remuneração e incentivos, ao longo do tempo, podem acabar sendo incorporados às expectativas de ganhos do pessoal. Além disso, uma empresa que se baseia demais na remuneração para motivar seus funcionários acaba tendo de aumentar cada vez mais os valores pagos, por duas razões: o diferencial da remuneração, no longo prazo, acaba sendo mais importante que seu valor absoluto; se o pessoal é muito bem pago, a remuneração perde importância, pois a utilidade marginal do valor monetário diminui, obrigando a empresa a aumentar a remuneração muito acima dos valores praticados no mercado, o que certamente não seria, na maioria dos casos, uma medida sábia.

---

[27] PFEFFER, 1998, p. 109s.

CAPÍTULO 6

LIDERANÇA

6.1 Conceituação de Liderança

Etimologicamente, *liderar* significa conduzir.[1] Líder é o que conduz o grupo. Em que consiste conduzir? A resposta pode ser encontrada nas biografias de Moisés, Péricles, Júlio César, Jesus Cristo, Martin Luther King, Niccolò Machiavelli, James Madison, Gandhi, Lênin, Winston Churchill, Charles de Gaulle, Dean Acheson, Mao Tsé-Tung, Chester Barnard, Martin Luther King Jr., John Gardner e Henry Kissinger.[2] A primeira questão é até que ponto o líder conduz os acontecimentos e é capaz de reverter seu curso.

As definições de liderança, em geral, apresentam pelo menos dois aspectos comuns: a liderança está ligada a um fenômeno grupal, ou seja, envolve duas ou mais pessoas; e se trata de um processo de influência exercido de maneira intencional pelo líder.[3]

As frases a seguir auxiliam na definição de liderança, identificando algumas de suas características, responsabilidades e resultados esperados:

---

1 *To lead*, em inglês, significa conduzir. *Leader* é aquele que conduz o grupo.

2 BENNIS, W; NANUS, B. *Líderes:* estratégias para assumir a verdadeira liderança. São Paulo: Harbra, 1998. p. 3.

3 BERGAMINI, C. W. Liderança: a administração do sentido. *Revista de Administração de Empresas*, v. 34, p. 102-114, 1994.

Não há maus regimentos, apenas maus coronéis.

NAPOLEÃO BONAPARTE

Líder é o que tem capacidade de conseguir que outras pessoas façam o que não querem e, ainda assim, gostem de fazê-lo.

HARRY TRUMAN

Líder é o que tem capacidade de arregimentar pessoas para um propósito comum e personalidade que inspire confiança.

MARECHAL MONTGOMERY

O forte rei faz forte a fraca gente.

LUIZ VAZ DE CAMÕES

Ninguém será um grande líder se quiser fazer tudo sozinho e receber todo o crédito pelo que está sendo feito.

ANDREW CARNEGIE

A eficiência de um exército consiste em parte da ordem e em parte do general; mas principalmente do último, porque ele não depende da ordem, ao passo que a ordem depende dele.[4]

ARISTÓTELES (METAFÍSICA)

Um general é tão bom ou ruim quanto as tropas que comanda.

DOUGLAS MACARTHUR

Eu devo seguir o povo. Não sou seu líder?

BENJAMIN DISRAELI

Os melhores líderes se cercam de pessoas mais espertas do que ele, admitem isso francamente e estão dispostos a pagar pelo seu talento.

AMOS PARRISH

Um líder tem duas importantes características: primeiro, sabe aonde quer chegar e, segundo, é capaz de persuadir outras pessoas a seguirem-no.

M. ROBESPIERRE

---

[4] ARISTÓTELES, in *Metafísica,* apud BARNARD, C. I. *As funções do executivo*. São Paulo: Atlas, 1971. p. 34.

Parodiando Camões, podemos dizer que o forte gerente faz forte a fraca equipe.

6.1.1 A teoria de Tolstoi

Tolstoi, em seu famoso romance *Guerra e paz,* defende o ponto de vista de que o líder é fruto das circunstâncias e que seus atos são tão conduzidos quanto os de seus liderados:

> Os atos de Napoleão e de Alexandre, de uma palavra de quem pareceria que os acontecimentos se produziriam ou não, eram tão pouco livres quanto os dos soldados que faziam a campanha [da guerra], por sorteio ou recrutamento. Não poderia ser de outra forma, pois, para que a vontade de Napoleão e Alexandre (mestres aparentes do acontecimento [a guerra franco-russa do século XIX]) fosse cumprida, seria preciso a concordância de inumeráveis circunstâncias; se tivesse faltado apenas uma, nada teria acontecido. Era preciso milhões de homens, nas mãos dos quais se encontrava a força efetiva, os soldados que atiravam, que transportavam víveres e canhões, era preciso que esses homens aceitassem cumprir a vontade desses indivíduos isolados e fracos e que para isso fossem determinados por um número infinito de causas diversas e complexas. O fatalismo na história é inevitável para explicar fenômenos irracionais. Quanto mais nos esforçamos para explicá-los logicamente, tanto mais nos aparecerão incompreensíveis.
>
> Todo homem vive para si, exerce sua liberdade para atingir fins particulares e sente, de todo o seu ser, que ele pode cumprir ou não tal ou tal ato, mas, a partir do momento em que ele o cumpriu, este ato, cumprido em um determinado momento, torna-se irrevogável e pertence à história, de onde ele cessa de ser livre, mas toma uma significação predeterminada. O ato cumprido é irrevogável e, por sua concordância no tempo com milhões de atos cumpridos por outros homens, adquire um valor histórico. Quanto mais alto estiver o homem na escala social, maior o número daqueles com os quais ele estará ligado, e maior seu

> poder sobre os outros homens, mais evidente será o caráter predeterminado e inevitável dos seus atos. O coração dos reis está nas mãos de Deus. O rei é o escravo da história.[5]

A opinião de Tolstoi diminui a força da liderança. Parece haver, porém, exagero nessa formulação, mas há alguma verdade na explicação. *O líder depende, em algum grau, das circunstâncias.* O ponto central da questão é: até que ponto o líder conduz os liderados porque os convenceu de que devem desejar os objetivos que ele promete atingir ou é aceito como líder porque promete alcançar os resultados que os liderados já desejavam, em função de circunstâncias para as quais pouco contribuiu? O certo é que circunstâncias diferentes requerem líderes com características diferentes. A liderança é um conceito relativo: não há líder sem seguidores; não há líder no vácuo.

6.1.2 Teoria de Kouzes e Posner

Uma opinião oposta à de Tolstoi é a de Kouzes e Posner, que argumentam que não tem sentido falar sobre liderança se não acreditarmos que as pessoas podem fazer a diferença na vida dos outros. Se acharmos que as pessoas não têm poder para influenciar os acontecimentos e que somente a história modela o comportamento, então não fará sentido estudar em que consiste a liderança.[6]

6.1.3 Diferenças entre o líder e o administrador

Vários autores tentaram estabelecer diferenças entre o líder e o administrador.

Liderar é diferente de administrar, mas não pelas razões que a maioria das pessoas imagina. Liderança não é mística nem misteriosa. Não tem nada a ver com carisma ou outros traços exóticos de personalidade. Nem é exclusiva de uns poucos escolhidos. Liderança e administração são dois sistemas de ação complementares, ambos necessários para o êxito de um negócio em um ambiente volátil. A liderança complementa a administração, e não a substitui.

---

[5] TOLSTOI, L. *Guerre et Paix*. Paris: Livre de Poche, 1972. v. II. p. 5-6.

[6] KOUZES, J. M.; POSNER, B. Z. *A credibilidade faz a diferença*. Belo Horizonte: Fundação Dom Cabral, 2001. p. 237. (Col. Gestão de Pessoas).

Nem todos são bons em administração e liderança. Muitos líderes não são bons administradores e vice-versa.[7]

Warren Bennis diz que administrar é assumir responsabilidade, fazer acontecer; liderar é influenciar, guiar na direção. Para ele, o líder opera sobre os recursos emocionais e espirituais da organização, sobre seus valores, comprometimento e aspirações. Em contraste, o administrador opera sobre os recursos físicos da organização, sobre seu capital, habilidades humanas, matérias-primas e tecnologia.[8] O gerente administra; o líder inova. O gerente focaliza em sistemas e estruturas; o líder focaliza-se nas pessoas. O gerente apoia-se no controle; o líder inspira confiança. O gerente pergunta como e quando; o líder pergunta *o quê* e *por quê*. O líder se preocupa com a eficácia, o administrador tende a se preocupar mais com a eficiência.[9]

Uma liderança forte com uma administração fraca é, na maioria dos casos, pior que o contrário. O real desafio é combinar uma liderança forte com uma administração forte e usar uma para equilibrar a outra.[10]

Administrar é saber lidar com a complexidade. Suas práticas e seus procedimentos são a resposta para a emergência das grandes organizações dos séculos XX e XXI. Sem boa administração, as empresas tornam-se caóticas e ficam ameaçadas na própria existência.[11] Uma cultura administrativa dá ênfase à racionalidade e ao controle. Não é necessário ser gênio nem herói para ser um bom administrador. É preciso persistência, trabalho duro, inteligência, habilidade analítica e, talvez mais importante, tolerância e boa vontade. Os administradores tendem a ser reativos, envolvendo uma combinação de pessoas e ideias interagindo para estabelecer estratégias e tomar decisões.[12] Os administradores se consideram responsáveis para cuidar das empresas da melhor maneira possível, na forma como elas existem.

Liderar é saber lidar com a mudança. O aumento de sua importância deriva da velocidade das mudanças no passado recente: mudanças tecnológicas, aumento da competitividade, desregulamentação, globalização, envelhecimento

---

7 KOTTER, J. P. *What leaders realy do?* On leadership. Brighton: Harvard Business School Press, 1998. p. 37s.

8 BENNIS; NANUS, 1998, p. 77.

9 BERGAMINI, C. *Liderança como administração do sentido*. Belo Horizonte: Fundação Dom Cabral, 2001. p. 90-91. (Col. Gestão das pessoas).

10 BERGAMINI, 2001, p. 90-91.

11 KOTTER, 1998, p. 37s.

12 ZALEZNIK, A. *Managers and leaders:* are they different? On Leadership. Boston: Harvard Business School Press, 1998. p. 61s.

da população e outras. Não basta aperfeiçoar a maneira de fazer as coisas. Para sobreviver, é preciso mudanças mais profundas, que requerem liderança. Essas duas funções diferentes: lidar com a complexidade e lidar com a mudança moldam as atividades características da administração e da liderança.[13] A influência que um líder exerce, alterando a maneira de pensar e agir, evocando imagens concretas e estabelecendo objetivos, determina a direção que o negócio deve seguir. O resultado disso é a mudança na maneira de pensar das pessoas em relação ao que é desejável, possível e necessário.

A busca da mudança é uma aventura que põe à prova nossas capacidades e habilidades. Faz aflorar talentos adormecidos. É o lugar do treinamento da liderança. E mesmo que o desafio da mudança seja árduo, é também estimulante e agradável. Para que os líderes consigam extrair o melhor de si e dos outros, devem se sentir intrinsecamente motivados por suas tarefas.[14]

As empresas administram a complexidade planejando, orçando e controlando, estabelecendo metas, determinando os passos e os recursos para atingi-las. Por outro lado, liderar uma empresa para uma mudança construtiva começa pelo desenvolvimento da visão do futuro, estabelecendo a direção a ser seguida e as estratégias necessárias para alcançar essa visão. Finalmente, os administradores asseguram a execução dos planos por meio do controle e da solução dos problemas e os líderes, pela motivação e pela inspiração dos seguidores. Motivar as pessoas empurrando-as na direção certa é diferente de usar mecanismos de controle para satisfazer as necessidades humanas de realização, para obter um sentimento de "pertença", reconhecimento, autoestima ou habilidade para conseguir atingir os ideais.[15]

Líderes são agentes de mudança, desafiam o estabelecido, e isso não se faz sem risco. Os líderes trabalham a partir de uma posição de alto risco. Conduzir uma organização durante um período de mudança pode ser perigoso e tem sido a ruína de muitos líderes. Para evitar os perigos, Heifetz e Linsky sugerem algumas poucas regras básicas para governar suas ações e dar orientação às decisões e às ações. Eles começam assim: pensem nos inúmeros executivos nos últimos anos que, algumas vezes, depois de êxito considerável, foram esmagados e "queimados". Ou pense em pessoas que você conhece em posições menos proeminentes, talvez pessoas lançando significativas iniciativas de mudanças em suas organizações, que se encontraram subitamente

---

[13] KOTTER, 1998.

[14] KOUZES, J. M.; POSNER, B. Z. *O desafio da liderança*. 6. ed. Rio de Janeiro: Campus, 1997. p. 57.

[15] KOUZES; POSNER, 1997, p. 57.

sem emprego. Pense sobre você mesmo: ao exercer liderança, foi alguma vez removido ou colocado de lado? Temos de considerar que liderar é perigoso. Prosseguem os autores com alguns conselhos:

- opere acima das brigas e conflitos;
- coopte os não comprometidos;
- "cozinhe" os conflitos: administrar conflitos é um dos maiores desafios de um líder. O conflito pode envolver resistência a mudanças, ou pode envolver pontos de vista diferentes sobre como uma mudança deve ser conduzida. Na maioria dos casos, será latente. Por isso, a maioria das organizações é alérgica a conflitos, mas eles são parte necessária dos processos de mudança e, se administrados corretamente, podem ser os motores do progresso;
- delegue o trabalho para onde ele deve ser colocado. Como mudanças significativas requerem adaptações de pessoas ao longo de toda a organização, os líderes devem resistir à reação de proporcionar respostas a todas as dúvidas das pessoas. Em vez disso, transfira para os subordinados as soluções de alguns problemas. Além disso, é preciso que o líder encontre um tempo livre para meditar sobre as dificuldades que tem encontrado e para estabilizar seu estado psicológico.[16]

Os bons administradores devem procurar se inspirar na forma de agir dos líderes, obtendo a confiança e o apoio genuíno de seus subordinados, que atuarão como seus seguidores. Os líderes usam as relações informais com mais facilidade do que as estruturas formais usadas pelos administradores.

Os líderes despertam paixões, os administradores cuidam das necessidades e interesses dos subordinados.

> *Dominam-se mais facilmente as pessoas excitando suas paixões do que se ocupando de suas necessidades e seus interesses.*
>
> GUSTAVE LE BON[17]

[16] HEIFETZ, R. A.; LINSKY, M. A survival guide for leaders. *Harvard Business Review*, jun. 2002. p. 65s.

[17] Apud BOYER, L.; BUREAU, R. *600 citations pour réfléchir avant d'agir*. Paris: Les Éditions d'Organisation, 1997.

6.1.4 A importância do líder

A versão tradicional de liderança superestima a importância da contribuição do líder. Essa versão supõe que a liderança é originária das qualidades pessoais do líder.[18] Há várias interpretações do que é liderança, mas cada uma continua com uma explicação incompleta e inadequada – e a maioria discorda entre si.[19] São mais de 130 definições de liderança e mais de 5 mil estudos sobre suas características, o que torna praticamente impossível escolher apenas uma como a mais correta.[20] O que não se pode descartar é a influência das circunstâncias e dos próprios liderados.

A importância de uma boa liderança não pode ser subestimada. Uma empresa descapitalizada pode tomar dinheiro emprestado, uma em má localização pode ser mudada, assim como o produto ou o processo produtivo. Uma empresa que tenha falta de liderança tem pouca chance de sobreviver.[21] Lembremos, porém, que líderes são pessoas humanas com qualidades e defeitos: alguns são neuróticos, outros equilibrados.

Cumpre salientar que *o líder é muito mais necessário nas situações instáveis*. Ele é necessário para mudar. *Líderes são agentes de mudança* e devem ser capazes de inspirar coragem a seus seguidores.

6.1.5 Tipos de poder

Os líderes influenciam as pessoas por meio do poder de que dispõem. Podemos definir poder de duas maneiras: como Max Weber, segundo o qual poder é a capacidade de controlar indivíduos, eventos ou recursos, fazendo que aconteça aquilo que a pessoa quer, a despeito de obstáculos ou oposições, ou como a capacidade para influenciar decisões, pessoas e o uso de recursos.

Podemos distinguir três tipos de poder:

1. O poder legítimo é o conferido pela posição ocupada na organização. Inclui, quase sempre, dois poderes que o complementam: o poder de

---

[18] SECORD, P. F.; BACKMAN, C. W. *Social psychology*. New York: McGraw-Hill, 1964. p. 352s.

[19] BENNIS; NANUS, 1998, p. 4.

[20] BLECHER, N. O caldeirão dos bruxos. In: Prefácio do livro de MICKLETHWAIT, J.; WOOLDRIDGE, A. *Os bruxos da administração:* como entender a Babel dos gurus empresariais. Rio de Janeiro: Campus, 1998. p. XIII.

[21] BENNIS; NANUS, 1998, p. 18.

recompensa e o coercitivo ou de punição, instrumentos para o exercício do poder legítimo.[22]

2. O **poder referente** é a influência exercida pelo líder em virtude da afeição e do respeito que as pessoas têm por ele, em função de suas qualidades como seu caráter, a força de sua personalidade, sua coragem, sua capacidade de agir e sua ousadia. O fundamento básico do poder referente é o exemplo. Os líderes carismáticos têm esse tipo de poder no mais alto grau. O líder deve ser um modelo exemplar para seus seguidores e não deve exigir o que não esteja disposto ele mesmo a fazer.
3. O **poder do saber** é baseado nos conhecimentos que a pessoa tem. Inclui os conhecimentos técnicos, a experiência e o poder da informação. Algumas pessoas não cedem informações para reter esse tipo de poder.

Apesar da estrutura formal conceder poder legítimo igual a todas as pessoas de um mesmo nível, além do mesmo acesso ao uso das recompensas e das punições, a forma como as pessoas os utilizam varia bastante. Por exemplo, um administrador pode usar seu poder de forma criativa e marcante, maximizando sua influência na estrutura. Outro, entretanto, pode subaproveitar os recursos disponíveis.[23] Tanto a forma de utilização do poder legítimo como as ações do administrador, à parte de sua utilização do poder formal, influenciam seu poder referente. O poder legítimo, se desacompanhado do poder referente e do poder do saber, pode ocasionar um desempenho apático.[24] Assim, como já dizia o ditado popular: *poder não se pode delegar.*

> *Quase todas as pessoas podem fazer face à adversidade, mas se você quiser testar a capacidade de alguém, dê-lhe o poder.*
>
> A. Lincoln[25]

---

[22] Pode haver poder coercitivo sem poder legítimo, como no caso de um grupo de bandidos que sequestra um inocente para pedir resgate; bem como, em situações informais, o poder de recompensa também sem poder legítimo.

[23] KATZ, D.; KAHN, R. L. *Psicologia social das organizações*. 2. ed. São Paulo: Atlas, 1976. p. 343-344.

[24] KATZ; KAHN, 1976, p. 343-344.

[25] Apud BOYER; BUREAU, 1997.

O poder intoxica as pessoas. Quando uma pessoa está intoxicada pelo álcool pode recuperar-se, mas quando intoxicada pelo poder raramente se recupera.

James F. Byrnes

O poder corrompe. O poder absoluto corrompe absolutamente.

Lord Acton

Nada prejudica tanto uma autoridade quanto o uso indiscriminado dela.

A. Kingston

O ponto culminante de uma administração é saber bem o grau de poder que deve ser usado em cada circunstância.

Barão de Montesquieu

Fazer um bom trabalho não é suficiente para se obter poder. É preciso também ser notado: ter visibilidade. Não basta botar o ovo, é preciso cacarejar. Ficar o tempo todo no palco é exaustivo, mas não se pode ficar completamente fora dele.[26]

Podemos, tentativamente, dizer que, do ponto de vista da administração, liderar é conduzir um grupo de pessoas, influenciando seus comportamentos e suas ações, para atingir objetivos e metas de interesse comum desse grupo, de acordo com uma visão do futuro baseada em um conjunto coerente de ideias e princípios.

O líder empresarial deve ser capaz de alcançar objetivos por meio dos liderados e, para isso, conforme o tipo de liderado e a ocasião, age de diferentes maneiras: ele ordena, comanda, motiva, persuade, dá exemplos pessoais, compartilha os problemas e as ações ou delega e cobra resultados, alterando a forma de agir de acordo com a necessidade de cada momento e com o tipo de liderado, visando alcançar os objetivos da empresa.

[26] KOUZES, J. M.; POSNER, B. Z. *O desafio da liderança*. 6. ed. Rio de Janeiro: Alta Books, 2018. p. 254.

6.2 Histórico

O termo liderança vem sendo usado há cerca de duzentos anos na língua inglesa, entretanto, a preocupação com o tema é antiga, pois desde a república de Platão já se falava em treinamento e educação de líderes políticos.[27]

As teorias sobre liderança dividem-se em dois enfoques principais: as que analisam a pessoa do líder, ou seja, as características, os traços de personalidade, os estilos de liderança, a motivação para a liderança etc.; e as que analisam o ambiente no qual a liderança acontece, como os comportamentos dos liderados e o ambiente organizacional. Cronologicamente, os estudos iniciais sobre o tema concentraram-se no primeiro enfoque e preconizavam que a liderança era um aspecto inato ao indivíduo, ou seja, nascia-se líder ou não. Essa visão do líder como uma pessoa especial foi criticada por pesquisadores, fazendo com que se iniciasse uma nova etapa nos estudos de liderança, a qual acreditava que a liderança era contingencial, ou seja, para que as organizações tivessem bons líderes, era preciso treiná-los e fornecer um ambiente adequado em que pudessem agir de forma eficaz. A partir deste novo enfoque, o líder poderia ser desenvolvido.[28]

Nos próximos tópicos, serão tratados alguns dos aspectos investigados pelas primeiras teorias de liderança, tendo como foco o indivíduo, como o que faz o líder, suas características principais e os estilos de liderança. Em seguida, são expostos aspectos contingenciais importantes relacionados ao ambiente para a liderança e a como o líder pode ser desenvolvido, foco da segunda e mais avançada corrente de estudos sobre liderança. Ambos os enfoques são válidos e fundamentam o desenvolvimento dos líderes pelas organizações.

6.3 Aspectos individuais da liderança

6.3.1 O que faz o líder

É verdade que os líderes defendem valores que representam a vontade coletiva; do contrário, não seriam capazes de mobilizar os liderados à ação. No

[27] BERGAMINI, 1994, p. 103.
[28] BERGAMINI, 1994, p. 104

entanto, não fazem apenas isso. A variedade dos tipos de liderança torna difícil estabelecer com precisão o que faz um líder. Cada autor tem sua versão.

Um líder não é um gerente no sentido formal, mas alguém que é considerado o principal responsável pela realização dos objetivos do grupo.[29]

Quadro 6.1 O que faz o líder?

1. Para W. J. Reddin:
   - defende valores que representam a vontade coletiva; do contrário, não seria capaz de mobilizar os liderados à ação;
   - busca e define o consenso em uma causa comum;
   - cria o espírito de equipe;
   - promove a dedicação dos liderados;
   - promove a lealdade à organização e a seus valores;
   - cria orgulho pela equipe, pela organização e por seus objetivos;
   - gera confiança quanto aos resultados a serem obtidos.

2. Para John Gardner:
   - estabelece os objetivos;
   - motiva os liderados;
   - cria, mantém e administra uma equipe de bom nível;
   - explica as razões do que deve ser feito;
   - serve de símbolo para os liderados;
   - representa externamente a equipe;
   - renova os sistemas complexos que ele lidera.

3. Para Bengt Karlöf:
   - fornece diretrizes para o que deve ser feito;
   - faz que as pessoas cooperem;
   - fornece a energia necessária para alcançar as metas fixadas.

Há quatro responsabilidades básicas dos líderes:[30]

1. O líder deve ter desenvolvido uma imagem mental de um estado futuro possível e desejável da organização. Um líder bem-sucedido é o que vê outro quadro ainda não atualizado, que vê hoje coisas que ainda não estão lá, mas estarão no futuro. Ele faz as pessoas à sua volta entenderem que não é seu objetivo que tem de ser realizado, mas o objetivo do

[29] REDDIN, W. J. *Eficácia gerencial*. São Paulo: Atlas, 1970. p. 23.
[30] BENNIS; NANUS, 1998, p. 73-180.

grupo, um propósito comum, nascido do desejo de todos.[31] Muitos acreditam que a única postura do líder é a de elaborar uma visão que os liderados sejam capazes de adotar como sua, porque é realmente sua.[32] Na realidade, o que é crucial sobre a visão não é sua originalidade, mas quão adequada ela é às necessidades e aos desejos dos seguidores, no caso de empresas: empregados, administradores, clientes e *stakeholders*.[33] Em outras palavras, como diz Jack Welch, ex-presidente e CEO da General Electric e um dos mais bem-sucedidos executivos americanos: os bons líderes empresariais criam uma visão, articulam a visão, vivem apaixonadamente essa visão e a conduzem incansavelmente à realização. Acima de tudo, porém, os bons líderes são abertos: são informais. Eles não se apegam aos canais formais de comunicação, circulam pela organização para alcançar diretamente as pessoas.[34]

2. O líder deve comunicar a nova visão. A organização precisa ser mobilizada para aceitar a nova visão e fazê-la acontecer. Portanto, *uma característica importante de um bom líder é saber comunicar*. Ele deve conseguir passar a mensagem para todos, para que eles entendam qual é o propósito comum que tem de ser alcançado e para que se motivem para isso. Assim, *um líder está constantemente comunicando-se com todos e partilhando suas informações*.
3. O líder precisa criar confiança por meio do posicionamento. O líder deve mostrar coerência, energia, honestidade e coragem. As pessoas confiam em líderes assim. Elas precisam saber qual é a posição do líder em relação à organização e como ele se posiciona em relação ao ambiente. Um líder aético só consegue se manter na liderança de seguidores pouco qualificados.
4. Líderes são aprendizes perpétuos. A aprendizagem é o combustível essencial para o líder. O aprendizado constante é a fonte de energia que mantém a liderança acesa, que faz surgir o entendimento, novas ideias e desafios. Além de si próprio, o líder estimula também os seguidores a aprenderem.

---

[31] FOLLET, M. P. *Dynamic administration*. NewYork: Harper & Row, 1941. p. 143-4. Apud BENNIS; NANUS, 1998, p. 117.

[32] TOOLE, J. (vice-presidente do *Aspen Institute*). *Exame*, 12 ago. 1998. p. 123.

[33] KOTTER, 1998, p. 37s.

[34] WELCH, J. Speed, simplicity, self-confidence. In: WELCH, J. *Leaders on leadership:* an interview to Noel Tichy and Ram Charan. Boston: Harvard Business Review Book, 1995. p. 16.

Às vezes, para criar uma organização importante ou transformá-la com êxito, é necessária uma liderança carismática. O carisma deriva das necessidades emocionais das pessoas e dos eventos dramáticos associados ao exercício da liderança – atos ousados e imaginativos do líder ajudam a criar nele uma imagem carismática.[35]

Um dos riscos que um líder precisa evitar é o isolamento. Para isso, é necessário se comunicar com frequência, ter confiança nos que o cercam e criar condições para que eles também tenham confiança em sua liderança.

Às vezes, os líderes têm problemas porque se cercam de seguidores que os enganam com bajulações e os isolam das realidades desconfortáveis. Os líderes que gostam de ser bajulados acabam isolados e ignorando as informações negativas que deveriam ter.[36] É preciso criar condições para que os seguidores tenham coragem de contar a verdade, seja ela qual for.

Nos momentos das grandes decisões, muitos líderes preferem aceitar a opinião da maioria dos seguidores, pois, na maior parte dos casos, a maioria tende a estar certa. No entanto, há casos em que a maioria pode estar espetacularmente errada. O líder que automaticamente rejeita a opinião dos seguidores pode ser tão estúpido quanto o que aceita, sem pensar, a opinião da maioria. É preciso considerar, porém, que, se a decisão não é tão crucial, pode ser preferível aceitar uma alternativa ruim a impor a que parece a mais correta, a fim de que se verifique na prática o que é mais adequado. Uma imposição pode minar o comprometimento dos seguidores.[37]

6.3.2 As características de um líder

Uma das maiores controvérsias a respeito de liderança diz respeito à possibilidade de identificar características para os líderes, isto é, se existem traços comuns. Hoje, já não se fala em *liderança* como um traço psicológico, intrínseco a um indivíduo, que alguns têm sorte de ter e outros não. A *liderança* somente faz sentido quando especificamos para que fim e em que circunstâncias se espera que o líder deva agir. Mesmo assim, na maioria dos livros sobre psicologia industrial, encontramos uma lista, maior ou menor, de qualidades de liderança, que nos fala, por exemplo, que o líder deve ter inteligência e bom

[35] KATZ; KAHN, 1976, p. 360-361.
[36] OFFERMAN, L. R. When followers become toxic. *Harvard Business Review*, jan. 2004. p. 55s.
[37] OFFERMAN, 2004, p. 55s.

julgamento, discernimento e imaginação, habilidade em aceitar responsabilidades, senso de humor, personalidade equilibrada e senso de justiça. Essa lista é fornecida por May Smith, que, aparentemente, está interessada na personalidade do líder como pessoa mais ou menos isolada.

Quando consideramos homens como Hitler, Stalin, Napoleão, os Wesley, John Knox e Oliver Cromwell, ou mulheres como Mary Baker Eddy, a rainha Elizabeth I e Pankhurst, torna-se absurdo dizer que um líder deve ser equilibrado e possuir senso de humor ou de justiça. Alguns dos mais destacados líderes da história têm sido neuróticos, insanos, de mente estreita, destituídos de humor, injustos e autoritários; tem havido líderes religiosos com um senso patológico de culpa, líderes políticos com ilusões de onipotência e ditadores militares com ilusões de perseguição. Se for feita a objeção de que estamos interessados na indústria, e não em religião, política ou assuntos militares, é fácil mostrar como os grandes"capitães de indústria"também têm tido deficiências de qualidades recomendadas pelos psicólogos: homens como Hearst, Ford, Carnegie e Morgan não foram modelos de virtude ou padrão de normalidade.

Vendo o problema historicamente, temos boas razões para crer que a anormalidade mental não é desvantagem em um líder e pode até ser uma vantagem, se ele for insano na direção apropriada. Hitler, com sua paranoia, e Hearst e Ford, com suas neuroses de obsessão, obtiveram sucesso precisamente porque tinham esses defeitos e estes estavam, por acaso, adequados à situação existente.[38] A política está cheia de exemplos de líderes que nem sempre se comportam como pessoas justas, honestas e éticas. É impossível negar que pessoas pouco confiáveis ocuparam posições de liderança e obtiveram êxito. Maquiavel justifica o uso da força para obter os resultados desejados.

6.3.2.1 Confiança em si

Uma característica comum aos líderes é a confiança que têm em si. Nenhum líder ou candidato a tal inspira mais confiança em seus liderados ou seguidores potenciais do que a que ele mesmo deposita em si e o demonstra. Se nem eu aposto em mim, quem apostará? Se não me tenho em alta conta, como esperar que os outros me respeitem? Se não estou absolutamente convicto de minhas crenças, como os outros acreditarão no que digo? Se o líder tiver uma

[38] BROWN, J. A. C. *Psicologia social da indústria*. São Paulo: Atlas, 1967. p. 174.

dúvida, seus seguidores terão várias.[39] Duvidar de si é, para o líder, duplamente nocivo: não só arrefece o entusiasmo e mina sua inspiração como leva à desconfiança e inocula o desânimo entre os liderados.[40]

6.3.2.2 Crença no que faz

Outra característica comum é acreditar com paixão no que prega e faz. Ninguém pode seguir alguém que não acredite no que está fazendo. O líder encoraja os seguidores e mostra às pessoas que elas podem vencer. O encorajamento é a maneira dos líderes se relacionarem. Os líderes atraem os seguidores por sua fé na capacidade das pessoas para se adaptar, crescer e aprender.[41]

> *Nada de grande foi realizado sem paixão.*
>
> HEGEL

6.3.2.3 Visão clara de onde quer chegar

Uma característica fundamental é a visão clara de onde quer chegar e a capacidade de comunicá-la. *A criação e a transmissão da visão para os seguidores são qualidades indispensáveis ao líder.* A *criação da visão não deve ser exclusiva do líder, mas, sim, compartilhada com os seguidores.* Não haverá seguidores se as pessoas acreditarem que a visão não é também delas. O líder comunica não só pelas palavras, mas principalmente por meio de seus atos e exemplos, que devem estar coerentes com o que ele prega. O bom líder age de acordo com o que diz. Se o que é feito não estiver de acordo com o que é dito, o líder ficará desacreditado e os seguidores o abandonarão.

> *O bom líder, antes de tudo, coloca em prática suas palavras e, a seguir, age de acordo com o que diz.*
>
> CONFÚCIO

---

[39] McNEILLY, M. *Sun Tzu e a arte dos negócios*. Rio de Janeiro: Campus, 1998. p. 106.
[40] GIANNETTI DA FONSECA, E. *Autoengano*. São Paulo: Companhia das Letras, 1998. p. 147.
[41] KOUZES; POSNER, 1997.

> *Nada é tão contagioso quanto o exemplo.*
>
> La Rochefoucauld

6.3.2.4 Capacidade de comunicação

Outro erro grave é tentar comunicar apenas em grandes reuniões, especialmente quando a situação não é boa. Nessas ocasiões, é preciso atingir o pessoal operacional por meio de seus supervisores, fazendo tantas reuniões em pequenos grupos quantas forem necessárias para atingir todos os supervisores e, por meio deles, o pessoal de nível mais baixo.

O bom líder conhece seus seguidores, seus valores, costumes, necessidades e desejos e fala uma linguagem que eles entendem. Enriquece sua comunicação com exemplos concretos, histórias, símbolos, metáforas e parábolas para tornar claras suas visões abstratas.[42] Outro aspecto importante na comunicação do bom líder é que ele sabe ouvir. As pessoas ouvem com mais atenção aqueles que as ouvem.[43]

6.3.2.5 Expectativas elevadas e reconhecimento do mérito

Os líderes bem-sucedidos têm níveis elevados de expectativas para si e para seus seguidores. Essas expectativas constituem a moldura nas quais as pessoas enquadram a realidade e são a base das profecias autorrealizadoras.[44] Esses líderes reconhecem o mérito e as contribuições de seus seguidores e creditam o mérito aos que o merecem. Não creditar o mérito a quem é devido destrói todo o sentimento de confiança.[45] Os elogios são uma forma de reconhecimento importante, mas subutilizada. Às vezes, bastam duas palavras: muito obrigado.[46] Outras vezes, é preciso celebrar as realizações da equipe como forma de motivação para conquistas futuras.

---

42 KOUZES; POSNER, 1997, p 150.

43 KOUZES; POSNER, 1997, p. 181.

44 KOUZES; POSNER, 1997, p. 291.

45 BARTOLOME, F. Nobody trusts the boss completely. *Harvard Business Review*, mar./apr. 1989.

46 KOUZES; POSNER, 1997, p. 300.

6.3.2.6 Inteligência emocional

Daniel Goleman verificou que, embora as qualidades tradicionalmente associadas com liderança – como obstinação, inteligência, determinação e visão – sejam necessárias para o êxito, são, porém, insuficientes. Líderes verdadeiramente eficientes se distinguem por um alto grau de inteligência emocional, que abrange autoconhecimento, autocontrole, motivação, empatia e habilidade social. É verdade que diferentes situações requerem diferentes tipos de liderança, mas Goleman argumenta que os líderes mais eficientes são semelhantes em um aspecto crucial: todos têm o que se tornou conhecido como inteligência emocional. Não significa que QI ou habilidades técnicas sejam irrelevantes. Eles têm sua importância, especialmente como requisitos para as posições executivas iniciais, mas as pesquisas mostram que a inteligência emocional é a condição *sine qua non* para a liderança.

Sem ela, uma pessoa pode ter o melhor treinamento do mundo, mas não será um grande líder.[47]

Autoconhecimento é o primeiro componente da inteligência emocional. Pessoas que têm alto grau de autoconhecimento reconhecem como seus sentimentos afetam a elas próprias, aos outros e ao desempenho no trabalho. Autoconhecimento envolve a compreensão clara de seus valores e objetivos. As pessoas que o possuem sentem-se à vontade falando sobre suas limitações e seus pontos fortes. Sabem também quando pedir ajuda e os riscos que assumem são calculados.[48]"Conhece-te a ti mesmo"era a inscrição no alto do oráculo de Delfos. Até hoje é um preceito fundamental para qualquer pessoa que queira ser bem-sucedida. O autoconhecimento requer a aceitação de *feedback.* Pessoas que não se conhecem têm dificuldade em aceitar o que os outros dizem a seu respeito.

Impulsos biológicos conduzem nossas emoções. Não podemos viver sem eles. Autocontrole é o componente da inteligência emocional que nos liberta de sermos prisioneiros de nossos sentimentos. Isso é muito importante para criar um ambiente de confiança e justiça. Em tal ambiente, as lutas internas diminuem e a produtividade aumenta. Além disso, o autocontrole ajuda a aumentar a integridade, que não é apenas uma virtude pessoal, mas uma força para a organização. Muitas coisas negativas que acontecem numa organização são consequências de explosões por falta de autocontrole. Às vezes,

---

[47] GOLEMAN, D. What makes a leader? *Harvard Business Review*, jan. 2004. p. 82s.

[48] GOLEMAN, 2004, p. 82s.

o autocontrole é confundido com frieza e falta de paixão, mas as pessoas podem ser apaixonadas e saber se controlar.[49]

Se existe uma característica que todos os líderes possuem é motivação. Líderes procuram obter êxito além das expectativas. São motivados por fatores internos: um desejo profundamente enraizado de realização pela própria realização em si. Eles tendem a se manter realisticamente otimistas mesmo quando os indicadores mostram que as coisas não estão indo bem. Finalmente, eles tendem a ter forte comprometimento com sua organização.[50]

De todos os componentes da inteligência emocional, a empatia é a mais facilmente reconhecível. Para um líder, não significa procurar agradar a todos ou tornar seus os sentimentos dos outros. Seria um pesadelo. Significa considerar ponderadamente os sentimentos dos outros no processo de tomar decisões inteligentes. A empatia é um componente cada vez mais importante em virtude do uso crescente de trabalhos em equipe, do processo de globalização e da necessidade de reter talentos.[51]

Habilidade social não é fazer amizade: trata-se da capacidade de mover as pessoas na direção desejada. As pessoas com essa habilidade tendem a ter um grande círculo de conhecimentos pessoais e procuram encontrar interesses comuns com essas pessoas. Indivíduos assim parecem, às vezes, não estar trabalhando, parecem bater papo com colegas ou contar anedotas. Eles criam laços fortes com pessoas que podem algum dia ajudá-los. Nenhum líder é uma ilha. Ele deve alcançar os resultados por meio de seus seguidores.[52]

Goleman mostra que a inteligência emocional pode ser desenvolvida. Em geral, ela aumenta com a idade. Também pode ser desenvolvida por meio da motivação, da prática e do *feedback*. A inteligência emocional não será desenvolvida sem um sincero desejo e esforço contínuo. Um breve seminário não adiantará muito.[53]

6.3.2.7 Líderes também podem errar

Líderes são humanos e erram. O reconhecimento de que nem sempre os líderes se comportam da melhor forma fez que os fundadores da federação

---

[49] GOLEMAN, 2004, p. 82s.

[50] GOLEMAN, 2004, p. 82s.

[51] GOLEMAN, 2004, p. 82s.

[52] GOLEMAN, 2004, p. 82s.

[53] GOLEMAN, 2004, p. 82s.

americana estabelecessem um sistema de equilíbrio de poderes para evitar possíveis excessos das autoridades públicas. Eles reconheceram que a liderança é facilmente corrompida e montaram mecanismos para impedir que os líderes possam fazer muita coisa sem o consenso de seus seguidores. A constituição americana foi estabelecida para impedir que uma liderança má possa se perpetuar. Imaginar que todos os grandes líderes são boas pessoas é ficar cego para a realidade da condição humana. Todos aceitam o fato de que é possível aprender com líderes bem-sucedidos, mas seria um erro supor que não se pode aprender com líderes fracassados. Somente quando reconhecemos e administramos nossos fracassos alcançamos a grandeza.[54]

6.3.2.8 Opiniões sobre as características que um líder deve ter

Embora concordemos com a tese da impossibilidade de determinar características gerais válidas para um líder, convém examinar o que dizem a esse respeito alguns líderes e estudiosos do assunto.

Segundo o Marechal Montgomery, o líder deve ser capaz de:

- ver com clareza seus objetivos e se esforçar para alcançá-los;
- tomar decisões e ter calma na hora da crise;
- verificar o cumprimento das ordens;
- avaliar as pessoas e fazer que as pessoas certas ocupem os lugares certos nos momentos certos;
- compreender que a diversidade das pessoas traz força para a equipe;
- visualizar o sistema como um todo, ver o conjunto.

Em relação à verificação do cumprimento de ordens, o mesmo Montgomery acredita que é um erro pensar que, uma vez dada uma ordem, nada mais há a fazer. É preciso verificar se ela está sendo executada de acordo com o espírito com que foi concebida. É preciso visualizar o conjunto. É preciso parar de enxergar as árvores isoladas e começar a ver a floresta.

O que as pessoas procuram num líder é alguém que seja digno de confiança, que seja compreensivo, que seja ético, que seja dinâmico e que inspire os seguidores por seus atos. Ações são mais importantes que palavras; são as ações que demonstram o compromisso do líder.[55]

---

[54] KELLERMAN, B. Leadership: warts and all. *Harvard Business Review*, jan. 2004. p. 40s.

[55] KOUZES; POSNER, 1997, p. 258.

A Scott Paper assim determinava as características de um bom líder empresarial: vasto conhecimento do negócio e da organização; vasta rede de relações na organização e no ramo de negócios em que ela atua; boa reputação em relação a seu passado; grande habilidade humana; habilidade conceitual para pensar estrategicamente; valores pessoais que reflitam: integridade e franqueza, respeito às pessoas, compromisso com a aprendizagem; motivação para vencer e criar esse desejo nos seguidores, para focalizar na ação, para mostrar e instilar entusiasmo; coragem para eliminar quem não possui essas qualidades.

Pesquisas de James M. Kouzes e Barry Z. Posner mostraram que o que as pessoas mais buscam e admiram em um líder é honestidade, competência, inspiração e visão de futuro. As principais características apontadas por William Pollard para um líder que sabe servir são reconhecer o valor e a dignidade das pessoas; comprometer-se com os projetos; ouvir e aprender com os liderados; fazer as coisas acontecerem, iniciando as ações e, em alguns casos, saber criar desequilíbrios para manter a vitalidade da organização; fazer as coisas acontecerem por meio dos outros, sendo generosos em sua delegação de autoridade; promover diversidade, reconhecendo que as diferenças das pessoas fortalecem o grupo.

As inúmeras opiniões sobre liderança mostram como esse conceito é fluido. Vários autores, como Peter Drucker e Pollard, concordam que *o líder deve servir*. Respondendo a uma pergunta numa entrevista, Drucker disse que considerava Harry Truman e Jack Welch dois dentre os maiores líderes norte-americanos do século XX. O que têm em comum um presidente falecido há tempos e o presidente de uma grande multinacional? Uma qualidade rara: integridade intelectual. Ou seja, veem o mundo como ele é e não como gostariam que fosse. Eles sabem que líderes e administradores não são senhores de si mesmos, mas, sim, pessoas *que subordinam seus desejos, gostos e preferências à prosperidade das instituições a que servem.*[56]

Segundo um abrangente levantamento realizado na Suécia, um líder deve ser aberto e extrovertido, inquisitivo, sensível, pragmático, resoluto, crítico, experiente, tolerante com erros, carismático, capaz de inspirar confiança e entusiasmo, calmo, disposto a ouvir, afável e dotado de empatia, livre de

---

[56] DRUCKER, P. F. Seeing things as they really are. Entrevista concedida a Robert Lenzner e Stephen S. Johnson e publicada na revista *Forbes*, 10 mar. 1997. p. 122s.

considerações de prestígio, corajoso, impassível, flexível e disposto a estimular o desenvolvimento dos outros.[57]

Um estudo feito por Warren Bennis e Burt Nanus com 90 líderes encontrou cinco habilidades primordiais: aceitar as pessoas como elas são, não como você gostaria que fossem; abordar relacionamentos e problemas em termos de presente, e não de passado; tratar os que estão perto de você com a mesma atenção cordial que você concede a estranhos e a pessoas que conhece casualmente; confiar nos outros, mesmo quando o risco parece grande; e agir sem a aprovação e o reconhecimento constante dos outros.[58]

Os verdadeiros líderes precisam conhecer melhor que ninguém seus próprios seguidores naquilo que eles realmente buscam, mesmo sem ter clara consciência disso.[59]

Um líder deve fazer seus seguidores saberem que não os considera inferiores, mas os mantém numa distância psicológica que os permite aceitar sua autoridade sem ressentimento. Isso é importante porque, quando se aceitam ordens de outras pessoas, fica-se limitado na autonomia e na independência e se faz não o que se deseja, mas o que o líder deseja.[60]

Os líderes precisam ter quatro qualidades adicionais, além de visão e energia: reconhecer seletivamente suas fraquezas; confiar fortemente na intuição para avaliar o momento e o rumo de suas ações; administrar seus subordinados com algo que denominamos forte empatia; revelar suas diferenças em relação aos demais.[61]

Outro aspecto a ser considerado é a diferença entre ser respeitado ou amado como líder. Os líderes são frequentemente respeitados, mas raramente amados. Se ele consegue proporcionar resultados e recompensas, pode-se esperar que os liderados o respeitem, mas, em longo prazo, seu controle sobre as recompensas dos membros do grupo e seu *status* superior podem produzir sentimentos ambivalentes em relação a ele.[62] Já foi dito muitas vezes que, se um líder tiver de escolher entre ser respeitado e ser amado, deve

---

[57] KARLÖF, B. *Conceitos básicos de administração:* um guia prático. São Paulo: Nobel, 1994. p. 116.

[58] BENNIS; NANUS, 1998, p. 56-57.

[59] BERGAMINI, 2001, p. 95.

[60] PRENTICE, W. C. H. Understanding leadership. *Harvard Business Review*, jan. 2004. p. 102s.

[61] GOFFEE, R.; GARETH, J. Why should anyone be led by you? *Harvard Business Review*, sept./oct. 2000. p. 63s.

[62] HOMANS, C. G., apud SECORD, P. F.; BACKMAN, C. W. *Social psychology*. New York: McGraw-Hill, 1964. p. 362.

preferir o primeiro, porque é possível obter o respeito de todos os liderados, mas impossível ser amado por todos.

O que é melhor: ser amado ou temido?

O certo é que o melhor seria ambas as coisas, mas é difícil juntá-las. Assim, entre uma e outra, é mais seguro ser temido que amado. Isso porque os homens são, geralmente, ingratos, volúveis, simuladores, covardes e gananciosos e, enquanto recebem favores de quem está no poder, oferecem-lhe a vida, os filhos e os bens, mas, quando a adversidade se avizinha, desaparecem. E o príncipe que acreditou neles e não se preparou para o infortúnio está arruinado, porque os que se tornam amigos do governo em busca de vantagens e não por grandeza d'alma são interesseiros e fogem na hora incerta. E os homens têm mais facilidade em trair os que se fazem amar que os que se fazem temer. O amor cria um vínculo de gratidão que se rompe facilmente, porque o homem é de mau caráter, enquanto o temor é seguro pelo liame do receio do castigo, que traz o homem submetido. O príncipe deve, no entanto, ser temido, de modo que não sendo amado também não seja odiado. E ele pode ser temido e não ser odiado, desde que respeite os bens e as mulheres dos seus súditos; e quando for preciso matar alguém, faça com justificação e causa manifesta... Voltando ao tema de ser temido ou ser amado, direi que o amor dos homens depende deles, enquanto o temor depende da vontade do príncipe e que, assim sendo, um príncipe sábio deve preferir o que depende dele, e não dos outros, evitando apenas ser odiado.[63]

MACHIAVELLI

A verdadeira liderança, capaz de superar crises, é um processo conjunto de descobertas: grandes líderes delegam o controle e se tornam mais poderosos distribuindo o poder; alguns são visionários, outros, os que constroem organizações duradouras, são"desenvolvedores de talento"; há ainda os que têm personalidade carismática; outros encontram as pessoas certas para os lugares disponíveis; grandes líderes ajustam-se ao princípio número 1 da liderança:"tudo depende"e não costumam se destacar pela execução; grandes

[63] MACHIAVELLI, N. *Il Príncipe*. Roma: Tascabili Economici Newton, 1995. p. 62.

líderes comumente amam a confusão; grandes líderes fazem e sabem quando é a hora de esperar; grandes líderes são realistas: vencem pela lógica; concentram-se em poucas coisas; grandes líderes inspiram confiança e confiam em si; entendem o poder do relacionamento; grandes líderes sabem que as mulheres deveriam mandar mais; não temem destruir o que precisa ser destruído; sabem se relacionar com estranhos; cometem muitos erros e não se lamentam por isso nem põem a culpa nos outros; sabem a hora de desafiar; grandes líderes buscam diferenças dramáticas; adoram novas tecnologias; não se conformam com mediocridades ou com médias; criam outros líderes; dizem genuinamente: a culpa foi minha; sabem que vendas são tudo; amam a política; são respeitosos e não perdem a cabeça com os seguidores ou subordinados; sabem ouvir; conhecem a si mesmos; sabem ouvir críticas públicas; sabem a hora de partir.[64]

Paixão e integridade são características indispensáveis ao líder. Nenhuma grande instituição pode subsistir sem um grande líder.[65] Um líder atrai amor e ódio. As organizações dominadas por líderes parecem turbulentas, intensas e, às vezes, desorganizadas. Tal atmosfera intensifica a motivação individual e produz resultados imprevisíveis.[66]

Finalmente, um líder deve ser capaz de suportar ambiguidades, incertezas, frustrações e sofrimentos e deve saber quando deve ser tolerante com seus seguidores.

6.3.3 Estilos de liderança

Vimos que o administrador tem de adaptar seu estilo de gestão e, portanto, sua forma de liderar em função de inúmeras variáveis. Não se pode dizer que exista um único estilo ideal para os administradores e também que exista um estilo ideal para os líderes. Ele tem de saber avaliar o ambiente em que se encontra para ter condições de decidir qual é a forma mais adequada de liderança no momento.[67]

As empresas podem saber que tipo de liderança é conveniente para elas. Em virtude desse entendimento, podem educar seus administradores escolhendo

---

[64] PETERS, T. Uma liderança sob medida. *HSM Management*, maio/jun. 2002. p. 56s.

[65] GESTNER, L. *Who says Elephants can't dance?* New York: HarperCollins, 2002. p. 235-241.

[66] ZALEZNIK, 1998, p. 61s.

[67] TANNENBAUM, R.; SCHMIDT, W. How to choose a leadership pattern. *Harvard Business Review*, may/jun. 1973.

adequadamente as pessoas que vão conduzir os seminários, distribuindo textos que reforçam a forma de liderança desejada, fazendo circular revistas e jornais técnicos e procurando conferencistas consistentes com as escolhas da administração superior para as formas de liderança desejadas.

Em certas circunstâncias, muitos métodos de liderança funcionam e líderes com características diversas podem ser bem-sucedidos. Mas quais são essas situações? A resposta sociológica é que o estilo de liderança é uma *variável dependente,* isto é, que depende ou é seguida de algo mais. Já o cenário ou a atribuição são a *variável independente.*[68]

Um bom líder deve procurar a lealdade de seus seguidores. Novas pesquisas mostram que as empresas com clientes, investidores e empregados leais têm em comum seis princípios básicos, que são:

1. *Pregue aquilo que você pratica.* Muitos líderes empresariais ficam hesitantes em trombetear seus mais profundos valores. Acreditam que as ações falam mais alto que as palavras. Somente pregando a importância da lealdade em termos claros e precisos, porém, podem as empresas prevalecer em relação ao"dogma"da era digital, que descarta a lealdade, pois ela continua relevante para o sucesso no mundo de hoje. Não basta ter os valores certos. É preciso torná-los claros para todos por meio de palavras e atos.
2. *Jogue o jogo do ganha-ganha.* Ao criar lealdade, não basta que seus competidores percam. É preciso que seus associados ganhem. Parece óbvio, mas muitos não percebem. Os líderes que se dedicam a tratar corretamente as pessoas propiciam valor superior aos clientes, proporcionam melhores resultados e mais facilidade em reter os melhores empregados.
3. *Seja exigente.* À primeira vista, esse conselho pode parecer arrogante, mas arrogância é pensar que sua empresa pode ser todas as coisas para todos os clientes. Uma empresa humilde sabe que só pode satisfazer a alguns clientes e faz o possível para torná-los felizes.
4. *Num mundo complexo, as pessoas precisam de equipes pequenas para simplificar a responsabilidade e a prestação de contas.* Precisam também de regras simples para orientar as decisões.

[68] PERROW, C. *Análise organizacional:* um enfoque sociológico. São Paulo: Atlas, 1972. p. 26.

5. *Recompense os resultados favoráveis.* Reserve os melhores negócios para os clientes mais leais e as melhores oportunidades para os melhores empregados e associados.
6. *Ouça muito e fale de forma direta.* Visite *call centers, chat rooms* da internet. Proporcione um ambiente em que seja seguro ao pessoal fazer críticas sinceras.[69]

6.3.3.1 Liderança transacional

A liderança transacional caracteriza-se pela troca que ocorre entre líder e liderado, sendo essa troca econômica, psicológica ou política, ou seja, em geral, tem caráter extrínseco. É utilizado o poder formal, por meio do uso de benefícios e/ou punições, sem os quais o poder da liderança transacional desaparece.[70]

6.3.3.2 Liderança transformacional

Conhecer as motivações potenciais dos seguidores, procurando satisfazer necessidades de nível elevado e tratando o seguidor como indivíduo total são características da liderança transformacional. Esse tipo de liderança assume que a influência ocorre em sentido duplo, pois o líder influencia seu liderado e é também influenciado por ele e é a partir dessa interação que o líder retira a maior parte das informações que necessita para exercer o seu papel. O líder coloca-se como parceiro do liderado e, dessa forma, não se torna necessária a utilização do poder formal, pois o liderado o segue voluntariamente pelo vínculo emocional estabelecido.[71]

6.3.3.3 Líderes narcisistas

Não há quem não goste de um elogio sincero, mas líderes narcisistas são mais comuns do que se imagina e esse narcisismo pode chegar a níveis muito prejudiciais ao líder e seus seguidores. A maior parte dos líderes que estudamos na história tem traços narcisistas que foram úteis para inspirar as pessoas e moldar o futuro.[72]

---

[69] REICHHELD, F. F. Lead for loyalty. *Harvard Business Review*, jul/aug. 2001. p. 76s.

[70] BERGAMINI, 1994, p. 109.

[71] BERGAMINI, 1994, p. 110.

[72] MACCOBY, M. Narcisistic leaders: the incredible pros, the inevitable cons. *Harvard Business Review*, jan. 2004. p. 92s.

Narcisismo é considerado um termo pejorativo, mas todas as pessoas, especialmente os líderes, têm necessidade de certa dose de narcisismo para sobreviver. Ele é o motor que conduz a liderança. Confiança, tenacidade e segurança não podem existir sem ele. Precisamos aceitar uma pequena dose de loucura em nossos líderes. Como líderes narcisistas são muitas vezes carismáticos, os seguidores começam a projetar suas fantasias de grandeza nesses líderes, tornando tudo surrealista. Um dos problemas dos líderes narcisistas é que eles tendem inadvertidamente a ativar o lado narcisista de seus seguidores.[73]

Muitos líderes empresariais têm traços narcisistas. Isso pode ser útil para empresas que precisam estimular paixão em seu pessoal, mas pode ser perigoso em muitos casos. Os narcisistas tendem a ser emocionalmente isolados e altamente desconfiados. Percepção de ameaças imaginárias ou reais podem desencadear raiva. Realizações podem alimentar sentimentos de grandiosidade. Não é surpreendente que a maioria das pessoas pensem no narcisismo como algo negativo. No entanto, ele pode ser útil e, às vezes, necessário. Jack Welch, Lee Iacocca e George Soros são exemplos de narcisistas produtivos. Eles são mais necessários em épocas de transições e mudanças, especialmente em tempos caóticos. Nessas ocasiões, os líderes proporcionam o rumo indispensável à integração dos esforços. Narcisistas produtivos assumem riscos e conduzem seus seguidores a mudanças. Geralmente são grandes oradores e creem que palavras podem mover montanhas.

O perigo ocorre quando o líder não tem bom autoconhecimento e se torna um sonhador fora da realidade. Eles não aprendem facilmente com os outros e imaginam grandes esquemas, acreditando na ilusão de que somente circunstâncias ou inimigos podem impedir seu êxito. Essa tendência para a grandiosidade é seu calcanhar-de-aquiles, que pode levá-los à paranoia. Raramente aceitam discordâncias e sua excessiva sensibilidade às críticas torna-os impermeáveis quando ameaçados ou atacados. Estão muito mais interessados em controlar os outros do que em conhecer a si mesmos. Líderes narcisistas são obsessivos na busca do êxito e veem tudo como ameaças.[74]

---

[73] COUTU, D. L. Putting leaders on the couch, uma entrevista concedida por Manfred F. R. Kets de Vries e publicada na *Harvard Business Review*, jan. 2004. p. 65s.

[74] MACCOBY, 2004, p. 92s.

6.3.3.4 Líderes problemáticos

Os líderes problemáticos ou ruins foram classificados por Robbins e Finley[75] em categorias como líderes burros; ignorantes; adestrados; muito bondosos; que se fecham às novas ideias; com estilos inapropriados para a situação; que se colocam adiante da equipe; que não conhecem realmente a equipe; inconstantes; que não conseguem ter seguidores; que se recusam a reconhecer os membros da equipe; que têm "preferidos"; que não admitem o fracasso; que protegem e culpam; sem ética; arrogantes; soberbos; distantes; que deixam de servir de modelo para a equipe; negligentes quanto às necessidades profissionais dos membros da equipe; que não estão dispostos a lutar pela equipe; que não estão dispostos a assumir riscos; que não permitem o conflito; que não valorizam a diversidade; passivos; que não creditam o mérito aos que o merecem; que não cumprem as promessas.

Líderes ruins dão ênfase ao controle e gostam de atacar os subordinados pessoalmente.

6.4 Aspectos contingenciais da liderança

6.4.1 Liderança situacional

Os que advogam que liderança se exerce em situações específicas dizem que *liderança é o processo de exercer influência sobre o comportamento das pessoas para atingir objetivos em determinadas situações*. Isso não é a mesma coisa que dizer que o líder é o principal responsável pela realização dos objetivos do grupo.

Por exemplo, se um bebê chora com fome e os pais se apressam em preparar a mamadeira, de acordo com a primeira definição o líder seria o bebê, mas ninguém imaginaria que ele seria o principal responsável pela realização dos objetivos. Vejamos outra situação, em que um veleiro, em meio a uma tempestade, tem sua estabilidade alterada pela posição das velas. Um grumete, no nível hierárquico mais baixo, sobe ao mastro para resolver o problema e começa a gritar para o pessoal no convés: "Joguem-me um facão! Segurem

[75] ROBBINS, H.; FINLEY, M. *Por que as equipes não funcionam*. 4. ed. Rio de Janeiro: Campus, 1997. p. 87-101.

a ponta desta corda!". Naquele instante, o líder será ele, independentemente do nível hierárquico, pois será o principal responsável pela obtenção de resultados. Ao mesmo tempo, estará exercendo influência sobre o comportamento das pessoas para atingir objetivos. A identificação do líder, nesse caso, é clara.

Os que defendem a tese da liderança situacional advogam que o comportamento do líder é o previsto na curva de maturidade, isto é, o comportamento do líder deve variar conforme a maturidade dos liderados.

6.4.2 Formação de lideranças

A formação de lideranças deve ser uma das preocupações constantes de qualquer organização, mas nem sempre é fácil. Calcular o retorno sobre esse investimento é muito difícil, embora seja talvez um dos que proporcionem maior retorno. Uma das formas de assegurar a formação de lideranças é subordinar o principal executivo de recursos humanos ao principal executivo da empresa e atribuir-lhe, entre outras, a missão específica de formar líderes.[76] Pessoas visionárias são importantes; mais importantes, porém, são aquelas que se caracterizam por desenvolver o talento que existe nas empresas, os verdadeiros exploradores do potencial de outras pessoas.[77]

Uma das maneiras de formar lideranças é criar oportunidades de desafios para os jovens administradores.[78]

Inicialmente, quando os programas de treinamento de novos chefes foram desenvolvidos, buscava-se o desenvolvimento de conhecimentos técnicos e administrativos e pouca ênfase era dada a interação pessoal. [79]

6.5 Os mitos sobre liderança

É necessário dissipar alguns mitos sobre liderança, como:[80]

Mito 1: a liderança é uma habilidade rara.

---

[76] KESNER, I. F. Leadership development: perk or priority? *Harvard Business Review,* may 2003. p. 23s.

[77] PETERS, T. Uma liderança sob medida. *HSM Management,* maio/jun. 2002. p. 56s.

[78] KOTTER, 1998, p. 37s.

[79] BERGAMINI, 1994, p. 107.

[80] BENNIS; NANUS, 1998, p. 186s.

Depende do nível de liderança. Muitos conseguem liderar uma equipe média ou pequena. Poucos podem chegar ao nível de um Charles de Gaulle, Winston Churchill ou Jack Welch.

Mito 2: os líderes são natos, não feitos.

Anteriormente, considerava-se a liderança uma qualidade nata de algumas pessoas e quem não a possuía teria de se contentar em ser eternamente liderado. Hoje se sabe que, embora alguns tenham de fato qualidades natas de liderança, *é possível treinar a maioria das pessoas para exercerem lideranças em determinados contextos.* A maioria das pessoas pode ser treinada para atuar eficazmente como líder de equipes. Nem todos podem ser treinados para atuar eficazmente como líder de grandes e complexas organizações, quanto mais como líder de uma nação. Liderança é um dom que alguns têm em maior proporção do que outros, mas pode ser desenvolvido. Os cursos de liderança procuram identificar o estilo pessoal de cada um e ensinar como ele deve agir para conseguir liderar, e não apenas chefiar os subordinados.

Uma coisa é desenvolver qualidades de liderança, outra é tornar-se um grande líder de uma grande e complexa organização.

As pessoas nascem com algumas características de personalidade: algumas são mais dominantes que outras; umas mais otimistas, outras pessimistas; umas gostam mais de matemática do que de poesia. Apesar de essas disposições natas poderem ser compensadas com treinamento e outras formas de educação, é difícil alterar inclinações profundas. Assim, o mais importante atributo para liderança é o desejo de liderar: querer ser líder. Habilidades e competências gerenciais podem ser desenvolvidas nas pessoas, mas a paixão para liderar uma organização não pode.[81] Seria fútil esperar que todos os administradores fossem grandes líderes. Numa sociedade com milhões de administradores, não há como todos serem grandes líderes. A liderança

[81] NICHOLSON, N. How hardwired is human behavior? *Harvard Business Review*, jul./aug. 1998. p. 146.

de grandes e complexas organizações acaba sendo uma rara exceção confinada a poucos indivíduos.[82] Liderança dificilmente pode ser conseguida por meio de ensinamentos obtidos num curso, embora isso possa trazer alguma contribuição, especialmente no que diz respeito à liderança de equipes. As habilidades para liderar são desenvolvidas ao longo de muitos anos. Como passamos a maior parte do tempo no trabalho, a capacidade para liderar deve ser aprendida no próprio trabalho.

A suposição de que se pode aprender a administrar fez surgir inúmeros cursos de administração. Alguns alunos desses cursos melhoraram significativamente sua competência para administrar, complementada pelo treinamento no trabalho. Da mesma forma, o treinamento de liderança pode proporcionar melhorias, mesmo que nem todos se tornem grandes líderes.

Mito 3: os líderes são carismáticos. Alguns são, a maioria não é.

Mito 4: a liderança existe apenas na cúpula da organização. Existem líderes em quase todos os níveis.

Mito 5: o líder controla dirige, impulsiona, manipula.

Este último talvez seja o mais nocivo de todos os mitos. Os líderes conseguem traduzir intenções em realidade alinhando as energias da organização por trás de metas atrativas e motivadoras.

Kouzes e Posner apontam outro mito: os líderes são visionários prescientes, com poderes mágicos. Eles devem ter uma visão, mas essa visão pode nascer de um pensamento original ou representar a inspiração de outra pessoa.[83]

Outros autores reconhecem outros mitos: todos podem ser grandes líderes; líderes proporcionam resultados econômicos para os negócios; as pessoas que chegam ao topo da hierarquia são líderes; líderes são grandes orientadores.[84]

---

[82] DRUCKER, P. F. *Management:* tasks, responsibilities, practices. London: Heinemmann, 1974. p. 368.

[83] KOUZES; POSNER, 1997, p. 16.

[84] GOFFEE; GARETH, 2000, p. 63s.

6.6 O principal executivo: o líder da organização

6.6.1 O papel do principal executivo

A liderança na empresa é exercida pelo principal executivo, que pode ter o título de presidente do conselho de administração ou diretor-presidente.

As responsabilidades do principal executivo da empresa variam conforme o ramo de negócio, o tamanho e a estrutura organizacional da empresa, a qualificação dos diretores e dos executivos de alto nível, o nível de sofisticação da tecnologia utilizada, bem como de sua forma jurídica, de sua vinculação ou não a um grupo empresarial, do desenvolvimento sociocultural da região em que opera e de uma infinidade de outras variáveis. Alguns pontos, porém, são inquestionáveis: toda organização requer uma liderança, de preferência forte, personificada na figura de seu principal executivo; algumas responsabilidades lhe são inerentes independentemente da empresa em que atua; sua atuação é vital para a determinação do êxito ou do fracasso da organização, sendo mesmo o ponto mais importante para a obtenção de resultados favoráveis a médio e longo prazos.

É fato conhecido que o principal executivo lidera a empresa, projetando sua personalidade sobre ela e imbuindo-a de suas qualidades e seus defeitos. Os executivos de nível intermediário absorvem, em maior ou menor grau, o estilo de gestão do principal executivo, atuando, assim, como extensões dessa liderança. É sobre ele que repousa a responsabilidade máxima pelos resultados e pelo desenvolvimento da empresa. É nele que tem origem a liderança que vai permear toda a organização com filosofia, princípios e valores aprovados pelo conselho de administração e é dele que os conselheiros e os acionistas vão cobrar resultados. Consequentemente, a distância entre o grau de responsabilidade do principal executivo e o dos demais diretores e executivos é enorme. Mesmo que a empresa possua um conselho de administração atuante e competente, a necessidade da liderança proporcionada por um principal executivo forte é incontestável. O desafio é como obter o melhor de dois mundos: *a energia e a capacidade de decisão de um forte principal executivo e o envolvimento de um conselho de administração bem informado e atuante.*[85] O principal executivo deve ter uma boa visão sistêmica da empresa. Está fadado

[85] CABOT, L. W. On an effective board. *Harvard Business Review*, sept./oct. 1976. p. 40-46.

ao fracasso aquele que administra uma das funções ou ramo de negócio, em vez de administrar o conjunto.

Existem muitos estudos sobre as responsabilidades e a forma de atuação do principal executivo de uma empresa.[86,87] Todos salientam seu risco de isolamento, a importância de sua liderança sobre os demais membros da organização e a dependência dos resultados de suas decisões e de sua forma de atuar. Para evitar o isolamento, é preciso criar condições para que as necessidades, os desejos e as prioridades das pessoas sejam comunicados à administração superior.

Peter Drucker mostra a importância do principal executivo e como os resultados são dependentes de sua atuação. Nas empresas médias e grandes, seu papel não pode ser exercido por uma só pessoa, deve haver um grupo no topo, sem excluir, porém, a necessidade de uma liderança forte que tome as decisões mais importantes. O êxito de uma organização depende da existência de uma liderança eficiente e altamente competente combinada com um conselho atuante que funcione como órgão revisor, aconselhador e avaliador dos resultados.[88]

O papel do principal executivo de uma grande empresa é terrivelmente complexo. A complexidade é tão grande que executivos muito bem-sucedidos têm às vezes dificuldade em explicar como agem para obter resultados e por que as "coisas" dão certo.[89] Um estudo de Farkas e Wetlaufer conclui que existem apenas cinco diferentes estilos básicos utilizados pelos principais executivos de grandes empresas, dependendo da abordagem usada para dar mais ênfase a um ou outro aspecto:[90] na estratégia; nos recursos humanos; no contínuo aperfeiçoamento de uma tecnologia; nos controles; nas mudanças. Claro que todos usam, em maior ou menor grau, os cinco aspectos, mas há uma diferença grande nas decisões e nas ações em termos de prioridade. O ponto fundamental é que o CEO deve agir com clareza e consistência em função das prioridades determinadas.

---

[86] STIEGLITZ, H. The chief executive and his job. *The Conference Board. Studies in Personnel Policy*, n. 214, New York, 1969.

[87] WORTMAN, M. S.; SPERLING, J. A. *Defining the manager's job*. New York: American Management Association, 1975.

[88] DRUCKER, P. F. *The practice of management*. New York: Harper & Row, Perennial Library Edition, 1986. p. 161-178.

[89] KOTTER, J. P. *The general managers*. New York: The Free Press, 1982.

[90] FARKAS, C. M.; WETLAUFER, S. The ways chief executive officers lead. *Harvard Business Review*, may/jun. 1996. p. 110-122.

Um excelente estudo sobre o papel do principal executivo pode ser encontrado no Capítulo 5 do livro *Managers for Tomorrow*.[91] Os autores mostram as diferenças das responsabilidades do principal executivo em relação às dos demais. Ele não tem ninguém a quem possa passar as decisões mais importantes; só presta contas aos acionistas e seus representantes no conselho de administração. Ele acaba ficando isolado, precisando de estabilidade emocional e forte personalidade para fazer face às demandas da posição. É possível para os demais executivos "empurrarem" para cima casos difíceis, prática que os americanos denominam *pass the buck*. Para ressaltar que isso não lhe era possível, o presidente Reagan colocou uma tabuleta em sua mesa com os dizeres: *The buck stops here*.

Não existem escolas para preparar presidentes de empresas. Eles têm de aprender por meio de sua experiência pessoal, sem possibilidade de errar muito, pois os erros nesse nível são caros e os acionistas não têm muita disposição para perdoá-los.

Segundo Finkelstein,[92] os principais erros de um principal executivo são:

1. ver a si mesmo, e à empresa, como protagonistas absolutos de seu segmento;
2. identificar-se tão completamente com a empresa a ponto de não ver mais nenhuma fronteira entre seus interesses pessoais e os interesses dela;
3. achar que tem resposta para tudo;
4. eliminar impiedosamente qualquer um que não o apoie integralmente;
5. ser porta-voz por excelência, obcecado pela imagem da empresa;
6. subestimar os obstáculos;
7. teimar em confiar no que funcionou no passado.

6.6.2 A sucessão do principal executivo

O problema da sucessão é tão complexo e delicado que já foi objeto de inúmeros estudos. Raramente o principal executivo reconhece o momento certo de sair. Frequentemente boicota uma escolha adequada para demonstrar

---

[91] FLORY, C. et al. *Managers for tomorrow*. New York: The New American Library, 1965. Chapter 5. p. 75-89.

[92] FINKELSTEIN, S. Reportagem de capa. *Exame*, 6 ago. 2003.

inconscientemente que só ele é capaz de conduzir a empresa.[93,94] Só o conselho de administração tem autoridade e condições para exercer essa responsabilidade. É preciso superar resistências psicológicas, conscientes e inconscientes. Muitos desejam mostrar que só eles eram capazes de liderar a empresa. Outros veem na aposentadoria o prenúncio da morte. Há ainda os que ampliam suas realizações e seus resultados. Os líderes têm mais dificuldade para se aposentar que as demais pessoas.

Cedo ou tarde as pessoas com poder e autoridade precisam se desligar do mundo que construíram. Para os líderes, transferir o poder é difícil. O reconhecimento do público que acompanha essa posição se tornou parte importante de sua vida. Muitos líderes precisam da admiração de seus subordinados para se sentirem vivos. Ao se aposentar, os líderes veem-se privados do que consideram nutrientes essenciais: identificação com uma instituição de poder, influência sobre pessoas, políticas, finanças e comunidades e a afirmação constante de sua importância como pessoa e de seu papel de líder. A perspectiva de ter de descer do pedestal e se tornar alguém na multidão é assustadora. Além dos conflitos pessoais, há preocupações financeiras. A perda material e a necessidade de conviver com as mesmas pessoas de nível social elevado podem pressionar os líderes a continuar na ativa.[95]

O medo da insignificância e a depressão que acompanham os líderes são acentuados pela necessidade de que todos temos de deixar um legado. Uma preocupação comum deles é ter certeza de que seus sucessores cuidarão adequadamente do "monumento" que levaram tanto tempo para construir. Os líderes que sofrem de tal "complexo de construção" não lidam bem com a perspectiva de se aposentar.[96]

Os problemas da síndrome da aposentadoria precisam ser tratados nos planos individual e empresarial. As empresas são notoriamente negligentes nessa área. As pessoas em vias de se aposentar são abandonadas à própria sorte. Muitas não suportam a carga e se entregam à amargura, ao ressentimento e à depressão. Sentem-se incapazes de enfrentar a realidade e se desligar.[97]

---

93 MACE, M. L. The board and the new *CEO. Harvard Business Review*, mar./apr. 1977. p. 16s.

94 SONNENFELD, S. When the CEO can't let go: HBR case study. *Harvard Business Review*, sept./oct. 1995. p. 24s.

95 DEVRIES, M. A síndrome da aposentadoria. *HSM Management*, nov./dez. 2003. p. 183.

96 DEVRIES, 2003, p. 187.

97 DEVRIES, 2003, p. 188.

As empresas passam por estágios de desenvolvimento, de modo semelhante às pessoas. É preciso ter o executivo certo no momento certo: no início, essa pessoa pode ser alguém do tipo empreendedor, que busque novos mercados e oportunidades. Passada essa fase, o profissional ideal é aquele que tem capacidade de organizar as pessoas e as funções. Dependendo do ambiente externo, podem ser executivos com forte inclinação para marketing ou finanças.[98] Não é fácil para os membros do conselho de administração fazer essa avaliação e comunicar ao principal executivo que ele deve ceder o lugar a outro. Embora não admita, frequentemente, o principal executivo não está seguro de que seu sucessor esteja preparado para assumir as responsabilidades mais importantes da organização.[99]

A avaliação do principal executivo, tanto quanto possível, deveria ter um processo claramente definido. Isso facilita o trabalho do conselho e estabelece para o principal executivo os parâmetros que serão considerados em sua avaliação.[100] Os membros do conselho, como representantes dos acionistas, devem decidir como organizar a transferência de poder.

Apesar de sua óbvia importância, a forma como os principais executivos são escolhidos é pouco discutida e pouco compreendida. O processo de sucessão se desenvolve tradicionalmente atrás de portas fechadas, por um seleto grupo, como na eleição do papa. Anteriormente, o principal executivo era quem escolhia seu sucessor. Hoje, os conselhos de administração"não se podem dar ao luxo de passividade".[101]

Assim, lembre-se de que: antes de se fixar em nomes, é necessário definir o perfil ideal do principal executivo desejado; ele deve saber trabalhar em equipe, mas um grande líder de equipe nem sempre será um bom principal executivo; a contratação de um *outsider* sempre aumenta o risco da perda de bons executivos de alto nível; o principal executivo deve assumir quando ainda estiver no ápice de suas capacidades.

Têm-se tornado mais frequentes, nos tempos atuais, as demissões de CEOs de grandes empresas. Em casos especiais, pode ser indispensável, mas será uma prática saudável? A sucessão rotineira do CEO tende a dar resultados melhores

---

98 FLORY, 1965, p. 76.

99 FLORY, 1965, p. 89

100 CONGER, J. A.; FINEGOLD, D.; LAWLER III, E. E. Appraising boardroom performance. *Harvard Business Review*, jan./feb. 1998. p. 141.

101 LORSCH, J.; KHURANA, R. The board's role in CEO succesion: a roundtable with Philip Caldwell, George D. Kennedy, G. G. Michelson, Henry Wendt e Alfred M. Zeien. *Harvard Business Review*, may/jun. 1999. p. 96s.

na maioria dos casos. Existem exceções, mas não é o que tende a ocorrer. As substituições planejadas do principal executivo tendem a dar resultados melhores que as substituições feitas para remediar uma situação difícil. Os membros do conselho ficam pressionados pelos resultados do trimestre e confiam demais em empresas de *headhunting*, que conhecem menos sobre a empresa que os membros do conselho.[102]

A escolha da pessoa certa é apenas o primeiro passo para o êxito de uma sucessão. O principal executivo pode proporcionar excelentes resultados para a empresa ou levá-la à bancarrota. Portanto, sua escolha é crítica.[103] Além disso, o sucessor designado precisa ter extrema habilidade. Se tentar mudar muita coisa logo no início, correrá o risco de reações fortes e de decisões erradas. Se demorar a agir, cobram-lhe atitudes mais enérgicas. Ciampa e Watkins recomendam que o sucessor designado procure:[104]

1. aprender o máximo possível sobre o principal executivo, tanto profissionalmente como a respeito de sua personalidade antes de aceitar sua missão;
2. manter comunicações regulares e frequentes com o principal executivo;
3. reunir-se com frequência com um grupo equilibrado de pessoas, ouvindo as sugestões que lhe forem dadas;
4. manter-se focado na sua missão principal.

Esse estudo mostra que, dentre 94 empresas que estavam preparando um substituto para o principal executivo, 35 trouxeram pessoas de fora da organização. Cinco anos mais tarde, 22 desses 35 tinham deixado a empresa.[105]

---

102 WIERSEMA, M. Holesat the top: why CEO firing backfire. *Harvard Business Review,* dec. 2002. p. 70s.

103 BENNIS, W.; O'TOOLE, J. Don't hire the wrong CEO. *Harvard Business Review*, may/jun. 2000. p. 171s.

104 CIAMPA, D.; WATKINS, M. The successor's dilema. *Harvard Business Review*, nov./dec. 1999. p. 161s.

105 No mesmo exemplar da H.B.R., encontra-se um estudo de caso de sucessão: GALFORD, Robert. What's he waiting for? *Harvard Business Review*, nov./dec. 1999. p. 37s.

CAPÍTULO 7

O AMBIENTE INTERNO DA EMPRESA

7.1 A cultura organizacional

7.1.1 A cultura organizacional e a condução da equipe

O ambiente interno de uma organização e as suas relações sociais são delineadas pela cultura organizacional.[1] As decisões de uma empresa são tomadas de acordo com um quadro de referências determinado por sua cultura. A condução da equipe e as ações realizadas na busca de resultados são condicionadas por essa cultura. É fato amplamente conhecido que as prioridades dos valores variam de uma empresa para outra, dando origem à cultura empresarial ou organizacional. Uma cultura bem definida garante consistência e coerência nas ações e nas decisões, proporcionando, em média, melhores condições para alcançar as metas aprovadas. Em termos históricos, foi a partir da década de 1970 que os estudos sobre cultura organizacional começaram a ser realizados[2].

---

[1] COELHO JÚNIOR, F. A., BORGES-ANDRADE, J. E. Percepção de cultura organizacional: uma análise empírica da produção científica brasileira. *Psico-USF*, v. 9, n. 2, p. 191-199, 2004. Disponível em: https://doi.org/10.1590/s1413-82712004000200010. Acesso em: jun. 2020.

[2] BARALE, R. F.; RODRIGUES, B. Cultura organizacional: Revisão sistemática da literatura. *Revista Psicologia: organizações e trabalho*, v. 17, n. 2, p. 129-136, 2017. Disponível em: https://doi.org/10.17652/rpot/2017.2.12854. Acesso em: jun. 2020.

7.1.2 Conceituação da cultura organizacional

A pluralidade conceitual do termo cultura organizacional traz riqueza para o campo de estudos, mas, denota a dificuldade de estabelecimento de consenso. Reproduzimos, a seguir, algumas definições de cultura organizacional.

1. Conjunto de valores em vigor em uma empresa, suas relações e sua hierarquia, definindo os padrões de comportamento e de atitudes que governam as ações e as decisões mais importantes da administração.
2. Crenças em relação ao que é importante na vida e expectativas sobre o comportamento dos membros da organização.
3. Conjunto de crenças, costumes, sistemas de valores, normas de comportamento e formas de fazer negócios, que são peculiares a cada empresa, que definem um padrão geral para as atividades, decisões e ações da empresa e descrevem os padrões explícitos e implícitos de comportamento e as emoções que caracterizam a vida na organização.
4. Conjunto de crenças e atitudes da organização sobre a importância das pessoas; a disponibilidade dos administradores; a aceitação do não conformismo; a clareza dos padrões; o empenho em relação ao treinamento e ao desenvolvimento das pessoas; a intimidade; os valores éticos e morais; a competição interna; a orientação para o mercado ou a produção; a comunicação interna; a capacidade de ação e de adaptação às mudanças externas.
5. Um padrão de suposições e valores básicos – inventados, descobertos, ou desenvolvidos por determinado grupo, à medida que ele aprende a lidar com seus problemas de adaptação externa e integração interna – que funcionaram suficientemente bem para serem considerados válidos e, portanto, para serem ensinados aos novos membros como o modo correto de perceber, pensar e sentir em relação a esses problemas.[31]

Dentre as definições, a de Edgar Schein é uma das mais importantes e reconhecidas e indica de que maneira a cultura costuma ser formada. A cultura organizacional está intimamente vinculada às premissas básicas que fundamentam os objetivos gerais e as políticas de uma organização. A cultura condiciona, portanto, as políticas que orientam as ações e decisões.

---

[3] SCHEIN, E. *Organizational culture and leadership*. San Francisco: Jossey-Bass Publishers, 1985.

Há três níveis em que as culturas atuam.

1. **Primeiro nível. Artefatos visíveis: comportamentos e criações.** Dentro de uma visão ampla, a cultura é vista como os valores e expectativas comuns, da mesma forma que as histórias, lendas, rituais e cerimônias. São apenas os sintomas da cultura, seus artefatos visíveis; o que realmente importa são as premissas básicas que estão por trás dessas aparências, isto é, aquilo que justifica os valores e as expectativas. Os sintomas da cultura representam apenas o primeiro nível de sua visibilidade e se manifestam no modo de trajar das pessoas, na maneira de falar, nos níveis de ruído tolerados, no *layout* dos escritórios, na formalidade ou na informalidade das pessoas, em seus processos de trabalho, na forma de comunicação, entre outros. Os sintomas e as formas, pelos dos quais a cultura se manifesta, estão muito próximos do que se convencionou chamar de clima organizacional. Esses sintomas são consequências dos valores que governam o comportamento das pessoas.
2. **Segundo nível. Valores visíveis e conscientes.** Correspondem às prioridades dadas ao desempenho na função, à capacidade de inovação, à lealdade; à hierarquia; e às maneiras de resolver os conflitos e os problemas; entre outros. Esses valores se manifestam também na estrutura organizacional, nas políticas, nas normas e nos mecanismos para o exercício da autoridade. Esses assuntos fazem parte do segundo nível, enquanto podem ser debatidos, testados e contestados e se passam em nível consciente. Se eles se tornam inconscientes e automáticos, passam ao terceiro nível.
3. **Premissas básicas.** Essas premissas dizem respeito ao que se pensa sobre a natureza humana, sobre a existência e as relações sobrenaturais, sobre o relacionamento com o ambiente, sobre a natureza das relações humanas e da intimidade entre as pessoas e da atividade humana, do trabalho e do divertimento; da realidade e da ética, os quais constituem o terceiro nível da cultura. Essas suposições e princípios não são contestados na organização, sendo, em geral, inconscientes. Alguns autores denominam paradigma a esse conjunto de premissas básicas que dá origem à cultura.

É importante destacar que a cultura nacional e a cultura organizacional são conceitos distintos. Enquanto a cultura nacional molda nossos valores básicos, adquiridos em nossos primeiros dez anos de vida, em nossa convivência em família, escola e ambiente de vida; a cultura organizacional é adquirida em nossa vida adulta, quando ingressamos em uma organização e quando nossos valores já estão firmemente desenvolvidos. Desse modo, a cultura organizacional na visão de Hofstede consiste principalmente em práticas organizacionais e, desse modo, é mais superficial.[4] Segundo o autor, a cultura organizacional é um modelo mental coletivo que distingue os membros de uma organização das demais.[5]

7.1.3 Como é usada a cultura

Os administradores usam a cultura, explicitamente, por meio de credos, políticas e normas de procedimento, ou, implicitamente, por meio de práticas e decisões, como recurso para ajudar a definir: a forma como a estratégia de negócio é executada; a natureza de conduta com os seguintes públicos externos: clientes, órgãos governamentais, comunidades, meios de comunicação, acionistas, consultores especializados, prestadores de serviços; que tipos de pessoas devem ser admitidas na organização e como elas devem se desenvolver; os critérios que determinam o que é desempenho bem-sucedido e quem deve ser promovido; quem progride na organização; os tipos de comportamento que são desencorajados e que conduzem à censura, ao rebaixamento ou à demissão; os tipos apropriados de relações interpessoais, isto é, cooperação ou competição, individualismo ou colegiados, que estabelecem o "clima" do local de trabalho e o estilo de administração.

A cultura da empresa é um recurso da administração e pode ser usada para alcançar os objetivos da mesma forma que a tecnologia, os insumos de produção, os equipamentos, os recursos financeiros e os recursos humanos.

Entre os valores que a organização pode priorizar, em maior ou menor grau, destacam-se o nível de desempenho na função e os critérios para sua avaliação; a capacidade de inovação, de criação e o espírito empresarial; a disciplina, a lealdade, a hierarquia e a tradição; a competitividade ou, alternativamente, o

---

[4] MINKOV, M.; HOFSTEDE, G. The evolution of Hofstede's doctrine. *Cross Cultural Management: An International Journal*, v. 18, n. 1, p. 10-20, 2011. Disponível em: https://doi.org/10.1108/13527601111104269. Acesso em: jun.2020.

[5] HOFSTEDE, G. Identifying organizational subcultures: an empirical approach. *Journal of Management Studies*, v. 35, n. 1, p. 1-12, 1998. Disponível em: https://doi.org/10.1111/1467-6486.00081. Acesso em: jun. 2020.

espírito de colaboração com o grupo; a capacidade de decidir, de assumir responsabilidades e de cumprir os compromissos assumidos.

Em função desses e de outros valores, a organização definirá sua tolerância pelo risco e pelos erros e conflitos e a forma adequada de tratá-los; sua forma de cobrar e de recompensar o desempenho e os resultados; o nível de formalidade nas comunicações e nos contatos; o grau de exigência de identidade com a organização (sentimento de "pertença") e a flexibilidade para aceitar mudanças.

A cultura se manifesta de muitas formas. Cumpre lembrar que não existem valores independentes de recompensas. Um desvio significativo na forma como as coisas devem ser feitas requer um redirecionamento para a cultura da organização.

O estilo da administração é, em grande parte, consequência da cultura da organização. Uma visão negativa e pessimista da natureza humana tende a ser asso*ciada* a um estilo de administração dominado pelos valores de comando e controle. Esse estilo é encontrado em organizações caracterizadas por comunicações de cima para baixo, supervisão autoritária, regras de trabalho inflexíveis e relações adversárias com sindicatos. Considera-se que as pessoas não gostam de trabalhar e que precisam de recompensas e punições para produzir. Trata-se de organizações que atuam nos moldes da teoria X. Alternativamente, organizações que acreditam no empenho das pessoas tendem a refletir uma visão mais otimista da natureza humana. O estilo de administração nessas organizações é caracterizado por ampla comunicação nos dois sentidos, regras de trabalho flexíveis, maior participação dos empregados nas decisões e boas relações de cooperação com o sindicato. Presume-se que a receptividade às ideias dos trabalhadores e as participações em decisões que afetem seus empregos conduzam a maior empenho para alcançar os objetivos da organização, bem como para melhorar a qualidade e a produtividade. São organizações que atuam nos moldes da teoria Y.

7.1.4 Culturas de ramos de negócios e subculturas da organização

Existem ramos de negócios que têm cultura característica. Se uma empresa tem uma cultura muito diferente da que é habitual no ramo em que atua, pode ter dificuldades para operar de forma adequada. Podemos concluir que as condições do negócio influenciam a cultura da empresa.

Existem, também, subculturas dentro de uma organização: atitudes e pontos de vista diferentes nos escritórios e na área de produção, de cientistas e de vendedores, dos gerentes e dos sindicalistas e das chefias de linha e das assessorias. Os executivos de recursos humanos, finanças, operações e vendas, por exemplo, criam, às vezes, subculturas em suas áreas funcionais. Além disso, empresas multinacionais muitas vezes assimilam partes da cultura local e as incorporam à sua, criando assim uma cultura híbrida. Nem sempre uma cultura que deu certo em um país dará certo também em outro.

Unidades de negócios, operando em locais diferentes, ou em ramos de negócios diferentes, podem desenvolver subculturas diferentes. É uma tarefa difícil preservar a identidade, o orgulho (no bom sentido), a motivação e a inovação que emergem de unidades diversas, e, ao mesmo tempo, construir a visão da empresa como um todo. Manter subculturas diferentes em unidades operacionais pode ser adequado em empresas diversificadas. Em alguns casos, forçar negócios diferentes a adotarem culturas idênticas, por estarem na mesma empresa, pode causar problemas. Alguns valores básicos, porém, devem ser preservados. Caso se desenvolva uma cultura que *confronte* a cultura estabelecida na empresa, ela se torna uma contracultura. Contraculturas podem ser muito nocivas, mas, em alguns casos, apesar de sua aparência adversária, podem ter vantagens, como válvulas de escape para dissidentes e como testes para novas ideias.

7.1.5 Formalização da cultura

Da mesma forma que as políticas, a cultura pode ser explícita ou implícita. Algumas pessoas, mesmo de nível elevado, nem sequer sabem que sua organização tem uma cultura. Em consequência, não lhes é possível identificá-la e compreendê-la, quanto mais explicitá-la. Assim, algumas organizações não têm uma cultura explícita, mas terão sempre uma cultura, que poderá ser implícita.

A cultura pode ser explicitada por meio de códigos de ética, declarações de princípios, credos, ou simplesmente por meio do conjunto das políticas e das normas da organização. Quando se explicita a cultura, temos uma *cultura oficial*, que são os valores e as ideais estabelecidos pela alta administração, os quais podem coincidir ou não com o que é praticado. A cultura de fato, implícita, penetra de forma mais profunda do que palavras faladas ou escritas.

Quando a *cultura real* não coincide com a *oficial,* o que vale é a real. A melhor maneira de se identificar a *cultura real* é observar as preocupações, as decisões e as prioridades da alta administração: as recompensas, promoções, punições, demissões e razões que ocasionaram essas decisões. Isso revela a crença e os julgamentos da alta administração mais do que qualquer documento escrito. A redação de um credo pode ser útil. Ele deve ser suficientemente flexível para se ajustar às diversidades internas e suficientemente concreto para proporcionar os fundamentos éticos, bem como incluir todos os níveis e unidades da organização. Um credo deve incluir direitos e obrigações em relação a clientes, distribuidores e fornecedores; empregados e prestadores de serviços; ao país, à comunidade e ao meio ambiente; aos acionistas e demais fornecedores de recursos financeiros.

7.1.6 Ensinando a cultura

A cultura é apreendida e propagada por meio de processos de aculturação e socialização, sendo diretamente influenciada pelos líderes, pelos fundadores e pelas situações contingenciais sofridas pela organização.[6]

As organizações podem ensinar sua cultura por meio de documentos escritos, nos quais ela estará explicitada, ou por meio de reuniões, seminários e palestras para os empregados. No entanto, a forma mais forte de se ensinar a cultura é por meio das ações e das decisões administrativas, isto é, por meio de seleção cuidadosa dos candidatos; orientação sobre a maneira de fazer as coisas, por meio de normas e de treinamentos; pela abertura de "canais" para promoção e divulgação dos valores e princípios da organização; pela implantação de um sistema bem definido de aferição de resultados e premiação de desempenhos; pela exigência de cumprimento dos valores mais importantes da organização; pela ênfase e pelo reforço de aspectos do folclore da organização; e pelo reconhecimento do mérito dos profissionais que se destacaram e que se deseja que sirvam de exemplo aos demais.

Além disso, as empresas podem escolher quem deve treinar seu pessoal, quem deve conduzir os seminários, que tipo de revistas e jornais técnicos

---

6 HOFSTEDE, G. Cultures and organizations: Software of the mind. London: McGraw-Hill, 1991. In: COELHO JÚNIOR, F. A.; BORGES-ANDRADE, J. E. Percepção de cultura organizacional: uma análise empírica da produção científica brasileira. *Psico-USF,* v. 9, n. 2, p. 191-199, 2004. Disponível em: https://doi.org/10.1590/s1413-82712004000200010. Acesso em: jun. 2020.

circulam entre os administradores, que tipo de texto é distribuído aos executivos e empregados. Da mesma forma, elas distribuem artigos e livros que ensinam e reforçam a cultura da empresa.

7.1.7 Dificuldade da mudança de cultura

Uma das maiores dificuldades que uma organização pode encontrar é mudar sua cultura. Deve-se lembrar que as decisões sobre as pessoas que foram admitidas se basearam, implícita ou explicitamente, na cultura existente, e que permaneceram na organização as pessoas que já possuíam ou que se adaptaram ou aceitaram os valores e os princípios em vigor. Assim, mudar a cultura significará alterar a forma de pensar e agir das pessoas e, em alguns casos, trocar essas pessoas. A mudança de cultura desafia hábitos enraizados de pensamento e ação. O que se confronta não é só o comportamento, mas os sentimentos que dão suporte ao pensamento habitual.

Em culturas fortes, a tendência é no sentido de o pessoal da organização agir na mesma direção para reforçar e continuar a cultura. Se isso é positivo em situações estáveis, pode ser um problema quando há necessidade de mudança. Portanto, seja para transmitir, reforçar ou mudar a cultura, é preciso uma abordagem ativa e persistente, bem como o apoio da alta administração.

Uma cultura forte que deu certo durante muito tempo pode dificultar mudanças quando elas se tornam necessárias. Quase sempre são as mudanças no ambiente externo que forçam as mudanças de cultura. O problema não é a incapacidade para agir, mas a incapacidade para tomar as ações apropriadas. Inércia não é apenas a inação, mas também a ação com a mesma orientação anterior.[7]

Resistências a mudanças podem ser atenuadas se houver *uma boa comunicação* das razões pelas quais as mudanças são necessárias e se forem introduzidos bons mecanismos para concretizar a mudança.

A diversificação em novos ramos de negócios, ou mesmo em atividades afins às existentes, pode requerer ou não mudança de cultura.

Não é possível mudar a cultura de uma empresa por meio de decreto emitido pela administração superior. Não se pode mudar nem mesmo por meio de uma votação unânime de uma assembleia, porque as pessoas não podem se forçar por voto coletivo, mesmo unânime, a mudar seus comportamentos.

---

[7] SULL, D. Why good companies go bad. *Harvard Business Review*, jul./aug. 1999. p. 42s.

Quando se quer mudar a cultura, é preciso mudar o sistema que a gerou e reforçá-la a partir das tradições e dos hábitos. Para possibilitar práticas diferentes, é preciso criar as condições necessárias para que um jogo diferente possa emergir. É preciso ajudar as pessoas envolvidas a tirar partido desse novo jogo. Para chegar a esse ponto, porém, primeiro será preciso conhecer o jogo atual. Somente a partir da cultura tal como ela é será possível progredir. Ora, essa cultura, em geral, é pouco conhecida.[8]

A aprendizagem e a mudança que inevitavelmente a acompanha são processos complexos e geram, muitas vezes, mais frustrações do que realizações para os grupos e os indivíduos. Edgar Schein mostra que nenhuma mudança real acontece até que a organização tenha experimentado ameaças reais que frustram suas expectativas e esperanças. A ameaça pode se originar no CEO ou, mais comumente, nos competidores. Schein diz que a cultura da organização pode mudar, mas requer esforços extraordinários e não acontece do dia para a noite. Diz que ainda se sabe pouco sobre as organizações que aprendem.[9]

A compreensão dos seguintes fatos pode facilitar a mudança:[10]

1. As culturas devem ser mudadas pelo motivo certo.
2. A cultura da empresa não é monolítica.
3. A cultura de uma organização reflete sua liderança.
4. O trabalho de mudança de uma cultura organizacional não pode ser delegado.
5. A mudança de cultura requer envolvimento total.
6. Mudança de cultura é um processo de longo prazo.
7. As culturas estão sempre mudando: os valores da sociedade mudam com o tempo e as empresas têm de adaptar sua cultura.

7.1.8 A cultura pode ser administrada

Os executivos devem estar conscientes de que a cultura da organização tanto pode ser administrada como mudada. Os administradores com conhecimento da cultura devem compreender *o quê e como* mudar quando a mudança

[8] CROZIER, M. *L'Entreprise à l'écoute*: apprendre le management post-industriel. Paris: Éditions du Seuil, 1994. p. 73-75.

[9] COUTU, D. L. The anxiety of learning. Entrevista concedida por Edgar Schein para a *Harvard Business Review*, mar. 2002. p. 100s.

[10] MYERS, M. S. *Every employee a manager.* San Diego: Pfeiffer & Company, 1991. p. 8-9.

é necessária, e devem ter capacidade para conduzir e controlar o desempenho da organização em um mercado cambiante. Os administradores, com base no conhecimento dos princípios e dos valores, precisam compreender.

7.1.9 A cultura segundo a idade das empresas

As empresas novas, que se encontram sob a influência dos fundadores, precisam de uma cultura forte e clara como meio de encontrarem a si próprias. Sua cultura é sua fonte de identidade. Quando esse fundador se aposenta ou sai da empresa, ocorre um problema bastante crítico. A mudança não é fácil, pois os fundadores projetam-se na organização que criaram e tendem a se identificar com ela, criando um tipo de narcisismo secundário. Por ocasião de sua saída, procuram mostrar como são indispensáveis e como a organização ainda precisa deles. As batalhas entre os que defendem a cultura original e os que a pretendem modificar podem criar situações perigosas para a organização.[11]

As empresas de meia-idade (estáveis e razoavelmente diversificadas) terão desenvolvido culturas fortes. As organizações em declínio têm um problema diferente. Muitas vezes reconhecem que algumas das premissas básicas sobre as quais a empresa foi construída e que a levaram ao sucesso agora se tornaram disfuncionais em razão de mudanças no ambiente. Os rituais e as tradições (as "vacas sagradas") têm de ser trazidas à tona para serem questionadas e até destruídas, em alguns casos. Esses processos, muitas vezes associados a mudanças e à substituição de pessoal em larga escala, normalmente envolvem uma guerra entre dois conjuntos fortes de premissas culturais. Não há como negar que culturas fortes já levaram à morte muitas empresas que tiveram grande êxito no passado em razão dessas mesmas culturas.[12]

7.1.10 Organização e organismo

Uma organização não é uma máquina, mas um organismo vivo. Da mesma forma que uma pessoa, a organização pode ter um senso coletivo de identidade e propósito fundamental. Isso é o equivalente organizacional

---

[11] SCHEIN, 1985, p. 275.

[12] SCHEIN, 1985, p. 270-296; e apostila mimeografada de seminário realizado no Rio de Janeiro em 1987.

de autoconhecimento – uma compreensão partilhada daquilo que dá sentido à vida da empresa, para onde ela está indo, em que tipo de mundo deseja atuar e, mais importante, como tornar realidade esse mundo.[13]

7.2 O clima organizacional

O clima organizacional reflete o grau de satisfação do pessoal com o ambiente interno da empresa. Está vinculado à motivação, à lealdade e à identificação com a empresa, à colaboração entre as pessoas, ao interesse no trabalho, à facilidade das comunicações internas, aos relacionamentos entre as pessoas, aos sentimentos e às emoções, à integração da equipe e outras variáveis intervenientes, conforme definidas por Likert.

Um bom administrador prioriza a criação de um ambiente na organização tal que as pessoas trabalhem de forma eficaz em um esforço comum, desenvolvam suas competências, realizem suas aspirações profissionais e atinjam reconhecimento apropriado e recompensas. Esse ambiente tem as seguintes características: existe absoluta honestidade e integridade em tudo o que todos dizem e fazem; há comunicação ampla em toda a organização em todos os sentidos: de cima para baixo, de baixo para cima e lateralmente; os superiores estão genuinamente interessados em ouvir o ponto de vista dos outros, especialmente dos subordinados; existe um real interesse em trazer à tona os problemas e em resolvê-los; todos trabalham dedicadamente como verdadeiras equipes.[14]

Podemos resumir que o clima organizacional reflete a qualidade do ambiente de trabalho percebida pelas pessoas da empresa. Ele é fortemente influenciado pela cultura da empresa e se aproxima do primeiro nível de manifestação na concepção de Edgar Schein (*ver a Seção 7.1.2*).

Quando alguém é admitido em uma empresa, deixa de ser completamente livre para se comportar como bem lhe aprouver: precisa aceitar os valores, as políticas e as normas da empresa. Quanto maior o ajustamento das necessidades e dos valores das pessoas com os da empresa, tanto maior tende a ser a motivação e, em consequência, tanto melhor o clima organizacional. Se o clima organizacional é bom, as pessoas tendem a ser proativas,

---

13 NONAKA, I. The knowledge-creating company. *Harvard Business Review*, jan./fev. 1991.

14 SPENCER STUART & ASSOCIATES. *Relatório do verão de 1983.*

partilhar conhecimentos, confiar nos chefes, colegas e subordinados, procurar inovar, ter iniciativas e agir com forte sentimento de "pertença". Se for muito ruim, tendem a fazer o mínimo indispensável para se manter no emprego, ou, às vezes, nem isso, agindo com descrença e revolta, aumentando a rotatividade e o absenteísmo, que, com frequência, são sintomas de clima organizacional negativo.

7.3 A tipologia das organizações segundo Goffee e Jones

Goffee e Jones classificaram as organizações em quatro tipos, segundo o grau de sociabilidade e solidariedade de seus membros.

A sociabilidade é a medida das relações entre os indivíduos que se consideram amigos. Os amigos tendem a partilhar certas ideias, atitudes, interesses e valores e geralmente se associam em termos igualitários. É sustentada por meio de relações pessoais contínuas com alto grau de reciprocidade. Ela pode ser benéfica, pois torna o ambiente mais agradável e aumenta o moral e o *esprit de corps,* mas pode prejudicar a organização, quando tolera desempenhos sofríveis e dificulta avaliações objetivas: ninguém gosta de admoestar ou demitir um amigo. Além disso, exagera, em alguns casos, na busca do consenso. Os papéis de cada um podem não estar claramente definidos, o que pode ser vantagem em uma pequena empresa, mas, provavelmente, desvantagem em uma grande empresa. Finalmente, essas organizações costumam desenvolver relações informais que podem contornar ou minar os processos formais da organização. Essa forma de contornar os processos pode proporcionar alguma flexibilidade, mas ser maléfica para a lealdade, o comprometimento e o moral do pessoal.[15]

A solidariedade é baseada não tanto no coração, mas no cérebro. Suas relações são baseadas em atividades comuns, interesses mútuos e benefícios compartilhados que beneficiarão todos os membros. Os sindicatos e as associações profissionais constituem exemplos de grupos de alta solidariedade. Ela tende a proporcionar foco na estratégia da organização, nas respostas rápidas às ameaças competitivas e na intolerância a desempenhos insatisfatórios.

[15] GOFFEE, R.; JONES, G. *What holds the modern company together?* Managing People. Boston: Harvard Business School Press, 1999. p. 2s.

Se a estratégia for correta, isso pode ser muito eficiente. Tem, no entanto, seus custos: se a estratégia não for adequada, pode conduzir ao suicídio da organização e a cooperação ocorre apenas quando as vantagens individuais ficam claras. Os papéis de cada um são claramente definidos, às vezes de forma exagerada. A solidariedade pode aparecer de forma descontínua, conforme as necessidades.[16]

Plotando o grau de solidariedade sobre o eixo das abscissas e o de sociabilidade sobre o das ordenadas, temos quatro tipos de organização: interligada, fragmentada, comunitária e mercenária, conforme ilustrado na Figura 7.1.[17]

As organizações interligadas são caracterizadas, não por falta de hierarquia, mas por grande quantidade de mecanismos para contorná-la. Raramente as organizações começam interligadas, elas podem se transformar aos poucos nessa direção. Os amigos e os grupos de interesse procuram assegurar que as decisões sejam tomadas antes das reuniões. É comum nessas organizações as pessoas se visitarem nos escritórios sem um propósito definido. Os funcionários são contratados sem passar pelos procedimentos oficiais da empresa, eles conhecem alguém na organização.

Figura 7.1 Tipologia das organizações

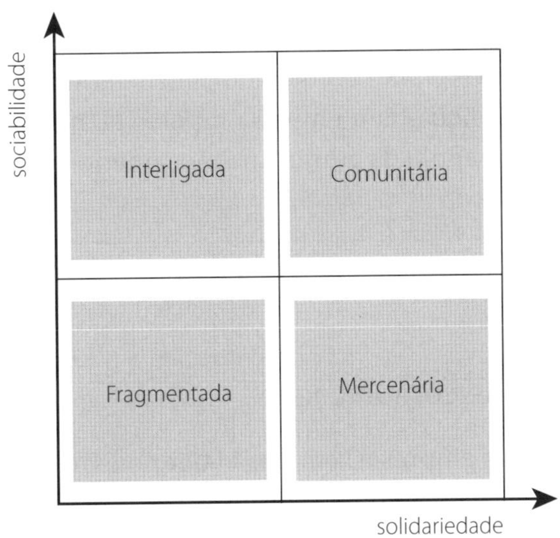

[16] GOFFEE; JONES, 1999, p. 7-8.
[17] GOFFEE; JONES, 1999, p. 3.

As organizações mercenárias caracterizam-se pela facilidade para responder rapidamente às ameaças e às oportunidades do ambiente externo. Membros dessas organizações raramente confraternizam fora do ambiente de trabalho. Os funcionários respeitam suas organizações, mas as pessoas não têm relações sentimentais ou afetivas. Existe uma clara separação entre o trabalho e a vida social. Por causa da inexistência de fortes laços pessoais, essas organizações são intolerantes em relação a desempenhos fracos. Raramente as pessoas são muito leais às empresas, mas as respeitam, pois elas recompensam quem tem bom desempenho. No entanto, os funcionários tendem a trocar de empresa a partir do momento em que isso lhes for conveniente.

Nas organizações fragmentadas, as pessoas trabalham com suas portas fechadas e, muitas vezes, em casa. Não existe forte sentimento de"pertença". Seus membros raramente concordam em relação aos objetivos da organização, aos fatores críticos de sucesso, à estratégia e aos padrões de desempenho. As inovações são produzidas por indivíduos, e não por equipes.

As organizações comunitárias são em geral empresas pequenas e em rápido crescimento. Podem, em alguns casos, ser empresas maduras, em que as pessoas trabalharam juntas durante muito tempo, partilhando riscos e recompensas. Os funcionários, em geral, possuem alto grau de identidade organizacional e sentimento de"pertença". O pessoal sabe quais são as ameaças que pesam sobre a organização e como elas podem ser vencidas.[18]

Cada um desses tipos é mais apropriado para determinadas situações. Mudar o tipo em que se enquadra a empresa é possível, mas envolve um plano consciente e com forte apoio da administração superior para ser implantado.

7.4 As comunicações na empresa

7.4.1 O processo de comunicação

O tempo todo, nas empresas, em nosso tempo livre, na escola, em família, temos de conviver e lidar com outras pessoas. A maioria de nossas ações para com os outros e vice-versa são atos comunicativos, sejam eles verbais ou não. *A comunicação, intercâmbio de informação e transmissão de significado, é a*

[18] GOFFEE; JONES, 1999, p. 10s.

própria essência de um sistema social ou uma organização.[19] O administrador vive em um oceano de comunicações. Comunica-se com os chefes, com seus pares, com os subordinados, com seus clientes internos e externos durante todo o tempo em que está trabalhando.

A comunicação é uma *mensagem* que envolve a transmissão de conteúdos emocionais ou intelectuais; na maioria dos casos, ambos estão presentes. A comunicação envolve um fluxo de mão dupla, com um emissor e um receptor, em que o que recebe a informação responde a ela de alguma forma, de imediato ou após certo tempo.

A mensagem pode ser transmitida na forma de um documento ou de uma comunicação visual ou audível.

Boa parte de nossos problemas resulta de comunicações inadequadas, inoportunas ou falhas. Todo processo de comunicação é falho e sujeito a distorções.[20] As distorções devem-se, principalmente, ao fato de que é necessário que o emissor codifique seu pensamento em palavras, que transmita sua mensagem sob forma codificada de palavras e que o receptor decodifique essas palavras em novo pensamento, fazendo que, nessa codificação e decodificação, ocorram distorções relativamente fortes. Além disso, existe o ruído, que é tudo aquilo que não faz parte nem do emissor nem do receptor, mas interfere na mensagem distorcendo-a. Esse processo, atualmente muito conhecido e bastante divulgado, foi esquematizado por especialistas em comunicações e é reproduzido a seguir, na Figura 7.2.

> *Nós fracassamos na tradução do que sentimos: o pensamento é incomensuravelmente maior que a linguagem.*
>
> HENRI BERGSON[21]

> *Não confio nos que não se comunicam. Eles são a causa de todas as violências.*
>
> JEAN-PAUL SARTRE

---

19 KATZ, D.; KAHN, R. L. *Psicologia social das organizações*. 2. ed. São Paulo: Atlas, 1976. p. 256.

20 Esse processo foi originalmente descrito na década de 1920 por José Ortega y Gasset no prólogo para franceses de seu livro *La Rebelión de las Masas*. Madrid: Colección Austral Espasa-Calpe, 1986. p. 34-35.

21 Apud BOYER, L.; BUREAU, R. *600 citations pour réfléchir avant d'agir*. Paris: Les Éditions d'Organisation, 1997.

As palavras são a droga mais poderosa usada pela humanidade.

RUDYARD KIPLING

A diferença entre a palavra quase certa e a palavra certa é enorme: é a diferença entre o vaga-lume e o relâmpago.

MARK TWAIN[22]

Figura 7.2 O processo de comunicação

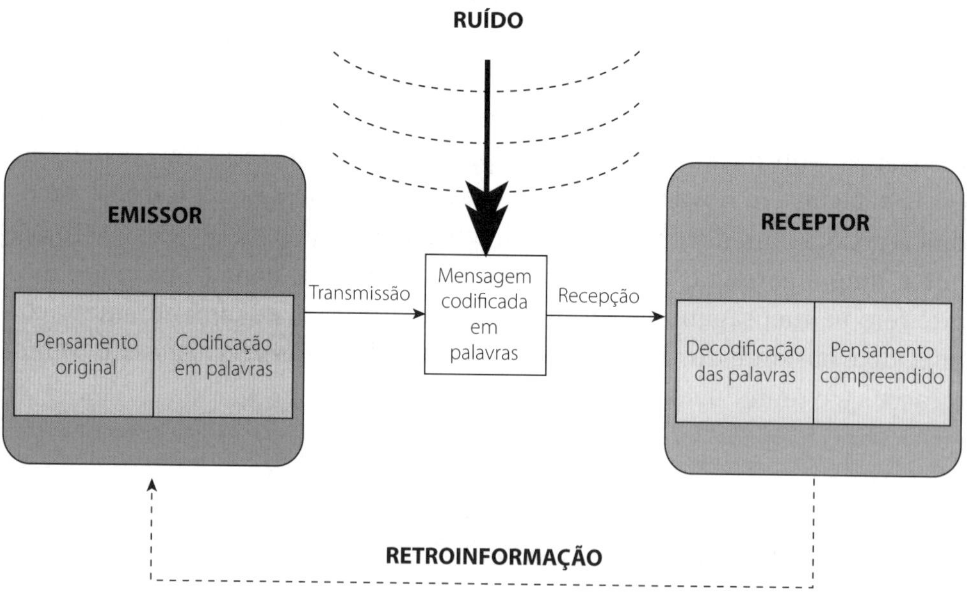

Se a linguagem não é correta, o que é dito não é o que se pretende dizer; se o que é dito não é o que se pretende dizer, o que deve ser feito fica por fazer.

CONFÚCIO (2.500 A.C.)

[22] TWAIN, M. Carta para George Bainton, em 15 de outubro de 1888.

Consequentemente, em qualquer tipo de comunicação é indispensável o uso da palavra exata para exprimir o pensamento desejado.

Uma das formas de procurar obter a comunicação correta é inserir no processo a retroinformação, isto é, introduzir o mecanismo de *feedback*. Mesmo assim, as distorções podem continuar.

Há 4.500 anos, Confúcio já pregava a importância da precisão na linguagem. Existe ainda uma infinidade de problemas psicológicos na comunicação, que abordaremos adiante de forma resumida, mas é sabido que, por inúmeras razões, as pessoas filtram as informações que recebem. Tudo o que ouvimos é filtrado pela forma como nos vemos e por todo nosso passado: conhecimentos, experiências, preconceitos e cultura. Por tudo isso, o processo de comunicação é sempre distorcido.

7.4.2 A importância da comunicação para administrar

Não é necessário ressaltar a importância da comunicação para o administrador. Se ele precisa acima de tudo saber lidar com as pessoas, a boa comunicação com essas pessoas é fundamental para obter os resultados desejados.

O exame nacional de cursos, no caso da administração, determina como a primeira das habilidades do *administrador a capacidade de comunicação interpessoal e expressão correta nos documentos técnicos específicos e de interpretação da realidade*. Seguem-se outras habilidades, mas não é por acaso que a primeira mencionada é exatamente a capacidade de comunicação.

Pelo esquema já mostrado, fica claro que a comunicação requer não só uma boa capacidade para traduzir o pensamento nas palavras corretas, mas também a capacidade de saber ouvir: de decodificar a mensagem corretamente, prestando atenção e colocando-se no ponto de vista do emissor.

Uma pesquisa entre os assinantes da *Harvard Business Review* colocou a capacidade de comunicar como o principal requisito a ser examinado para se promover um executivo. Um artigo dessa revista diz: *Qual é o maior problema que os homens de negócio têm de enfrentar atualmente? A resposta é: As pessoas não sabem escrever! O que eles aprendem na escola atualmente?*

A habilidade de escrever bem é um ativo muito valorizado nas empresas. Os executivos tornam-se cada vez mais conscientes de sua capacidade para redigir bem quando definem as prioridades para subir na empresa.[23]

---

[23] FIELDEN, J. What do you mean I can't write? *Harvard Business Review*, may/jun. 1964.

Segundo Jack Welch, um dos executivos mais bem-sucedidos do final do século XX:[24]

- é preciso investir na comunicação. Tempo e dinheiro investidos na comunicação com os funcionários são os melhores investimentos em curto e longo prazo no desempenho empresarial;
- a comunicação é o caminho direto para a inovação;
- a comunicação clara cria expectativas claras. A clareza da comunicação é refletida na clareza das expectativas;
- a comunicação torna a vida mais simples;
- é preciso ser frontal; como afirmou Paul Gavin, da Motorola: "Diga-lhes a verdade, em primeiro lugar, porque é a opção mais acertada e, em segundo, porque eles acabarão por descobrir de qualquer forma". A comunicação honesta é sempre a melhor atitude em longo prazo, apesar de tentações ilusórias de curto prazo.

7.4.3 Os termos técnicos de cada profissão

Outro aspecto importante nas comunicações são os termos específicos da profissão. Todas as profissões usam algumas palavras que definem conceitos e ideias específicos. Os leigos no assunto referem-se a esses termos como jargões, vendo-os como uma barreira que os profissionais levantam para protegê-los da competição ou das críticas. A linguagem usada pelos advogados é muitas vezes criticada por isso. Existe, porém, um aspecto útil e sério para o uso de linguagem especializada pelos profissionais. O que pode parecer jargão para *outsiders* é, frequentemente, um meio eficiente de comunicação, permitindo que ideias possam ser compactadas em uma palavra ou uma frase. Quando um cientista diz *significativo,* ele tem uma precisa ideia estatística do sentido disso. Quando um médico usa o termo *febril,* significa que a temperatura do corpo ultrapassa determinado número. Portanto, a linguagem técnica apoia o profundo raciocínio de Lorde Kelvin: quando você consegue medir o que está sendo dito e expressá-lo em números, você sabe algo sobre o assunto; mas quando não consegue medir, quando não consegue expressar-se em números, seu conhecimento é pequeno e insatisfatório: pode ser o

[24] CRAINER, S. *Jack Welch:* dez segredos do gestor mais eficaz do mundo. Portugal: Abril/Controljornal, 1999. p. 94.

começo de um conhecimento, mas não avançou ainda, em seus pensamentos, para o estágio científico.[25]

Como seria classificada a linguagem administrativa em termos desses critérios? Não há dúvida de que existe um jargão: "Os estrategistas devem concentrar-se nas competências diferenciadas do núcleo da instituição para encontrar abordagens holísticas que obtenham vantagens competitivas sustentadas". As pessoas usando essa linguagem devem saber o que estão dizendo. Como os não especialistas não sabem, esse jargão torna-se para eles inadequado, confuso e impreciso.[26]

Embora maus profissionais escondam suas fraquezas atrás de linguagens herméticas e, às vezes, sem sentido, a necessidade de palavras específicas e bem definidas para cada profissão é amplamente reconhecida como instrumento poderoso de comunicação, pela precisão e capacidade de síntese que proporcionam. O domínio dos termos técnicos da especialidade é indispensável a qualquer profissional de bom nível.

7.4.4 Os meios de comunicação na empresa

O **contato direto**, apesar do imenso desenvolvimento das telecomunicações, continua sendo insubstituível como instrumento de comunicação. Existem sinais e indícios, voluntários ou involuntários, que somente são proporcionados pelo contato direto: um gesto, um olhar, um franzir de testa, um sorriso, a postura ou o modo de trajar. Em suma: a linguagem corporal proporciona informações que os outros meios não têm condições de dar. A entonação também pode mudar completamente o sentido da mensagem. Imaginem-se, por exemplo, as várias entonações que podem ser dadas à pergunta: *Quem é o responsável?* Algumas pesquisas indicaram que, em muitos casos, a expressão facial, a linguagem corporal e a entonação correspondem a 90% do conteúdo da mensagem e as palavras a apenas 10%.

Ao perguntarmos a um executivo o que ele geralmente faz ao longo de um dia de trabalho, sua resposta provavelmente será a de que o passa tomando decisões, planejando, coordenando, controlando e dirigindo, e que seu êxito depende da maneira como se desincumbe dessas funções, além de

---

[25] KELVIN, W. T. Popular lectures and addresses in Bartletts's familiar quotations. Apud HILMER, F. G.; DONALDSON, L. *Management redeemed:* debunking the fads that undermine our corporation. New York: The Free Press, 1996. p. 183.

[26] HILMER; DONALDSON, 1996, p. 184.

despender grande parte de seu tempo com pessoas, administrando e tentando resolver problemas humanos.

Um estudo de Mintzberg de 1973, válido até hoje, mostrou que um dirigente ocupa dois terços de sua atividade profissional com "trocas verbais" com seus chefes, subordinados, colegas de outras áreas e pessoas de fora da instituição. Assim, *o uso da palavra é o instrumento de gestão por excelência do dirigente e seu meio privilegiado de entrar em contato com os outros para obter resultados.*[27]

Os contatos diretos são obtidos por meio de palestras, encontros pessoais, conversas formais ou informais, reuniões *ad hoc*, reuniões de comitês e grupos de trabalho, reuniões formais periódicas, conversas no almoço, encontros fortuitos e até mesmo festas e comemorações internas na organização.

Há vários estudos que demonstram que os administradores obtêm dois terços de suas informações e seus conhecimentos por meio de contatos pessoais ou conversas telefônicas. Apenas um terço vem por meio de documentos.[28]

Segundo um importante estudo, *O momento humano no trabalho*, publicado por Edward Hallowell, os altos executivos estão cada vez mais alienados. A maior parte de suas comunicações com seus subordinados é feita por meio de memorandos, correio eletrônico e correio de voz, trocados com frequência, mas eles raramente se encontram pessoalmente. A sala dos altos administradores é distante da de seus subordinados e eles passam muito tempo fora ou em reuniões fechadas. Durante os raros momentos em que se encontram, no estacionamento ou nos corredores da empresa, é impossível ou inadequado tratar de assuntos importantes, fazendo que os problemas sejam reprimidos. O antídoto é simples: o contato pessoal, uma conversa face a face.

> *Quando você fala, repete o que já sabe; quando ouve, aprende algo.*
>
> JARED SPARKS
>
> *Todos os sábios têm um traço em comum: a habilidade de ouvir.*
>
> FRANK TIGER

---

[27] CHANLAT, A.; BÉDARD, R. La gestion une affaire de parole. In: CHANLAT, A.; BÉDARD, R. *L'Individu dans l'organisation*: les dimensions oubliées. Québec: Les Presses de l'Université Laval et les Éditions ESKA, 1990. p. 79.

[28] DAVENPORT, T. H.; PRUSAK, L. *Working knowledge:* how organizations manage what they know. Boston: Harvard Business School Press, 1998. p. 12.

A melhor maneira de persuadir os outros é ouvindo-os.

Dean Rusk

A melhor lição que aprendi é que não há substituto para ouvir com atenção.

D. Sawyer

É preciso experimentar o *momento humano*: um autêntico encontro psicológico que requer a presença física das pessoas e, principalmente, sua *atenção emocional e intelectual* – parar o que está fazendo, largar o memorando que está lendo, pôr de lado seu laptop, abandonar seu sonho e focalizar na pessoa com quem você está. Quando se faz isso, a outra pessoa sente a energia e responde positivamente.[29] Conforme comprovaram estudos psicológicos realizados na França, nos Estados Unidos e no Canadá, o contato pessoal é fundamental desde a infância até a velhice, não só para a eficiência do trabalho como também para a saúde psicológica das pessoas.

Os **documentos escritos** têm a vantagem de permitir uma recuperação completa e precisa da informação e, portanto, da comunicação. Os mais comuns são os relatórios, atas de reuniões, cartas, boletins, memorandos, *house organs* e circulares.

Os **meios eletrônicos** já são, nas grandes empresas, a forma mais usual e importante de comunicação e a tendência é de aumento de sua importância. As reuniões são convocadas por meio de intranets, a maioria dos arquivos fica guardada apenas em discos rígidos, recuperação das informações é muito mais rápida e fácil, os custos dos meios eletrônicos caem quase diariamente e a nova geração está familiarizada com as novas técnicas.

Esses instrumentos se complementam: uma reunião tem uma ata, um fac-símile se consubstancia em informações que aparecem em um papel, um microcomputador tem uma impressora, da mesma forma que pode ter um *scanner* para digitalizar informações colocadas sobre papel e gravá-las em meio magnético.

---

29 HALLOWELL, E. M. The human moment at work. *Harvard Business Review*, jan./feb. 1999. p. 58s.

7.4.5 Comunicação, administração e trabalho a distância

Uma das perguntas frequentes é até que ponto e durante quanto tempo é possível dirigir um órgão ou uma empresa a distância, sem contato direto, usando apenas meios eletrônicos. Não existe resposta simples a essa pergunta, porque o número de variáveis envolvidas é enorme. Podemos lembrar, entre muitos outros, os seguintes fatores: o conhecimento que se tem do negócio e dos subordinados; o nível, o grau de treinamento, a experiência e o preparo da chefia e dos subordinados; o número de subordinados e o grau de dependência que a chefia tem de seu trabalho; a necessidade que têm os subordinados do contato direto para exemplo, orientação e motivação; a velocidade das mudanças; a necessidade que tem a chefia de contatos informais para obter as informações de que necessita; a existência de políticas, parâmetros e normas para que as chefias intermediárias possam agir de forma coerente, conforme os interesses e os objetivos da empresa, sem recorrer aos administradores de alto nível; o tipo de trabalho realizado e a necessidade que esse tipo de trabalho acarreta de contatos pessoais.

Outra pergunta é: Até que ponto é possível o empregado produzir eficiente e eficazmente em casa para a empresa? Isto é, mover o trabalho para o empregado, em vez de mover o empregado para o trabalho? Isso é possível em muitos casos e algumas empresas de alta tecnologia estão demonstrando que esta é a tendência do futuro. Os problemas daí decorrentes só agora estão começando a ser estudados.[30] Voltaremos a esse assunto adiante (*ver a Seção 10.7*).

7.4.6 A informática e a comunicação pessoal

Segundo Drucker, a comunicação para a força de trabalho qualificada está se tornando crítica como resultado da revolução da informática. Ao longo de todas as eras o problema tem sido como obter comunicação *por meio* da informação. Como a informação tinha de ser executada e transmitida por meio de pessoas, era sempre distorcida pelas comunicações; isto é, pela opinião, impressão, comentários, julgamentos, vieses e preconceitos. Subitamente, estamos em uma situação em que a informação é muito impessoal e, portanto, sem conteúdo de comunicação. É pura informação. Mas temos agora o problema de estabelecer o mínimo necessário de comunicações de modo que

[30] APGAR IV, M. The alternative workplace: changing where and how people work. *Harvard Business Review*, may/jun. 1998. p. 121s.

nos compreendamos uns aos outros e saibamos as necessidades, objetivos, percepções e o modo de fazer as coisas de cada um. A informação não supre isso. Somente o contato direto, quer pela voz, quer pela palavra escrita, pode comunicar. Quanto mais utilizamos a informatização, mais temos necessidade de criar oportunidades para uma comunicação efetiva.[31]

7.4.7 Tipos de comunicação em uma empresa

Existem muitos tipos de comunicação na empresa, como ordens para subordinados, prestação de contas para superiores, informações para coordenação de atividades, sugestões espontâneas, comunicações oficiais da empresa para todos os funcionários, comunicações gerais para o pessoal, sugestões estimuladas por meio de programas da empresa, queixas dos subordinados, relações com os sindicatos, além de uma infinidade de tipos de comunicações informais com diversas finalidades, inclusive as já enumeradas. Todos esses tipos de comunicação compõem o ambiente interno em que opera a empresa, o qual é caracterizado principalmente por sua cultura, que proporciona o quadro de referências para a forma como são efetuadas as comunicações.

7.4.8 As ordens dos superiores

Todas as pessoas de uma organização estão ligadas ao principal executivo (líder ou chefe) por meio de relações de linha sucessivas. A autoridade de linha, partindo do nível mais elevado, corre sem interrupção até os níveis mais inferiores da hierarquia.

A autoridade de linha se manifesta por meio de ordens que emanam dos superiores para os respectivos subordinados. Portanto, as ordens dos superiores são uma das formas mais conhecidas e estudadas de comunicação nas organizações.

A essência da autoridade de linha é o direito do chefe de dar ordens aos subordinados. É preciso, porém, atentar para dois pontos: a habilidade na maneira de dar essas ordens, que varia conforme a cultura da empresa e o tipo e a maturidade do subordinado; a habilidade na maneira de cobrar seu cumprimento. A cobrança também é uma forma de comunicação.

---

[31] DRUCKER, P. F. *The executive in action*. New York: Harper Collins Publishers, 1996. p. 591-592.

Figura 7.3 Cadeia escalar de autoridade

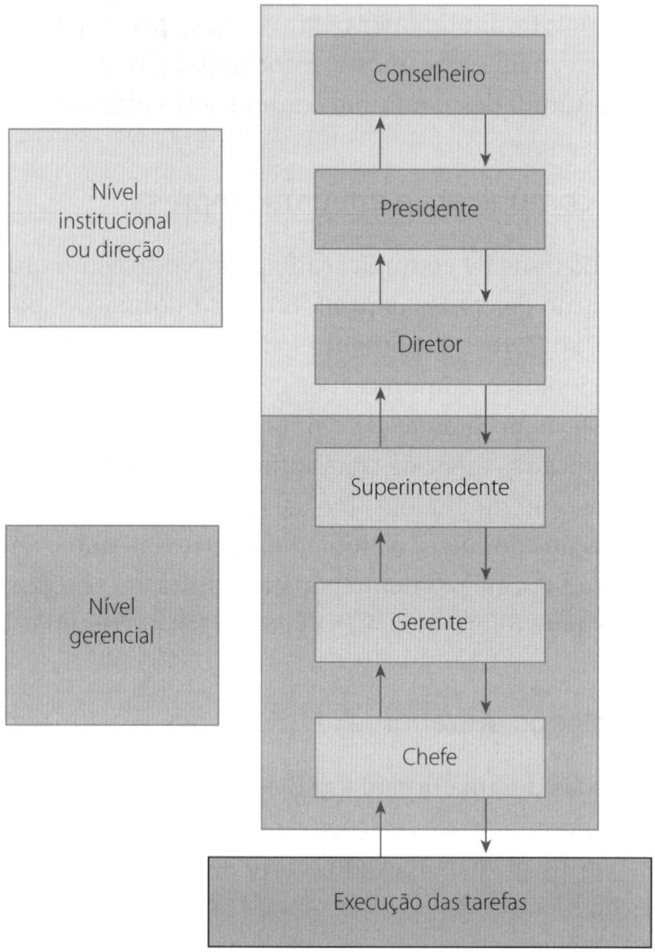

O bom chefe de linha é sempre hábil na forma de dar as ordens e também um bom "cobrador". Às vezes, escolhe-se um executivo para promoção pela sua habilidade de cobrar. O acompanhamento das ordens dadas e sua cobrança são fundamentais para o bom desempenho de qualquer órgão e de seu administrador. Não adianta dar a ordem, é preciso acompanhar e verificar seu cumprimento.

Tão importante quanto saber cobrar as ordens é saber dá-las. Dependendo da cultura da empresa, do nível e da maturidade do subordinado, uma boa forma de dar ordens é perguntar-lhe o que acharia de executar determinada atividade de forma específica e pedir-lhe sugestões sobre a melhor maneira de fazer o que lhe cabe. Existem muitos estudos sobre o "dar ordens". Um dos melhores ainda é o de Mary Parker Follet, publicado há mais de 50 anos, do qual selecionamos os trechos que se seguem: "A ordem não pode ser um comando arbitrário. A ordem arbitrária ignora um dos fatos mais fundamentais da natureza humana: o desejo de governar a própria vida...". Mesmo que instruções sejam colocadas apropriadamente, de forma não autoritária, há pessoas que reagem contra qualquer coisa que sintam como ordem. Frequentemente, o que não é bem recebido é a ordem, e não a coisa ordenada.

> *Todas as pessoas preferem dar ordens a recebê-las.*
>
> SPINOZA[32]

Se a primeira regra do dar ordens é despersonalizá-las, para que aquele que as dá e o que as recebe descubram juntos a lei da situação, e se a segunda regra é substituir as ordens, tanto quanto possível, pelo ensino da técnica de um trabalho, a terceira pode ser explicar os motivos juntamente com a ordem... Naturalmente, muitas regras poderiam ser feitas para o *dar ordens*: não fazer sermão; não tocar em assuntos já discutidos, a menos que haja novas informações; tornar a instrução específica, e não privar as pessoas de pensarem independentemente e terem iniciativa. O dar ordens necessita de tanto estudo e treinamento quanto qualquer habilidade.[33] Se o nível do subordinado é alto, talvez a melhor maneira de dar ordens seja explicar-lhe o problema e, por meio de conversa cuidadosamente orientada, permitir que ele descubra o que deve fazer.

A ordem deve ter, pelo menos, quatro qualidades:

1. **ser clara:** uma comunicação que não pode ser compreendida não pode ter qualquer autoridade;

---

[32] Apud BOYER, L.; BUREAU, R. *400 citations pour le manager*. Paris: Les Éditions d'Organisation, 1997.

[33] FOLLET, M. P. *Profeta do gerenciamento*. Coletânea de trabalhos compilados para a Harvard Business School Press. Rio de Janeiro: Qualitymark, 1997. p. 129s.

2. **não ser incompatível com o propósito da organização:** se a pessoa que recebe a ordem acredita ser ela incompatível com o propósito da organização, como ela o concebe, não pode ser aceita. Uma pessoa inteligente não reconhecerá autoridade em uma ordem que contradiga o propósito do esforço global como ela o entende. É provável que essas ordens não sejam executadas ou o sejam de forma inadequada;
3. **não ser totalmente incompatível com o interesse do subordinado como um todo:** no momento em que o subordinado recebe a ordem, ela não deve encerrar um fardo que destrua a vantagem do vínculo que ele mantém com a organização. Se uma ordem representar ônus inconcebíveis, ela será burlada, ou o empregado abandonará a organização;
4. **o subordinado deve estar mental e fisicamente preparado para concordar com a ordem:** o erro mais comum é a ordem para que uma pessoa realize coisas superiores à sua capacidade.[34]

É importante evitar a emissão de numerosas ordens formais, salvo em assuntos de rotina ou em emergências.[35]

A melhor forma de impor uma ideia a outros é fazer-lhes crer que partiu deles.

Alphonse Daudet[36]

Se você quiser ser obedecido, dê ordens razoáveis.

Provérbio Árabe[37]

Somos mais facilmente persuadidos pelas razões que nós descobrimos do que pelas que nos são explicadas pelos outros.

Blaise Pascal

[34] BARNARD, C. I. *As funções do executivo*. São Paulo: Atlas, 1971. p. 171-172.
[35] BARNARD, 1972, p. 222.
[36] Apud BOYER; BUREAU, 1997.
[37] Apud BOYER; BUREAU, 1997.

7.4.9 Prestação de contas dos subordinados

O subordinado recebe a ordem. Em princípio, deve *cumpri-la e prestar contas do resultado.* Não basta, portanto, cumprir: é preciso prestar contas do resultado. Se o subordinado estiver de acordo com a ordem, a situação é quase sempre simples, a menos que a ordem seja de cumprimento difícil, mas ainda assim, sob o ponto de vista de atitude, não há o que discutir: há que cumprir a ordem, solicitando, se necessário, os recursos para seu cumprimento.

Há situações em que cabem sugestões visando a novas ações, novas formas de execução, alternativas sobre a melhor maneira de cumprir o que foi determinado. O subordinado tem não apenas o direito de fazer sugestões, como também a obrigação de fazê-las. Todos os que trabalham em uma empresa devem ser proativos, isto é, devem tomar iniciativas para fazer as coisas acontecerem da melhor forma possível, sugerindo mudanças ou tomando medidas, dentro dos limites do que lhes cabe.

Quando o subordinado não estiver de acordo com a ordem recebida, sua primeira reação deve ser ponderar e argumentar para procurar entender as razões do chefe ou para convencê-lo de que a ordem não deve ser mantida. Se o chefe voltar atrás, o problema desaparece, mas existe a possibilidade da ordem ser mantida sem que o subordinado esteja convencido de sua conveniência. O que fazer? Cumprir? Recusar? Pedir por escrito? Falar com o superior do chefe? Não existe resposta simples a essa indagação. As alternativas são inúmeras e cada caso é um caso. O subordinado deve considerar dois pontos: o custo e o benefício para ele mesmo e para a instituição e a cultura da instituição, isto é, valores, costumes, hábitos, tradições e regras.

As relações custo/benefício para ele e para a instituição devem ser consideradas no sentido mais amplo, abrangendo não só aspectos materiais, mas também os éticos e psicológicos. A cultura da instituição deve indicar alguma saída em alguns casos. Em algumas repartições públicas, é perfeitamente aceitável pedir a ordem por escrito. Em uma empresa privada, é bem mais difícil alguma chefia aceitar esse pedido, o resultado sendo provavelmente uma incompatibilidade que resultaria em demissão. Algumas empresas valorizam a disciplina, outras valorizam mais a iniciativa e a criatividade. É a cultura da empresa, portanto, que dá a pista para a solução.

Cumpre lembrar o velho ditado: *ordem absurda não se cumpre.* Ocorre que o que é absurdo para o subordinado pode não ser para o chefe. O subordinado tem, porém, o direito de pedir que o chefe justifique a ordem que foi dada caso não concorde com ela, e cabe ao chefe dar as explicações pedidas. Se ele se recusa, voltamos ao caso anterior: O que fazer? Temos de analisar cada situação e encontrar uma saída dentro do enfoque da relação custo/benefício e da cultura da empresa.

7.4.10 As comunicações para a coordenação de atividades

As comunicações para coordenar atividades são, talvez, as mais frequentes em uma empresa. O ajuste espontâneo é o primeiro mecanismo utilizado para coordenar as atividades e limita-se a comunicações entre os que são responsáveis pelas atividades para obter o equilíbrio das quantidades, das velocidades ou dos tempos de produção e das direções a serem seguidas. É o mais simples mecanismo; mesmo as empresas muito pequenas, que não possuem estrutura formal, o utilizam. Esse tipo de comunicação pode ser formal ou informal, mas na maioria dos casos é informal. No caso de empresas muito complexas, esse é também um mecanismo comum e eficiente para complementar os demais.

7.4.11 A coordenação voluntária pela comunicação

É preciso salientar a importância da contribuição da coordenação voluntária. Em vez de ser baseada em subordinação, a coordenação voluntária implica comunicação direta, espontânea e, às vezes, informal de duas ou mais pessoas que se comunicam sobre suas necessidades e dificuldades operacionais, para que possam obter uma linha de ação coordenada. Os escalões superiores só entram em ação quando elas não chegam a um acordo.[38] Desse modo, as comunicações informais são indispensáveis para complementar as formais na coordenação.

Mary Parker Follet dá grande ênfase à coordenação voluntária, podendo-se encontrar em seus textos o embrião do que veio a se chamar *empowerment*. Para ela, a responsabilidade pelo gerenciamento estava distribuída por toda a empresa; podendo-se encontrar algum grau de autoridade ao longo de toda a hierarquia. A liderança pode ser exercida por muitas pessoas, além dos altos executivos. A dificuldade de organização de empresas reside em saber de que

---

[38] NEWMAN, W. H. *Ação administrativa*. 3. ed. São Paulo: Atlas, 1970. p. 411

forma unir essas responsabilidades, autoridades e tipos de liderança. A empresa deveria ter suas partes tão coordenadas e suas atividades tão estreitamente unidas e ajustadas de modo que formassem uma unidade de funcionamento, e não um conglomerado de peças separadas. Para Follet, um sistema de coordenação imperfeito é a causa da perda de eficiência de muitas empresas; em alguns casos, a coordenação pode depender do grau de cordialidade que existe entre os chefes, de sua disposição para troca de informações ou da simples chance de duas pessoas virem juntas para o trabalho.[39]

7.4.12 A comunicação nos grupos informais

Como se sabe, há, nas organizações, diversos tipos de grupos informais, que surgem de forma espontânea no interior da estrutura oficial. Há muito tempo se sabe que existem grupos espontâneos no interior de toda estrutura oficial. Curiosamente, todos os obstáculos ao diálogo que encontramos nas estruturas formais são inconcebíveis nos grupos informais – talvez isso explique sua originalidade, sua força e sua coesão. Em geral, os membros dos grupos informais sentem-se mais valorizados, respeitados, têm mais liberdade e veem confirmarem-se nos olhares dos outros o sentimento de sua importância. O prazer, muitas vezes, vem de poder falar na primeira pessoa, de dizer"eu"e de ser ouvido. As pessoas estão sempre disponíveis moralmente umas às outras; entre alguns membros, a solução leva em consideração a metacomunicação: o fato de as pessoas trocarem ideias e comentarem sobre a maneira como se comunicam, significando que cada pessoa aceitou considerar-se fazendo parte do problema.[40]

As comunicações informais também ocorrem fora desses grupos. É por meio dos contatos informais que muita coisa na organização pode acontecer de forma eficiente e favorável. No mundo real, as coisas acontecem por meio dos conhecimentos e contatos pessoais. Como será possível administrar redes de contatos informais? Comece focalizando naqueles empregados que desempenham um papel crítico na ligação entre os órgãos e as pessoas.[41]

---

[39] FOLLET, 1997, p. 195.

[40] CHANLAT; BÉDARD, 1990, p. 95.

[41] CROSS, R.; PRUSAK, L. The people who make organizations go or stop. *Harvard Business Review*, jun. 2002. p. 105s.

7.4.13 Comunicações das empresas para os funcionários

Além das comunicações pessoais do chefe com os subordinados, temos de considerar também as comunicações gerais da empresa com os funcionários. Para isso, existem, além das comunicações informais, muitos canais a serem usados pelas empresas, dentre os quais destacamos: quadro de avisos ou murais, reuniões periódicas de equipes, boletins oficiais, relatórios anuais, jornais internos da empresa (*house organs*), reuniões itinerantes, correio eletrônico, vídeo e circuitos internos de televisão, intranet, seminários e eventos para comunicações.

Cada um deles se presta a determinados tipos de comunicação. É importante que a organização não perca de vista a necessidade de promover comunicações periódicas e frequentes com seu pessoal. Às vezes, é válido programar uma reunião sob algum pretexto, cuja principal finalidade seja *animar* as pessoas. Um dos melhores meios de comunicação interna continua sendo o exemplo da administração superior.

7.4.14 Canais para ouvir o pessoal da empresa

Não basta, porém, comunicar bem de cima para baixo. É preciso saber ouvir os empregados e, para isso, é necessário proporcionar os canais adequados. Dentre os canais mais usados, destacam-se: visitar as pessoas no local de trabalho (*management by walking around*); andar pelos corredores parando para falar com as pessoas sobre o trabalho; conversar livremente com colegas e clientes; obter *feedback* das reuniões periódicas de equipe; almoçar com os colegas de trabalho, mesmo que não haja assunto para ser debatido; deixar a porta da sala aberta; implantar um sistema de sugestões; efetuar pesquisas de opinião periódicas para colher sugestões e obter *feedback* das atividades; nomear um *ombudsman*.

O *ombudsman* é um especialista de alto nível em uma organização a quem cabe receber e investigar, de forma objetiva, reclamações ou sugestões de empregados e clientes.[42]

---

[42] Um estudo de cada um desses meios de comunicação, especificando o que deve e o que não deve ser contido em cada um, pode ser encontrado no livro de Roberto de Castro Neves, *Imagem empresarial:* como as organizações e as pessoas podem tirar partido do seu maior patrimônio.

Outra forma de ouvir os empregados é a política de portas abertas, por meio da qual cada um pode levar ao conhecimento dos administradores superiores assuntos que não gostariam de levar ao seu superior imediato.

Também se pode usar o sistema de *management by walking around*, no qual alguns administradores de alto nível visitam os locais de trabalho das pessoas e permitem que o pessoal indague sobre as estratégias, políticas e práticas da empresa, bem como levantem questões sobre o tratamento dispensado aos funcionários.

Acima de tudo, é preciso saber ouvir. A maioria das pessoas não sabe como ouvir: não consegue se colocar no ponto de vista do interlocutor e não registra as informações recebidas. Testes extensivos mostraram que, em média, imediatamente após a conclusão da mensagem, as pessoas se lembram apenas da metade do que ouviram. Depois que acabamos de aprender alguma coisa, tendemos a esquecer, após oito horas, algo entre um terço e metade do que foi aprendido.[43]

7.4.15 Obtenção do *feedback* dos subordinados

Captar os problemas no início é muito importante. A melhor maneira para isso é *adquirir a confiança dos subordinados* e ouvi-los sempre que necessário, o que depende do comportamento e do exemplo do chefe. Ele precisa ser comunicativo, respeitar os subordinados, ser justo, competente e previsível, além de apoiar os subordinados no que for necessário para o trabalho. É fácil obter informações quando tudo está indo bem, mas os subordinados jamais estão ansiosos para dar más notícias aos chefes, que, todavia, precisam delas. Muitas vezes, eles acham que vão conseguir resolver os problemas sozinhos antes que os chefes percebam. Alguns administradores montam sua rede informal de comunicações, outros desenvolvem um sexto sentido.[44]

Para adquirir a confiança dos subordinados, é preciso mantê-los informados, proporcionar *feedback* tempestivo e preciso, explicar as decisões e as políticas, ser sincero sobre os problemas e resistir à tentação de sonegar informações para manter os subordinados dependentes ou usá-las como recompensa.[45]

---

43 NICHOLS, R., G.; STEVENS, L., A. Listening to people. *Harvard Business Review*, sept./oct. 1957.
44 BARTOLOME, F. Nobody trusts the boss completely. *Harvard Business Review*, mar./apr. 1989.
45 BARTOLOME, 1989.

Outra forma de captar os problemas é instituir sistemas de sugestões para os empregados, com eventuais mecanismos de recompensas. Isso é usado por muitas empresas em virtude do conhecido fato de que as informações fluem geralmente com mais facilidade de cima para baixo do que de baixo para cima, isto é, os filtros para cima costumam ser mais fortes.[46]

Uma boa comunicação nos dois sentidos requer um esforço permanente da administração para criar as condições de confiança indispensáveis à eliminação da filtragem. Isso requer habilidade para dar *feedback* e para ouvir o que os subordinados têm a dizer. Às vezes, uma solução eficiente é realizar reuniões informais para trocar ideias.

Finalmente, é preciso não esquecer que a comunicação é um meio. A prioridade com a sofisticação da forma pode transformá-la em um fim, tornando o conteúdo e o resultado a ser obtido secundários em relação à forma.

7.4.16 Características da boa comunicação

Uma boa comunicação começa pela capacidade de ouvir, de compreender o que o outro deseja comunicar, de saber interpretar o que ele deseja. É também saber se calar no momento certo e estar disponível para escutar o interlocutor, dando-lhe toda a atenção. Quando se ouve um interlocutor irritado, aumenta-se a boa vontade desse interlocutor para compreender o que se deseja transmitir a ele.

As principais características de uma boa comunicação podem ser resumidas assim:

1. Objetividade
   a) Conhecimento do interlocutor (público-alvo).
   b) Compreensão do interlocutor (saber ouvir).

2. Linguagem adequada
   a) Clareza e simplicidade.
   b) Preferência pela voz ativa.
   c) Correção.
   d) Concisão.

---

[46] HARRIMAN, B. Up and down the communications ladder. *Harvard Business Review*, sept./oct. 1974.

3. Fidelidade ao pensamento original

   a) Tradução do pensamento nas palavras certas.

   b) Eliminação da filtragem (garantia de que o pensamento original chegou com precisão ao interlocutor e foi por ele captado).

Nos documentos escritos, devem ser tomados os seguintes cuidados:

- **Usar termos claros e simples:** de modo que os leitores saibam o que deve ser feito e como fazê-lo. Evitar palavras difíceis e frases rebuscadas. Dar ao texto, na medida do possível, forma parecida com a linguagem corrente, sem torná-lo coloquial.
- **Evitar erros gramaticais:** na dúvida, modificar o texto sem alterar seu conteúdo básico. Ter à mão um bom dicionário e uma boa gramática para tirar dúvidas sobre o significado das palavras ou a construção das frases. *Ampliar sempre o vocabulário,* enriquecendo-o, atualizando-o e modernizando-o.
- **Ser conciso:** dizer apenas o estritamente necessário. Ir direto ao assunto, sem prólogos ou epílogos. Expressar-se com o menor número de frases ou palavras, omitindo expressões redundantes. Quanto mais longas as frases, mais cansativa a leitura.
- **Itemizar:** sempre que necessário e, nesse caso, usar uma das seguintes formas:

alfabética/numérica

A.
1.
1.1.

numérica seguida de traços ou de pontos

1.	**1.**
1.1.	**1.1.**
–	.
–	.

numérica com alinhamento total à esquerda ou com deslocamento para a direita

1.	**1.**
1.1.	**1.1.**
1.1.1.	**1.1.1.**
1.1.2.	**1.1.2.**

numérica/alfabética ou numérica/alfabética seguida de traços ou pontos

1.	**1.**
1.1.	**1.1.**
1.1.1.	**a.**
	b.
	c.

- **Pôr ação nos verbos.** Evitar verbos passivos. Quanto mais verbos ativos, maior a leveza do texto. A voz passiva tende a gerar construções extensas e menos claras.
- **Usar o presente do indicativo ou o infinitivo.** Evitar o tempo futuro e o imperativo.
- **Colocar-se no lugar do leitor,** tendo-o sempre no pensamento. Procurar avaliar quais seriam suas maiores dificuldades no entendimento da matéria.
- **Redigir em um dia e rever o texto em outro,** de preferência, quando as condicionantes de trabalho serão diferentes.
- **Submeter o texto à leitura e à análise de outras pessoas** antes de sua emissão, pois o que está claro para quem o redigiu pode não o estar para outras pessoas.

7.4.17 Comunicações eficientes e redução na filtragem

Além das distorções normalmente existentes em qualquer comunicação, em função das próprias deficiências do processo, temos filtragens comuns nas relações entre chefes e subordinados, resumidas a seguir. Filtrar é distorcer a informação para atender ao interesse pessoal do emissor ou para torná-la mais aceitável ao receptor.

Quadro 7.1 Filtragem na comunicação

Inferior ⇒ Superior
Algumas razões:
a) os subordinados querem vantagens;
b) os subordinados não confiam nos superiores;
c) os superiores não mostram desejo de serem informados;
d) os superiores reagem emocionalmente às más notícias;
c) os subordinados são mais leais aos colegas e aos subordinados que aos superiores.
Superior ⇒ Inferior
Algumas razões:
a) os superiores não percebem as necessidades dos subordinados de receberem informações que os instruiriam e os motivariam sobre aquilo que lhes cabe;
b) os superiores não dão informações aos subordinados, de forma consciente ou inconsciente, para mantê-los menos informados e, portanto, mais dependentes;
c) os superiores não confiam nos subordinados;
d) os superiores escondem informações que acreditam que poderiam desmotivar os subordinados.

Uma boa comunicação motiva muito os subordinados. Saber como seu trabalho influencia nos resultados da empresa é um fator muito forte de motivação.

7.4.18 As percepções de cada pessoa

O maior filtro, em qualquer caso, é a percepção que as pessoas têm do que ouvem. Ou seja, percebemos o que esperamos perceber; vemos o que esperamos ver e ouvimos o que esperamos ouvir. O inesperado geralmente não é de todo captado, sendo muitas vezes visto ou ouvido de forma distorcida, de acordo com o que era esperado.[47]

Uma análise em profundidade das razões mencionadas daria origem a muitos desdobramentos, pois seria necessário considerar: o poder que a informação proporciona a quem a detém com exclusividade e a percepção que as pessoas têm disso; a lealdade dos subordinados à instituição, à chefia e aos

[47] DRUCKER, P. F. *Management: tasks, responsibilities, practices*. London: Heinemmann, 1974. p. 485. Trad. brasileira: Administração. São Paulo: Pioneira, 1976.

colegas; a confiança que as pessoas têm umas nas outras; a percepção que as chefias têm de seu papel e dos subordinados; a percepção que os subordinados têm de seu papel e da chefia; e muitos outros fatores.

7.4.19 As barreiras psicológicas

Uma das principais barreiras psicológicas é a tendência que as pessoas têm para julgar, avaliar, aprovar ou reprovar qualquer declaração ouvida e interpretá-la em seu quadro de referências, formado por seus valores, experiências e preconceitos. A forma de evitar essa distorção na comunicação é ver a ideia sob o ponto de vista da outra pessoa, sentir como ela é sensibilizada pela ideia, atingir seu quadro de referências. Quando as emoções são fortes, as distorções aumentam e se torna mais necessário compreender o quadro de referências do interlocutor.[48]

[48] ROGERS, C.; ROETHLISBERGER, F. J. Barriers and gateways to communication. *Harvard Business Review*, jul./aug. 1952.

CAPÍTULO 8

A LEGISLAÇÃO TRABALHISTA E PREVIDENCIÁRIA NO BRASIL

8.1 Histórico

A primeira forma de trabalho para outrem foi a escravidão, em que o escravo era propriedade de seu senhor e considerado uma coisa, e não um ser humano. Embora seja uma instituição abominável sob todos os pontos de vista, ao ser criada na Pré-História representou, por incrível que pareça, um avanço, pois resultou da eliminação da pena de morte para os povos vencidos nas batalhas. Na Grécia Antiga e no Império Romano, o trabalho que envolvia força física era considerado indigno.

Na Idade Média, prevaleceu, por séculos, o regime feudal, no qual o trabalho braçal era feito pelos servos da gleba, que não eram livres e eram obrigados a prestar serviços ao senhor feudal em troca da proteção militar e política.

Somente com a Revolução Industrial, no final do século XVIII, tornou-se prioritária a regulamentação das relações de trabalho. No entanto, somente no início do século XX apareceram as legislações sobre as relações empregatícias. Em 1927, a Itália promulgou a *Carta del Lavoro*, instituindo um sistema corporativista-fascista, que influenciou a legislação de vários países, inclusive a do Brasil.

Na década de 1930, os Estados Unidos promulgaram as primeiras leis regulamentando o assunto, pressionados pela grande depressão.

No Brasil, a Constituição de 1937 inspirou-se na *Carta del Lavor*, de Mussolini, para instituir os princípios da legislação trabalhista, que até hoje, em grande parte, ainda vigoram. Em 1943, foram consolidadas as leis e os decretos sobre o assunto na Consolidação das Leis do Trabalho (CLT). Apesar de muitas mudanças e atualizações, os princípios básicos da CLT original ainda estão em vigor. A CLT não se aplica a trabalhadores autônomos, apenas a empregados.

8.2 Princípios constitucionais

A Constituição Federal de 1988 define nos artigos 7º a 11º as bases dos princípios trabalhistas em vigor no Brasil. São eles:

> Art. 7º São direitos dos trabalhadores urbanos e rurais, além de outros que visem à melhoria de sua condição social:
>
> I – relação de emprego protegida contra despedida arbitrária ou sem justa causa, nos termos de lei complementar, que preverá indenização compensatória, dentre outros direitos;
>
> II – seguro-desemprego, em caso de desemprego involuntário;
>
> III – fundo de garantia do tempo de serviço;
>
> IV – salário mínimo, fixado em lei, nacionalmente unificado, capaz de atender a suas necessidades vitais básicas e às de sua família com moradia, alimentação, educação, saúde, lazer, vestuário, higiene, transporte e previdência social, com reajustes periódicos que lhe preservem o poder aquisitivo, sendo vedada sua vinculação para qualquer fim;
>
> V – piso salarial proporcional à extensão e à complexidade do trabalho;
>
> VI – irredutibilidade do salário, salvo o disposto em convenção ou acordo coletivo;
>
> VII – garantia de salário, nunca inferior ao mínimo, para os que percebem remuneração variável;
>
> VIII – décimo terceiro salário com base na remuneração integral ou no valor da aposentadoria;
>
> IX – remuneração do trabalho noturno superior à do diurno;
>
> X – proteção do salário na forma da lei, constituindo crime sua retenção dolosa;
>
> XI – participação nos lucros, ou resultados, desvinculada da remuneração, e, excepcionalmente, participação na gestão da empresa, conforme definido em lei;
>
> XII – salário-família pago em razão do dependente do trabalhador de baixa renda nos termos da lei;

XIII – duração do trabalho normal não superior a oito horas diárias e quarenta e quatro semanais, facultada a compensação de horários e a redução da jornada, mediante acordo ou convenção coletiva de trabalho;
XIV – jornada de seis horas para o trabalho realizado em turnos ininterruptos de revezamento, salvo negociação coletiva;
XV – repouso semanal remunerado, preferencialmente aos domingos;
XVI – remuneração do serviço extraordinário superior, no mínimo, em cinquenta por cento à do normal;
XVII – gozo de férias anuais remuneradas com, pelo menos, um terço a mais do que o salário normal;
XVIII – licença à gestante, sem prejuízo do emprego e do salário, com a duração de cento e vinte dias;
XIX – licença-paternidade, nos termos fixados em lei;
XX – proteção do mercado de trabalho da mulher, mediante incentivos específicos, nos termos da lei;
XXI – aviso prévio proporcional ao tempo de serviço, sendo no mínimo de trinta dias, nos termos da lei;
XXII – redução dos riscos inerentes ao trabalho, por meio de normas de saúde, higiene e segurança;
XXIII – adicional de remuneração para as atividades penosas, insalubres ou perigosas, na forma da lei;
XXIV – aposentadoria;
XXV – assistência gratuita aos filhos e dependentes desde o nascimento até seis anos de idade em creches e pré-escolas;
XXVI – reconhecimento das convenções e acordos coletivos de trabalho;
XXVII – proteção em face da automação, na forma da lei;
XXVIII – seguro contra acidentes de trabalho, a cargo do empregador, sem excluir a indenização a que este está obrigado, quando incorrer em dolo ou culpa;
XXIX – ação, quanto aos créditos resultantes das relações de trabalho, com prazo prescricional de cinco anos para os trabalhadores urbanos e rurais, até o limite de dois anos após a extinção do contrato de trabalho;
XXX – proibição de diferença de salários, de exercício de funções e de critério de admissão por motivo de sexo, idade, cor ou estado civil;
XXXI – proibição de qualquer discriminação no tocante a salário e critérios de admissão do trabalhador portador de deficiência;
XXXII – proibição de distinção entre trabalho manual, técnico e intelectual ou entre os profissionais respectivos;
XXXIII – proibição de trabalho noturno, perigoso ou insalubre a menores de 18 (dezoito) e de qualquer trabalho a menores de 16 (dezesseis) anos, salvo na condição de aprendiz, a partir de 14 (quatorze) anos;

XXXIV – igualdade de direitos entre o trabalhador com vínculo empregatício permanente e o trabalhador avulso.

Parágrafo único. São assegurados à categoria dos trabalhadores domésticos os direitos previstos nos incisos IV, VI, VIII, XV, XVII, XVIII, XIX, XXI e XXIV bem como a sua integração à previdência social.

Art. 8º É livre a associação profissional ou sindical, observado o seguinte:

I – a lei não poderá exigir autorização do Estado para a fundação de sindicato, ressalvado o registro no órgão competente, vedadas ao Poder Público a interferência e a intervenção na organização sindical;

II – é vedada a criação de mais de uma organização sindical, em qualquer grau, representativa de categoria profissional ou econômica, na mesma base territorial, que será definida pelos trabalhadores ou empregadores interessados, não podendo ser inferior à área de um Município;

III – ao sindicato cabe a defesa dos direitos e interesses coletivos ou individuais da categoria, inclusive em questões judiciais ou administrativas;

IV – a assembleia geral fixará a contribuição que, em se tratando de categoria profissional, será descontada em folha, para custeio do sistema confederativo da representação sindical respectiva, independentemente da contribuição prevista em lei;

V – ninguém será obrigado a filiar-se ou a manter-se filiado a sindicato;

VI – é obrigatória a participação dos sindicatos nas negociações coletivas de trabalho;

VII – o aposentado filiado tem direito a votar e ser votado nas organizações sindicais;

VIII – é vedada a dispensa do empregado sindicalizado a partir do registro da candidatura a cargo de direção ou representação sindical e, se eleito, ainda que suplente, até um ano após o final do mandato, salvo se cometer falta grave nos termos da lei.

Parágrafo único. As disposições deste artigo aplicam-se à organização de sindicatos rurais e de colônias de pescadores, atendidas as condições que a lei estabelecer.

Art. 9º É assegurado o direito de greve, competindo aos trabalhadores decidir sobre a oportunidade de exercê-lo e sobre os interesses que devam por meio dele defender.

§ 1º A lei definirá os serviços ou atividades essenciais e disporá sobre o atendimento das necessidades inadiáveis da comunidade.

§ 2º Os abusos cometidos sujeitam os responsáveis, às penas da lei.

Art. 10º É assegurada a participação dos trabalhadores e empregadores nos colegiados dos órgãos públicos em que seus interesses profissionais ou previdenciários sejam objeto de discussão e deliberação.

Art. 11º Nas empresas de mais de duzentos empregados, é assegurada a eleição de um representante destes com a finalidade exclusiva de promover-lhes o entendimento direto com os empregadores.

8.3 A Justiça do Trabalho

Existe, no Brasil, uma Justiça específica para as questões trabalhistas. A primeira instância denominava-se Junta de Conciliação e Julgamento. Com a extinção dos vogais, representantes dos empregados e dos empregadores naquelas Juntas, pela emenda 24 à Constituição de 1988, promulgada em 9 de dezembro de 1999, as Juntas passaram a se denominar Varas, como ocorre nos demais casos. O vogal, ou juiz classista, era nomeado por três anos podendo ser reconduzido por outros três.

Aquele que entra com uma ação na Justiça do Trabalho contra o empregador ou o empregado chama-se reclamante e aquele contra o qual é ajuizada a ação denomina-se reclamado. A Constituição assegura aos perdedores o direito de apelação aos Tribunais, no caso, aos Tribunais Regionais do Trabalho. O Tribunal Superior do Trabalho, sediado na capital do país, é o órgão máximo dos casos trabalhistas.

As sentenças e os acórdãos da Justiça do Trabalho tendem, em muitos casos, a ter boa vontade com os empregados, partindo do princípio de que é preciso compensar a superioridade econômica do empregador dando ao empregado uma superioridade jurídica, sem chegar ao extremo de aplicar o princípio em dúvida pro empregado.[1]

No Direito do Trabalho, os fatos são mais importantes do que os documentos. O empregado pode alegar que assinou um documento coagido, premido pelas circunstâncias ou sem saber bem o que estava fazendo.

Outro ponto importante da Justiça do Trabalho é que os direitos trabalhistas são irrenunciáveis. Não pode o empregado abrir mão de suas férias,

---

1 MARTINS, S. P. *Direito do trabalho*. São Paulo: SaraivaJur, 2019. p. 77.

do repouso remunerado e de outros direitos que lhe são assegurados na legislação. Poderá, porém, renunciar aos direitos em acordos homologados em juízo.

O Direito Internacional do Trabalho tem como órgão regulador a Organização Internacional do Trabalho (OIT), órgão da ONU que regula em âmbito internacional as relações de trabalho por meio de convenções. Seu principal objetivo é melhorar as condições de trabalho da população mundial.

8.4 O contrato de trabalho

8.4.1 Conceituação

A CLT considera empregado toda pessoa física que presta serviços remunerados não eventuais a empregador, sob a dependência dele. O trabalho deve ser habitual, remunerado e de natureza contínua, pois este é um requisito para caracterizar um contrato de trabalho. O empregado depende economicamente do empregador e deve obedecer a suas ordens.

Toda relação empregatícia envolve dois aspectos fundamentais: um legal, caracterizado por um contrato de trabalho, e um psicológico, caracterizado pelas expectativas recíprocas do indivíduo e da organização, isto é, pelo que cada uma das partes espera da outra.

A Justiça do Trabalho se ocupa dos aspectos legais do contrato de trabalho que caracterizam a relação de emprego.

O contrato de trabalho, após o período de experiência, tem prazo indeterminado, excetuando-se, entre outros, os contratos de empreitada, que não pressupõem vínculo empregatício, e sim a obtenção dos resultados determinados nesses contratos. Os contratos de empreitada podem ser integrais, para todo o serviço, ou só para a mão de obra, correndo o material por conta do contratante. Existem ainda os contratos de trabalho temporários, com duração máxima de dois anos e redução dos encargos sociais, regulamentados pela Lei n. 9.601, de 1998. O contrato de trabalho temporário só é válido nos casos em que se trata de serviço de natureza transitória que justifique a predeterminação do prazo.

O contrato de trabalho prevê a prestação de serviços por parte do empregado, que deve ser remunerado pelo empregador.

Anteriormente, o documento de identidade do empregado para fins de contrato de trabalho chamava-se carteira profissional. Atualmente, desde a publicação do Decreto-lei n. 926, de 10 de outubro de 1969, essa carteira se denomina *Carteira de Trabalho e Previdência Social* (CTPS) e a simples assinatura do empregador ou seu preposto nessa carteira caracteriza a existência de um contrato de trabalho com vínculo empregatício. Ao solicitar a carteira de trabalho para fazer as anotações, o empregador tem 48 horas para devolvê-la ao empregado. Nessa carteira são anotados os dados do empregador e os principais atos que afetam a relação de emprego, como data da admissão, mudança de cargo, de salário, gozo de férias e data da rescisão do contrato. Uma mudança recente é a criação da Carteira de Trabalho e Previdência Social digital, a qual substituirá a carteira impressa em novos contratos, anotações de férias e pagamentos, sendo estes feitos eletronicamente pelas organizações contratantes.[2]

8.4.2 Rescisão

O contrato pode ser rescindido tanto pelo empregador como pelo empregado. Em ambos os casos, aquele que rescinde tem de dar aviso prévio à outra parte. O aviso prévio é de trinta dias, podendo o empregador dispensar o empregado de cumpri-lo. Quando a rescisão é feita por iniciativa do empregador, o aviso prévio pode ser pago, dispensando-se o empregado do trabalho. Caso o empregador exija que o empregado trabalhe durante esse período, terá de permitir uma redução de duas horas na jornada de trabalho, presumivelmente para o empregado procurar outro emprego.

Quando o empregador rescinde o contrato, pode alegar justa causa ou demissão imotivada, sendo neste último caso causada por motivos alheios ao desempenho ou às atitudes do empregado. No caso de demissão imotivada, o empregador deve pagar as verbas rescisórias: aviso prévio, décimo terceiro proporcional, férias vencidas e proporcionais, 40% do valor depositado no Fundo de Garantia do Tempo de Serviço (FGTS) e, se os valores depositados

[2] RUBIRA, B. Carteira de trabalho digital já substitui documento físico. *O Estado de S. Paulo:* São Paulo, 27 set. 2019. Disponível em: https://economia.estadao.com.br/noticias/geral,carteira-de--trabalho-digital-ja-substitui-documento-fisico,70003027365. Acesso em: 8 abr. 2020.

no Fundo não estiverem atualizados, cabe ainda essa atualização. O pagamento deve ser feito em dinheiro ou em cheque administrativo de banco, podendo ainda, caso as partes concordem, ser feito mediante comprovante de depósito em conta-corrente do empregado.

A entrega ao empregado de documentos que comprovem a comunicação da extinção contratual aos órgãos competentes, bem como o pagamento dos valores constantes do instrumento de rescisão ou o recibo de quitação, deverão ser efetuados até dez dias contados a partir do término do contrato (art. 477, § 6º, da CLT, com redação da Lei n. 13.467, de 2017).

Quando o empregado rescinde o contrato, tem de dar o aviso prévio de trinta dias ao empregador e trabalhar durante esse período, salvo se for dispensado. Não terá o empregado, nesse caso, direito ao saque do FGTS nem aos 40% sobre os valores depositados. Terá, porém, direito ao décimo terceiro proporcional e às férias vencidas.

O empregador pode rescindir o contrato por justa causa, alegando falta grave do empregado. Da mesma forma, o empregado pode rescindir o contrato alegando falta grave do empregador, caso que se denomina rescisão indireta. A falta grave para rescisão de um contrato de trabalho por justa causa deve ser atual: vale tanto para o empregado como para o empregador. Assim, o empregador não pode demitir um empregado por justa causa alegando uma falta antiga ou que vem sendo praticada há algum tempo sem nenhuma censura prévia. Se a empresa decidir demitir por justa causa, deverá se preparar para uma contenda judicial, pois quase sempre o empregado entra com uma ação na Justiça do Trabalho procurando receber as verbas rescisórias.

Se o empregado decidir rescindir o contrato de trabalho ajuizando uma rescisão indireta, deverá desligar-se imediatamente, sob pena de ficar entendido que ele perdoou a falta do empregador. São considerados motivos válidos para a rescisão indireta: exigência de serviços superiores às forças do empregado; exigência de serviços proibidos pela legislação ou contrários aos bons costumes; exigência de serviços alheios aos previstos no contrato de trabalho; tratamento com rigor excessivo do empregado; exigência de trabalho em local insalubre ou perigoso sem equipamentos de proteção adequados; agressão física ao empregado; ofensas à honra do empregado ou de sua família; e falta de pagamento da remuneração prevista no contrato.

A jurisprudência pode considerar razão suficiente para a rescisão indireta a falta de pagamento por período superior a três meses, por exemplo. O fato de não serem depositados os valores do FGTS na conta do empregado não constitui motivo para rescisão indireta, mas, ao ser rescindido o contrato, qualquer que seja a razão, fica o empregador obrigado a colocar em dia todos os valores.

Deve-se sempre lembrar que a justiça é lenta e nem sempre responde às necessidades dos reclamados, que devem planejar sua vida sem contar com ressarcimento no curto prazo. Sempre que possível, deve-se monitorar o andamento dos processos no site do TRT na internet.

8.4.3 Abandono de emprego

É o ato de deixar de comparecer ao trabalho, sem justa causa, por prazo superior ao admitido pela jurisprudência, o qual, no Brasil, é de trinta dias consecutivos, permitindo ao empregador rescindir o contrato de trabalho por justa causa. Não há necessidade de se notificar o empregado sobre o abandono, mas é prudente que o seja feito, de preferência por meio de carta registrada, solicitando sua volta imediata sob pena de ser demitido por justa causa.

8.4.4 Aposentadoria

Anteriormente, era requerido que o empregado se desligasse da empresa para solicitar a aposentadoria. Isso não é mais necessário desde 1991, quando foi promulgada a Lei n. 8.213, de 1991. O empregado levanta o FGTS, mas não recebe o adicional de 40%. Caso a empresa demita o empregado sem justa causa após a aposentadoria, deve depositar 40% apenas sobre os valores relativos ao novo contrato, isto é, relativos aos depósitos efetuados após a aposentadoria. No entanto, existem controvérsias em relação a este último ponto. Alguns entendem que os 40% incidem sobre o total.

8.4.5 Rescisão do contrato por acordo mútuo entre as partes

Quando o contrato é rescindido entre empregador e empregado por acordo extrajudicial, as partes estabelecem as bases dos pagamentos a serem efetuados, mas os salários e as férias vencidas têm de ser pagos. O empregado não levanta o FGTS e o empregador não é obrigado a pagar o adicional de 40%, embora alguns o façam.

8.4.6 Estagiário

O estágio foi regulado pela Lei n. 6.494, de 7 de dezembro de 1977, a qual foi revogada pela Lei n. 11.788, de 25 de setembro de 2008; e regulamentado pelo Decreto n. 84.497, de 18 de agosto de 1982, este último também revogado pelo Decreto n. 9.757, de 11 de abril de 2019. O estagiário não é empregado, desde que cumpridos os dispositivos da lei e decreto citados. Ao contrário do estagiário, o aprendiz é empregado, devendo ter entre 14 e 18 anos. O estágio proporciona ensino prático ao aluno, que deve estar cursando uma escola oficialmente reconhecida, de nível superior ou médio. Presume-se que o estagiário trabalhe para aprender. Não sendo o estagiário empregado, o estágio não cria vínculo empregatício.

8.4.7 O trabalho do menor

É vedado o trabalho aos menores de 14 anos. Presume-se que até essa idade ele deva estar se dedicando exclusivamente aos estudos. Menor é, portanto, o trabalhador de 14 a 18 anos. Os menores de 16 anos devem ser representados pelos pais para fins do contrato de trabalho e de sua rescisão. Os menores com mais de 16 anos devem ser assistidos pelos pais, mas podem praticar pessoalmente os atos relacionados à contratação e rescisão.

É vedado o trabalho de menores em horários noturnos e em ambientes insalubres.

A jornada de trabalho do menor é a mesma dos adultos e são assegurados aos menores, atualmente, salários mínimos idênticos aos maiores de idade. Somente os aprendizes podem ter remuneração inferior ao mínimo legal.

8.4.8 Proteção ao empregado

Os empregados são protegidos pela Constituição (art. 7º, incisos XXX e XXXI) contra qualquer tipo de discriminação. Estão também protegidos contra o assédio sexual, que é considerado crime, e foi regulamentado pela Lei n. 10.224, de 15 de maio de 2001.

8.5 Jornada de trabalho, remuneração e adicionais

8.5.1 Jornada de trabalho

Jornada de trabalho é o número de horas trabalhadas por dia por empregado. Pode ser entendida como o número de horas que o empregado está à disposição do empregador. A jornada de trabalho normal é de 44 horas semanais, conforme previsto na Constituição Federal. Existem casos de exceção, como a jornada dos empregados de empresas de telemarketing, que é de seis horas diárias ou 36 horas semanais (Norma Regulamentadora 17). A jornada dos médicos na mesma instituição é de no mínimo duas horas e no máximo quatro horas (Lei n. 3.999, de 1961, art. 8º).

8.5.2 Remuneração

A remuneração dos empregados deve ser paga em moeda corrente de curso forçado, sendo vedado o pagamento em vales, bônus ou cupons. É, porém, permitido o pagamento por meio de depósito bancário em conta-corrente do empregado. É obrigatório que seja fornecido ao empregado o contracheque com as especificações de adicionais, descontos e o valor líquido creditado em conta-corrente ou pago em espécie (*ver Capítulo 5*).

A remuneração é, geralmente, paga em períodos mensais, sendo sua unidade, no Brasil, determinada em reais por unidade de tempo. É permitido o pagamento por comissão, tarefa ou peça produzida, desde que garantido o pagamento do salário mínimo vigente e que exista um contrato especificando os valores a serem pagos.

O salário nominal é irredutível, mas o salário real pode não o ser, pois, havendo inflação e reposição aquém dos valores nos índices de preços ao consumidor, haverá redução do salário real. Além disso, em casos excepcionais, o salário nominal poderá ser reduzido se houver aprovação nesse sentido em acordo ou convenção coletiva, caso que só ocorre quando a situação financeira da empresa está muito difícil.

Salário profissional é o menor salário que uma pessoa pode receber por exercer determinada profissão e é fixado em lei.

8.5.3 Adicionais e encargos sociais

O *adicional de horas extras*, pago pelo período que excede a jornada normal de trabalho, é de pelo menos 50% sobre a hora normal, de acordo com o artigo 7º, inciso XVI, da Constituição Federal. As horas extras são remuneradas com o adicional de 100% quando o serviço extraordinário é realizado em feriado ou nos dias destinados a descanso do empregado, geralmente aos domingos. Se as horas extras são pagas com habitualidade, passam a integrar o salário normal, o 13º salário e as verbas indenizatórias para fins de rescisão. Os empregados que recebem comissão têm direito ao adicional de 50% pelo trabalho em horas extras, calculado pelo valor das comissões relativas a essas horas. A legislação prevê que, salvo casos excepcionais, não se devem admitir mais que duas horas extras em cada dia.

O *adicional noturno* é devido ao empregado que trabalha entre 22 horas e 5 horas do dia seguinte. O adicional é de 20% para o empregado urbano (art. 73º da CLT). Além disso, a hora do trabalho noturno é computada a cada período de 52 minutos e 30 segundos, em vez de 60 minutos. A Lei n. 7.855, de 1989, revogou a proibição de trabalho noturno para as mulheres, que vigorava até essa promulgação.

Antes da promulgação da Lei n. 7.855, de 1989, contou-me um amigo, gerente-geral de uma empresa de porte médio, que atuava em região remota, oferecendo remuneração e benefícios bem acima das demais na região, que, em certa ocasião, recebeu a visita de um fiscal do trabalho que exigiu a demissão de todas as mulheres que trabalhavam em horário noturno, sob pena de multas enormes. Ele disse que o faria imediatamente, pedindo apenas que lhe fosse dado um documento escrito especificando o fato. Após receber o documento, disse ao fiscal que colocaria um cartaz no quadro de avisos da empresa, com cópia do documento, alertando que essas empregadas estavam sendo demitidas por exigência do fiscal. Daria também o nome, endereço e telefone dele. Acrescentou que não se responsabilizava pela segurança dele. Claro que o documento foi retirado, as penalidades revogadas e nada aconteceu.

O *adicional de insalubridade* é devido aos empregados que trabalham em ambientes prejudiciais à saúde e varia, conforme o grau de insalubridade, desde

10% sobre o salário mínimo vigente até 40% desse salário. Se o empregado trabalha em horas extras em locais insalubres, os dois adicionais não são calculados cumulativamente. O adicional de insalubridade é calculado sobre o valor do salário mínimo vigente e o de horas extras, sobre o salário do empregado.

O *adicional de periculosidade* é devido aos empregados que trabalham em locais onde existe risco de acidentes, como próximos a substâncias inflamáveis (§ 1º do art. 193 da CLT). O valor desse adicional é de 30% sobre o salário do empregado. Se o adicional for pago com habitualidade, passa a integrar as férias, o décimo terceiro salário e as verbas rescisórias.

O *adicional de transferência* é devido ao empregado transferido temporariamente para prestar serviços em outras localidades quando houver mudança de residência. Não deve ser confundido com *ajuda de custo,* que é a quantia paga ao empregado uma única vez quando é transferido permanentemente para outra localidade, havendo necessidade de mudança de residência. A ajuda de custo não integra o salário.

Quando o empregado viaja por determinação da empresa, deve receber alternativamente uma diária ou o reembolso das despesas efetuadas em virtude do deslocamento, como hospedagem, alimentação, transporte e outras. Caso a empresa opte pelo pagamento de diárias, o empregado recebe um valor fixo por dia trabalhado fora de seu local habitual. Caso opte pelo reembolso, o empregado deve comprovar as despesas efetuadas, recebendo o valor exato dessas despesas.

O *13º salário* chama-se, oficialmente, gratificação de Natal. Muitas empresas já o pagavam por liberalidade antes de ser regulamentado pela Lei n. 4.090, de 13 de julho de 1962. Deve ser pago em duas parcelas de 50%. A primeira, por ocasião das férias do empregado quando forem tiradas a partir do mês de fevereiro, desde que o empregado tenha requerido esse pagamento durante o mês de janeiro. A segunda parcela deve ser paga até o dia 20 do mês de dezembro. Caso tenha ocorrido alteração no salário do empregado após o pagamento da primeira parcela, seu complemento deve ser efetuado por ocasião do pagamento da segunda parcela. Ocorrendo férias no mês de janeiro, ou caso o empregado não requeira nesse mês o pagamento da primeira parcela, prevalece entendimento de que a primeira parcela deve ser paga entre os dias 15 e 30 de novembro.

O *Fundo de Garantia do Tempo de Serviço* (*FGTS*) foi criado pela Lei n. 5.107, de 13 de setembro de 1966. Antes da Constituição de 1988, a legislação previa que o empregado poderia optar entre o FGTS e o antigo regime, que concedia a estabilidade na empresa a partir de dez anos de vigência do contrato de trabalho. Na prática, o que ocorria é que a opção era da empresa, e não do empregado. A Constituição de 1988 determinou a obrigatoriedade do FGTS, desaparecendo o sistema alternativo que vigorava até então.

O *salário-família* é devido ao empregado que tem filho menor de 14 anos ou inválido. Quem paga o salário-família é o empregador, ficando a Previdência Social responsável pelo reembolso mediante abatimento na guia de recolhimento das contribuições previdenciárias.

O *salário-maternidade* é pago à gestante durante 120 dias, sem prejuízo do emprego e do salário. A gestante fica esse período em repouso, presumivelmente de 28 dias antes do parto e de 92 após o parto. Essa licença é assegurada pelo inciso XVI-II do art. 7º da Constituição e está regulamentada no art. 391 da CLT.

O *Programa de Integração Social* (*PIS*) foi criado pela Lei Complementar n. 7, de 1º de setembro de 1970, e o *Programa de Formação do Patrimônio do Servidor Público* (*Pasep*), pela Lei Complementar n. 8, de 8 de setembro de 1970. Em 1970, houve a unificação dos dois fundos. Os participantes do PIS são os empregados das pessoas jurídicas de direito privado e os do Pasep, os funcionários públicos.

8.5.4 Férias

Férias é o nome que se dá à folga obrigatoriamente concedida a todos os empregados ou servidores públicos a cada ano de trabalho. No Brasil, as férias têm duração de trinta dias.

O direito do empregado às férias se dá após o chamado *período aquisitivo* desse direito. Após cumprir 12 meses do contrato de trabalho, o empregado ganha o direito de gozar trinta dias de férias remuneradas, podendo, por opção do empregado, ser reduzidas a vinte dias, com o recebimento dos outros dez dias em dinheiro, conforme o art. 143 da CLT. A lei estabelece que esse recebimento em dinheiro deve ser requerido até quinze dias antes do término do período aquisitivo. Muitas empresas dispensam esse prazo. As férias são remuneradas com um abono de um terço do salário normal, conforme dispositivo constitucional (art. 7º, XVII). Esse abono não tem vinculação com o recebimento em dinheiro dos dez dias não gozados pelo empregado. Assim, se ele decide receber dez dias em dinheiro, recebe dois terços do salário, além de sua remuneração normal.

Cumpre lembrar que cabe ao empregador determinar a época das férias dos empregados, de acordo com os interesses e necessidades da empresa. Na prática, na maioria dos casos, a época é decidida de comum acordo, salvo nas ocasiões em que a natureza ou a urgência do serviço impede esse acordo.

As férias devem ser gozadas nos doze meses que se seguem à aquisição desse direito. Esses doze meses são denominados *período concessivo*. Se o empregador não determinar a data das férias durante o período concessivo, elas deverão ser pagas em dobro.

Caso o empregado tenha faltas injustificadas no período aquisitivo, perderá alguns dias de férias em proporção ao número de faltas injustificadas. Até cinco faltas injustificadas, não perderá nenhum dia; se tiver de 12 até 14 faltas, as férias ficarão reduzidas a 24 dias corridos; de 15 a 23 faltas, as férias terão 18 dias corridos; e de 24 a 32 faltas, as férias terão 12 dias corridos.

8.6 As relações com os sindicatos

8.6.1 A administração dos sindicatos

O comportamento dos sindicatos depende, em grande parte, da forma como os administradores conduzem a empresa. As empresas que procuram cultivar relações amistosas com os representantes de seus empregados podem até obter benefícios por meio delas. É óbvio que uma equipe não será produtiva em uma atmosfera de desconfiança e relações adversárias. Portanto, a tentativa de criação de um clima de confiança recíproca será sempre válida. Essa tentativa deverá estar embutida na cultura, nas políticas e nos procedimentos da empresa. O comportamento do sindicato é, ao menos em parte, consequência do comportamento dos administradores da empresa e dos dirigentes sindicais. Alguns administradores veem os dirigentes sindicais como empecilhos para a implantação das políticas da empresa. Claro que isso depende das suas políticas e dos comportamentos dos administradores e dos dirigentes sindicais.

8.6.2 A organização sindical brasileira

O sistema sindical brasileiro, formalizado na Constituição (art. 8º, II) proíbe a criação de mais de uma entidade sindical para a mesma categoria profissional na mesma região. A isso se chama princípio de unicidade sindical.

O inciso III do art. 8º da Constituição diz que, ao sindicato, cabe a defesa dos direitos e dos interesses coletivos ou individuais da categoria, inclusive em questões judiciais ou administrativas.

A organização sindical no Brasil, por categoria profissional, não ajuda muito a cultivar as relações entre sindicato e empresa. No Japão, os sindicatos são organizados por empresas, permitindo reivindicações mais pragmáticas e fazendo com que os sindicalistas não tenham interesse em causar danos a quem lhes dá o sustento. Além disso, as condições do acordo podem ser adaptadas às possibilidades da empresa.

Os sindicatos organizam-se em Federações, organizadas por Estados-membros. As Federações, por sua vez, se organizam em Confederações, que são as entidades sindicais de âmbito nacional, tanto para os sindicatos dos empregados como os das empresas. Exemplos de federações são a Federação das Indústrias do Estado de São Paulo (Fiesp) e a Federação das Indústrias do Estado do Rio de Janeiro (Firjan). Exemplos de confederações são a Confederação Nacional das Indústrias e a Confederação Nacional dos Trabalhadores na Indústria.

As centrais sindicais estão regulamentadas pela Lei n. 11.648, de 2008, e são muito atuantes, embora não possam celebrar convenções ou acordos coletivos. As mais importantes são a Central Única dos Trabalhadores (CUT), a Confederação Geral dos Trabalhadores (CGT) e a Força Sindical (FS).

A contribuição sindical, uma das receitas do sindicato, representa 1/30 da remuneração do empregado no mês de março.

8.6.3 A influência dos sindicatos

Não há dúvida de que a ação dos sindicatos tende a aumentar os salários, pois é para defender os interesses dos empregados que eles são formados.

Eles procuram reivindicar melhores remunerações e benefícios e boas condições de trabalho. Se, em curto prazo, isso pode causar uma diminuição nos resultados, dependendo das relações entre empresa e sindicato, pode melhorá-los no longo prazo, pois a empresa que remunera bem seu pessoal e proporciona condições de trabalho com segurança e em um ambiente adequado tem melhores condições de atrair os mais capazes e obter maior produtividade. Além disso, salários mais altos e condições de trabalho melhores tendem a diminuir a rotatividade e a perda de memória dos processos e técnicas da empresa, deixando-a com uma força de trabalho mais experiente.[3]

Os sindicatos tendem a pedir mais do que a empresa tenciona conceder e, às vezes, mais do que a empresa pode conceder. Isso é natural. O objetivo dos sindicatos é otimizar as condições de remuneração do fator trabalho, ao passo que o da empresa é otimizar os resultados financeiros. Essa contradição pode, em alguns casos, desaparecer se considerarmos não o curto prazo, mas o longo. A ação dos sindicatos, se houver bom diálogo entre eles e a empresa, tende a reduzir a rotatividade do pessoal e isso, no longo prazo, favorece a empresa. Também no longo prazo, o gasto maior com a folha de pagamento pode, em alguns casos, ser compensado pela produtividade maior. Se os conflitos tendem a se tornar muito intensos e frequentes, seria conveniente a empresa repensar sua estratégia não só de relacionamento com os sindicatos como também da forma de administrar seu pessoal.

Uma briga judicial entre a empresa e o sindicato, em que a empresa vence, representa quase sempre uma vitória de Pirro, pois depois da sentença a empresa tem de continuar produzindo com eficiência e competindo em seu mercado. Quando isso acontece, a primeira preocupação deve ser reconquistar a confiança, a lealdade e o comprometimento de todos os funcionários. Essa tarefa, porém, não é fácil, pois uma vez instalada a confrontação é difícil readquirir a confiança do pessoal.

Os sindicatos representam uma fonte de poder dentro da empresa e isso tende a ser combatido por muitos administradores. Sabemos, porém, que se um grupo de poder não estiver contrário aos objetivos da empresa, ela não será prejudicada e, criando boas condições de diálogo, poderá até ser beneficiada. Alguns administradores, ao hostilizarem os sindicatos, estão, no fundo, lutando por seu *status* e poder. Embora os sindicatos tenham perdido parte de sua capacidade de negociação, é um erro não administrar cuidadosamente as relações sindicais.

A forma como a empresa deve se relacionar com eles é função da cultura empresarial, da região e das atitudes dos dirigentes sindicais. Uma empresa que adota como sistema de administração a teoria X de McGregor dificilmente

---

[3] PFEFFER, J. *Competitive advantage through people:* unleashing the power of the work force. Boston: Harvard Business School Press, 1994.

terá bom diálogo com os representantes sindicais. Em alguns casos, a empresa pode e deve se antecipar às reivindicações previstas, para poder capitalizar os benefícios que forem concedidos.

8.6.4 As negociações com os sindicatos

Em qualquer caso, na hora de negociar, ao receber uma lista de reivindicações, os representantes da empresa devem dizer, logo no início, quais são os pontos que não podem ser atendidos e por quê. Devem também apresentar sua lista de reivindicações. As negociações serão, assim, uma via de mão dupla, com concessões de parte a parte. Uma boa negociação é aquela em que todos saem satisfeitos, achando que conseguiram o que era mais importante. A negociação ainda é o instrumento mais eficaz para se conseguir chegar a uma solução que atenda os interesses das partes, mesmo que seja necessário ceder em alguns pontos. Existem duas posturas possíveis em uma negociação: perde-ganha e ganha-ganha. O ideal é que ambas as partes procurem adotar a última alternativa.

Um ponto importante em qualquer negociação é saber persuadir sem impor. Persuasão é um mecanismo que requer tempo e paciência. Além disso, quem procura persuadir corre o risco de ser persuadido, mas, uma vez que se chega a um consenso, os resultados são mais que compensadores. Quem procura persuadir deve, logo no início, criar um clima de credibilidade. A seguir, deve identificar pontos comuns aceitos por ambas as partes e reforçar a posição com exemplos concretos, metáforas, analogias e evidências, descrevendo pontos que mostram suas vantagens. Dados numéricos confiáveis são muito úteis nesse processo. Finalmente, é preciso conectar-se emocionalmente com sua audiência. Além disso, em muitos casos, é necessário ceder em alguns pontos para obter o que se deseja em outros considerados mais importantes. A inflexibilidade total de posições é quase sempre prejudicial. As pesquisas mostram que a maioria dos administradores tende a superestimar sua credibilidade.[4]

Tanto os sindicatos como as empresas devem, antes de começar a negociação, fazer seu "dever de casa": preparar cuidadosamente o que deve ser dito e o que não deve, o que pode ser cedido e o que não pode; estudar as

4 CONGER, J. A. The necessary art of persuasion. *Harvard Business Review*, may/jun. 1998. p. 84s.

razões de cada pedido e ser capaz de explicar o que não pode ser cedido, quando for o caso.

Quando a negociação entre a empresa e o sindicato termina em impasse, é proposto o dissídio coletivo de trabalho ao Tribunal Regional, o qual toma a decisão que põe fim às disputas entre as partes.

Diz o art. 616 da CLT em seu § 4º:

> Nenhum processo de dissídio coletivo de natureza econômica será admitido sem antes se esgotarem as medidas relativas à formalização da Convenção ou Acordo correspondente.

Para as empresas terem condições de competir no mercado e garantir os empregos para seu pessoal, é preciso que exista paz interna, que exista cooperação, negociação, compreensão e composição dos interesses.

8.6.5 Convenções coletivas e acordos coletivos

Convenção coletiva de trabalho é o acordo de caráter normativo, pelo qual dois ou mais sindicatos representativos de categorias econômicas e profissionais estipulam condições de trabalho aplicáveis, no âmbito das respectivas representações, às relações individuais do trabalho (art. 611 da CLT).

> § 1º É facultado aos Sindicatos representativos de categorias profissionais celebrar Acordos Coletivos com uma ou mais empresas da correspondente categoria econômica, que estipulem condições de trabalho, aplicáveis no âmbito da empresa ou das empresas acordantes às respectivas relações de trabalho.
>
> § 2º As Federações e, na falta destas, as Confederações representativas de categorias econômicas ou profissionais poderão celebrar convenções coletivas de trabalho para reger as relações das categorias a elas vinculadas, inorganizadas em Sindicatos, no âmbito de suas representações.

Acordo coletivo de trabalho é o pacto celebrado entre a administração de uma ou mais empresas e os representantes dos empregados, geralmente os dirigentes sindicais, para estabelecer procedimentos a serem observados nas relações de emprego: salários, benefícios, condições de trabalho, garantia de emprego e outros tópicos ligados ao trabalho e à relação empregatícia. Difere das convenções coletivas, nas quais as empresas são representadas por seus sindicatos ou órgãos de classe. Importante destacar o acréscimo legal promovido pela Lei n. 13.467, de 2017, que busca, de modo geral, fixar a prevalência das regras negociadas sobre as normas legais.

8.6.6 Greves

A constituição prevê, em seu art. 9º, o direito dos trabalhadores entrarem em greve e diz ainda que a legislação prevê em que condições as greves são legais, acrescentando que os abusos sujeitam os responsáveis às penas da lei. Nem sempre a situação é clara e, nesse caso, a decisão cabe à Justiça do Trabalho. A Lei n. 7.783, de 28 de junho de 1989, que regulamentou o direito de greve, diz textualmente que a greve só poderá ser deflagrada depois de frustrada a negociação coletiva.

Os empregadores, excepcionalmente, também paralisam o trabalho, fato que se denomina *lockout* e tem o objetivo de forçar ou impedir uma negociação. Nesses casos, os empregados terão direito a receber os salários durante o período de paralisação.

Diz o art. 722. da CLT:

> Os empregadores que, individual ou coletivamente, suspenderem os trabalhos dos seus estabelecimentos, sem prévia autorização do Tribunal competente, ou que violarem, ou se recusarem a cumprir decisão proferida em dissídio coletivo, incorrerão nas seguintes penalidades:
>
> a) multa de 300 (trezentos) a 3.000 (três mil) valores regionais de referência;
> b) perda do cargo de representação profissional em cujo desempenho estiverem;
> c) suspensão, pelo prazo de 2 (dois) a 5 (cinco) anos, do direito de serem eleitos para cargos de representação profissional.

Diz a Lei n. 7.783:

> Art. 3º Frustrada a negociação ou verificada a impossibilidade de recurso via arbitral, é facultada a cessação coletiva do trabalho.
> Parágrafo único. A entidade patronal correspondente ou os empregadores diretamente interessados serão notificados, com antecedência mínima de 48 (quarenta e oito) horas, da paralisação.
>
> Art. 5º A entidade sindical ou comissão especialmente eleita representará os interesses dos trabalhadores nas negociações ou na Justiça do Trabalho.

> Art. 6º São assegurados aos grevistas, dentre outros direitos:
> I – o emprego de meios pacíficos tendentes a persuadir ou aliciar os trabalhadores a aderirem à greve;
> II – a arrecadação de fundos e a livre divulgação do movimento.
>
> § 1º Em nenhuma hipótese, os meios adotados por empregados e empregadores poderão violar ou constranger os direitos e garantias fundamentais de outrem.
> § 2º É vedado às empresas adotar meios para constranger o empregado ao comparecimento ao trabalho, bem como capazes de frustrar a divulgação do movimento.
> § 3º As manifestações e atos de persuasão utilizados pelos grevistas não poderão impedir o acesso ao trabalho nem causar ameaça ou dano à propriedade ou pessoa.
> Art. 7º Observadas as condições previstas nesta Lei, a participação em greve suspende o contrato de trabalho, devendo as relações obrigacionais durante o período ser regidas pelo acordo, convenção, laudo arbitral ou decisão da Justiça do Trabalho.

Em qualquer caso, os *piquetes* – grupo de grevistas que procura impedir a entrada no local de trabalho dos empregados que não aderiram à greve – são proibidos. Não são permitidas greves simbólicas (paralisações de curta duração no próprio local de trabalho), operações tartaruga e sabotagens.

Excessos cometidos durante greves, como ocupação de prédios e retenção de funcionários como reféns, exorbitam qualquer direito e sujeitam os responsáveis à demissão por justa causa.

Acrescenta ainda a Lei n. 7.783:

> Art. 10. São considerados serviços ou atividades essenciais:
> I – tratamento e abastecimento de água; produção e distribuição de energia elétrica, gás e combustíveis;
> II – assistência médica e hospitalar;
> III – distribuição e comercialização de medicamentos e alimentos;
> IV – funerários;
> V – transporte coletivo;
> VI – captação e tratamento de esgoto e lixo;
> VII – telecomunicações;
> VIII – guarda, uso e controle de substâncias radioativas, equipamentos e materiais nucleares;
> IX – processamento de dados ligados a serviços essenciais;
> X – controle de tráfego aéreo;
> XI – compensação bancária.

Art. 11. Nos serviços ou atividades essenciais, os sindicatos, os empregadores e os trabalhadores ficam obrigados, de comum acordo, a garantir, durante a greve, a prestação dos serviços indispensáveis ao atendimento das necessidades inadiáveis da comunidade.
Parágrafo único. São necessidades inadiáveis da comunidade aquelas que, não atendidas, coloquem em perigo iminente a sobrevivência, a saúde ou a segurança da população.

Art. 13. Na greve em serviços ou atividades essenciais, ficam as entidades sindicais ou os trabalhadores, conforme o caso, obrigados a comunicar a decisão aos empregadores e aos usuários com antecedência mínima de 72 (setenta e duas) horas da paralisação.
Art. 14. Constitui abuso do direito de greve a inobservância das normas contidas na presente Lei, bem como a manutenção da paralisação após a celebração de acordo, convenção ou decisão da Justiça do Trabalho.
Parágrafo único. Na vigência de acordo, convenção ou sentença normativa não constitui abuso do exercício do direito de greve a paralisação que:
I – tenha por objetivo exigir o cumprimento de cláusula ou condição;
II – seja motivada pela superveniência de fato novo ou acontecimento imprevisto que modifique substancialmente a relação de trabalho.

Art. 17. Fica vedada a paralisação das atividades, por iniciativa do empregador, com o objetivo de frustrar negociação ou dificultar o atendimento de reivindicações dos respectivos empregados (*"lockout"*).

8.7 Previdência social

8.7.1 Histórico

Foi na Alemanha, em 1883, por iniciativa do chanceler Otto von Bismark, que se instituiu pela primeira vez uma previdência social oficial de âmbito nacional, com a implementação de um seguro social baseado em três pilares: saúde, acidentes de trabalho e invalidez, esta última incluindo também o envelhecimento.[5]

[5] NILUK, C. Breve histórico da seguridade e previdência social. *Jusbrasil,* 2015. Disponível em: https://carlaniluk.jusbrasil.com.br/artigos/171088435/breve-historico-da-seguridade-e-previdencia-social. Acesso em: 23 jul. 2020.

O ano de 1942 foi um marco na transformação do seguro para a seguridade social, quando foi publicado o plano Beveridge, na Inglaterra.[6]

No Brasil, a Previdência Social teve seu início embrionário em 1888, com o Decreto n. 9.912-A, de 26 de março de 1888, que regulou o direito à aposentadoria dos empregados dos Correios. A Lei n. 3.397, de 24 de novembro de 1888, criou a Caixa de Socorro das Estradas de Ferro do Império.[7] Várias leis e decretos foram criando direitos a aposentadorias e seguros de acidentes do trabalho para servidores públicos no início da República. Considera-se, no Brasil, o ponto de partida da criação da seguridade social – o Decreto n. 4.682, de 24 de janeiro de 1923, que recebeu o nome de seu autor, Eloy Chaves. Esse decreto criou, em cada uma das estradas de ferro existentes no país, uma Caixa de Aposentadoria e Pensões para seus empregados.[8] O Decreto n. 19.433, de 26 de novembro de 1930, criou o Ministério da Indústria e Comércio, tendo como uma de suas atribuições orientar as decisões sobre a Previdência Social. Várias profissões foram sendo gradualmente incluídas no Regime Eloy Chaves, sendo formadas várias caixas de aposentadorias. O Decreto n. 24.615, de 9 de julho de 1934, criou o Instituto de Aposentadoria e Pensões dos Bancários (IAPB). A Lei n. 367, de 31 de dezembro de 1936, criou o Instituto de Aposentadoria e Pensões dos Industriários (IAPI).

A Consolidação das Leis do Trabalho, promulgada em 1943, legislou também sobre a previdência social, consolidando as normas existentes. Em 1º de maio de 1953, foi aprovado o novo Instituto de Aposentadoria e Pensões dos Comerciários (IAPC); e em 12 de novembro do mesmo ano, a Caixa de Aposentadoria e Pensões dos Ferroviários e Empregados em Empresas de Serviços Públicos, que viria a ser o Instituto de Aposentadoria e Pensões dos Ferroviários e Empregados em Empresas de Serviços Públicos (IAPFESP). Em 27 de dezembro de 1963, foi aprovado o Regimento Único dos Institutos de Pensões, e o Decreto-lei n. 72, de 21 de novembro de 1966, reuniu os institutos de aposentadorias e pensões no Instituto Nacional de Previdência Social (INPS), hoje denominado Instituto Nacional do Seguro Social (INSS).

Ao ser implantado o sistema previdenciário oficial no Brasil, foi adotado o sistema de repartição, isto é, as contribuições dos que estão trabalhando

---

6 NILUK, 2015.

7 BRASIL. *Lei n. 3.397,* de 24 de novembro de 1888. Disponível em: http://www.planalto.gov.br/ccivil_03/leis/lim/LIM3397.htm#:~:text=LEI%20N%C2%BA%203.397%2C%20DE%2024,1889%20e%20d%C3%A1%20outras%20providencias. Acesso em: 23 jul. 2020.

8 SILVA, T. C. *Previdência complementar:* qual plano contratar? Rio de Janeiro: UFRJ, 2003. Monografia (Graduação em Administração) – Universidade Federal do Rio de Janeiro, Rio de Janeiro, 2003.

pagam os benefícios dos que já se aposentaram, enquanto se espera que as próximas gerações paguem os benefícios dos atuais trabalhadores. Na ocasião em que foi implantado, não havia no Brasil um mecanismo de mercado de capitais suficientemente desenvolvido para absorver toda a contribuição dos trabalhadores na ativa e a aplicação dos saldos de previdência, que eram usados em parte pela administração pública e em parte para financiar imóveis para os associados. Até 1964, isso era feito sem correção monetária. Enquanto o número de aposentados era pequeno, o sistema de repartição não provocou maiores problemas. Com o envelhecimento da população, o aumento da expectativa de vida, a diminuição do crescimento demográfico e o aumento da informalidade, a previdência oficial não teve condições de se sustentar e passou a gerar déficits crescentes, pressionando o déficit de caixa do Tesouro Nacional e obrigando a sucessivas mudanças nas regras de aposentadorias e contribuições.

A variável mais importante, no caso, é a relação entre a taxa de crescimento dos que trabalham na economia formal e a taxa de crescimento dos aposentados, sendo esta última muito mais alta. Esse problema, crítico no Brasil, ocorre também na maioria dos países, que também estão reformando sua legislação previdenciária.

No Brasil, em 2003, foi introduzida a contribuição dos inativos, reduções nas pensões, tetos para as aposentadorias dos servidores públicos federais e subtetos para os servidores estaduais, novas regras para aquisição ao direito à aposentadoria e outras modificações. Essa reforma seguiu-se a outra, de 1998, com a alteração de idades de aposentadoria e a transformação do tempo de serviço em tempo de contribuição. Em 2019, iniciou-se a negociação para realizar nova reforma da previdência, buscando, principalmente, a ampliação de idades de aposentaria.

O problema atual não teria existido se tivesse sido usado o modelo de capitalização, em que a cobertura dos benefícios é feita por meio de uma poupança formada com as contribuições dos trabalhadores na ativa, ou seja, cria-se um patrimônio que vai financiar as atuais e futuras aposentadorias.

8.7.2 Dispositivos constitucionais sobre a Previdência Social

A Constituição Federal de 1988 regulamenta a Previdência Social em seu título VIII, arts. 194, 195, 201 e 202, dizendo especificamente:

Art. 194. A seguridade social compreende um conjunto integrado de ações de iniciativa dos Poderes Públicos e da sociedade, destinadas a assegurar os direitos relativos à saúde, à previdência e à assistência social.
Parágrafo Único. Compete ao Poder Público, nos termos da lei, organizar a seguridade social, com base nos seguintes objetivos:

I – universalidade da cobertura e do atendimento;
II – uniformidade e equivalência dos benefícios e serviços às populações urbanas e rurais;
III – seletividade e distributividade na prestação dos benefícios e serviços;
IV – irredutibilidade do valor dos benefícios;
V – equidade na forma de participação no custeio;
VI – diversidade da base de financiamento;
VII – caráter democrático e descentralizado da administração, mediante gestão quadripartite, com participação dos trabalhadores, dos empregadores, dos aposentados e do Governo nos órgãos colegiados.* (Redação pela Emenda Constitucional 20/98 – D.O.U., 16.12.98)

Art. 195. A seguridade social será financiada por toda a sociedade, de forma direta e indireta, nos termos da lei, mediante recursos provenientes dos orçamentos da União, dos Estados, do Distrito Federal e dos Municípios, e das seguintes contribuições sociais:

I – do empregador, da empresa e da entidade a ela equiparada na forma da lei, incidentes sobre: *(Redação pela Emenda Constitucional 20/98 – D.O.U., 16.12.98)
  a) a folha de salários e demais rendimentos do trabalho pagos ou creditados, a qualquer título, à pessoa física que lhe preste serviço, mesmo sem vínculo empregatício; * (Acrescido pela Emenda Constitucional 20/98 – D.O.U., 16.12.98)
  b) a receita ou o faturamento; * (Acrescido pela Emenda Constitucional 20/98 – D.O.U., 16.12.98)
  c) o lucro; * (Acrescido pela Emenda Constitucional 20/98 – D.O.U., 16.12.98)
II – do trabalhador e dos demais segurados da previdência social, não incidindo contribuição sobre a aposentadoria e pensão concedidas pelo regime geral de previdência social de que trata o art. 201; * (Redação pela Emenda Constitucional 20/98 – D.O.U., 16.12.98)
III – sobre a receita de concursos de prognósticos.

§ 1º As receitas dos Estados, do Distrito Federal e dos Municípios destinadas à seguridade social constarão dos respectivos orçamentos, não integrando o orçamento da União.

§ 2º A proposta de orçamento da seguridade social será elaborada de forma integrada pelos órgãos responsáveis pela saúde, previdência social e assistência social, tendo em vista as metas e prioridades estabelecidas na lei de diretrizes orçamentárias, assegurada a cada área a gestão de seus recursos.

§ 3º A pessoa jurídica em débito com o sistema da seguridade social, como estabelecido em lei, não poderá contratar com o Poder Público nem dele receber benefícios ou incentivos fiscais ou creditícios.

§ 4º A lei poderá instituir outras fontes destinadas a garantir a manutenção ou expansão da seguridade social, obedecido o disposto no art. 154,I.

§ 5º Nenhum benefício ou serviço da seguridade social poderá ser criado, majorado ou estendido sem a correspondente fonte de custeio total.

§ 6º As contribuições sociais de que trata este artigo só poderão ser exigidas após decorridos noventa dias da data da publicação da lei que as houver instituído ou modificado, não se lhes aplicando o disposto no art. 150,III, b.

§ 7º São isentas de contribuição para a seguridade social as entidades beneficentes de assistência social que atendam às exigências estabelecidas em lei.

§ 8º O produtor, o parceiro, o meeiro e o arrendatário rurais e o pescador artesanal, bem como os respectivos cônjuges, que exerçam suas atividades em regime de economia familiar, sem empregados permanentes, contribuirão para a seguridade social mediante a aplicação de uma alíquota sobre o resultado da comercialização da produção e farão jus aos benefícios nos termos da lei. * (Redação pela Emenda Constitucional 20/98 – D.O.U., 16.12.98)

§ 9º As contribuições sociais previstas no inciso I deste artigo poderão ter alíquotas ou bases de cálculo diferenciadas, em razão da atividade econômica ou da utilização intensiva de mão de obra. * (Acrescido pela Emenda Constitucional 20/98 – D.O.U., 16.12.98)

§ 10 A lei definirá os critérios de transferência de recursos para o sistema único de saúde e ações de assistência social da União para os Estados, o Distrito Federal e os Municípios, e dos Estados para os Municípios, observada a respectiva contrapartida de recursos. * (Acrescido pela Emenda Constitucional 20/98 – D.O.U., 16.12.98)

§ 11 É vedada a concessão de remissão ou anistia das contribuições sociais de que tratam os incisos I, a, e II deste artigo, para débitos em montante superior ao fixado em lei complementar. * (Acrescido pela Emenda Constitucional 20/98 – D.O.U., 16.12.98)

Art. 201. A previdência social será organizada sob a forma de regime geral, de caráter contributivo e de filiação obrigatória, observados critérios que preservem o equilíbrio financeiro e atuarial, e atenderá, nos termos da lei, a: * (Redação pela Emenda Constitucional 20/98 – D.O.U., 16.12.98)

I – cobertura dos eventos de doença, invalidez, morte e idade avançada; * (Redação pela Emenda Constitucional 20/98 – D.O.U., 16.12.98)

II – proteção à maternidade, especialmente à gestante; * (Redação pela Emenda Constitucional 20/98 – D.O.U., 16.12.98)

III – proteção ao trabalhador em situação de desemprego involuntário; * (Redação pela Emenda Constitucional 20/98 – D.O.U., 16.12.98)

IV – salário-família e auxílio-reclusão para os dependentes dos segurados de baixa renda; * (Redação pela Emenda Constitucional 20/98 – D.O.U., 16.12.98)

V – pensão por morte do segurado, homem ou mulher, ao cônjuge ou companheiro e dependentes, observado o disposto no § 2º. * (Redação pela Emenda Constitucional 20/98 – D.O.U., 16.12.98)

§ 1º É vedada a adoção de requisitos e critérios diferenciados para a concessão de aposentadoria aos beneficiários do regime geral de previdência social, ressalvados os casos de atividades exercidas sob condições especiais que prejudiquem a saúde ou a integridade física, definidos em lei complementar. * (Redação pela Emenda Constitucional 20/98 – D.O.U., 16.12.98)

§ 2º Nenhum benefício que substitua o salário de contribuição ou o rendimento do trabalho do segurado terá valor mensal inferior ao salário mínimo. * (Redação pela Emenda Constitucional 20/98 – D.O.U., 16.12.98)

§ 3º Todos os salários de contribuição considerados para o cálculo de benefício serão devidamente atualizados, na forma da lei. * (Redação pela Emenda Constitucional 20/98 – D.O.U., 16.12.98)

§ 4º É assegurado o reajustamento dos benefícios para preservar-lhes, em caráter permanente, o valor real, conforme critérios definidos em lei. * (Redação pela Emenda Constitucional 20/98 – D.O.U., 16.12.98)

§ 5º É vedada a filiação ao regime geral de previdência social, na qualidade de segurado facultativo, de pessoa participante de regime próprio de previdência. * (Redação pela Emenda Constitucional 20/98 – D.O.U., 16.12.98)

§ 6º A gratificação natalina dos aposentados e pensionistas terá por base o valor dos proventos do mês de dezembro de cada ano. * (Redação pela Emenda Constitucional 20/98 – D.O.U., 16.12.98)

§ 7º É assegurada aposentadoria no regime geral de previdência social, nos termos da lei obedecidas as seguintes condições: * (Redação pela Emenda Constitucional 20/98 – D.O.U., 16.12.98)

I – trinta e cinco anos de contribuição, se homem, e trinta anos de contribuição, se mulher; * (Acrescido pela Emenda Constitucional 20/98 – D.O.U., 16.12.98)

II – sessenta e cinco anos de idade, se homem, e sessenta anos de idade, se mulher, reduzido em cinco anos o limite para os trabalhadores rurais de ambos os sexos e para os que exerçam suas atividades em regime de economia familiar, nestes incluídos o produtor rural, o garimpeiro e o pescador artesanal. * (Acrescido pela Emenda Constitucional 20/98 – D.O.U., 16.12.98)

§ 8º Os requisitos a que se refere o inciso I do parágrafo anterior serão reduzidos em cinco anos, para o professor que comprove exclusivamente tempo de efetivo exercício das funções de magistério na educação infantil e no ensino fundamental e médio. * (Redação pela Emenda Constitucional 20/98 – D.O.U., 16.12.98)
§ 9º Para efeito de aposentadoria, é assegurada a contagem recíproca do tempo de contribuição na administração pública e na atividade privada, rural e urbana, hipótese em que os diversos regimes de previdência social se compensarão financeiramente, segundo critérios estabelecidos em lei. (Acrescido pela Emenda Constitucional 20/98 – D.O.U., 16.12.98)
§ 10 Lei disciplinará a cobertura do risco de acidente do trabalho, a ser atendida concorrentemente pelo regime geral de previdência social e pelo setor privado. (Acrescido pela Emenda Constitucional 20/98 – D.O.U., 16.12.98)
§ 11 Os ganhos habituais do empregado, a qualquer título, serão incorporados ao salário para efeito de contribuição previdenciária e conseguinte repercussão em benefícios, nos casos e na forma da lei. (Acrescido pela Emenda Constitucional 20/98 – D.O.U., 16.12.98)

Art. 202. O regime de previdência privada, de caráter complementar e organizado de forma autônoma em relação ao regime geral de previdência social, será facultativo, baseado na constituição de reservas que garantam o benefício contratado, e regulado por lei complementar. * (Redação pela Emenda Constitucional 20/98 – D.O.U., 16.12.98)
§ 1º A lei complementar de que trata este artigo assegurará ao participante de planos de benefícios de entidades de previdência privada o pleno acesso às informações relativas à gestão de seus respectivos planos. * (Redação pela Emenda Constitucional 20/98 – D.O.U., 16.12.98)
§ 2º As contribuições do empregador, os benefícios e as condições contratuais previstas nos estatutos, regulamentos e planos de benefícios das entidades de previdência privada não integram o contrato de trabalho dos participantes, assim como, à exceção dos benefícios concedidos, não integram a remuneração dos participantes, nos termos da lei. * (Redação pela Emenda Constitucional 20/98 – D.O.U., 16.12.98)
§ 3º É vedado o aporte de recursos a entidade de previdência privada pela União, Estados, Distrito Federal e Municípios, suas autarquias, fundações, empresas públicas, sociedades de economia mista e outras entidades públicas, salvo na qualidade de patrocinador, situação na qual, em hipótese alguma, sua contribuição normal poderá exceder a do segurado. * (Redação pela Emenda Constitucional 20/98 – D.O.U., 16.12.98)
§ 4º Lei complementar disciplinará a relação entre a União, Estados, Distrito Federal e Municípios, inclusive suas autarquias, fundações sociedades de economia mista e empresas controladas direta ou indiretamente, enquanto patrocinadoras

de entidades fechadas de previdência privada, e suas respectivas entidades fechadas de previdência privada. * (Redação pela Emenda Constitucional 20/98 – D.O.U., 16.12.98)

§ 5º A lei complementar de que trata o parágrafo anterior aplicar-se-á, no que couber, às empresas privadas permissionárias ou concessionárias de prestação de serviços públicos, quando patrocinadoras de entidades fechadas de previdência privada. * (Redação pela Emenda Constitucional 20/98 – D.O.U., 16.12.98)

§ 6º A lei complementar a que se refere o § 4º deste artigo estabelecerá os requisitos para a designação dos membros das diretorias das entidades fechadas de previdência privada e disciplinará a inserção dos participantes nos colegiados e instâncias de decisão em que seus interesses sejam objeto de discussão e deliberação. * (Redação pela Emenda Constitucional 20/98 – D.O.U., 16.12.98)

8.7.3 A previdência oficial

A previdência social é de filiação obrigatória para todos os trabalhadores, mas a informalidade tem tornado essa obrigatoriedade relativa.

Existem, no Brasil, dois regimes de previdência oficial: o Regime Geral de Previdência Social (RGPS), que reúne os trabalhadores da iniciativa privada e é administrado pelo INSS, e o Regime Próprio de Previdência Social (RPPS), que reúne os servidores públicos, civis e militares e é administrado por institutos, autarquias, fundações e fundos de pensão próprios do sistema. Ambos possuem sistema de financiamento de repartição simples, sendo a cobertura de seus déficits provida pelos Tesouros Nacional, estaduais ou municipais.[9]

As previdências oficiais não têm por objetivo assegurar o mesmo nível de remuneração que os aposentados tinham durante o período de trabalho, mas, sim, garantir uma subsistência digna para os que não têm mais condições de trabalhar. Em virtude disso, foi estabelecido um teto para os benefícios. Inicialmente, o teto vigorava apenas para o regime RGPS. Desde a reforma de 2003, passou a vigorar também um teto para os novos contribuintes do RPPS.

8.7.4 A previdência complementar

8.7.4.1 Origens no Brasil

A previdência complementar ganhou importância em razão do teto estipulado para a previdência oficial, que foi sendo reduzido em valores reais, em razão das dificuldades por ela enfrentadas.

---

[9] SILVA, 2003.

A complementação da aposentadoria cresceu no Brasil a partir da década de 1970 e teve dois objetivos principais para empresas: criar um benefício, bastante diferenciado àquela época, que atraísse e ajudasse a reter os talentos desejados; criar a possibilidade dos colaboradores mais antigos se aposentarem em idade adequada, sem perda do padrão material de vida, abrindo perspectivas de ascensão dos mais jovens a postos mais elevados, trazendo "sangue novo" à administração e dando uma contribuição adicional, dessa forma, à atração de jovens de potencial. Na ocasião, a impossibilidade de aposentadoria para o pessoal mais antigo constituía um problema grave por dois motivos principais: o envelhecimento dos quadros nos níveis mais altos dificultava a implantação de inovações e de adaptação às novas necessidades do ambiente externo; as empresas não aposentavam compulsoriamente os antigos colaboradores, para não lhes causar perda considerável no padrão de vida, inviabilizando, dessa forma, a implantação de planos de carreira de curto e médio prazos, uma vez que as aposentadorias não poderiam ser previstas com precisão.

Em âmbito nacional, havia ainda o objetivo de criar uma poupança que estimulasse os investimentos.

8.7.4.2 Dispositivos legais sobre a previdência complementar

Existem dois tipos de entidades de previdência complementar: entidades fechadas e entidades abertas, ambas criadas pela Lei n. 6.435, de 1977, e revogada pela Lei Complementar n. 109, de 2001, esta última diz textualmente o seguinte:

CAPÍTULO I
INTRODUÇÃO

Art. 1º O regime de previdência privada, de caráter complementar e organizado de forma autônoma em relação ao regime geral de previdência social, é facultativo, baseado na constituição de reservas que garantam o benefício, nos termos do *caput* do art. 202 da Constituição Federal, observado o disposto nesta Lei Complementar.

Art. 2º O regime de previdência complementar é operado por entidades de previdência complementar que têm por objetivo principal instituir e executar planos de benefícios de caráter previdenciário, na forma desta Lei Complementar.

Art. 3º A ação do Estado será exercida com o objetivo de:

I – formular a política de previdência complementar;

II – disciplinar, coordenar e supervisionar as atividades reguladas por esta Lei Complementar, compatibilizando-as com as políticas previdenciária e de desenvolvimento social e econômico-financeiro;
III – determinar padrões mínimos de segurança econômico-financeira e atuarial, com fins específicos de preservar a liquidez, a solvência e o equilíbrio dos planos de benefícios, isoladamente, e de cada entidade de previdência complementar, no conjunto de suas atividades;
IV – assegurar aos participantes e assistidos o pleno acesso às informações relativas à gestão de seus respectivos planos de benefícios;
V – fiscalizar as entidades de previdência complementar, suas operações e aplicar penalidades; e
VI – proteger os interesses dos participantes e assistidos dos planos de benefícios.

Art. 4º As entidades de previdência complementar são classificadas em fechadas e abertas, conforme definido nesta Lei Complementar.
Art. 5º A normatização, coordenação, supervisão, fiscalização e controle das atividades das entidades de previdência complementar serão realizados por órgão ou órgãos regulador e fiscalizador, conforme disposto em lei, observado o disposto no inciso VI do art. 84 da Constituição Federal.

CAPÍTULO II
DOS PLANOS DE BENEFÍCIOS

Seção I
Disposições Comuns

Art. 6º As entidades de previdência complementar somente poderão instituir e operar planos de benefícios para os quais tenham autorização específica, segundo as normas aprovadas pelo órgão regulador e fiscalizador, conforme disposto nesta Lei Complementar.
Art. 7º Os planos de benefícios atenderão a padrões mínimos fixados pelo órgão regulador e fiscalizador, com o objetivo de assegurar transparência, solvência, liquidez e equilíbrio econômico-financeiro e atuarial.
Parágrafo único. O órgão regulador e fiscalizador normatizará planos de benefícios nas modalidades de benefício definido, contribuição definida e contribuição variável, bem como outras formas de planos de benefícios que reflitam a evolução técnica e possibilitem flexibilidade ao regime de previdência complementar.

Art. 8º Para efeito desta Lei Complementar, considera-se:
I – participante, a pessoa física que aderir aos planos de benefícios; e
II – assistido, o participante ou seu beneficiário em gozo de benefício de prestação continuada.

Art. 9º As entidades de previdência complementar constituirão reservas técnicas, provisões e fundos, de conformidade com os critérios e normas fixados pelo órgão regulador e fiscalizador.

§ 1º A aplicação dos recursos correspondentes às reservas, às provisões e aos fundos de que trata o *caput* será feita conforme diretrizes estabelecidas pelo Conselho Monetário Nacional.

§ 2º É vedado o estabelecimento de aplicações compulsórias ou limites mínimos de aplicação.

Art. 10. Deverão constar dos regulamentos dos planos de benefícios, das propostas de inscrição e dos certificados de participantes condições mínimas a serem fixadas pelo órgão regulador e fiscalizador.

§ 1º A todo pretendente será disponibilizado e a todo participante entregue, quando de sua inscrição no plano de benefícios:

I – certificado onde estarão indicados os requisitos que regulam a admissão e a manutenção da qualidade de participante, bem como os requisitos de elegibilidade e forma de cálculo dos benefícios;

II – cópia do regulamento atualizado do plano de benefícios e material explicativo que descreva, em linguagem simples e precisa, as características do plano;

III – cópia do contrato, no caso de plano coletivo de que trata o inciso II do art. 26 desta Lei Complementar; e

IV – outros documentos que vierem a ser especificados pelo órgão regulador e fiscalizador.

§ 2º Na divulgação dos planos de benefícios, não poderão ser incluídas informações diferentes das que figurem nos documentos referidos neste artigo.

Art. 11. Para assegurar compromissos assumidos junto aos participantes e assistidos de planos de benefícios, as entidades de previdência complementar poderão contratar operações de resseguro, por iniciativa própria ou por determinação do órgão regulador e fiscalizador, observados o regulamento do respectivo plano e demais disposições legais e regulamentares.

Parágrafo único. Fica facultada às entidades fechadas a garantia referida no *caput* por meio de fundo de solvência, a ser instituído na forma da lei.

Seção II

Dos Planos de Benefícios de Entidades Fechadas

Art. 12. Os planos de benefícios de entidades fechadas poderão ser instituídos por patrocinadores e instituidores, observado o disposto no art. 31 desta Lei Complementar.

Art. 13. A formalização da condição de patrocinador ou instituidor de um plano de benefício dar-se-á mediante convênio de adesão a ser celebrado entre o patrocinador ou instituidor e a entidade fechada, em relação a cada plano de benefícios por esta administrado e executado, mediante prévia autorização do órgão regulador e fiscalizador, conforme regulamentação do Poder Executivo.

§ 1º Admitir-se-á solidariedade entre patrocinadores ou entre instituidores, com relação aos respectivos planos, desde que expressamente prevista no convênio de adesão.

§ 2º O órgão regulador e fiscalizador, dentre outros requisitos, estabelecerá o número mínimo de participantes admitido para cada modalidade de plano de benefício.

Art. 14. Os planos de benefícios deverão prever os seguintes institutos, observadas as normas estabelecidas pelo órgão regulador e fiscalizador:

I – benefício proporcional diferido, em razão da cessação do vínculo empregatício com o patrocinador ou associativo com o instituidor antes da aquisição do direito ao benefício pleno, a ser concedido quando cumpridos os requisitos de elegibilidade;

II – portabilidade do direito acumulado pelo participante para outro plano;

III – resgate da totalidade das contribuições vertidas ao plano pelo participante, descontadas as parcelas do custeio administrativo, na forma regulamentada; e

IV – faculdade de o participante manter o valor de sua contribuição e a do patrocinador, no caso de perda parcial ou total da remuneração recebida, para assegurar a percepção dos benefícios nos níveis correspondentes àquela remuneração ou em outros definidos em normas regulamentares.

§ 1º Não será admitida a portabilidade na inexistência de cessação do vínculo empregatício do participante com o patrocinador.

§ 2º O órgão regulador e fiscalizador estabelecerá período de carência para o instituto de que trata o inciso II deste artigo.

§ 3º Na regulamentação do instituto previsto no inciso II do *caput* deste artigo, o órgão regulador e fiscalizador observará, entre outros requisitos específicos, os seguintes:

I – se o plano de benefícios foi instituído antes ou depois da publicação desta Lei Complementar;

II – a modalidade do plano de benefícios.

§ 4º O instituto de que trata o inciso II deste artigo, quando efetuado para entidade aberta, somente será admitido quando a integralidade dos recursos financeiros correspondentes ao direito acumulado do participante for utilizada para a contratação de renda mensal vitalícia ou por prazo determinado, cujo prazo mínimo não poderá ser inferior ao período em que a respectiva reserva foi constituída, limitado ao mínimo de quinze anos, observadas as normas estabelecidas pelo órgão regulador e fiscalizador.

Art. 15. Para efeito do disposto no inciso II do *caput* do artigo anterior, fica estabelecido que:

I – a portabilidade não caracteriza resgate; e

II – é vedado que os recursos financeiros correspondentes transitem pelos participantes dos planos de benefícios, sob qualquer forma.

Parágrafo único. O direito acumulado corresponde às reservas constituídas pelo participante ou à reserva matemática, o que lhe for mais favorável.

Art. 16. Os planos de benefícios devem ser, obrigatoriamente, oferecidos a todos os empregados dos patrocinadores ou associados dos instituidores.

§ 1º Para os efeitos desta Lei Complementar, são equiparáveis aos empregados e associados a que se refere o *caput* os gerentes, diretores, conselheiros ocupantes de cargo eletivo e outros dirigentes de patrocinadores e instituidores.

§ 2º É facultativa a adesão aos planos a que se refere o *caput* deste artigo.

§ 3º O disposto no *caput* deste artigo não se aplica aos planos em extinção, assim considerados aqueles aos quais o acesso de novos participantes esteja vedado.

Art. 17. As alterações processadas nos regulamentos dos planos aplicam-se a todos os participantes das entidades fechadas, a partir de sua aprovação pelo órgão regulador e fiscalizador, observado o direito acumulado de cada participante.

Parágrafo único. Ao participante que tenha cumprido os requisitos para obtenção dos benefícios previstos no plano é assegurada a aplicação das disposições regulamentares vigentes na data em que se tornou elegível a um benefício de aposentadoria.

Art. 18. O plano de custeio, com periodicidade mínima anual, estabelecerá o nível de contribuição necessário à constituição das reservas garantidoras de benefícios, fundos, provisões e à cobertura das demais despesas, em conformidade com os critérios fixados pelo órgão regulador e fiscalizador.

§ 1º O regime financeiro de capitalização é obrigatório para os benefícios de pagamento em prestações que sejam programadas e continuadas.

§ 2º Observados critérios que preservem o equilíbrio financeiro e atuarial, o cálculo das reservas técnicas atenderá às peculiaridades de cada plano de benefícios e deverá estar expresso em nota técnica atuarial, de apresentação obrigatória, incluindo as hipóteses utilizadas, que deverão guardar relação com as características da massa e da atividade desenvolvida pelo patrocinador ou instituidor.

§ 3º As reservas técnicas, provisões e fundos de cada plano de benefícios e os exigíveis a qualquer título deverão atender permanentemente à cobertura integral dos compromissos assumidos pelo plano de benefícios, ressalvadas excepcionalidades definidas pelo órgão regulador e fiscalizador.

Art. 19. As contribuições destinadas à constituição de reservas terão como finalidade prover o pagamento de benefícios de caráter previdenciário, observadas as especificidades previstas nesta Lei Complementar.

Parágrafo único. As contribuições referidas no *caput* classificam-se em:

I – normais, aquelas destinadas ao custeio dos benefícios previstos no respectivo plano; e

II – extraordinárias, aquelas destinadas ao custeio de déficits, serviço passado e outras finalidades não incluídas na contribuição normal.

Art. 20. O resultado superavitário dos planos de benefícios das entidades fechadas, ao final do exercício, satisfeitas as exigências regulamentares relativas aos mencionados planos, será destinado à constituição de reserva de contingência, para garantia de benefícios, até o limite de vinte e cinco por cento do valor das reservas matemáticas.

§ 1º Constituída a reserva de contingência, com os valores excedentes será constituída reserva especial para revisão do plano de benefícios.

§ 2º A não utilização da reserva especial por três exercícios consecutivos determinará a revisão obrigatória do plano de benefícios da entidade.

§ 3º Se a revisão do plano de benefícios implicar redução de contribuições, deverá ser levada em consideração a proporção existente entre as contribuições dos patrocinadores e dos participantes, inclusive dos assistidos.

Art. 21. O resultado deficitário nos planos ou nas entidades fechadas será equacionado por patrocinadores, participantes e assistidos, na proporção existente entre as suas contribuições, sem prejuízo de ação regressiva contra dirigentes ou terceiros que deram causa a dano ou prejuízo à entidade de previdência complementar.

§ 1º O equacionamento referido no *caput* poderá ser feito, dentre outras formas, por meio do aumento do valor das contribuições, instituição de contribuição adicional ou redução do valor dos benefícios a conceder, observadas as normas estabelecidas pelo órgão regulador e fiscalizador.

§ 2º A redução dos valores dos benefícios não se aplica aos assistidos, sendo cabível, nesse caso, a instituição de contribuição adicional para cobertura do acréscimo ocorrido em razão da revisão do plano.

§ 3º Na hipótese de retorno à entidade dos recursos equivalentes ao déficit previsto no *caput* deste artigo, em consequência de apuração de responsabilidade mediante ação judicial ou administrativa, os respectivos valores deverão ser aplicados necessariamente na redução proporcional das contribuições devidas ao plano ou em melhoria dos benefícios.

Art. 22. Ao final de cada exercício, coincidente com o ano civil, as entidades fechadas deverão levantar as demonstrações contábeis e as avaliações atuariais de cada plano de benefícios, por pessoa jurídica ou profissional legalmente habilitado, devendo os resultados ser encaminhados ao órgão regulador e fiscalizador e divulgados aos participantes e aos assistidos.

Art. 23. As entidades fechadas deverão manter atualizada sua contabilidade, de acordo com as instruções do órgão regulador e fiscalizador, consolidando a

posição dos planos de benefícios que administram e executam, bem como submetendo suas contas a auditores independentes.
Parágrafo único. Ao final de cada exercício serão elaboradas as demonstrações contábeis e atuariais consolidadas, sem prejuízo dos controles por plano de benefícios.
Art. 24. A divulgação aos participantes, inclusive aos assistidos, das informações pertinentes aos planos de benefícios dar-se-á ao menos uma vez ao ano, na forma, nos prazos e pelos meios estabelecidos pelo órgão regulador e fiscalizador.
Parágrafo único. As informações requeridas formalmente pelo participante ou assistido, para defesa de direitos e esclarecimento de situações de interesse pessoal específico deverão ser atendidas pela entidade no prazo estabelecido pelo órgão regulador e fiscalizador.
Art. 25. O órgão regulador e fiscalizador poderá autorizar a extinção de plano de benefícios ou a retirada de patrocínio, ficando os patrocinadores e instituidores obrigados ao cumprimento da totalidade dos compromissos assumidos com a entidade relativamente aos direitos dos participantes, assistidos e obrigações legais, até a data da retirada ou extinção do plano.
Parágrafo único. Para atendimento do disposto no *caput* deste artigo, a situação de solvência econômico-financeira e atuarial da entidade deverá ser atestada por profissional devidamente habilitado, cujos relatórios serão encaminhados ao órgão regulador e fiscalizador.

Seção III
Dos Planos de Benefícios de Entidades Abertas

Art. 26. Os planos de benefícios instituídos por entidades abertas poderão ser:

I – individuais, quando acessíveis a quaisquer pessoas físicas; ou

II – coletivos, quando tenham por objetivo garantir benefícios previdenciários a pessoas físicas vinculadas, direta ou indiretamente, a uma pessoa jurídica contratante.

§ 1º O plano coletivo poderá ser contratado por uma ou várias pessoas jurídicas.

§ 2º O vínculo indireto de que trata o inciso II deste artigo refere-se aos casos em que uma entidade representativa de pessoas jurídicas contrate plano previdenciário coletivo para grupos de pessoas físicas vinculadas a suas filiadas.

§ 3º Os grupos de pessoas de que trata o parágrafo anterior poderão ser constituídos por uma ou mais categorias específicas de empregados de um mesmo empregador, podendo abranger empresas coligadas, controladas ou subsidiárias, e por membros de associações legalmente constituídas, de caráter profissional ou classista, e seus cônjuges ou companheiros e dependentes econômicos.

§ 4º Para efeito do disposto no parágrafo anterior, são equiparáveis aos empregados e associados os diretores, conselheiros ocupantes de cargos eletivos e outros dirigentes ou gerentes da pessoa jurídica contratante.

§ 5º A implantação de um plano coletivo será celebrada mediante contrato, na forma, nos critérios, nas condições e nos requisitos mínimos a serem estabelecidos pelo órgão regulador.

§ 6º É vedada à entidade aberta a contratação de plano coletivo com pessoa jurídica cujo objetivo principal seja estipular, em nome de terceiros, planos de benefícios coletivos.

Art. 27. Observados os conceitos, a forma, as condições e os critérios fixados pelo órgão regulador, é assegurado aos participantes o direito à portabilidade, inclusive para plano de benefício de entidade fechada, e ao resgate de recursos das reservas técnicas, provisões e fundos, total ou parcialmente.

§ 1º A portabilidade não caracteriza resgate.

§ 2º É vedado, no caso de portabilidade:

I – que os recursos financeiros transitem pelos participantes, sob qualquer forma; e

II – a transferência de recursos entre participantes.

Art. 28. Os ativos garantidores das reservas técnicas, das provisões e dos fundos serão vinculados à ordem do órgão fiscalizador, na forma a ser regulamentada, e poderão ter sua livre movimentação suspensa pelo referido órgão, a partir da qual não poderão ser alienados ou prometidos alienar sem sua prévia e expressa autorização, sendo nulas, de pleno direito, quaisquer operações realizadas com violação daquela suspensão.

§ 1º Sendo imóvel, o vínculo será averbado à margem do respectivo registro no Cartório de Registro Geral de Imóveis competente, mediante comunicação do órgão fiscalizador.

§ 2º Os ativos garantidores a que se refere o *caput*, bem como os direitos deles decorrentes, não poderão ser gravados, sob qualquer forma, sem prévia e expressa autorização do órgão fiscalizador, sendo nulos os gravames constituídos com infringência do disposto neste parágrafo.

Art. 29. Compete ao órgão regulador, entre outras atribuições que lhe forem conferidas por lei:

I – fixar padrões adequados de segurança atuarial e econômico-financeira, para preservação da liquidez e solvência dos planos de benefícios, isoladamente, e de cada entidade aberta, no conjunto de suas atividades;

II – estabelecer as condições em que o órgão fiscalizador pode determinar a suspensão da comercialização ou a transferência, entre entidades abertas, de planos de benefícios; e

III – fixar condições que assegurem transparência, acesso a informações e fornecimento de dados relativos aos planos de benefícios, inclusive quanto à gestão dos respectivos recursos.

Art. 30. É facultativa a utilização de corretores na venda dos planos de benefícios das entidades abertas.

Parágrafo único. Aos corretores de planos de benefícios aplicam-se a legislação e a regulamentação da profissão de corretor de seguros.

CAPÍTULO III
DAS ENTIDADES FECHADAS DE PREVIDÊNCIA COMPLEMENTAR

Art. 31. As entidades fechadas são aquelas acessíveis, na forma regulamentada pelo órgão regulador e fiscalizador, exclusivamente:

I – aos empregados de uma empresa ou grupo de empresas e aos servidores da União, dos Estados, do Distrito Federal e dos Municípios, entes denominados patrocinadores; e

II – aos associados ou membros de pessoas jurídicas de caráter profissional, classista ou setorial, denominadas instituidores.

§ 1º As entidades fechadas organizar-se-ão sob a forma de fundação ou sociedade civil, sem fins lucrativos.

§ 2º As entidades fechadas constituídas por instituidores referidos no inciso II do *caput* deste artigo deverão, cumulativamente:

I – terceirizar a gestão dos recursos garantidores das reservas técnicas e provisões mediante a contratação de instituição especializada autorizada a funcionar pelo Banco Central do Brasil ou outro órgão competente;

II – ofertar exclusivamente planos de benefícios na modalidade contribuição definida, na forma do parágrafo único do art. 7º desta Lei Complementar.

§ 3º Os responsáveis pela gestão dos recursos de que trata o inciso I do parágrafo anterior deverão manter segregados e totalmente isolados o seu patrimônio dos patrimônios do instituidor e da entidade fechada.

§ 4º Na regulamentação de que trata o *caput*, o órgão regulador e fiscalizador estabelecerá o tempo mínimo de existência do instituidor e o seu número mínimo de associados.

Art. 32. As entidades fechadas têm como objeto a administração e execução de planos de benefícios de natureza previdenciária.

Parágrafo único. É vedada às entidades fechadas a prestação de quaisquer serviços que não estejam no âmbito de seu objeto, observado o disposto no art. 76.

Art. 33. Dependerão de prévia e expressa autorização do órgão regulador e fiscalizador:

I – a constituição e o funcionamento da entidade fechada, bem como a aplicação dos respectivos estatutos, dos regulamentos dos planos de benefícios e suas alterações;

II – as operações de fusão, cisão, incorporação ou qualquer outra forma de reorganização societária, relativas às entidades fechadas;

III – as retiradas de patrocinadores; e

IV – as transferências de patrocínio, de grupo de participantes, de planos e de reservas entre entidades fechadas.

§ 1º Excetuado o disposto no inciso III deste artigo, é vedada a transferência para terceiros de participantes, de assistidos e de reservas constituídas para garantia de benefícios de risco atuarial programado, de acordo com normas estabelecidas pelo órgão regulador e fiscalizador.

§ 2º Para os assistidos de planos de benefícios na modalidade contribuição definida que mantiveram esta característica durante a fase de percepção de renda programada, o órgão regulador e fiscalizador poderá, em caráter excepcional, autorizar a transferência dos recursos garantidores dos benefícios para entidade de previdência complementar ou companhia seguradora autorizada a operar planos de previdência complementar, com o objetivo específico de contratar plano de renda vitalícia, observadas as normas aplicáveis.

Art. 34. As entidades fechadas podem ser qualificadas da seguinte forma, além de outras que possam ser definidas pelo órgão regulador e fiscalizador:

I – de acordo com os planos que administram:

a) de plano comum, quando administram plano ou conjunto de planos acessíveis ao universo de participantes; e
b) com multiplano, quando administram plano ou conjunto de planos de benefícios para diversos grupos de participantes, com independência patrimonial;

II – de acordo com seus patrocinadores ou instituidores:

a) singulares, quando estiverem vinculadas a apenas um patrocinador ou instituidor; e
b) multipatrocinadas, quando congregarem mais de um patrocinador ou instituidor.

Art. 35. As entidades fechadas deverão manter estrutura mínima composta por conselho deliberativo, conselho fiscal e diretoria-executiva. (Regulamento)

§ 1º O estatuto deverá prever representação dos participantes e assistidos nos conselhos deliberativo e fiscal, assegurado a eles no mínimo um terço das vagas.

§ 2º Na composição dos conselhos deliberativo e fiscal das entidades qualificadas como multipatrocinadas, deverá ser considerado o número de participantes vinculados a cada patrocinador ou instituidor, bem como o montante dos respectivos patrimônios.

§ 3º Os membros do conselho deliberativo ou do conselho fiscal deverão atender aos seguintes requisitos mínimos:

I – comprovada experiência no exercício de atividades nas áreas financeira, administrativa, contábil, jurídica, de fiscalização ou de auditoria;

II – não ter sofrido condenação criminal transitada em julgado; e

III – não ter sofrido penalidade administrativa por infração da legislação da seguridade social ou como servidor público.

§ 4º Os membros da diretoria-executiva deverão ter formação de nível superior e atender aos requisitos do parágrafo anterior.

§ 5º Será informado ao órgão regulador e fiscalizador o responsável pelas aplicações dos recursos da entidade, escolhido entre os membros da diretoria-executiva.

§ 6º Os demais membros da diretoria-executiva responderão solidariamente com o dirigente indicado na forma do parágrafo anterior pelos danos e prejuízos causados à entidade para os quais tenham concorrido.

§ 7º Sem prejuízo do disposto no § 1º do art. 31 desta Lei Complementar, os membros da diretoria-executiva e dos conselhos deliberativo e fiscal poderão ser remunerados pelas entidades fechadas, de acordo com a legislação aplicável.

§ 8º Em caráter excepcional, poderão ser ocupados até trinta por cento dos cargos da diretoria-executiva por membros sem formação de nível superior, sendo assegurada a possibilidade de participação neste órgão de pelo menos um membro, quando da aplicação do referido percentual resultar número inferior à unidade.

CAPÍTULO IV
DAS ENTIDADES ABERTAS DE PREVIDÊNCIA COMPLEMENTAR

Art. 36. As entidades abertas são constituídas unicamente sob a forma de sociedades anônimas e têm por objetivo instituir e operar planos de benefícios de caráter previdenciário concedidos em forma de renda continuada ou pagamento único, acessíveis a quaisquer pessoas físicas.

Parágrafo único. As sociedades seguradoras autorizadas a operar exclusivamente no ramo vida poderão ser autorizadas a operar os planos de benefícios a que se refere o *caput*, a elas se aplicando as disposições desta Lei Complementar.

Art. 37. Compete ao órgão regulador, entre outras atribuições que lhe forem conferidas por lei, estabelecer:

I – os critérios para a investidura e posse em cargos e funções de órgãos estatutários de entidades abertas, observado que o pretendente não poderá ter sofrido condenação criminal transitada em julgado, penalidade administrativa por infração da legislação da seguridade social ou como servidor público;

II – as normas gerais de contabilidade, auditoria, atuária e estatística a serem observadas pelas entidades abertas, inclusive quanto à padronização dos planos de contas, balanços gerais, balancetes e outras demonstrações financeiras, critérios sobre sua periodicidade, sobre a publicação desses documentos e sua remessa ao órgão fiscalizador;

III – os índices de solvência e liquidez, bem como as relações patrimoniais a serem atendidas pelas entidades abertas, observado que seu patrimônio líquido não poderá ser inferior ao respectivo passivo não operacional; e

IV – as condições que assegurem acesso a informações e fornecimento de dados relativos a quaisquer aspectos das atividades das entidades abertas.

Art. 38. Dependerão de prévia e expressa aprovação do órgão fiscalizador:

I – a constituição e o funcionamento das entidades abertas, bem como as disposições de seus estatutos e as respectivas alterações;

II – a comercialização dos planos de benefícios;

III – os atos relativos à eleição e consequente posse de administradores e membros de conselhos estatutários; e

IV – as operações relativas à transferência do controle acionário, fusão, cisão, incorporação ou qualquer outra forma de reorganização societária.

Parágrafo único. O órgão regulador disciplinará o tratamento administrativo a ser emprestado ao exame dos assuntos constantes deste artigo.

Art. 39. As entidades abertas deverão comunicar ao órgão fiscalizador, no prazo e na forma estabelecidos:

I – os atos relativos às alterações estatutárias e à eleição de administradores e membros de conselhos estatutários; e

II – o responsável pela aplicação dos recursos das reservas técnicas, provisões e fundos, escolhido dentre os membros da diretoria-executiva.

Parágrafo único. Os demais membros da diretoria-executiva responderão solidariamente com o dirigente indicado na forma do inciso II deste artigo pelos danos e prejuízos causados à entidade para os quais tenham concorrido.

Art. 40. As entidades abertas deverão levantar no último dia útil de cada mês e semestre, respectivamente, balancetes mensais e balanços gerais, com observância das regras e dos critérios estabelecidos pelo órgão regulador.

Parágrafo único. As sociedades seguradoras autorizadas a operar planos de benefícios deverão apresentar nas demonstrações financeiras, de forma discriminada, as atividades previdenciárias e as de seguros, de acordo com critérios fixados pelo órgão regulador.

CAPÍTULO V
DA FISCALIZAÇÃO

Art. 41. No desempenho das atividades de fiscalização das entidades de previdência complementar, os servidores do órgão regulador e fiscalizador terão livre acesso às respectivas entidades, delas podendo requisitar e apreender livros, notas técnicas e quaisquer documentos, caracterizando-se embaraço à fiscalização, sujeito às penalidades previstas em lei, qualquer dificuldade oposta à consecução desse objetivo.

§ 1º O órgão regulador e fiscalizador das entidades fechadas poderá solicitar dos patrocinadores e instituidores informações relativas aos aspectos específicos que digam respeito aos compromissos assumidos frente aos respectivos planos de benefícios.

§ 2º A fiscalização a cargo do Estado não exime os patrocinadores e os instituidores da responsabilidade pela supervisão sistemática das atividades das suas respectivas entidades fechadas.

§ 3º As pessoas físicas ou jurídicas submetidas ao regime desta Lei Complementar ficam obrigadas a prestar quaisquer informações ou esclarecimentos solicitados pelo órgão regulador e fiscalizador.

§ 4º O disposto neste artigo aplica-se, sem prejuízo da competência das autoridades fiscais, relativamente ao pleno exercício das atividades de fiscalização tributária.

Art. 42. O órgão regulador e fiscalizador poderá, em relação às entidades fechadas, nomear administrador especial, a expensas da entidade, com poderes próprios de intervenção e de liquidação extrajudicial, com o objetivo de sanear plano de benefícios específico, caso seja constatada na sua administração e execução alguma das hipóteses previstas nos arts. 44 e 48 desta Lei Complementar.

Parágrafo único. O ato de nomeação de que trata o *caput* estabelecerá as condições, os limites e as atribuições do administrador especial.

Art. 43. O órgão fiscalizador poderá, em relação às entidades abertas, desde que se verifique uma das condições previstas no art. 44 desta Lei Complementar, nomear, por prazo determinado, prorrogável a seu critério, e a expensas da respectiva entidade, um diretor-fiscal.

§ 1º O diretor-fiscal, sem poderes de gestão, terá suas atribuições estabelecidas pelo órgão regulador, cabendo ao órgão fiscalizador fixar sua remuneração.

§ 2º Se reconhecer a inviabilidade de recuperação da entidade aberta ou a ausência de qualquer condição para o seu funcionamento, o diretor-fiscal proporá ao órgão fiscalizador a decretação da intervenção ou da liquidação extrajudicial.

§ 3º O diretor-fiscal não está sujeito à indisponibilidade de bens, nem aos demais efeitos decorrentes da decretação da intervenção ou da liquidação extrajudicial da entidade aberta.

CAPÍTULO VI
DA INTERVENÇÃO E DA LIQUIDAÇÃO EXTRAJUDICIAL

Seção I
Da Intervenção

Art. 44. Para resguardar os direitos dos participantes e assistidos poderá ser decretada a intervenção na entidade de previdência complementar, desde que se verifique, isolada ou cumulativamente:

I – irregularidade ou insuficiência na constituição das reservas técnicas, provisões e fundos, ou na sua cobertura por ativos garantidores;
II – aplicação dos recursos das reservas técnicas, provisões e fundos de forma inadequada ou em desacordo com as normas expedidas pelos órgãos competentes;
III – descumprimento de disposições estatutárias ou de obrigações previstas nos regulamentos dos planos de benefícios, convênios de adesão ou contratos dos planos coletivos de que trata o inciso II do art. 26 desta Lei Complementar;
IV – situação econômico-financeira insuficiente à preservação da liquidez e solvência de cada um dos planos de benefícios e da entidade no conjunto de suas atividades;
V – situação atuarial desequilibrada;
VI – outras anormalidades definidas em regulamento.

Art. 45. A intervenção será decretada pelo prazo necessário ao exame da situação da entidade e encaminhamento de plano destinado à sua recuperação.
Parágrafo único. Dependerão de prévia e expressa autorização do órgão competente os atos do interventor que impliquem oneração ou disposição do patrimônio.
Art. 46. A intervenção cessará quando aprovado o plano de recuperação da entidade pelo órgão competente ou se decretada a sua liquidação extrajudicial.

Seção II
Da Liquidação Extrajudicial
Art. 47. As entidades fechadas não poderão solicitar concordata e não estão sujeitas a falência, mas somente a liquidação extrajudicial.
Art. 48. A liquidação extrajudicial será decretada quando reconhecida a inviabilidade de recuperação da entidade de previdência complementar ou pela ausência de condição para seu funcionamento.
Parágrafo único. Para os efeitos desta Lei Complementar, entende-se por ausência de condição para funcionamento de entidade de previdência complementar:
I – (VETADO)
II – (VETADO)
III – o não atendimento às condições mínimas estabelecidas pelo órgão regulador e fiscalizador.

Art. 49. A decretação da liquidação extrajudicial produzirá, de imediato, os seguintes efeitos:
I – suspensão das ações e execuções iniciadas sobre direitos e interesses relativos ao acervo da entidade liquidanda;
II – vencimento antecipado das obrigações da liquidanda;

III – não incidência de penalidades contratuais contra a entidade por obrigações vencidas em decorrência da decretação da liquidação extrajudicial;

IV – não fluência de juros contra a liquidanda enquanto não integralmente pago o passivo;

V – interrupção da prescrição em relação às obrigações da entidade em liquidação;

VI – suspensão de multa e juros em relação às dívidas da entidade;

VII – inexigibilidade de penas pecuniárias por infrações de natureza administrativa;

VIII – interrupção do pagamento à liquidanda das contribuições dos participantes e dos patrocinadores, relativas aos planos de benefícios.

§ 1º As faculdades previstas nos incisos deste artigo aplicam-se, no caso das entidades abertas de previdência complementar, exclusivamente, em relação às suas atividades de natureza previdenciária.

§ 2º O disposto neste artigo não se aplica às ações e aos débitos de natureza tributária.

Art. 50. O liquidante organizará o quadro geral de credores, realizará o ativo e liquidará o passivo.

§ 1º Os participantes, inclusive os assistidos, dos planos de benefícios ficam dispensados de se habilitarem a seus respectivos créditos, estejam estes sendo recebidos ou não.

§ 2º Os participantes, inclusive os assistidos, dos planos de benefícios terão privilégio especial sobre os ativos garantidores das reservas técnicas e, caso estes não sejam suficientes para a cobertura dos direitos respectivos, privilégio geral sobre as demais partes não vinculadas ao ativo.

§ 3º Os participantes que já estiverem recebendo benefícios, ou que já tiverem adquirido este direito antes de decretada a liquidação extrajudicial, terão preferência sobre os demais participantes.

§ 4º Os créditos referidos nos parágrafos anteriores deste artigo não têm preferência sobre os créditos de natureza trabalhista ou tributária.

Art. 51. Serão obrigatoriamente levantados, na data da decretação da liquidação extrajudicial de entidade de previdência complementar, o balanço geral de liquidação e as demonstrações contábeis e atuariais necessárias à determinação do valor das reservas individuais.

Art. 52. A liquidação extrajudicial poderá, a qualquer tempo, ser levantada, desde que constatados fatos supervenientes que viabilizem a recuperação da entidade de previdência complementar.

Art. 53. A liquidação extrajudicial das entidades fechadas encerrar-se-á com a aprovação, pelo órgão regulador e fiscalizador, das contas finais do liquidante e com a baixa nos devidos registros.

Parágrafo único. Comprovada pelo liquidante a inexistência de ativos para satisfazer a possíveis créditos reclamados contra a entidade, deverá tal situação ser comunicada ao juízo competente e efetivados os devidos registros, para o encerramento do processo de liquidação.

Seção III
Disposições Especiais

Art. 54. O interventor terá amplos poderes de administração e representação e o liquidante plenos poderes de administração, representação e liquidação.

Art. 55. Compete ao órgão fiscalizador decretar, aprovar e rever os atos de que tratam os arts. 45, 46 e 48 desta Lei Complementar, bem como nomear, por intermédio do seu dirigente máximo, o interventor ou o liquidante.

Art. 56. A intervenção e a liquidação extrajudicial determinam a perda do mandato dos administradores e membros dos conselhos estatutários das entidades, sejam titulares ou suplentes.

Art. 57. Os créditos das entidades de previdência complementar, em caso de liquidação ou falência de patrocinadores, terão privilégio especial sobre a massa, respeitado o privilégio dos créditos trabalhistas e tributários.

Parágrafo único. Os administradores dos respectivos patrocinadores serão responsabilizados pelos danos ou prejuízos causados às entidades de previdência complementar, especialmente pela falta de aporte das contribuições a que estavam obrigados, observado o disposto no parágrafo único do art. 63 desta Lei Complementar.

Art. 58. No caso de liquidação extrajudicial de entidade fechada motivada pela falta de aporte de contribuições de patrocinadores ou pelo não recolhimento de contribuições de participantes, os administradores daqueles também serão responsabilizados pelos danos ou prejuízos causados.

Art. 59. Os administradores, controladores e membros de conselhos estatutários das entidades de previdência complementar sob intervenção ou em liquidação extrajudicial ficarão com todos os seus bens indisponíveis, não podendo, por qualquer forma, direta ou indireta, aliená-los ou onerá-los, até a apuração e liquidação final de suas responsabilidades.

1º A indisponibilidade prevista neste artigo decorre do ato que decretar a intervenção ou liquidação extrajudicial e atinge todos aqueles que tenham estado no exercício das funções nos doze meses anteriores.

§ 2º A indisponibilidade poderá ser estendida aos bens de pessoas que, nos últimos doze meses, os tenham adquirido, a qualquer título, das pessoas referidas no *caput* e no parágrafo anterior, desde que haja seguros elementos de convicção de que se trata de simulada transferência com o fim de evitar os efeitos desta Lei Complementar.

§ 3º Não se incluem nas disposições deste artigo os bens considerados inalienáveis ou impenhoráveis pela legislação em vigor.

§ 4º Não são também atingidos pela indisponibilidade os bens objeto de contrato de alienação, de promessas de compra e venda e de cessão de direitos, desde que os respectivos instrumentos tenham sido levados ao competente registro público até doze meses antes da data de decretação da intervenção ou liquidação extrajudicial.

§ 5º Não se aplica a indisponibilidade de bens das pessoas referidas no *caput* deste artigo no caso de liquidação extrajudicial de entidades fechadas que deixarem de ter condições para funcionar por motivos totalmente desvinculados do exercício das suas atribuições, situação esta que poderá ser revista a qualquer momento, pelo órgão regulador e fiscalizador, desde que constatada a existência de irregularidades ou indícios de crimes por elas praticados.

Art. 60. O interventor ou o liquidante comunicará a indisponibilidade de bens aos órgãos competentes para os devidos registros e publicará edital para conhecimento de terceiros.

Parágrafo único. A autoridade que receber a comunicação ficará, relativamente a esses bens, impedida de:

I – fazer transcrições, inscrições ou averbações de documentos públicos ou particulares;

II – arquivar atos ou contratos que importem em transferência de cotas sociais, ações ou partes beneficiárias;

III – realizar ou registrar operações e títulos de qualquer natureza; e

IV – processar a transferência de propriedade de veículos automotores, aeronaves e embarcações.

Art. 61. A apuração de responsabilidades específicas referida no *caput* do art. 59 desta Lei Complementar será feita mediante inquérito a ser instaurado pelo órgão regulador e fiscalizador, sem prejuízo do disposto nos arts. 63 a 65 desta Lei Complementar.

§ 1º Se o inquérito concluir pela inexistência de prejuízo, será arquivado no órgão fiscalizador.

§ 2º Concluindo o inquérito pela existência de prejuízo, será ele, com o respectivo relatório, remetido pelo órgão regulador e fiscalizador ao Ministério Público, observados os seguintes procedimentos:

I – o interventor ou o liquidante, de ofício ou a requerimento de qualquer interessado que não tenha sido indiciado no inquérito, após aprovação do respectivo relatório pelo órgão fiscalizador, determinará o levantamento da indisponibilidade de que trata o art. 59 desta Lei Complementar;

II – será mantida a indisponibilidade com relação às pessoas indiciadas no inquérito, após aprovação do respectivo relatório pelo órgão fiscalizador.

Art. 62. Aplicam-se à intervenção e à liquidação das entidades de previdência complementar, no que couber, os dispositivos da legislação sobre a intervenção e liquidação extrajudicial das instituições financeiras, cabendo ao órgão regulador e fiscalizador as funções atribuídas ao Banco Central do Brasil.

CAPÍTULO VII
DO REGIME DISCIPLINAR

Art. 63. Os administradores de entidade, os procuradores com poderes de gestão, os membros de conselhos estatutários, o interventor e o liquidante responderão civilmente pelos danos ou prejuízos que causarem, por ação ou omissão, às entidades de previdência complementar.

Parágrafo único. São também responsáveis, na forma do *caput*, os administradores dos patrocinadores ou instituidores, os atuários, os auditores independentes, os avaliadores de gestão e outros profissionais que prestem serviços técnicos à entidade, diretamente ou por intermédio de pessoa jurídica contratada.

Art. 64. O órgão fiscalizador competente, o Banco Central do Brasil, a Comissão de Valores Mobiliários ou a Secretaria da Receita Federal, constatando a existência de práticas irregulares ou indícios de crimes em entidades de previdência complementar, noticiará ao Ministério Público, enviando-lhe os documentos comprobatórios.

Parágrafo único. O sigilo de operações não poderá ser invocado como óbice à troca de informações entre os órgãos mencionados no *caput*, nem ao fornecimento de informações requisitadas pelo Ministério Público.

Art. 65. A infração de qualquer disposição desta Lei Complementar ou de seu regulamento, para a qual não haja penalidade expressamente cominada, sujeita a pessoa física ou jurídica responsável, conforme o caso e a gravidade da infração, às seguintes penalidades administrativas, observado o disposto em regulamento:

I – advertência;

II – suspensão do exercício de atividades em entidades de previdência complementar pelo prazo de até cento e oitenta dias;

III – inabilitação, pelo prazo de dois a dez anos, para o exercício de cargo ou função em entidades de previdência complementar, sociedades seguradoras, instituições financeiras e no serviço público; e

IV – multa de dois mil reais a um milhão de reais, devendo esses valores, a partir da publicação desta Lei Complementar, ser reajustados de forma a preservar, em caráter permanente, seus valores reais.

§ 1º A penalidade prevista no inciso IV será imputada ao agente responsável, respondendo solidariamente a entidade de previdência complementar, assegurado o direito de regresso, e poderá ser aplicada cumulativamente com as constantes dos incisos I, II ou III deste artigo.

§ 2º Das decisões do órgão fiscalizador caberá recurso, no prazo de quinze dias, com efeito suspensivo, ao órgão competente.

§ 3º O recurso a que se refere o parágrafo anterior, na hipótese do inciso IV deste artigo, somente será conhecido se for comprovado pelo requerente o pagamento antecipado, em favor do órgão fiscalizador, de trinta por cento do valor da multa aplicada. (Vide Súmula Vinculante nº 21)

§ 4º Em caso de reincidência, a multa será aplicada em dobro.

Art. 66. As infrações serão apuradas mediante processo administrativo, na forma do regulamento, aplicando-se, no que couber, o disposto na Lei n. 9.784, de 29 de janeiro de 1999. (Regulamento)

Art. 67. O exercício de atividade de previdência complementar por qualquer pessoa, física ou jurídica, sem a autorização devida do órgão competente, inclusive a comercialização de planos de benefícios, bem como a captação ou a administração de recursos de terceiros com o objetivo de, direta ou indiretamente, adquirir ou conceder benefícios previdenciários sob qualquer forma, submete o responsável à penalidade de inabilitação pelo prazo de dois a dez anos para o exercício de cargo ou função em entidade de previdência complementar, sociedades seguradoras, instituições financeiras e no serviço público, além de multa aplicável de acordo com o disposto no inciso IV do art. 65 desta Lei Complementar, bem como noticiar ao Ministério Público.

CAPÍTULO VIII
DISPOSIÇÕES GERAIS

Art. 68. As contribuições do empregador, os benefícios e as condições contratuais previstos nos estatutos, regulamentos e planos de benefícios das entidades de previdência complementar não integram o contrato de trabalho dos participantes, assim como, à exceção dos benefícios concedidos, não integram a remuneração dos participantes.

§ 1º Os benefícios serão considerados direito adquirido do participante quando implementadas todas as condições estabelecidas para elegibilidade consignadas no regulamento do respectivo plano.

§ 2º A concessão de benefício pela previdência complementar não depende da concessão de benefício pelo regime geral de previdência social.

Art. 69. As contribuições vertidas para as entidades de previdência complementar, destinadas ao custeio dos planos de benefícios de natureza previdenciária, são dedutíveis para fins de incidência de imposto sobre a renda, nos limites e nas condições fixadas em lei.

§ 1º Sobre as contribuições de que trata o *caput* não incidem tributação e contribuições de qualquer natureza.

§ 2º Sobre a portabilidade de recursos de reservas técnicas, fundos e provisões entre planos de benefícios de entidades de previdência complementar, titulados pelo mesmo participante, não incidem tributação e contribuições de qualquer natureza.

Art. 70. (VETADO)

Art. 71. É vedado às entidades de previdência complementar realizar quaisquer operações comerciais e financeiras:

I – com seus administradores, membros dos conselhos estatutários e respectivos cônjuges ou companheiros, e com seus parentes até o segundo grau;

II – com empresa de que participem as pessoas a que se refere o inciso anterior, exceto no caso de participação de até cinco por cento como acionista de empresa de capital aberto; e

III – tendo como contraparte, mesmo que indiretamente, pessoas físicas e jurídicas a elas ligadas, na forma definida pelo órgão regulador.

Parágrafo único. A vedação deste artigo não se aplica ao patrocinador, aos participantes e aos assistidos, que, nessa condição, realizarem operações com a entidade de previdência complementar.

Art. 72. Compete privativamente ao órgão regulador e fiscalizador das entidades fechadas zelar pelas sociedades civis e fundações, como definido no art. 31 desta Lei Complementar, não se aplicando a estas o disposto nos arts. 26 e 30 do Código Civil e 1.200 a 1.204 do Código de Processo Civil e demais disposições em contrário.

Art. 73. As entidades abertas serão reguladas também, no que couber, pela legislação aplicável às sociedades seguradoras.

Art. 74. Até que seja publicada a lei de que trata o art. 5º desta Lei Complementar, as funções do órgão regulador e do órgão fiscalizador serão exercidas pelo Ministério da Previdência e Assistência Social, por intermédio, respectivamente, do Conselho de Gestão da Previdência Complementar (CGPC) e da Secretaria de Previdência Complementar (SPC), relativamente às entidades fechadas, e pelo Ministério da Fazenda, por intermédio do Conselho Nacional de Seguros Privados (CNSP) e da Superintendência de Seguros Privados (SUSEP), em relação, respectivamente, à regulação e fiscalização das entidades abertas.

Art. 75. Sem prejuízo do benefício, prescreve em cinco anos o direito às prestações não pagas nem reclamadas na época própria, resguardados os direitos dos menores dependentes, dos incapazes ou dos ausentes, na forma do Código Civil.

Art. 76. As entidades fechadas que, na data da publicação desta Lei Complementar, prestarem a seus participantes e assistidos serviços assistenciais à saúde poderão continuar a fazê-lo, desde que seja estabelecido um custeio específico para os planos assistenciais e que a sua contabilização e o seu patrimônio sejam mantidos em separado em relação ao plano previdenciário.

§ 1º Os programas assistenciais de natureza financeira deverão ser extintos a partir da data de publicação desta Lei Complementar, permanecendo em vigência, até o seu termo, apenas os compromissos já firmados.

§ 2º Consideram-se programas assistenciais de natureza financeira, para os efeitos desta Lei Complementar, aqueles em que o rendimento situa-se abaixo da taxa mínima atuarial do respectivo plano de benefícios.

Art. 77. As entidades abertas sem fins lucrativos e as sociedades seguradoras autorizadas a funcionar em conformidade com a Lei n. 6.435, de 15 de julho de 1977, terão o prazo de dois anos para se adaptar ao disposto nesta Lei Complementar.

§ 1º No caso das entidades abertas sem fins lucrativos já autorizadas a funcionar, é permitida a manutenção de sua organização jurídica como sociedade civil, sendo-lhes vedado participar, direta ou indiretamente, de pessoas jurídicas, exceto quando tiverem participação acionária:

I – minoritária, em sociedades anônimas de capital aberto, na forma regulamentada pelo Conselho Monetário Nacional, para aplicação de recursos de reservas técnicas, fundos e provisões;

II – em sociedade seguradora e/ou de capitalização.

§ 2º É vedado à sociedade seguradora e/ou de capitalização referida no inciso II do parágrafo anterior participar majoritariamente de pessoas jurídicas, ressalvadas as empresas de suporte ao seu funcionamento e as sociedades anônimas de capital aberto, nas condições previstas no inciso I do parágrafo anterior.

§ 3º A entidade aberta sem fins lucrativos e a sociedade seguradora e/ou de capitalização por ela controlada devem adaptar-se às condições estabelecidas nos §§ 1º e 2º, no mesmo prazo previsto no *caput* deste artigo.

§ 4º As reservas técnicas de planos já operados por entidades abertas de previdência privada sem fins lucrativos, anteriormente à data de publicação da Lei n. 6.435, de 15 de julho de 1977, poderão permanecer garantidas por ativos de propriedade da entidade, existentes à época, dentro de programa gradual de ajuste às normas estabelecidas pelo órgão regulador sobre a matéria, a ser submetido pela entidade ao órgão fiscalizador no prazo máximo de doze meses a contar da data de publicação desta Lei Complementar.

§ 5º O prazo máximo para o término para o programa gradual de ajuste a que se refere o parágrafo anterior não poderá superar cento e vinte meses, contados da data de aprovação do respectivo programa pelo órgão fiscalizador.

§ 6º As entidades abertas sem fins lucrativos que, na data de publicação desta Lei Complementar, já vinham mantendo programas de assistência filantrópica, prévia e expressamente autorizados, poderão, para efeito de cobrança, adicionar às contribuições de seus planos de benefícios valor destinado àqueles programas, observadas as normas estabelecidas pelo órgão regulador.

§ 7º A aplicabilidade do disposto no parágrafo anterior fica sujeita, sob pena de cancelamento da autorização previamente concedida, à prestação anual de contas dos programas filantrópicos e à aprovação pelo órgão competente.

§ 8º O descumprimento de qualquer das obrigações contidas neste artigo sujeita os administradores das entidades abertas sem fins lucrativos e das sociedades seguradora e/ou de capitalização por elas controladas ao Regime Disciplinar previsto nesta Lei Complementar, sem prejuízo da responsabilidade civil por danos ou prejuízos causados, por ação ou omissão, à entidade.

8.7.4.3 Entidades fechadas de previdência complementar

São instituições sem fins lucrativos que oferecem planos de benefícios aos empregados de suas empresas patrocinadoras, que podem ser autônomas ou vinculadas a um grupo empresarial. Nesse caso, oferecem benefícios aos empregados das empresas do grupo. O benefício mais comum é a aposentadoria, que, em geral, inclui o 13º salário e pode ser concedida por tempo de contribuição, por idade ou por invalidez. Algumas entidades incluem a aposentadoria especial, destinada a empregados que trabalharam permanentemente em atividades insalubres. O benefício pode, alternativamente, ser um pecúlio, pago de uma só vez ao beneficiário. A maioria das entidades concede pensão aos dependentes após o falecimento do beneficiário. Outros benefícios podem ser incluídos, como auxílio-doença, concedido ao participante ativo impedido de trabalhar por período superior a 15 dias, empréstimos aos participantes e outros. Foi regulamentada a denominada *portabilidade*, que é o direito de transferir os recursos financeiros correspondentes a suas contribuições para outro plano de entidade complementar, aberta ou fechada. A portabilidade já existia entre as entidades abertas de previdência complementar, mas ainda não é muito usada no Brasil, embora seja comum em países desenvolvidos.

Se o empregado também contribui para o plano, é necessário que dê à empresa uma autorização, em documento escrito, para desconto em folha de sua parcela de contribuição.

Existem dois tipos de plano:

1. *Plano de benefício definido (BD)*, no qual as contribuições da patrocinadora e do participante são variáveis em função dos cálculos do atuário responsável pelo plano, e o benefício obtido é determinado em função da remuneração do participante (média dos últimos doze salários, uma porcentagem prefixada sobre o último salário, ou outras modalidades predeterminadas, geralmente incluindo as horas extras adicionais etc.)

As contribuições são aplicadas pelos administradores do plano e devem obedecer a regras específicas determinadas pela Secretaria de Previdência Complementar. Existe um risco para as patrocinadoras e também para os beneficiários, caso as aplicações não sejam bem administradas. O valor do benefício é corrigido pela inflação, respeitados os tetos dos respectivos planos. O patrimônio é solidário e avaliado atuarialmente todos os anos. Dessa avaliação, pode resultar um superávit ou um déficit técnico, que, se repetido continuamente ou agravado, deve ser eliminado pelo aumento das contribuições das empresas ou das empresas e dos empregados ou, alternativamente, pela redução dos benefícios. O risco, portanto, não é pequeno, uma vez que é impossível prever com precisão o retorno das aplicações, que depende não só da competência dos administradores das entidades, mas também das condições econômicas do país. Como se trata de um tipo de plano que exige solidariedade de gerações – ou seja, há necessidade da massa de participantes ativos custear, junto com as empresas, os benefícios dos aposentados – esse tipo de plano está caindo em desuso, em razão das incertezas quanto a seu custo futuro, haja vista as práticas do *downsizing*, reengenharia, pirâmide achatada e outras. Esse risco é ainda passível de agravamento caso as aplicações não proporcionem a rentabilidade atuarial prevista na reavaliação do plano.

2. *Plano de contribuição definida* (*CD*). Neste tipo de plano, os benefícios não são preestabelecidos, sendo calculados sobre o montante depositado na conta do participante, considerando as contribuições vertidas por ele, pela empresa patrocinadora, e as aplicações do capital. São conhecidos como planos de contribuição definida, em razão da empresa instituidora determinar *a priori* os percentuais de contribuição sobre o salário que os participantes poderão efetuar, bem como estabelecer o critério da contrapartida da empresa em relação às contribuições feitas pelos participantes. Esse desenho de plano, adotado em larga escala nos últimos anos, praticamente elimina os riscos da empresa mantenedora, visto que os benefícios estarão limitados aos montantes atualizados nas contas individuais dos participantes, persistindo apenas pequenos riscos ligados aos benefícios de invalidez e morte, que podem ser introduzidos nos cálculos atuariais, eliminando os prejuízos desses eventos.

As vantagens para as empresas patrocinadoras desses dois tipos de planos são comentadas no item relativo à remuneração e aos benefícios e também no item sobre origens da previdência complementar no Brasil[10] (*ver a Seção 5.2*).

As empresas fechadas de previdência complementar são supervisionadas pela Secretaria de Previdência Complementar, vinculada ao Ministério da Previdência e Assistência Social.

8.7.4.4 Entidades abertas de previdência complementar

São entidades com fins lucrativos constituídas como sociedades anônimas, integrantes do Sistema Nacional de Seguros Privados.

São abertas ao público e delas podem participar todos os que o desejam. A maior parte dos participantes, no entanto, é constituída por empregados de empresas que contratam essas entidades abertas em vez de implantarem suas próprias entidades fechadas de previdência complementar. Oferecem benefícios equivalentes aos das entidades fechadas, inclusive com as opções de Benefício Definido e de Contribuição Definida. Possuem, em alguns casos, outras modalidades de benefícios.[11]

As entidades abertas de previdência complementar são supervisionadas pela Superintendência de Seguros Privados (Susep).

8.7.4.5 Práticas utilizadas pelas empresas

Nas décadas de 1970 e 1980, a complementação da aposentadoria era tradicionalmente administrada por meio de uma entidade fechada de previdência complementar, criada pela empresa ou por um grupo de empresas. Essa entidade era, quase sempre, constituída sob a forma de uma fundação, com patrimônio autônomo, que foi sendo formado mediante as contribuições das empresas e dos empregados.

No início, quase todos os planos eram de benefício definido, porque os atuários que criaram os primeiros planos conheciam bem e dominavam esse tipo de técnica, uma vez que eram, em sua maioria, egressos da previdência oficial e procuraram adaptar para a previdência complementar as técnicas que conheciam.

---

[10] SILVA, 2003.

[11] SILVA, 2003.

Com o aumento da expectativa de vida e a redução progressiva dos quadros das empresas em função das técnicas de reengenharia, *downsizing*, terceirização e outras, os planos se tornaram muito caros e de riscos imprevisíveis, porque um dos pilares de sustentação do cálculo era a sucessão de gerações suportando os custos, fato que deixou de existir.

Quase todos os planos, com exceção de algumas empresas estatais, migraram para os de contribuição definida, nos quais o custo é determinado pela empresa e os riscos são muito menores.

Mais recentemente ainda, a tendência tem sido para que as empresas contratem com seguradoras e instituições financeiras planos abertos já existentes ou projetados especialmente para elas, transferindo para entidades abertas os planos fechados que mantinham ou pretendiam criar. Algumas empresas patrocinadoras têm efetuado essa operação visando anular qualquer risco atuarial, bem como se desligar da gestão administrativa do plano, geralmente exercida por executivos de alto nível da empresa, que acabam sendo obrigados a despender parte considerável de seu tempo em atividades estranhas ao objeto social da empresa e que nada têm a ver com seus interesses comerciais. Trata-se de um passo adiante na divisão de trabalho, em que empresas financeiras e seguradoras especializadas se concentram exclusivamente nessa atividade, liberando o tempo dos executivos das empresas para as atividades que lhes são precípuas. Parece que esta será, também, a tendência futura, exonerando-se a empresa dos riscos e da responsabilidade por sua administração e, em alguns casos, da própria contrapartida. As seguradoras e as entidades financeiras, em virtude dos ganhos de escala e do poder de barganha, vêm cobrando taxas de administração decrescentes, beneficiando, dessa forma, os participantes do plano.

8.7.4.6 Investidores institucionais

As entidades abertas e fechadas de previdência complementar já são, no Brasil, importantes investidores institucionais, que atuam fortemente no mercado de capitais, contribuindo para capitalizar as empresas e ampliar a poupança nacional. Esta foi uma das razões pelas quais o governo apoiou sua criação, chegando mesmo a liberá-las do imposto de renda, a fim de aumentar a poupança para investimentos em processos produtivos, dinamizando o mercado de ações e debêntures e fortalecendo o sistema financeiro.

PARTE IV

Aperfeiçoando a equipe

CAPÍTULO 9

DESENVOLVIMENTO DE RECURSOS HUMANOS E EDUCAÇÃO CORPORATIVA

O desenvolvimento das pessoas nas organizações vai muito além das ações de treinamento, já tão conhecidas e difundidas, contempla também as ações para o desenvolvimento das carreiras e da própria organização. Dessa maneira, a atuação estratégica quanto ao desenvolvimento das pessoas tornou-se um imperativo e um diferencial competitivo para a organização.

Uma das formas que vem desde o final da década de 1990 se consolidando no Brasil é a educação corporativa (EC) ou a universidade corporativa (UC). Essa modalidade de pensar o desenvolvimento das pessoas traz avanços em relação ao tradicional Treinamento e Desenvolvimento (T&D), pois pensa de forma estratégica a educação das pessoas nas organizações, considerando a estratégia corporativa e realizando a gestão de todo o Sistema de Educação Corporativa.

9.1 Conceituação

As organizações precisam dispor de pessoas competentes e motivadas para produzir. As empresas não podem escolher se treinam ou não seus empregados, porque as pessoas são admitidas com qualificações genéricas e toda empresa tem suas peculiaridades. Sendo os recursos humanos os mais importantes em qualquer organização, a capacitação e a motivação da equipe são indispensáveis para que o trabalho seja executado com eficiência e eficácia.

Em que consiste o treinamento? Para que serve? Por que se usa? As empresas treinam para dispor de uma equipe de melhor nível e conseguir produtividade maior e resultados melhores.

A qualidade e a consistência da administração de qualquer empresa são o seu maior patrimônio. Esse patrimônio precisa ser desenvolvido. Os administradores desenvolvem-se por meio das próprias experiências no trabalho e fora dele e são desenvolvidos pela forma como seus atuais e antigos chefes lidaram com eles.[1] Cabem três observações: (a) a ênfase que é dada ao treinamento no trabalho; (b) o papel das chefias nesse tipo de treinamento; (c) a importância da qualidade e da consistência da administração, como o maior patrimônio da empresa.

A universidade corporativa traz o treinamento a um patamar estratégico e, desse modo, pode ser definida como "um guarda-chuva estratégico para desenvolver e educar funcionários, clientes, fornecedores e comunidade, a fim de cumprir as estratégias empresariais da organização".[2] Observa-se por essa definição que a UC amplia seu leque de atuação, contemplando em suas ações não somente o público interno, mas também sua cadeia de valor, buscando auxiliar a organização a atingir seus objetivos estratégicos. Desse modo, treinamento não é algo que se faça uma vez para novos empregados: é usado continuamente nas organizações bem administradas. Cada vez que você mostra a uma pessoa como ela deve fazer o trabalho, você a está desenvolvendo.

Preferimos definir treinamento como qualquer atividade que contribua para tornar uma pessoa apta a exercer sua função ou atividade atual, para aumentar a sua capacidade para exercer melhor essas funções ou atividades. Já quando se busca prepará-la para exercer de forma eficiente novas funções ou atividades futuras, a estamos desenvolvendo. Essas definições são mais abrangentes do que a que define treinamento como um processo sistemático de aperfeiçoamento das capacidades e das competências das pessoas. Cada vez que você dá uma orientação, ou discute um procedimento, pode-se dizer que você está treinando ou desenvolvendo.[3]

Uma organização que se oriente pelo conceito de universidade corporativa busca adotar sete princípios de sucesso e suas respectivas práticas, conforme definido por Eboli[4] a seguir, no Quadro 9.1.

---

[1] PIGORS, P.; MYERS, C. *Personnel administration*. New York: McGraw-Hill, 1965. p. 49.

[2] MEISTER, J. C. *Educação Corporativa*. São Paulo: Pearson Makron Books, 1999. p. 29.

[3] DOOLEY, C. R. Training within industry in the United States. *International Labour Review*, v. 54 n. 3-4, p. 161, sept./oct. 1946. Apud PIGORS; MYERS, 1965, p. 49.

[4] EBOLI, M. *Educação corporativa no Brasil*: mitos e verdades. São Paulo: Gente, 2004. p. 60.

Quadro 9.1 Princípios de sucesso de um sistema de educação corporativa

PRINCÍPIOS	PRÁTICAS
Competitividade	• Obter comprometimento e envolvimento da alta cúpula com o sistema de educação. • Alinhar as estratégias, diretrizes e práticas de gestão de pessoas às estratégias do negócio. • Implantar um modelo de gestão de pessoas por competências. • Conceber ações e programas educacionais alinhados às estratégias do negócio.
Perpetuidade	• Ser veículo de disseminação da cultura empresarial. • Responsabilizar líderes e gestores pelo processo de aprendizagem.
Conectividade	• Adotar e implementar a educação "inclusiva", contemplando o público interno e o externo. • Implantar modelo de gestão do conhecimento que estimule o compartilhamento de conhecimentos organizacionais e a troca de experiências. • Integrar sistemas de educação com o modelo de gestão do conhecimento. • Criar mecanismos de gestão que favoreçam a construção social do conhecimento.
Disponibilidade	• Utilizar de forma intensiva a tecnologia aplicada à educação. • Implantar projetos virtuais de educação (aprendizagem mediada por tecnologia). • Implantar múltiplas formas e prospectos de aprendizagem que favoreçam a "aprendizagem a qualquer hora e em qualquer lugar".

Cidadania	• Obter sinergia entre programas educacionais e projetos sociais.
	• Comprometer-se com a cidadania empresarial, estimulando:
	  • a formação de atores sociais dentro e fora da empresa;
	  • a construção social do conhecimento organizacional.

Parceria	• Parcerias internas: responsabilizar líderes e gestores pelo processo de aprendizagem de suas equipes, estimulando a participação nos programas educacionais e criando um ambiente de trabalho propício à aprendizagem. • Parcerias externas: estabelecer parcerias estratégicas com instituições de ensino superior.
Sustentabilidade	• Tornar-se um centro de agregação de resultados para o negócio. • Implantar sistema métrico para avaliar os resultados obtidos, considerando-se os objetivos do negócio. • Criar mecanismos que favoreçam a autossustentabilidade financeira do sistema.

Os princípios e as práticas descritos demonstram a ampliação no escopo de atuação das áreas de treinamento que passam a ser parceiras do negócio no alcance dos objetivos estratégicos. Para tanto, o comprometimento da alta cúpula da organização com a educação dos colaboradores é peça-chave para que a UC/EC tenha a tão almejada atuação estratégica. A seguir, são descritos aspectos operacionais relacionados ao desenvolvimento das ações educacionais, como as motivações para realizá-las e os tipos de treinamentos existentes. Na sequência, expomos caminhos para o autodesenvolvimento, algo tão incentivado no mercado de trabalho atual e um dos pilares da EC. Por fim, abordamos o conceito de desenvolvimento organizacional, componente do desenvolvimento de recursos humanos que se preocupa em preparar a organização para as constantes mudanças.

9.2 Por que as empresas treinam?

A principal razão pela qual as empresas treinam é para proporcionar ao empregado novas habilitações ou melhorar as que ele já possui. Ele deve, portanto, produzir mais e melhor para a empresa, *proporcionando um retorno ao investimento* que a empresa fez em treinamento.

Além disso, os seguintes fatores são importantes:

a) toda empresa tem suas peculiaridades e especificidades, que o empregado desconhece ao ser admitido; os empregados são selecionados com base em suas qualificações gerais, e as empresas, muitas vezes, têm técnicas, políticas, normas e planos específicos, que precisam ser ensinados;

b) novas funções surgem e outras desaparecem: o conhecimento humano evolui, obrigando as pessoas a se atualizarem e a adotarem a prática de um aprendizado contínuo. Por exemplo, no passado recente foi necessário que a maioria dos profissionais aprendesse a usar microcomputadores;

c) os bons profissionais gostam de aprender e evoluir. Uma empresa que não treina não agrada aos bons profissionais;

d) o treinamento é um benefício que pode contribuir para atrair e reter bons profissionais;

e) o treinamento proporciona um ambiente desafiador e motivador para os bons profissionais;

f) as exigências do mercado de trabalho avançam velozmente, enquanto as pessoas continuam sendo preparadas pelas instituições de educação e de preparação de mão de obra com deficiências em relação àquelas exigências;

g) em uma época em que tudo muda com grande velocidade, as pessoas desejam ser treinadas e as melhores podem chegar a ponto de considerar que o risco de permanecer em uma empresa que não treina é maior que o risco de sair; o treinamento contribui, assim, para reduzir a rotatividade do pessoal (*ver as Seções 3.4.2* e *3.4.4*).

Quem trabalha em uma empresa ganha não só a remuneração, mas também aprendizagem e contatos profissionais. A prioridade que a empresa dá ao treinamento sinaliza para seu pessoal a importância atribuída às pessoas.

As empresas não têm escolha entre treinar ou não treinar. Elas são obrigadas a fazê-lo e o fazem pelo menos no próprio trabalho por meio das orientações da chefia. Cada novo empregado, independentemente de seu treinamento prévio, formação ou experiência, precisa ser ensinado a executar algumas tarefas específicas. Além disso, novas ocasiões para treinamento estão sempre surgindo: quando um empregado é transferido ou promovido, quando o trabalho muda e novas habilidades ou conhecimentos precisam ser aprendidos em função de mudanças na instituição ou de avanços no conhecimento humano ou na tecnologia.[5] Muitas profissões desaparecem e outras surgem e o administrador precisa estar preparado para enfrentar no futuro algumas situações que são hoje inimagináveis. O conhecimento de idiomas estrangeiros, especialmente o inglês, de informática e das novas tecnologias que surgem a cada momento é fundamental para que o profissional possa produzir com eficiência e eficácia.

As empresas que não treinarem podem enfrentar dificuldades competitivas por falta de gente preparada.

Como disse Jack Welch, nosso único trabalho é desenvolver pessoas: se fracassarmos nisso é o fim. Não somos nós, executivos, que vamos projetar um motor a jato ou escrever uma comédia para nossa rede de TV. Tudo que

[5] PIGORS; MYERS, 1965, p. 377

podemos fazer é escolher as melhores pessoas para fazer essas coisas. Este é o nosso trabalho em tempo integral e não podemos perder isso de vista.[6]

Finalmente, não podemos nos esquecer de que os treinandos tendem a corresponder ao que se espera deles, da mesma forma que os subordinados têm a tendência de corresponder ao tratamento dispensado pela chefia. Isto é, o que se denomina efeito Pigmaleão que diz que quanto maior for a expectativa do responsável pelo treinamento, maior será o desempenho e o aprendizado dos treinandos. Trata-se de um caso particular da profecia autorrealizadora, que é uma teoria segundo a qual certas previsões acabam se realizando, porque as pessoas acreditam nelas, agindo e investindo recursos para sua concretização, a fim de aumentar a probabilidade de que elas se realizem.

9.3 Tipos de treinamento

Podemos classificar os tipos de treinamento segundo muitos critérios, especialmente, quanto à forma de execução e quanto ao público-alvo.

9.3.1 Tipos de treinamento quanto à forma de execução

Quanto à forma de execução, o treinamento pode ser no trabalho, formal interno, formal externo ou à distância.

9.3.1.1 Treinamento no trabalho

Também conhecido como *on-the-job*, o treinamento no trabalho é aquele que ocorre no dia a dia. As principais formas de treinamento no trabalho são: orientação da chefia; estabelecimento de metas e avaliações; rotação de funções (*job rotation*); substituições temporárias; orientação por meio de mentores e incumbências especiais.

Orientação da chefia

A orientação da chefia é a principal forma de treinamento no trabalho. Cada vez que o chefe orienta o subordinado, ele está treinando. A forma

[6] WELCH, J. Conversa ocorrida durante a ExpoManagement de Madri, em 2003, publicada pela *HSM Management*, nov./dez. 2003. p. 29.

como um chefe "educa" o subordinado definirá o nível de qualidade desse tipo de treinamento. O exemplo do chefe pode ser a melhor forma de treinamento no trabalho. O chefe deve ser um educador do seu grupo, tanto no plano técnico como no moral.[7] O administrador que procura resolver tudo sozinho não consegue formar e desenvolver a equipe e acaba não dando conta de tudo o que lhe cabe: está sempre assoberbado de trabalho e acaba impaciente com a falta de preparo de seus subordinados. Como é impossível fazer tudo sozinho, o chefe deve trazer para si apenas os assuntos que envolvam maiores riscos e impactos sobre a economia ou a imagem da instituição, ou que afetem grande número de áreas.

> *O bom mestre aprende com as aulas que dá.*
>
> G. DUHAMEL
>
> *O bom chefe ensina a pessoas médias como fazer o trabalho de pessoas superiores.*
>
> JOHN D. ROCKEFELLER

Administração por metas

Uma forma eficaz de administração é a que chamamos de **administração por metas** ou, impropriamente, por objetivos. Consiste no estabelecimento de metas periódicas, seu acompanhamento e possíveis revisões em reuniões programadas com a chefia. As metas devem ser desafiadoras para exigir um esforço e um aprendizado, mas devem ser alcançáveis. Um bom chefe transforma essas reuniões de acompanhamento das realizações em excelente sessão de treinamento, explicando a melhor forma de se atingir os resultados programados, a forma adequada de agir, como obter os recursos, os prejuízos que serão causados se as metas não forem atingidas, entre outras informações. É o momento ideal para o chefe dar *feedback* ao subordinado. Isso pode ser muito mais útil que qualquer treinamento formal interno ou externo.

[7] PROVOST, C. *La sélections des cadres*. Paris: Presses Universitaires Françaises, 1949. p. 33.

Rotação de funções

A rotação de funções (*job rotation*) é uma das técnicas mais usadas nas grandes empresas para treinar seu pessoal e para prepará-lo para novas posições. Novas funções sempre representam oportunidades de novos aprendizados, mas existem limitações a essa rotação, pois ela deve manter as pessoas em posições compatíveis com a sua formação básica. Em alguns casos, a rotação é feita com a intenção de preparar o pessoal para novas funções, de acordo com um planejamento de recursos humanos. Em outros, com o propósito de proporcionar novos conhecimentos sem objetivo predeterminado. A rotação de funções traz pequenos inconvenientes, pois os novos ocupantes não terão um conhecimento tão completo das novas funções quanto os que já as ocupavam há algum tempo. Em compensação, os antigos ocupantes poderão ter vícios e podem estar acomodados. Diz o velho ditado: "vassoura nova varre melhor". A principal vantagem da rotação de funções é aumentar a visão global ou sistêmica do pessoal da empresa. Além disso, a empresa não fica dependendo de poucas pessoas para a realização de determinados trabalhos. Por outro lado, se as pessoas ficarem muito pouco tempo em cada função, não terão condições de assimilar e implantar tudo o que deveriam e nem de desenvolver os subordinados da forma adequada.

Substituições temporárias

A substituição temporária é usada também como forma de treinamento e avaliação. Por exemplo, quando o chefe de uma unidade sai de férias, pode ser substituído por um subordinado que será, assim, treinado e avaliado na função. Outro tipo de substituição de chefia é por ocasião de ausências por viagens ou doenças. Algumas empresas preferem fazer a substituição pelo chefe do chefe, que poderá assim conhecer melhor os subordinados daquele que se ausenta, mas se perde uma boa oportunidade de treinamento e avaliação.

Incumbências especiais

Algumas pessoas são treinadas por meio de incumbências especiais: participação em comitês e grupos de trabalho; acompanhamento de pessoas mais experientes em viagens de negociação; estudos e trabalhos de planejamento; acompanhamento de novos projetos; e muitas outras atividades que constituem fontes de aprendizado. Os comitês e grupos de trabalho são excelentes mecanismos para se treinar e avaliar os novos membros de uma empresa, especialmente se eles funcionarem nos moldes de uma verdadeira equipe. Entre as incumbências especiais, encontram-se também as viagens de treinamento, no país ou no exterior, com a finalidade de observar os trabalhos em outras empresas ou em outros locais da mesma empresa. Quase sempre, é exigido um relatório com as observações e recomendações.

Existem ainda funções especiais de treinamento, em que uma pessoa é designada para trabalhar com um executivo de alto nível para, além de ajudá-lo, aprender com ele tudo o que for possível nas condições de trabalho. Isso é útil também para a empresa, que não fica dependente de poucas pessoas.

Orientação por meio de mentores

Muitas empresas japonesas e algumas americanas usam o treinamento por meio de mentores. Mentores são administradores de alto nível e experientes, com muito tempo na empresa, que orientam e ajudam jovens de alto potencial nas práticas administrativas, procurando assegurar que elas tenham condições adequadas para atingir posições de relevo a médio e longo prazos. Eles ensinam a cultura da empresa, sua história, sua estratégia, quem é quem na administração superior, o que a empresa valoriza e tudo o que um executivo de alto nível precisa conhecer para ser bem-sucedido. Um bom mentor atua como um educador e procura criar oportunidades para seu "protegido" mostrar suas habilidades.

Os programas formais de orientação com mentor requerem apoio da cúpula da empresa e escolha cuidadosa dos mentores e orientandos.[8] Tem sido moda proporcionar mentores para jovens executivos promissores, pois os jovens, nos seus primeiros anos profissionais, são supervisionados pelas chefias de primeiro nível, em geral, os menos experientes e eficientes para proporcionar uma boa orientação a quem está se iniciando na vida profissional. Existem também mentores informais, que, geralmente, proporcionam resultados ainda melhores do que os que são formalmente designados para exercer essa responsabilidade.

Há, porém, alguns riscos e armadilhas nessa prática. Steven Berglas mostra esses riscos. Os mentores ou orientadores que não tiverem um forte

[8] MILKOVICH, G.; BOUDREAU, J. *Administração de recursos humanos*. São Paulo: Atlas, 2000.

treinamento em psicologia poderão fazer mais mal do que bem. Podem simplesmente ignorar profundos problemas psicológicos e não compreendem como podem tornar uma situação ruim em uma pior ainda. Ele dá algumas sugestões para a escolha e a forma de agir dos mentores.[9]

Os mentores devem ser executivos maduros e com bom conhecimento da empresa. Eles podem ajudar a reduzir possíveis ilusões que os jovens tenham em relação à empresa, diminuir a tensão geralmente presente nos recém-admitidos e aumentar suas possibilidades de sobrevivência e de êxito na organização. Podem também contribuir para incutir nos jovens o desejo de atingir níveis elevados, compatíveis com suas habilitações e seu potencial.

9.3.1.2 Treinamento formal interno

O treinamento programado e executado pela empresa exclusivamente para seus executivos e empregados, mas realizado fora do ambiente de trabalho, é denominado **treinamento formal interno**. São cursos, palestras e seminários de capacitação, de aperfeiçoamento, de desenvolvimento pessoal, para melhorar o desempenho das pessoas na função que exercem ou para prepará-las para novas funções.

O curso pode ser ministrado por pessoas da própria empresa ou pessoas contratadas pela empresa com essa finalidade. A organização e a administração do curso cabem à empresa. O local do evento pode ser na própria empresa, na sede da empresa contratada para ministrar o treinamento ou em hotel que tenha acomodações para esse tipo de treinamento.

A vantagem desse tipo de treinamento sobre o externo é que pode ser projetado para atender especificamente às necessidades da empresa. O programa é desenhado sob medida para os tópicos que a empresa considera suas prioridades. A empresa escolhe quem vai falar para seus funcionários e verifica se não há nada que contrarie sua cultura. Além disso, costuma atingir um número maior de participantes, reduzindo o risco de perda do investimento pela saída do pessoal treinado. O custo *per capita* é mais baixo. Esse tipo de treinamento costuma ser usado quando há um número significativo de pessoas a serem treinadas.

---

[9] BERGLAS, S. The very real dangers of executive coaching. *Harvard Business Review*, jun. 2002. p. 87s.

9.3.1.3 Treinamento formal externo

O treinamento aberto ao público – programado e executado por universidades e demais instituições de educação, de treinamento empresarial e de formação de mão de obra especializada – é conhecido como treinamento formal externo. São destinados a aperfeiçoar e desenvolver pessoas em novas habilitações ou para proporcionar conhecimentos generalistas de administração, economia ou outros assuntos de interesse geral para as empresas. É um tipo de treinamento vantajoso para empresas que não precisam treinar muitas pessoas. Além disso, muitas instituições de ensino superior criam programas de MBA que são oferecidos às empresas, especialmente as de grande porte.

Uma vantagem desse tipo de treinamento é o contato que os treinandos têm com colegas de outras empresas, garantindo maior diversidade e riqueza de experiências e conhecimentos. Os participantes desses programas podem criar uma rede de contatos que pode, eventualmente, beneficiar a empresa. Por outro lado, eles ficam sendo conhecidos por colegas de outras instituições e podem vir a ser recrutados para trabalhar nelas. Esse risco não deve ser temido por empresas que priorizam os seus recursos humanos.

Tanto no treinamento formal interno como no externo podem ser usados jogos de empresas, que simulam a realidade, em que grupos de treinandos devem competir com outros grupos em situações próximas das que ocorrem na vida real, mediante regras previamente estabelecidas. Podem ser usados estudos de casos, com a descrição de uma situação verdadeira ou verossímil, que obrigam a um diagnóstico e a uma solução para a situação descrita. Geralmente, o treinando começa o estudo com uma análise individual, que depois é ampliada para debates em grupos. Nesses casos, geralmente fica claro que não existem soluções perfeitas e que as melhores alternativas dependem, algumas vezes, de informações sobre a disponibilidade de recursos, que podem ou não existir. Além disso, é comum os treinandos escolherem soluções influenciados por suas experiências, seus valores e necessidades pessoais.

Recursos comuns nesses tipos de treinamento são DVDs acoplados à televisão, transparências para retroprojetores, *slides*, computador com *data-show* e outros. O *flip-chart* tem-se tornado antiquado com a avalanche de novos recursos técnicos.

9.3.1.4 Treinamento a distância

No passado, treinamento a distância era sinônimo de treinamento por correspondência, que se tornou obsoleto com o desenvolvimento da tecnologia da informação. Atualmente, o uso do computador está tornando cada vez mais comum o treinamento a distância com o uso de videoconferências, de intranet e da Internet, apoiado por textos que são distribuídos a todos os participantes antes do início do programa. As distâncias praticamente desapareceram com esse tipo de recurso. Como os *chat-rooms* e as videoconferências são instantâneos e interativos, o custo diminuiu e a eficiência aumentou. Por isso, o treinamento com uso da tecnologia da informação tem aumentado consideravelmente. Muitas empresas estão usando seus sites para criar portais de treinamento, não só para seus funcionários como também para seus clientes e fornecedores. A possibilidade de treinar sem a presença física dos treinandos ampliou enormemente as oportunidades de treinar pessoas que, de outra forma, não teriam como participar do programa. Cada um escolhe seu dia e seu horário.

Podem ser acrescentados: bibliografia para leitura e comentários; instrução programada, com ou sem o uso de computador; circuitos fechados de televisão entre diversas técnicas utilizadas.

9.3.1.5 Tipos de treinamento quanto ao público-alvo

Quanto ao público-alvo, o treinamento pode ser dividido em integração de novos empregados; formação de *trainees;* capacitação técnico-profissional, estágios e desenvolvimento de executivos.

9.3.1.6 Integração de novos empregados

Vimos na parte sobre a formação da equipe que a integração consiste em informar ao novo empregado os objetivos, políticas, estratégias, produtos, benefícios, normas, práticas, horários de trabalho da empresa, bem como quem é quem na empresa, como funcionam os serviços de apoio, o que é permitido e o que não é, que atitudes e comportamentos se esperam dele, entre outras informações (*ver a Seção 3.3.2.*). Esse treinamento tem também a finalidade de dar boas-vindas aos novos membros da organização. Além disso, deve dar informações corriqueiras, como o uso do estacionamento, restaurante, cafeterias, uniformes ou roupas aceitas e outras.

O programa de *trainees* pode ser considerado também uma forma de integração. A integração faz que os recém-contratados se sintam parte da equipe da empresa. Algumas empresas denominam esses programas de *orientação dos novos funcionários*.

Esses programas são, quase sempre, acompanhados de manuais sobre a empresa, especialmente preparados para integrar os admitidos.

É interessante citar as palavras de Carlos Ghosn sobre a integração de novos empregados na Michelin. A empresa utiliza um sistema muito particular e bastante eficaz para integrar os recém-formados. Ele se chama estágio RH, ou seja, estágio dos Recursos Humanos. Todos os novos empregados participam dele por três meses. Eles partilham a mesma vida, os mesmos locais. São orientados por monitores e, durante esses três meses, assistem a conferências sobre diferentes temas, dadas pelos principais dirigentes da empresa: produção, comércio, finanças, vendas, internacional etc. Trata-se de permitir que conheçam melhor a empresa e seus principais dirigentes, seus principais atores. Cria-se uma solidariedade entre os recém-chegados que entram na empresa e todos partilham das mesmas experiências, brincadeiras, problemas e dificuldades. Estabelecem-se laços, que vão, em seguida, se dispersar na empresa, e que contribuem para criar uma espécie de rede. É um processo muito voltado para o longo prazo, visto que as relações estabelecidas nesse programa acompanham o treinando durante toda a carreira.[10]

9.3.1.7 Formação de *trainees*

Destina-se, em geral, ao pessoal jovem, quase sempre de nível superior, com pouco tempo de empresa. A finalidade dos programas de *trainees* é preparar essas pessoas para assumir posições de responsabilidade na organização. Além de um programa de integração completo e detalhado, abrange, frequentemente, uma formação técnica nos aspectos de maior interesse da empresa. O programa pode levar desde poucas semanas até muitos meses.

9.3.1.8 Capacitação técnico-profissional

Destina-se a melhorar o desempenho de profissionais nas funções que já exercem ou a capacitá-los para outras funções, em geral, de maior dificuldade.

[10] GHOSN, C.; RIÈS, P. *Cidadão do mundo*. São Paulo: Girafa, 2003. p. 62.

Esse tipo de programa não se destina à formação de executivos para exercerem funções gerenciais de alto nível, mas ao aperfeiçoamento de profissionais em assuntos técnicos.

9.3.1.9 Estágios

Estagiários são alunos de instituições de ensino superior ou de formação de mão de obra técnica reconhecidas oficialmente pelo governo. Não têm vínculo empregatício e, portanto, não são empregados. Muitas empresas usam estagiários como forma de avaliar e treinar jovens presumivelmente com potencial (*ver as Seções 3.1.5* e *8.4.6*).

9.3.1.10 Desenvolvimento de executivos

É um programa destinado a formar os futuros administradores de alto nível da empresa, e que, muitas vezes, fica sob a responsabilidade de executivos de alto gabarito que não cuidam dos demais programas de treinamento. O público-alvo são executivos jovens de alto potencial que parecem ter condições de assumir posições de alta responsabilidade.

Pouquíssimas empresas têm um programa ostensivo para um grupo de pessoas selecionadas. A maioria, preocupada com a desmotivação dos que não estariam incluídos nesse grupo, prefere ter o programa pouco estruturado, mantendo em caráter confidencial os que são considerados de alto potencial e convidando outras pessoas para participarem de partes do programa, a fim de não caracterizar de forma ostensiva os que estão sendo preparados para posições de alto nível.

Para esses programas, todos os tipos de treinamento mencionados neste capítulo são utilizados. Além disso, os participantes desse programa devem ter um tipo de acompanhamento especial, com avaliações periódicas para subsidiar decisões a respeito do seu posicionamento, inclusive sobre a continuidade da sua participação nesse grupo considerado de alto potencial.

É importante que esse grupo não seja um grupo fixo e imutável, mas permita a inclusão e a exclusão de executivos, periodicamente, em função de seu desempenho, suas qualificações, suas motivações e do seu comprometimento com a empresa.

O papel das chefias e de outros executivos experientes no preparo desse pessoal de alto potencial não pode ser menosprezado. O êxito do desenvolvimento de executivos em uma empresa é resultado, em grande parte, da atuação e da capacidade de seus gerentes no seu papel de educadores. Cada superior assume esse papel quando procura orientar e facilitar os esforços dos seus subordinados para se desenvolverem.[11]

Não pode ser menosprezada também a influência da qualidade da administração da empresa no preparo dos seus futuros administradores. Os administradores aprendem muito com as ações e decisões da alta administração das empresas, ou seja, com seu exemplo.

Desenvolvimento de executivos

Os administradores desenvolvem-se melhor nas organizações que são bem administradas e reconhecidas pelos seus padrões de boa administração.

CHARLES FLORY[12]

Finalmente, é preciso considerar a forma como os superiores tratam os inferiores e "o clima" no qual os novos executivos se desenvolvem. Se os programas de desenvolvimento de executivos não estiverem em sintonia com a administração que é praticada na empresa, eles não serão levados a sério e podem provocar frustração e a saída das melhores pessoas da empresa.

O desenvolvimento de lideranças deve ser uma das prioridades da empresa, mas nem todos veem dessa forma. Além disso, é preciso que o desenvolvimento de lideranças esteja consistente e coerente com o plano estratégico da empresa. Tentar "vender" um plano de RH sem enquadrá-lo nesse plano estratégico é muito difícil, ainda mais que é quase impossível estimar com precisão o retorno sobre esse investimento.[13]

A formação de uma equipe de alto gabarito, atuando de forma integrada, é um investimento que costuma dar resultados excelentes para a empresa. É preciso, porém, ter em mente que se trata de um investimento a médio e longo prazos, embora alguns frutos a curto prazo possam ser esperados.

---

[11] RIEGEL, J. W. *Executive development:* a survey in fifty American corporations. Michigan: The University of Michigan Press/Ann Arbor, 1952. Apud PIGORS; MYERS, 1965, p. 49.

[12] FLORY, C. et al. *Managers for tomorrow*. New York: The New American Library, 1965.

[13] KESNER, I. F. Leadership development: perk or priority? *Harvard Business Review*, may, 2003. p. 29s.

9.4 Riscos do investimento

9.4.1 Saída das pessoas treinadas

Uma das razões pelas quais as empresas investem menos que deveriam em treinamento é o receio da perda do investimento, uma vez que o beneficiário direto do investimento, o empregado, poderá deixar a empresa a qualquer momento. Pior ainda: poderá ir trabalhar para um competidor.

9.4.2 Dificuldade de calcular o retorno

Outra razão é a dificuldade de se calcular o retorno sobre esse investimento e ainda o fato de ser sempre um investimento de longo prazo, enquanto as empresas são pressionadas para obter resultados de curto prazo, a fim de valorizar suas ações. A experiência mostra que o retorno sobre o investimento em treinamento é alto, mas se dá no longo prazo e não é fácil calculá-lo. Além disso, cada empresa usa um método diferente para calcular os custos, que são a parte mais fácil de medir. O salário dos treinandos deve ser incluído no custo do treinamento? O custo do espaço ocupado, mesmo sendo dentro das instalações da empresa, deve ser incluído? Despesas de viagem devem ser incluídas? Deve ser rateado sobre esse custo direto algum *overhead?* Se os custos são difíceis de calcular, os benefícios o são ainda mais: como saber se a melhora obtida em alguma variável foi consequência do treinamento? Às vezes, é possível montar dois grupos, proporcionar treinamento apenas para um deles e medir os resultados de cada um após o treinamento. Mesmo assim, aspectos relacionados à motivação, à qualificação das pessoas de cada grupo e outros podem influir no resultado.

Como dissemos na seção sobre remuneração, em uma unidade industrial é possível medir resultados operacionais, como diminuição dos desperdícios, aumento da produtividade, diminuição do número de acidentes e muitos outros, mas em uma empresa de prestação de serviços, como um escritório de advocacia ou um hospital, é muito difícil fazer avaliações e, portanto, avaliar os benefícios do treinamento. Estimativas precisas dificilmente são obtidas. Na realidade, essa imprecisão ocorre em quase todas as áreas de recursos humanos e mesmo em outras da área administrativa, como segurança. Tentativas de calcular os benefícios baseiam-se nas variações dos resultados, como o aumento das vendas, da produtividade, da qualidade, a diminuição da rotatividade e do absenteísmo, a redução dos custos e outros, mas qual a parcela dessas melhorias que deve ser atribuída ao treinamento?

Finalmente, é preciso que os programas de treinamento estejam alinhados com os demais programas de recursos humanos e com os planos estratégicos da empresa. A identificação das necessidades de treinamento deveria preceder qualquer programa desse tipo. No entanto, isso nem sempre acontece.

9.4.3 Medidas para minimizar os riscos

Para evitar o risco da saída do pessoal, várias precauções podem ser tomadas.

A primeira é procurar, na medida do possível, *não concentrar o treinamento em poucas pessoas, treinando um grupo maior, a fim de diluir o benefício do investimento e diminuir os riscos de sua perda.* Mesmo que alguns saiam da empresa, é provável que os remanescentes proporcionem um retorno mais que compensador por meio do aumento da qualidade da sua contribuição. Quando for inevitável a necessidade de um grande investimento em uma única pessoa ou em um grupo pequeno, *procurar selecionar bem as pessoas a serem desenvolvidas.* Considerar fatos como o tempo de casa, o grau de identificação com a empresa, o passado de cada um em termos de atitudes e comportamento a fim de atenuar o risco da saída.

Além disso, *montar um plano de aproveitamento desse pessoal, de modo que eles tenham um trabalho à altura do desenvolvimento que receberam.* Ocorre, em alguns casos, a criação de expectativas além do que seria razoável após um treinamento prolongado. Se o trabalho a ser realizado aproveitar pouco do que foi aprendido, pode haver uma frustração que levaria à desmotivação e à saída do empregado. É preciso que os superiores apoiem o uso dos conhecimentos adquiridos e facilitem sua aplicação no trabalho. A falta desse apoio é uma das razões mais comuns para a desmotivação dos que receberam o treinamento.

Para muitos, a maior motivação do treinamento é o aperfeiçoamento pessoal e profissional e a perspectiva de mudar a forma de executar o trabalho. Algumas empresas fazem um contrato com o empregado obrigando-o a continuar no emprego durante certo período após o treinamento recebido. Esse contrato tem valor apenas moral, a jurisprudência não tem reconhecido sua validade. Também pouco adianta manter na empresa uma pessoa desmotivada que se considere prejudicada com o tipo de trabalho que esteja realizando.

É preciso considerar também todo o sistema de administração dos recursos humanos. Uma empresa que considere seu pessoal descartável nos momentos de dificuldade e não tenha nenhuma preocupação em proporcionar certa segurança no emprego não investirá em treinamento.

Finalmente, *todo treinamento formal deve ser avaliado*, deve-se verificar se os objetivos foram atingidos, se os treinandos assimilaram o que lhes foi transmitido, se o que foi aprendido será útil para o treinando e a empresa, se o responsável pelo treinamento correspondeu ao que dele se esperava, se haverá ou não retorno para a empresa em virtude do treinamento, se ele deve ser repetido no futuro, de que forma e para que pessoas. A principal avaliação deve ser em relação à sintonia com os demais programas de recursos humanos e à melhoria nas atitudes, no desempenho e nos resultados obtidos pelas pessoas que receberam o treinamento.

9.5 Responsabilidade pelo desenvolvimento das pessoas

9.5.1 A quem cabe

A responsabilidade pelo desenvolvimento de cada pessoa é dela própria. *Cada um é o principal responsável pelo próprio desenvolvimento. Desenvolvimento gerencial ou administrativo é autodesenvolvimento.* Quem deseja se desenvolver com certeza terá oportunidades de fazê-lo, mas quem desejar "ser desenvolvido" por terceiros não o conseguirá.

As empresas devem agir como facilitadoras e apoiadoras do desenvolvimento de cada um, bem como tomar a iniciativa em casos que sejam do seu interesse, mas isso não significa que as empresas possam ser responsabilizadas por não desenvolverem seu pessoal. Se não o fizerem, elas próprias serão prejudicadas, pois os administradores com alto potencial sairão da empresa. Cabe, em primeiro lugar, ao próprio empregado zelar pelo seu autodesenvolvimento, da mesma forma que cabe ao estudante a responsabilidade pela aprendizagem do que lhe é transmitido. Nenhum professor conseguirá ensinar se o aluno não estiver interessado em aprender.

No passado, o vínculo entre uma empresa e seus empregados era mais forte e algumas empresas se preocupavam com a carreira do seu pessoal.

Na atualidade, isso tem sido cada vez mais raro. Um profissional precisa cuidar de si. Precisa manter-se atualizado e ativo, não só na empresa como fora dela. A educação é uma preocupação constante e permanente. A responsabilidade pela carreira cabe a cada profissional. Quando o desempenho não satisfaz, a maioria das empresas livra-se dele como um objeto descartável. A única proteção de um profissional é sua competência.[14] Se a empresa estiver em dificuldades financeiras, ela vai fazer um *downsizing* eliminando até pessoas com bom desempenho. Pode não ser uma atitude sábia a longo prazo, especialmente se for repetida várias vezes, mas se a empresa precisa sobreviver ela dará toda prioridade a seu fluxo de caixa de curto prazo, mesmo porque cortar pessoas e treinamento é o método mais rápido e fácil de controlar custos no curto prazo, embora a conta a ser paga no longo prazo possa ser grande.

9.5.2 O mercado de trabalho atual

Até o início da década de 1980, no Brasil, quem se formava em uma boa universidade conseguia emprego em uma grande empresa, onde fazia uma carreira estável e relativamente segura. Recebia treinamento e uma remuneração adequada como compensação pelo seu bom desempenho e sua lealdade. Isso se tornou raro nos dias atuais.

Em algumas empresas, a relação de emprego está se tornando um mercado de trabalho do tipo *spot market*, sem nenhum vínculo mais forte entre a empresa e o empregado. As transferências de executivos entre as empresas estão se tornando cada vez mais frequentes. A consequência disso é que os administradores estão mais interessados em aumentar suas capacitações para enriquecer seus currículos do que em fazer carreira em uma organização. A palavra "empregabilidade" tornou-se um neologismo conhecido pela maioria dos profissionais. Eles estão mais comprometidos com a própria carreira e o aperfeiçoamento profissional do que com sua empresa. A melhor maneira de aumentar a "empregabilidade" é por meio da educação permanente e do treinamento frequente.

Além disso, um número cada vez maior de pessoas trabalha por conta própria e o número dos que trabalham na economia informal têm aumentado muito nos últimos anos.

---

[14] MANDELLI, P. *Muito além da hierarquia*. São Paulo: Gente, 2001. p. 43.

9.5.3 A importância da formação básica e da experiência

O conhecimento e uma sólida formação básica generalista continuam sendo muito importantes, mas as empresas não formam generalistas, elas treinam seus empregados em técnicas e assuntos do seu ramo de atividade. A base geral, em cima da qual o administrador vai construir sua especialidade, deve ser uma preocupação permanente de cada um. Um bom administrador é um bom conhecedor da natureza humana e uma das formas de se aumentar esse conhecimento é por meio da leitura dos bons autores de obras de ficção, pois a literatura é o espelho da realidade.

Quem não lê bons autores não tem muita vantagem sobre os analfabetos.

MARK TWAIN

Experiência não é o que acontece com uma pessoa, mas o que a pessoa faz com o que acontece com ela.

ALDOUS HUXLEY

O fracasso se transforma em êxito se aprendermos com ele.

MALCOLM FORBES

Pelo que foi dito, é fácil concluir que o bom administrador deve ter uma grande *"experiência de vida"*. O que fazer para ampliar essa experiência? O mais importante é procurar fazer de cada dificuldade, de cada fato vivenciado, de cada situação, uma lição de vida, procurando analisar por que as coisas aconteceram de uma forma e não de outra, por que determinadas decisões foram tomadas, por que as pessoas agiram assim, o que estava por trás do que se via na aparência, o que se desejava de fato, quais eram os interesses reais dos que tomaram as decisões etc. Em suma: quais as causas finais de cada fato, ato e decisão que em um primeiro momento não compreendemos. "Só podemos dizer que conhecemos uma coisa quando julgamos conhecer a sua primeira causa."[15] A análise sistemática das causas de cada situação nos leva a uma experiência extremamente útil, que pode ser aplicada a outras

[15] ARISTÓTELES. *Metafísica*. São Paulo: Abril Cultural, 1984. Livro I, cap. 3. p. 16.

situações na vida e na administração. A acumulação dos conhecimentos assim obtidos proporciona enorme experiência ao longo dos anos. Isso faz a diferença entre as pessoas que têm vinte anos de experiência e as que têm vinte vezes um ano de experiência. A orientação que se pode dar é: nunca deixe passar um momento de aprendizado. Procure compreender todas as experiências da vida real.

A experiência ensina mais que qualquer conselho.

ANDRÉ GIDE

Não se sabe senão aquilo que se pratica.

MONTESQUIEU

A verdadeira escola do comando é a cultura geral.

CHARLES DE GAULLE

Todas as pessoas recebem dois tipos de educação: uma que lhes é dada pelos outros e a outra, bem mais importante, que elas se dão a si próprias.

E. GIBBON

Aprender? Certamente, mas, primeiro, viver e aprender na vida, pela vida.

JOHN DEWEY

As pessoas não são senão aquilo que elas se fazem.

J. P. SARTRE [16]

Quem não fez nada, não sabe nada.

THOMAS CARLYLE

Deve-se aprender fazendo, porque não se pode ter certeza até tentar fazer.

ARISTÓTELES

[16] BOYER, L.; BUREAU, R. *400 citations pour le manager.* Paris: Lês Éditions d'Organisation, 1997.

O grande objetivo da educação não é o conhecimento, mas a ação.

Herbert Spencer

Sucesso não é uma questão de desejo, mas resultado do trabalho árduo.

Jack Barringer

Nada é desperdício de tempo se a experiência for usada sabiamente.

Auguste Rodin

Podemos enriquecer enormemente nossa experiência e nossos conhecimentos da vida e da natureza humana por meio da experiência dos outros, não limitando nosso crescimento às nossas vivências pessoais. A melhor maneira de capitalizar essas experiências de terceiros é pela leitura. É preciso ler e estudar permanentemente, informar-se pelos jornais e pelas revistas e, em alguns casos, voltar aos bancos escolares, onde não só o estudo, mas os contatos profissionais e a troca de experiências podem ser de grande utilidade. Participar de palestras e seminários é útil não só pelo que se aprende, mas também pelos contatos que aí são feitos. Os bons administradores sabem que administrar não é um conjunto de atividades e tarefas, mas, principalmente, um conjunto de relações humanas.

9.5.4 Como se colocar diante do mercado

O que se espera de um administrador é que ele *faça as coisas acontecerem* da forma adequada para gerar resultados positivos para a organização. Por isso, é preciso agir com persistência e tenacidade: fazer acontecer. Em um mundo altamente competitivo, significa fazer aquilo que é importante para o cliente.

Não pensamos senão para agir. A especulação é um luxo, enquanto a ação é uma necessidade.

Henri Bergson

Pense como uma pessoa de ação e aja como uma pessoa que pensa.

Henri Bergson

As três coisas essenciais para se realizar algo são: trabalho duro, persistência e bom senso.

THOMAS EDISON

As fusões, as incorporações e o *downsizing* cortaram milhares de empregos em todo o mundo (*ver Capítulo 10*). Em média, o nível dos profissionais melhorou, mas também aumentou o desemprego entre as pessoas bem preparadas, fato quase inexistente até a década de 1980.

Em épocas de recessão, mesmo profissionais preparados ficam subempregados e mesmo desempregados, por isso todos precisam cada vez mais cultivar sua rede de contatos: fazer o seu *networking*. Isso toma algum tempo, mas, quando alguém fica desempregado, é sua rede de contatos que conta. Começar a cultivar a rede quando mais precisamos dela pode ser pouco útil.

As empresas paternalistas não contribuem de forma adequada para desenvolver seu pessoal. Charles Handy admite: "A maioria das coisas que aprendi não foi retida formalmente, mas através de acidentes e fracassos".[17]

Um bom profissional deve ter uma clara percepção das suas deficiências pessoais e profissionais e deve conhecer o ambiente externo em que opera sua empresa. Deve conhecer suas forças e aptidões e procurar atuar em posições em que elas possam contribuir para a organização e o seu êxito pessoal. O bom profissional não espera "ser consertado". Aceita *feedback*, identifica seus pontos fortes e fracos e toma providências para ampliar suas aptidões e atenuar seus pontos fracos.[18] Há uma quantidade enorme de fracassos causados pelo desconhecimento de si próprio, pela diferença entre o que a pessoa é e o que ela pensa que é.

O melhor investimento que um profissional pode fazer é em si próprio.

Quanto mais se aprende, mais fácil se torna a aprendizagem.

---

[17] Apud CRAINER, S. *Jack Welch:* dez segredos do gestor mais eficaz do mundo. Portugal: Abril/Controljornal, 1999. p. 77.

[18] KOUZES, J. M.; POSNER, B. Z. *O desafio da liderança*. 6. ed. Rio de Janeiro: Campus, 1997. p. 359.

> *Descobri que as pessoas que atingiram o topo de suas carreiras foram aquelas que tinham um projeto definido, entregaram-se a ele com entusiasmo e energia e trabalharam duro para atingir os resultados desejados.*
>
> HARRY TRUMAN

Cumpre lembrar que, em um mundo em que as velocidades das mudanças crescem sem parar, a capacidade de adaptação é uma das qualidades mais importantes para qualquer profissional. Adaptações sempre requerem esforço e, às vezes, sofrimento, mas é indispensável em muitos casos para o êxito pessoal.

Citando Platão: "Devemos aprender durante toda a vida, sem imaginar que a sabedoria vem automaticamente com a velhice".[19]

Peter Drucker mostra que o êxito na economia do conhecimento é reservado àqueles que conhecem a si próprios e que aprendem a se autoadministrar. O ponto de partida é identificar quais são os pontos fortes e fracos de cada um e procurar investir mais nos pontos fortes que nos fracos. Argumenta que se gasta muito mais energia para melhorar o desempenho do nível de incompetência para o nível de mediocridade do que para melhorá-lo de um nível de boa qualidade para um nível de excelência. Propõe uma técnica de *feedback* para se chegar ao diagnóstico. Outro ponto que ele salienta é identificar como aprendemos com mais facilidade: lendo ou ouvindo. Algumas pessoas aprendem melhor lendo e outras ouvindo. Além disso, temos de ser fiéis aos nossos valores. Fala ainda sobre a segunda carreira, na segunda metade da vida profissional.[20]

Milkovich e Boudreau recomendam as seguintes perguntas para o conhecimento pessoal:

1. Gosto de trabalhar duro?
2. Pretendo ser meu próprio patrão ou prefiro trabalhar para outra pessoa?
3. Prefiro trabalhar sozinho, em uma pequena equipe ou em grandes grupos?
4. Gosto de trabalhos tranquilos ou cheios de agitação?

---

[19] Apud MANDELLI, 2001, p. 199.

[20] DRUCKER, P. Managing oneself. *Harvard Business Review*, mar./apr., 1999. p. 65s.

5. A localização faz diferença? Estou disposto a mudanças? Gostaria de trabalhar perto de casa?
6. Quanto dinheiro espero ganhar? Estou disposto a ganhar menos se trabalhar em algo interessante?
7. Quero trabalhar em um único lugar ou em vários? Em serviço interno ou externo?
8. Quero muita variedade em meu trabalho?
9. Tenho preferência pelo tamanho da empresa?
10. Tenho preferência por algum setor?
11. Que empresas me interessam?
12. Avaliei o potencial futuro do setor escolhido?[21]

Considerando tudo o que foi dito, devemos viver com essa verdade: somos os únicos responsáveis pelo nosso êxito. O risco da obsolescência dos conhecimentos adquiridos é de cada pessoa. Em um mundo globalizado em que as mudanças são muito rápidas, os que não se preocupam com sua constante atualização acabam estagnados e com dificuldade de subir na hierarquia de qualquer empresa.

O êxito de um profissional depende muito mais do equilíbrio do que de pontos fortes isolados, como o conhecimento técnico, o marketing pessoal ou até a capacidade de ser feliz. As circunstâncias que levam ao êxito de um executivo são um tripé: competência, trabalho e oportunidade. As características intrínsecas que levam ao êxito pessoal são outro tripé: conhecimento técnico, inteligência emocional e inteligência espiritual.[22]

> *As únicas conquistas que são permanentes e não deixam remorsos são as que fazemos sobre nós mesmos.*
>
> Napoleão Bonaparte

[21] MILKOVICH; BOUDREAU, 2000, p. 198s.
[22] WONG, R. O sucesso é ser equilibrado. *HSM Management*, maio/jun. 2002. p. 8s.

James Citrin enumera as cinco virtudes dos executivos com carreiras extraordinárias:[23]

1. Eles entendem como é criado o valor na organização e gerenciam suas carreiras de acordo com a cadeia de valor.
2. Eles praticam a liderança benevolente, ao não forçarem seu caminho para o topo, e sim ao serem naturalmente conduzidos para lá.
3. Eles superam o paradoxo da permissão, ou seja, fazem além daquilo que lhes foi autorizado.
4. Eles se diferenciam utilizando o princípio de desempenho 20/80, em que dedicam 80% de seus recursos para cumprir suas metas e 20% para criar ideias de ruptura e vanguarda e gerar um impacto imprevisto.
5. Eles não administram suas carreiras de forma micro, e sim de forma macro, pois gravitam em torno de coisas em que são melhores e que os apaixonam, e trabalham com pessoas de quem gostam e por quem têm respeito.

Finalmente, é preciso lembrar a importância do cuidado na preparação do currículo, não só na busca de posições fora da empresa como dentro dela. É preciso salientar as experiências bem-sucedidas, os pontos fortes do candidato, sua formação e tudo o que possa ser útil para uma nova posição, mas dizendo sempre a verdade, porque ela emergirá cedo ou tarde. Thomas Case recomenda que o currículo deve atingir os seguintes objetivos:[24]

1. Comunicar claramente o que se deseja. Especificar os objetivos.
2. Mostrar por que merece o cargo que está pretendendo.
3. Salientar que contribuiu nos empregos anteriores.
4. Destacar que é organizado, ambicioso e que possui um objetivo definido.
5. Conter frases curtas de fácil leitura e comunicação.
6. Exibir somente informações positivas. Aspectos marcantes no começo e detalhes menos relevantes no final.

[23] CITRIN, J. As cinco virtudes dos executivos extraordinários. *HSM Management*, mar./abr. 2004. p.130s.

[24] CASE, T. *Como conquistar um ótimo emprego*. 2. ed. São Paulo: Makron Books, 1997. p. 61-62.

Muitas pessoas colocam seu currículo em alguma página da web. No entanto, isso, em alguns casos, pode ser perigoso, pois uma vez disponível na rede não há como controlá-lo.

9.6 Desenvolvimento organizacional

No decorrer das décadas de 1960 e 1970, foi desenvolvida uma técnica, denominada desenvolvimento organizacional, com o objetivo de conseguir implantar mudanças de forma eficaz. Trata-se de uma complexa estratégia educacional, baseada na experiência, que emprega os meios mais amplos possíveis de comportamento e que tem por finalidade mudar as crenças, as atitudes, os valores e a estrutura das organizações, de modo que elas possam se adaptar melhor aos novos mercados, tecnologias e desafios e ao próprio ritmo vertiginoso de mudança.[25] O desenvolvimento organizacional é necessário sempre que as instituições concorrem e lutam pela sobrevivência sob condições de mudança crônica.[26]

A estratégia do desenvolvimento organizacional é a preparação de agentes de mudança, que são educados para treinar as pessoas da organização para as novas condições do ambiente externo e preparar a organização para as inevitáveis mudanças. Eles tanto podem ser empregados da organização como consultores externos.

Entre as principais metas desses agentes de mudança estão: criar em toda a organização um clima franco e favorável e voltado para a solução de problemas; suplementar a autoridade que está vinculada à função ou ao *status* com a autoridade de conhecimento e competência; localizar as responsabilidades de tomada de decisões e de solução de problemas tão próximas quanto possível das fontes de informações; desenvolver confiança entre pessoas e grupos em toda a organização; tornar a concorrência mais relevante para as metas de trabalho e para maximizar os esforços de colaboração; desenvolver um sistema de remuneração que reconheça tanto a concretização das metas da organização (lucros ou vendas) como o desenvolvimento de pessoas; aumentar em toda a força de trabalho o senso de "propriedade" dos objetivos da organização

[25] BENNIS, W. *Desenvolvimento organizacional:* sua natureza, origens e perspectivas. São Paulo: Edgard Blücher, 1972. p. 2, 20.

[26] BENNIS, 1972, p. 21.

(sentimento de"pertença"); ajudar os gerentes a administrarem, tendo em vista objetivos relevantes, em vez de levarem em conta práticas passadas ou objetivos que não têm sentido em uma área específica de responsabilidade; aumentar o autocontrole e a autodireção nas pessoas que se encontram na organização.[27]

Em uma época em que a única certeza é a mudança, o desenvolvimento organizacional volta a ter a importância que teve na ocasião em que surgiu.

[27] BENNIS, 1972, p. 41-42.

PARTE V

Tendências atuais e suas repercussões em Recursos Humanos

CAPÍTULO 10

INFLUÊNCIAS DA NOVA ADMINISTRAÇÃO NOS RECURSOS HUMANOS

10.1 Desburocratização, reengenharia e *downsizing*

A desburocratização tende a diminuir a importância dos que realizam trabalhos repetitivos e a aumentar a dos que criam, dos que lidam com os clientes, dos que efetuam atividades que agregam valor aos produtos ou serviços. Acarreta, portanto, exigências maiores em relação à qualificação das pessoas.

A reengenharia, repensar a empresa a partir do zero e reestruturá-la em torno dos processos, tende a exigir maior qualificação das pessoas, pois elas devem executar atividades mais variadas e quase sempre mais complexas. A empresa implantará algum tipo de ampliação e enriquecimento do trabalho, exigindo, assim, maior qualificação dos participantes dos processos. Quase sempre haverá também uma mudança na cultura da empresa, com necessidade de reformular os valores prioritários e, em alguns casos, de trocar algumas pessoas. Haverá maior valorização das atividades que agregam valor ao produto ou serviço. Em consequência, durante o processo de implantação, tende a haver uma redução do pessoal e isso cria sérios problemas em termos de identificação com a empresa e de comprometimento.

A principal preocupação dos administradores após a implantação da reengenharia deve ser a "recuperação dos sobreviventes do processo". Deve haver uma preocupação especial em recriar um ambiente de segurança para reconquistar a confiança dos que ficaram. Logo no final do processo, a empresa deve tomar bastante cuidado com a forma como demite os que foram dedicados e saíram por motivos alheios a seu desempenho. É preciso deixá-los sair com dignidade e ser generoso com eles e, sempre que possível, contratar um *outplacement*.[1] O *outplacement*, além de melhorar a imagem da empresa com os "sobreviventes", aumentando a confiança, ainda diminui muito a probabilidade de que o demitido venha a trabalhar para um competidor e transferir para ele os conhecimentos adquiridos na empresa.

O *downsizing* cria para as empresas os mesmos problemas que a reengenharia, com a diferença de que, no caso do *downsizing*, o objetivo não é a reformulação dos processos, mas o corte de pessoal para diminuir o número de níveis hierárquicos e tentar obter maior flexibilidade. Trata-se de adaptar a quantidade de pessoas às necessidades ou possibilidades da empresa. O processo é delicado, porque as "vítimas" são as pessoas menos responsáveis pelo excesso de pessoal. As soluções são as mesmas: "recuperar os sobreviventes do processo" e agir generosamente com os que saem. Um dos problemas do *downsizing* é que ele não pode ser aplicado várias vezes, em reformulações sucessivas, sem sérios prejuízos para o comprometimento que as pessoas devem ter em relação à empresa. A experiência tem demonstrado que, embora o *downsizing* tenda a criar algumas vantagens de curto prazo, na maioria dos casos elas não se prolongam no longo prazo.

A maior parte das empresas que usou o *downsizing* teve perda de competitividade no longo prazo. No entanto, se as demissões tiverem sido bem estudadas e bem comunicadas, é possível que a organização se torne mais competitiva, especialmente considerando que a competição global exige a redução de custos e a otimização dos processos. É preciso não esquecer, porém, que as vantagens do *downsizing* aparecem imediatamente no curto prazo, ao passo que a maior parte das desvantagens se projeta no longo prazo. Como todas as decisões da empresa têm de estar alinhadas com sua disponibilidade de recursos financeiros, ela pode não ter outra alternativa senão apelar para o *downsizing*, mas é preciso que ele seja aplicado de uma só vez, dure pouco tempo e, uma vez terminado, seja bem comunicado aos "sobreviventes" que o *downsizing* acabou, pois, como disse Maquiavel: "as malvadezas devem ser feitas de uma só vez, porque, durando pouco, doem menos, enquanto as coisas boas devem ser dadas aos poucos para serem saboreadas melhor". Além disso, é preciso haver boa comunicação sobre as razões do

[1] Trata-se de um serviço que tem o objetivo de conduzir com dignidade e respeito os processos de demissão nas companhias.

downsizing, a fim de ficar claro que as demais medidas necessárias para recuperar a empresa também foram aplicadas. Os "sobreviventes" reagem melhor se souberem que os cortes eram inevitáveis e que as demais medidas foram tomadas. Finalmente, é preciso que ele seja bem planejado e que sejam poupadas as pessoas que têm as habilidades e competências importantes para a estratégia e a vantagem competitiva da empresa.

Em qualquer reformulação organizacional, é preciso considerar seus reflexos sobre os recursos humanos, especialmente sobre os sobreviventes do processo. Não se brinca com recursos humanos: os problemas com o moral do pessoal e os prováveis reflexos na produtividade e na qualidade podem ter um custo maior que a redução proporcionada pela diminuição da folha de pagamento. A reengenharia pode trazer alguns benefícios em termos da eficiência com que os processos são conduzidos. Alguns autores chegam a dizer que todas as empresas deveriam passar por esse processo. Isso não é verdade: algumas realmente precisam disso, mas outras necessitam apenas de uma sintonia fina e melhoria incremental daquilo que já é um sistema correto. Evolução – e não revolução – é mais apropriado.[2]

A reengenharia foi a mais significativa notícia, seja ela boa ou má, dos últimos cem anos. A parte boa é que ajudou as organizações a ver quão ineficientes eram e a redesenhar os processos para melhorá-los. A má notícia é que destruiu o comprometimento, fator, no longo prazo, mais importantes que a reengenharia dos processos. Por causa da reengenharia, criou-se um ambiente no qual o comprometimento das pessoas com as companhias caiu.[3] A confiança só poderá ser mantida se os processos organizacionais forem considerados inerentemente justos. Muitas empresas descobriram, depois de seus exercícios de *downsizing* e reengenharia, que décadas de investimento em confiança podem ser destruídas de um dia para outro.[4]

Virtualmente, todos os esforços para redesenhar os processos das empresas têm suas raízes em dois movimentos: qualidade total e reengenharia. Ambos proporcionaram mecanismos poderosos aos administradores para reformular os processos individuais, a fim de servir os clientes de forma mais eficiente. A reengenharia, em particular, ajudou os administradores a utilizar

---

2 HILMER, F. G.; DONALDSON, L. *Management redeemed:* debunking the fads that undermine our corporations. New York: The Free Press, 1996. p. 105.

3 PORRAS, J. Não promova a dança das cadeiras. *Exame*, 21 out. 1998. p. 76-77.

4 BARTLETX, C. A.; GHOSHAL, S. Características que fazem a diferença. *HSM Management*, jul./ago. 1998. p. 72.

o formidável poder da tecnologia da informação para melhorar o desempenho dos processos. Mas um número crescente de administradores está descobrindo que a qualidade total e a reengenharia têm três severas limitações:

1. Partem do pressuposto de que elas podem ser dissociadas do pensamento estratégico do negócio.
2. Tratam os processos como ilhas desconectadas do resto do negócio.
3. A qualidade total e a reengenharia tipicamente focalizam os esforços nos processos operacionais e ignoram os processos gerenciais: a maneira como os administradores superiores tomam, comunicam, implementam, monitoram e ajustam suas decisões e como eles medem e recompensam o desempenho.[5]

A reengenharia continuará sendo um tema controvertido. Seus principais defensores dizem que, embora ela tenha se tornado, em alguns círculos, eufemismo para *downsizing* impensado, ela trouxe muitos benefícios. Permitiu às empresas operar de forma mais rápida e eficiente e usar a tecnologia da informação de forma mais produtiva. Além disso, melhorou o trabalho dos empregados, dando-lhes mais autoridade e uma visão mais clara de como seu trabalho se encaixa nas operações da empresa como um todo. Ela também recompensou os clientes com produtos de maior qualidade e serviços melhores e possibilitou o pagamento de dividendos maiores; reduziu os custos das empresas, aumentando suas receitas e impulsionando o valor de suas ações.[6]

10.2 As consequências da reengenharia e do *downsizing* sobre o pessoal

10.2.1 Número de empregados

Frequentemente, após a reengenharia, há uma diminuição no número de gerentes de nível intermediário. Alguns concluem que isso ocorre porque esses gerentes apenas passam informações para cima e para baixo. Isso pode

[5] GARVIN, D. Leveraging processes for strategic advantage. *Harvard Business Review*, sep./oct. 1995. p. 77-90.

[6] HAMMER, M.; STANTON, S. How process enterprises really work. *Harvard Business Review*, nov./dec. 1999. p. 108.

ocorrer em algumas empresas, mas raramente é verdade. Os gerentes de nível intermediário não se limitam a passar informações: eles resumem, interpretam, sintetizam, solucionam comunicações conflitantes, colocando-as sob o prisma de uma infinidade de outros fatores e variáveis, como estratégia, capacidades, personalidades, reações previsíveis de outras pessoas. O gerente adiciona valor às comunicações, pois é necessário julgar para interpretar as mensagens que ele recebe e emite, em um processo que não é automático e, portanto, não pode ser exercido por um computador.[7]

A reengenharia causa, portanto, uma redução de pessoal, o que também ocorre pela técnica do *downsizing*. Seus adeptos argumentam, porém, que o *downsizing* se limita a fazer menos com menos pessoas, isto é, adaptar a empresa a um volume de produção menor. Já a reengenharia procura fazer mais com menos pessoas, reformulando os processos para otimizá-los.

10.2.2 Qualificação do pessoal

Os processos reformulados requerem *pessoal mais qualificado e com capacidade de aprender a aprender*. A educação contínua é uma necessidade nas empresas modernas. Aumenta a procura de generalistas e diminui a de especialistas. Muitos administradores que não conseguiram ser aproveitados em novas posições na mesma ou em outra empresa são especialistas com grandes habilidades em uma área específica, a qual não é mais importante ou mesmo necessária. Como eles não têm base generalista, fica difícil sua adaptação para outras atividades.

> *É muito mais importante saber alguma coisa de tudo que saber tudo de uma só coisa.*
>
> PASCAL

As características de personalidade são outro aspecto muito considerado pelas empresas: os empregados devem ter iniciativa e estar motivados a satisfazer os clientes.

[7] HILMER; DONALDSON, 1996, p. 35

O treinamento nas empresas não se limita mais a ensinar o que fazer ou como fazer, mas precisa ensinar por que fazer dessa forma, e não de outra.

10.2.3 O moral do pessoal

A não ser que o processo seja muito bem conduzido, a tendência é cair o moral dos empregados, aumentar a insegurança e diminuir a confiança. Se não forem tomados os devidos cuidados, isso pode gerar falta de comprometimento e motivação, furtos e até boicote, especialmente durante o processo de reengenharia, em que a preocupação de muitos empregados estará muito mais ligada à manutenção de seus empregos do que aos resultados finais da organização.

10.3 As repercussões da qualidade total sobre o pessoal

10.3.1 Conceituação de qualidade total

Qualidade são todas as propriedades ou características de um produto ou serviço relacionadas à sua capacidade de satisfazer as necessidades explícitas ou implícitas dos que o utilizam, isto é, dos clientes, sem prejudicar os que são afetados pelo uso do produto ou serviço.

No caso de um produto, inclui a aparência estética, a durabilidade, a segurança, a confiabilidade, a precisão, o desempenho, o custo de sua operação, a facilidade, as características e as informações adequadas para instalação, uso e manutenção, a cortesia e a presteza no atendimento ao cliente, a assistência técnica e a garantia prestadas pelo fabricante, a uniformidade e a padronização dos produtos colocados à venda e tudo mais que o usuário e todos os que são afetados pelo produto possam considerar importante para eles ou para a sociedade.

Fica claro, pela definição acima, que *quem decide se um produto é ou não de boa qualidade é o cliente.*

Qualidade total não é um produto perfeito, sem defeito algum. **Qualidade total** *é um sistema de administração visando obter qualidade em todas as áreas de atuação.* A qualidade começa com o projeto, incluindo todas as especificações do produto ou serviço, passando por todas as etapas de produção ou operação, e abrange o atendimento ao cliente e a assistência técnica. Sendo seu foco o cliente, a organização deve estar voltada para o mercado: a qualidade do produto é um dos objetivos a ser atingido. Os objetivos não são mudanças radicais, mas modificações incrementais para aperfeiçoar progressivamente os processos e os métodos de trabalho.

Qualidade total pode ser entendida como o modo de gestão de uma organização, centrado na qualidade, baseado na participação de todos os seus membros, visando ao sucesso em longo prazo, por meio da satisfação do cliente e dos benefícios para os membros da organização e a sociedade.

Na gestão da qualidade total, todas as pessoas são responsáveis pela qualidade e, se bem conduzida, aumenta a participação e o comprometimento de todas as pessoas com a organização.

10.3.2 A participação de todos

A educação e o treinamento das pessoas é um dos pontos mais importantes da qualidade total. É necessário admitir que existe uma cultura organizacional que pressupõe determinado nível de qualidade para os produtos, serviços e processos. As pessoas que trabalham na organização têm expectativas definidas em relação a ela e a seus resultados. É preciso ser realista e educar e treinar, partindo do que existe para se alcançar o que se deseja – educar em relação às expectativas, aos conhecimentos que as pessoas devem ter, às habilidades para atuarem profissionalmente. É preciso, finalmente, assegurar que existam controles para garantir que o que foi planejado seja efetivamente realizado na forma prevista e com os resultados desejados.

Um dos instrumentos de implantação da gestão da qualidade total são os círculos de controle da qualidade.

Um **Círculo de Controle da Qualidade** (CCQ) é um grupo formado por empregados, geralmente de um mesmo nível funcional ou pertencentes a uma mesma área de trabalho, que identificam problemas ou assuntos relacionados à sua atividade. A composição desses grupos é totalmente voluntária, de iniciativa dos próprios empregados, e deve ser prestigiada e apoiada pelo gerente ou supervisor imediato. Deve ser salientado, contudo, que o CCQ não tem poder decisório – ele apenas identifica problemas, estuda-os e sugere soluções. A decisão final cabe sempre ao gerente ou supervisor imediato. Assim, o movimento de CCQ não quebra a cadeia hierárquica da organização, não coloca em risco a função gerencial, mas funciona como prestimoso auxiliar do gerente.[8]

Esse sistema de gestão representa uma mudança radical em relação às concepções de Taylor, que procuravam separar totalmente o planejamento da execução. Na gestão da qualidade total, todos pensam e participam do planejamento das operações, sendo, portanto, uma forma de implementar formas mais eficientes e eficazes de administrar o pessoal.

Em viagem ao Japão, em 1987, vimos, na linha de montagem da fábrica da Nissan, em Zama, um exemplo de sugestão de um CCQ. Os veículos que estavam sendo montados eram transportados de uma estação para outra e, ao parar numa estação, os membros da equipe se dirigiam aos veículos e acrescentavam-lhes várias peças ou subconjuntos de peças. Todos completavam seu trabalho ao mesmo tempo, exceto um que, terminando o serviço poucos segundos antes dos demais, pegava outra peça e a colocava na posição de montagem, sem fixá-la, terminando, assim, junto com os demais. Na estação seguinte, outro grupo se dirigia para fixar novas peças e subconjuntos e um dos operários se dirigia imediatamente para aquela peça que estava apenas posicionada e a fixava com parafusos, utilizando chaves especiais, terminando todos no mesmo instante.

Perguntamos como tinham conseguido a sincronização. Explicaram-nos que aquela peça era anteriormente alimentada na estação seguinte, e o operário encarregado da fixação sempre terminava seu serviço cinco ou seis segundos depois dos demais. Em compensação, na estação anterior, um dos operários acabava sua parte cinco segundos antes. O CCQ sugeriu que a peça fosse alimentada na estação anterior. Com isso, aquele que terminava cinco segundos antes colocava a peça em sua posição. Na estação seguinte, o que terminava segundos depois, encontrando a peça na posição, teve seu trabalho simplificado, pois bastava fixá-la, e passou a completar seu serviço junto com os demais. Esse fato economizou cinco segundos em toda a linha de montagem, isto é, a empresa ganhou cinco segundos na produção total dos veículos. Esse detalhe só pode ser percebido por quem está no chão da fábrica participando da montagem. É impossível a um engenheiro de planejamento da produção adivinhar esse tipo de melhoria.

---

[8] CERQUEIRA NETO, E. P. *Gestão da qualidade:* princípios e métodos. São Paulo: Pioneira, 1993. p. 13-14.

Esse sistema de gestão, ao contrário da reengenharia e do *downsizing*, aumenta a participação de todo o pessoal e a identificação com a organização. Quando, em função de um aperfeiçoamento, ocorre uma sobra de pessoal, os próprios membros do CCQ sugerem uma forma de aproveitamento em atividade que agregue valor ao produto ou serviço ao cliente.

10.4 A gestão do conhecimento e seus reflexos sobre o pessoal

10.4.1 Conceituação

Nos dias de hoje, com a velocidade das mudanças cada vez maior, o conhecimento torna-se a principal vantagem competitiva da organização. Saber como administrar o conhecimento é crítico para o êxito e mesmo para a sobrevivência do negócio.[9] A maior parte do conhecimento das organizações está na mente das pessoas que as compõem. Por isso, as pessoas com maior qualificação são mais valorizadas. O que uma organização e seus empregados sabem está no cerne de sua forma de atuação.[10] Em consequência, a forma mais segura de conseguir a tão desejada vantagem competitiva é por meio da administração dos recursos humanos, como veremos a seguir.

O capital intelectual é a soma dos conhecimentos, informações, propriedade intelectual e experiência de todos em uma empresa, que podem ser administrados a fim de gerar riqueza e vantagem competitiva. Ao contrário dos ativos tangíveis, como imóveis, fábricas, equipamento e dinheiro, o capital intelectual é intangível. É ele que permite que a empresa reaja mais rápido que a concorrência, que lance novos produtos, que antecipe as necessidades do mercado. O capital intelectual é como uma rede eletrônica que transporta informação na empresa à velocidade da luz. Um de seus pressupostos é a cooperação – o aprendizado compartilhado – entre a empresa e seus clientes, que forja uma ligação entre eles, trazendo, com frequência, o cliente de volta.[11]

---

[9] DAVENPORT, T. H.; PRUSAK, L. *Working knowledge:* how organizations manage what they know. Boston: Harvard Business School Press, 1998. p. 9 (Introdução).

[10] DAVENPORT; PRUSAK, 1998, p. 10 (Introdução).

[11] DAVENPORT; PRUSAK, 1998, p. 10 (Introdução).

Já deixamos para trás o mundo das riquezas físicas. Hoje, a riqueza é o produto do conhecimento e da informação – não apenas o conhecimento científico, mas a notícia, a opinião, a diversão, a comunicação e o serviço –, matérias-primas básicas e os produtos mais importantes da economia.[12]

Parte da diferença entre o valor de mercado do total das ações de uma empresa e seu valor contábil pode ser explicada pelos ativos intangíveis, constituídos em boa parte por conhecimento. Em algumas empresas, os ativos intangíveis superam os tangíveis.

Ativo intangível é um ativo que não tem substância física, mas proporciona benefícios econômicos. São ativos intangíveis: competência dos gerentes, sua experiência e conhecimento da empresa, sistemas administrativos, patentes, *softwares* desenvolvidos pela empresa, relações com os clientes atuais e potenciais e o conhecimento de suas preferências, relações com fornecedores atuais e potenciais e conhecimento de seus pontos fortes e fracos, marcas registradas, imagem da empresa no público e na mídia, pesquisas em desenvolvimento e manuais.

A gestão do conhecimento tomou ímpeto nos últimos anos em razão do aumento da importância do conhecimento como vantagem competitiva das organizações. Em um mundo quase sem fronteiras, em que a mão de obra não qualificada está cada vez mais disponível e os recursos naturais dependem apenas de recursos financeiros para serem adquiridos em um mercado global, o conhecimento passou a fazer a *diferença* para os países e as organizações.

Tornar o conhecimento pessoal disponível para as pessoas que dele precisam na organização é a base da administração do conhecimento. E ocorre em todos os níveis da organização.[13]

Também colaborou para o destaque que a gestão do conhecimento tem recebido a preocupação com estruturas organizacionais simples, que levou à aplicação do *downsizing* em muitas organizações. Algumas tiveram que readmitir empregados, que haviam sido dispensados, em virtude dos conhecimentos que possuíam.

---

[12] STEWART, T. A. *Capital intelectual: a nova vantagem competitiva das empresas.* 3. ed. Rio de Janeiro: Campus, 1998. p. xiv.

[13] NONAKA, I. The knowledge-creating company. *Harvard Business Review*, nov./dec. 1991.

Outro fator que contribuiu para a gestão do conhecimento ganhar tanta atenção foi a facilidade de ordenar, armazenar, recuperar e disseminar informações proporcionada pelas redes de computadores e pelos *softwares* de gerenciamento dessas redes, com custos relativamente baixos.

Por trás do aumento da importância da gestão do conhecimento, há um fato simples: uma quantidade enorme do conhecimento da organização não lhe pertence, e sim aos indivíduos que a compõem. Muitas vezes, quando alguém deixa a empresa, sua experiência desaparece com ele. Mesmo que ele tenha permanecido muito tempo, poucos se beneficiam de suas ideias.[14]

Cada pessoa que sai leva consigo parte do conhecimento empresarial, que deveria estar registrado em algum lugar. Cada pessoa que entra deve possuir algum tipo de conhecimento que possa vir a ser útil. No entanto, não podemos armazenar, em uma rede de computadores, todos os conhecimentos que todas as pessoas da empresa possuem, não só pelo trabalho que daria, mas também porque boa parte desse conhecimento não deve ter muita utilidade. Por isso, devemos começar definindo o que deve ser conhecimento útil para a organização.

O conhecimento existente na organização pode ser usado para criar uma vantagem diferencial, ou seja, a gestão do conhecimento abrange a soma de tudo o que todos em uma empresa conhecem e que confere à empresa sua vantagem competitiva.[15]

Como disse Samuel Johnson, o conhecimento pode ser de dois tipos: nós o temos pessoalmente ou sabemos onde encontrá-lo. Em uma era de aumento incessante da quantidade de informações e conhecimentos, torna-se cada vez mais importante saber onde encontrar o conhecimento de que precisamos, pois é impossível conhecer tudo o que seria necessário para nossas atividades profissionais. Isso aumenta a importância da gestão do conhecimento.

O sucesso das empresas japonesas se deve à sua capacidade de criar o conhecimento organizacional, ou seja, à capacidade da empresa de criar um conhecimento novo, difundi-lo na organização e incorporá-lo a produtos, serviços e sistemas.[16]

---

[14] GARVIN, D. *Uma nota sobre gestão do conhecimento.* Pesquisa n. 9-398-031, preparada para a Harvard Business School e publicada em 26 de novembro de 1997.

[15] Apud STEWART, 1998, p. 60.

[16] NONAKA, I.; TAKEUCHI, H. *Criação de conhecimento na empresa:* como as empresas japonesas geram a dinâmica da inovação. Rio de Janeiro: Campus, 1997. p. 1.

Assim, poderíamos definir gestão do conhecimento como o conjunto de esforços ordenados e sistematizados visando criar um conhecimento novo, difundi-lo na organização para os que dele precisam e incorporá-lo a produtos, serviços e sistemas, bem como a protegê-lo contra o uso indevido.

10.4.2 Administração dos profissionais do conhecimento

A administração do conhecimento é importante para qualquer empresa, mas é crítica para as organizações que vivem da informação. Essas organizações precisam saber administrar os profissionais do conhecimento. Peter Drucker recomenda:

1. Desenvolver recompensas, reconhecimento e oportunidades de carreira para esses profissionais.
2. Criar uma visão unificada em uma organização de especialistas.
3. Implantar uma estrutura de administração com base em equipes.
4. Assegurar a existência de pessoas para a administração superior, por meio de seleção, treinamento e avaliação.[17]

Como os profissionais do conhecimento são quase sempre bem-sucedidos no que fazem, raramente conhecem o fracasso. E não tiveram oportunidade de aprender com ele. Portanto, quando, em sua estratégia de aprendizagem, algo dá errado, eles costumam ficar na defensiva e dificilmente aceitam críticas. Procuram pôr a culpa fora de si, no ambiente, nos outros e em fatores fora do controle. Em suma: sua habilidade de aprender fica prejudicada precisamente quando mais precisam dela.[18]

Os profissionais do conhecimento devem ser entendidos como os que sabem mais sobre seu trabalho que os demais na organização.[19] São pessoas pagas para pensar e resolver situações complexas de sua especialidade. A forma de administrar esses subordinados tem de ser diferente. É por isso que surgiram termos como "colaborador" e "associado" para referir-se a esse empregado, que deseja e precisa ver resultados.[20]

[17] DRUCKER, P. F. The coming of the new organization. *Harvard Business Review*, jan./fev. 1988.
[18] ARGYRIS, C. Teaching smart people how to learn. *Harvard Business Review*, may/jun. 1991.
[19] DRUCKER, P. F. Management's new paradigms. *Forbes Global Business & Finance*, 5 oct., 1998. p. 58.
[20] DRUCKER, 1998, p. 58.

As empresas devem administrar sua força de trabalho em função da contribuição que cada um agrega aos produtos ou serviços e de sua maior ou menor dificuldade de substituição. Para isso, é útil o gráfico de Stewart sobre os tipos de empregados:[21]

Figura 10.1 Tipos de recursos humanos

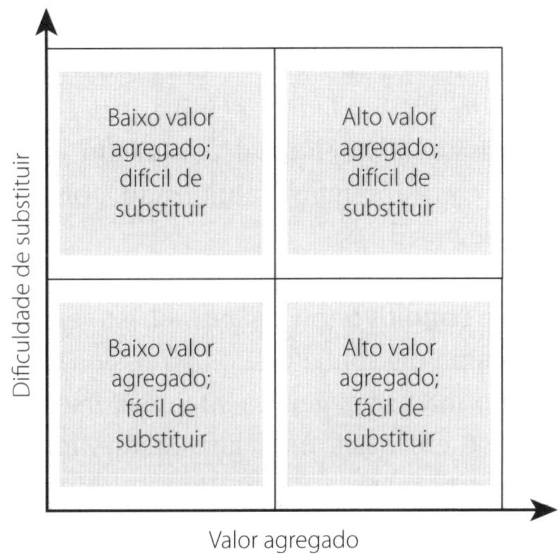

O capital humano da empresa fica no quadrante superior direito. O que Stewart recomenda é o seguinte:

- os profissionais fáceis de substituir e que proporcionam pouco valor agregado devem ser substituídos por máquinas;
- as atividades exercidas por profissionais fáceis de substituir e que proporcionam alto valor agregado devem ser terceirizadas, ou então deve-se agregar a essas atividades algum diferencial que as distinga das executadas pelos concorrentes;

[21] STEWART, 1998, p. 81.

- os profissionais difíceis de substituir e que agregam pouco valor devem ter seu trabalho modificado para agregar mais valor;
- deve-se investir fortemente nos que são difíceis de substituir e agregam muito valor, motivá-los e retê-los na empresa, isto é, capitalizar o conhecimento que eles possuem.

Na era pós-industrial, o êxito de uma organização depende muito mais de sua capacidade intelectual que de seus ativos fixos. A capacidade de administrar o intelecto humano e de convertê-lo em produtos e serviços úteis está rapidamente se tornando a habilidade executiva crítica da época.[22]

O verdadeiro profissional intelectual possui um conjunto de conhecimentos que precisa ser constantemente atualizado, pois ele opera nos quatro níveis apresentados a seguir:[23]

1. **conhecimento cognitivo** (ou *know-what*, isto é, saber o quê): o domínio básico de uma disciplina que os profissionais adquirem por meio de treinamento intensivo, geralmente em cursos especializados. Esse conhecimento é essencial, mas, geralmente, longe de ser suficiente para o sucesso comercial;
2. **habilidades avançadas** (ou *know-how*, isto é, saber como): a tradução do aprendizado na execução efetiva; a habilidade para aplicar as regras de uma disciplina aos problemas complexos do mundo real;
3. **compreensão dos sistemas** (ou *know-why*, isto é, saber o porquê): o profundo conhecimento das relações de causa e efeito que formam as bases de uma disciplina. Permite aos profissionais moverem-se além da execução de atividades para resolver problemas maiores e mais complexos e criar valores extraordinários. A expressão máxima desse nível é a intuição altamente treinada – por exemplo, o *insight* de um diretor de pesquisas que sabe instintivamente que projetos deve financiar e exatamente quando fazê-lo. Os profissionais com *know-why* podem antecipar consequências não previstas;

---

[22] QUINN, J. B.; ANDERSON, P.; FINKELSTEIN, S. Managing professional intellect: making the most of the best. Knowledge Management. Boston: Harvard Business School Press, 1998. p. 182.
[23] QUINN; ANDERSON; FINKELSTEIN, 1998, p. 183.

4. **criatividade automotivada** (ou *care-why*, isto é, importar-se por quê): a vontade, motivação e adaptabilidade para o sucesso. Grupos altamente motivados e criativos frequentemente têm desempenhos superiores aos de grupos com maiores recursos financeiros.

Como foram treinados como elite, os profissionais do conhecimento tendem a considerar seu julgamento em outros campos como sagrados. Hesitam em se subordinar a outras pessoas ou a apoiar objetivos organizacionais que não sejam coerentes com seu ponto de vista. Cercam-se de profissionais com valores e conhecimentos semelhantes e, a menos que esses feudos sejam deliberadamente fraturados, podem-se tornar burocracias voltadas para si próprias, resistentes a mudanças e sem preocupação com os clientes.[24]

Para evitar esses problemas, os autores recomendam: *recrutar e admitir os melhores*, isto é, efetuar uma contratação altamente seletiva e rigorosa; forçar desde cedo um desenvolvimento intensivo, proporcionando desafios desde o início da carreira; aumentar constantemente os desafios profissionais; avaliar e depurar (separar o joio do trigo); descentralizar as decisões; e compartilhar informações.

10.4.3 Organizações que aprendem

São organizações com capacidade para criar, adquirir e transferir conhecimento, bem como para modificar seu comportamento para refletir novos conhecimentos e discernimentos.

Já é clássica a afirmação de que, em uma época em que a única certeza é a incerteza, a única fonte de vantagem competitiva duradoura é o conhecimento. Quando os mercados mudam, as tecnologias proliferam, os competidores se multiplicam e os produtos se tornam obsoletos quase do dia para a noite, as companhias bem-sucedidas são aquelas que criam novos conhecimentos, disseminam-nos amplamente por toda a organização e rapidamente incorporam-nos em novas tecnologias e produtos. Essas atividades definem as empresas que aprendem, cujo único negócio é a contínua inovação.[25]

[24] QUINN; ANDERSON; FINKELSTEIN, 1998, p. 185.

[25] NONAKA, 1991.

Para terem sucesso, *as organizações têm de descobrir como cultivar o comprometimento e a capacidade de aprender em todos seus níveis.*[26] Além da capacidade de aprender, temos de acrescentar a de armazenar, recuperar e transferir os conhecimentos. O capital já não é rei; as competências das pessoas o são. O corolário disso é que a empresa de sucesso é a que consegue aprender eficazmente.[27]

As organizações que aprendem têm habilidades em cinco atividades: soluções sistemáticas de problemas; experimentação de novas abordagens; aprendizagem por meio de sua própria experiência e história; aprendizagem por meio da experiência e prática dos outros; e transferência de conhecimentos rápida e eficiente em toda a organização.[28]

Para chegar a esse estágio, a empresa deve procurar obter sua vantagem competitiva por meio da maneira como administra seus recursos humanos. É o que veremos adiante.

10.5 A globalização e os recursos humanos

10.5.1 Conceituação e consequências

A globalização, embora tenha começado desde os primórdios da humanidade, tomou grande ímpeto com os Grandes Descobrimentos, com a Revolução Industrial e com a Era da Informação. O comércio internacional, causa e efeito da tendência globalizante, tem crescido, nos últimos anos, a taxas superiores às da produção global de bens e serviços. A competitividade aumentou brutalmente com a globalização, obrigando as empresas a tomarem medidas de contenção de custos e de aumento de escala. Por causa dessa competitividade, as empresas apelam para a reengenharia, o *downsizing*, a terceirização, as fusões, as incorporações, as alianças e outras medidas que afetam seu pessoal, como rigor na seleção e admissão. Além disso, elas têm diminuído os benefícios e cortado outras vantagens, como viagens em primeira classe, despesas em cartões de crédito pagas pela empresa e outras. Muitas

---

[26] SENGE, P. *A quinta disciplina:* arte e prática da organização que aprende. São Paulo: Best Seller, 1998. p. 38.

[27] CRAINER, S. *Jack Welch:* dez segredos do gestor mais eficaz do mundo. Portugal: Abril/ Controljornal, 1999. p. 4.

[28] GARVIN, 1997, p. 81s.

estão solicitando que os funcionários participem do pagamento dos planos de seguro de saúde e de aposentadoria.

A globalização requer pessoal mais qualificado.

A educação emerge como prioridade nacional óbvia. A sociedade da informação e do conhecimento requer pessoas que estejam sempre aprendendo. A educação aumenta a capacidade de avanços tecnológicos e torna a democracia mais operacional, os mercados menos assimétricos e a distribuição de renda mais justa. A democracia é mais operacional com cidadãos educados, com maior igualdade de oportunidades. Os mercados produzem menores assimetrias em distribuição de renda quando o acesso à educação garante igualdade de oportunidades.[29] Ou seja, a globalização induz à ênfase em educação e treinamento para evitar a perda de recursos por meio da migração de capital humano e aumenta a importância da infraestrutura em transportes e comunicações, tanto por sua contribuição à qualificação dos trabalhadores (facilita o acesso a informações), quanto porque é condição básica para o processo produtivo interligado.[30]

O Brasil precisa mais que nunca *tratar a educação básica como investimento, prioritária para qualquer país que pretenda um lugar no mundo atual,* porque nunca a educação foi tão decisiva para construir uma economia próspera e uma democracia participativa, fundada no pacto dos cidadãos. A informática e a automação criaram um cenário de competição internacional em que, tanto para os produtores de tecnologia como para seus consumidores, é exigida cada vez mais competência cognitiva. Em vez de seguir o axioma marxista de que o avanço da tecnologia desqualificaria a mão de obra, a educação fundamental, o ensino universalizado e eficaz do idioma, da matemática, das ciências, virou condição prevalente do desenvolvimento.[31]

> *As raízes da educação são amargas, mas os frutos são doces.*
>
> ARISTÓTELES

---

[29] GUEDES, P. Mais um Ministério? *Exame,* 16 dez. p. 21.

[30] BAUMANN, R. Uma visão econômica da globalização. In: BAUMANN, R. *O Brasil e a economia global.* Rio de Janeiro: Campus, 1996. p. 48.

[31] RIBEIRO, S. C. Construir o saber. In: RIBEIRO, S. C. Reflexões para o futuro. *Veja,* Ed. Especial, São Paulo, 1993, p. 207-208.

É preferível construir escolas para as crianças a prisões para os adultos.

ELIZA COOK

Nunca considere o estudo como um dever, mas como uma oportunidade invejável para aprender.

ALBERT EINSTEIN

Os impérios do futuro serão os impérios do conhecimento.

WINSTON CHURCHILL

A importância da educação é realçada pela redistribuição das funções econômicas em escala planetária. Um produto é fabricado com materiais, peças e componentes oriundos de vários continentes. Produzem-se as partes em que os custos são mais baixos, porque as margens se tornam cada vez menores. Na globalização, a mão de obra menos qualificada é descartada e não tem oportunidade. A internacionalização da produção fará que os empregos melhores estejam nos países que possuírem mão de obra mais qualificada. A globalização acentua a divisão internacional do trabalho, exigindo investimentos pesados em educação nos países menos desenvolvidos. Essa tendência, que sempre existiu, se acentuará. As melhores posições de trabalho estarão nos países que tiverem população mais educada e qualificada. Outro fato é o aumento da mobilidade dos executivos de um país para outro. A essência do desenvolvimento é o investimento em capital humano. Um país com mão de obra qualificada atrai investimentos que aumentam o nível e a qualidade da produção.

As necessidades de serem evitadas as duplicações de esforços e de serem obtidas as economias de escala têm mantido as atividades de pesquisa tecnológica nos países mais desenvolvidos. Isso só pode ser revertido com investimentos fortes na educação pelos países menos desenvolvidos, bem como pela criação de oportunidades de pesquisas nesses países.

Para os indivíduos e para os países, educação e sucesso econômico estão intimamente relacionados.[32]

---

[32] Entrevista de Lawrence Summers, reitor da Universidade de Harvard, concedida à revista *Veja*, de 31 mar. 2004.

10.5.2 Os recursos humanos na globalização

Em termos de recursos humanos, é preciso que os executivos expatriados estejam a par dos costumes, da cultura, dos valores, do idioma, das crenças, das relações, das atitudes e dos hábitos nos países em que atuam. Muitas vezes, é necessário um período de treinamento antes da viagem e outro período de adaptação ao chegarem.

Um aspecto importante é o tema da remuneração. Os valores de mercado das remunerações variam enormemente de país para país e isso ainda fica mais complicado se considerarmos as variações cambiais, as diferenças de poder de compra e os custos inerentes à instalação dos expatriados. Além disso, os benefícios variam muito de um país para outro. A área de recursos humanos da empresa tem de estar muito sintonizada em todos esses pontos para conseguir uma remuneração justa. A política de compensação dos funcionários estrangeiros é um dos desafios mais visíveis para as empresas globais.

10.5.3 *Offshoring*

Offshoring é a terceirização de serviços fora do país de origem da empresa, buscando custos mais baixos sem prejuízo da qualidade. Normalmente, é apenas terceirização de mão de obra usando pessoas em países em desenvolvimento. Os países e as empresas vêm se estruturando para competir e ganhar serviços de *offshoring* globais, investindo em educação, treinamento, legislação, infraestrutura e tudo o mais que se faça necessário para atrair serviços. O *offshoring* traz à tona as discussões sobre vantagem competitiva e vantagem estratégica de cada país, sobre globalização, estratégias de investimentos, questões financeiras e educação e administração dos recursos humanos; como lidar com os custos ocultos no país, com as deficiências da contabilidade tradicional, com a paridade monetária e a paridade do poder de compra, ética e questões multiculturais na empresa.

O exemplo mais conhecido de *offshoring* bem-sucedido é o do desenvolvimento de *software* na Índia. Vários outros países estão procurando seguir esse exemplo, inclusive o Brasil. Outro exemplo clássico é a instalação de *call centers* fora do país de origem da empresa. Com o baixo custo das ligações internacionais, as grandes empresas estão montando *call centers* em diversos países, aproveitando as diferenças de fusos horários para que todos os atendentes trabalhem durante o dia, apesar de manter o atendimento de forma contínua por 24 horas.

10.6 A terceirização e os recursos humanos

Terceirizar é transferir para outras empresas, mediante contrato, atividades não essenciais da organização. A essência da terceirização consiste no fato de que a empresa não executa essas atividades com seus empregados, mas com empregados das empresas contratadas para esse fim. Os empregados dos contratados podem trabalhar dentro ou fora das instalações do contratante. Esse processo inclui também a compra de peças, conjuntos de peças, componentes e produtos para serem incorporados ao produto oferecido aos clientes.

A terceirização pode incluir serviços de transporte, restaurante, limpeza, segurança, assistência médica, serviços jurídicos, contábeis etc., bem como a compra de peças e conjuntos de peças para serem incorporados ao produto final. Se a terceirização for levada a extremos, o empresário passa a ser um administrador de contratos e, até mesmo, a administração de contratos pode ser terceirizada, contratando-se uma empresa de serviços para administrar as atividades contratadas. A isso se chama **quarteirizar**: contratar uma empresa para gerenciar as atividades terceirizadas.

Uma consequência da terceirização em relação às pessoas é que diminui a responsabilidade da empresa em relação às pessoas dos contratados, especialmente por seu desenvolvimento. Em contrapartida, diminui o comprometimento com a empresa.

Existem muitas vantagens e desvantagens da terceirização para as empresas e isso já foi amplamente estudado.[33] O que nos preocupa aqui é a diminuição do vínculo entre a pessoa e a empresa e o aumento da responsabilidade de cada um pelo próprio desenvolvimento. A pessoa tende a ser mais comprometida com sua profissão do que com a empresa à qual presta serviços.

A terceirização é apenas uma das formas de trabalho cuja tendência deve se acentuar no futuro próximo. O emprego com vínculo empregatício e a integração vertical das atividades tendem a diminuir. O trabalho será cada vez mais efetuado por empresas terceirizadas, por profissionais autônomos atuando dentro da empresa ou na própria residência, entre muitas alternativas.

Um dos aspectos relevantes em relação à terceirização é a nova forma de produção, na qual as organizações não procuram mais a integração vertical e a

[33] LACOMBE, F.; HEILBORN, G. *Administração:* princípios e tendências. São Paulo: Saraiva, 2008. p. 509-514.

autonomia, mas as alianças estratégicas que as obrigam a administrar não só as próprias empresas, mas toda a cadeia de produção, constituída por muitas empresas, desde o produto obtido na natureza até o produto final para consumo.

10.7 O teletrabalho e as pessoas na empresa

Teletrabalho é levar o trabalho aos trabalhadores onde eles estiverem, em vez de levá-los ao trabalho. O trabalho pode ser feito em casa ou em escritório próximo da residência, mas longe da organização para a qual se trabalha.

A Revolução Industrial separou os locais da casa e do trabalho. Os artesãos e as pequenas oficinas não tinham mais como competir com as grandes empresas. A nova era do conhecimento está voltando a aproximar os lares do trabalho. Trabalha-se de novo em casa, embora de forma diferente.

O trabalho em casa por pessoas com ou sem vínculo empregatício foi grandemente incrementado pela moderna tecnologia da comunicação e da informação: microcomputador, impressora, fax, *modem*, secretária eletrônica, acesso a redes de computadores a partir de linhas telefônicas digitais ou fibras óticas, correio eletrônico, correio de voz, telefone celular, identificação de chamadas, discagem automática e copiadoras a preços módicos, entre outros. O profissional, a partir de sua casa, pode receber e enviar suas contribuições para a empresa por meio de *modems* ligados aos computadores, participar de videoconferências e *chat rooms*, usar serviços bancários eletrônicos, fazer compras pela Internet, enviar mensagens para todas as partes do mundo. O teletrabalho não é, porém, uma panaceia. Exige autodisciplina e automotivação e requer providências para dar certo: reuniões periódicas, metas bem estabelecidas, responsabilidades bem definidas e compreendidas.

O teletrabalho aumenta a responsabilidade das pessoas, porque a supervisão é menos cerrada, apesar da necessidade de reuniões periódicas. Exige disciplina, um local apropriado para trabalho, programação de horários, controle da agenda. Aumenta também a responsabilidade da chefia, que tem necessidade de avaliar corretamente os subordinados sem um contato tão frequente quanto o que tinha anteriormente. Por outro lado, aumenta o tempo disponível das pessoas, eliminando as idas e vindas para o local de trabalho, que nas grandes metrópoles pode chegar a mais de três horas por dia. Além disso, dá mais flexibilidade e motivação para organizar e realizar o trabalho.

As vantagens e as desvantagens do teletrabalho são amplamente conhecidas e estão bem divulgadas.[34]

É importante salientar que as pessoas têm de assumir responsabilidades adicionais no teletrabalho e, em consequência, ele exige maior qualificação.

Para os que possuem deveres familiares e dispõem de local apropriado para trabalhar, o teletrabalho constitui uma grande vantagem, pois ajuda a conciliar os deveres domésticos com os da empresa. Por outro lado, se não for complementado com reuniões periódicas, pode causar alguma desmotivação e, para os que moram sozinhos, o isolamento pode até causar depressão.

Uma alternativa para o trabalho em casa é o que se chama escritório satélite. São salas de trabalho, com todas as facilidades de um escritório moderno, localizadas em bairros residenciais, próximo às residências dos funcionários da empresa ou dos escritórios dos clientes. O custo desses espaços tende a ser menor que nos escritórios da empresa e ainda poupa-se o tempo de deslocamento, mas também exige disciplina e responsabilidade maiores por parte do pessoal. É uma boa alternativa para quem não dispõe de local apropriado em casa.

Outro aspecto importante do teletrabalho é que ele facilita a criação de organizações virtuais, que podem se restringir a um site na internet, cada pessoa que as compõe trabalhando em lugares remotos e se conectando com as demais pela rede.

10.8 Exigências atuais na administração dos recursos humanos

10.8.1 As equipes multidisciplinares e autogerenciáveis

As organizações atuais valorizam o trabalho em equipe sobre o individualismo. As equipes *ad hoc* multidisciplinares tendem a desempenhar um papel cada vez maior nas organizações. A razão disso é simples: o aumento do conhecimento obriga a especializações maiores. Por outro lado, aumenta a complexidade dos problemas e das oportunidades, abrangendo, cada vez mais, aspectos e especialidades diferentes. Em consequência, somente equipes

[34] LACOMBE; HEILBORN, 2008, p. 515-518.

multidisciplinares têm condições de atuar com eficiência e eficácia na solução dessas situações complexas: a realidade é multidisciplinar. Isso requer profissionais com forte base generalista para poder dialogar com profissionais de outras especialidades, mas, ao mesmo tempo, com uma ou mais especialidades para terem condições de contribuir eficazmente para os trabalhos dessas equipes. Equipes multidisciplinares costumam ser ainda uma boa fonte de treinamento e aperfeiçoamento pessoal e profissional, mas requerem esforço de contribuição por parte de todos. Essas equipes não devem ser muito grandes, pois se tornam difíceis de administrar. São autogerenciáveis, isto é, têm autonomia para implantar algumas de suas conclusões. As empresas devem valorizar a diversidade, criando um ambiente mais rico e propenso à inovação.

Na *adhocracia*, as equipes são formadas em torno de um problema ou de um projeto com resultados desejados, mas a mesma pessoa pode fazer parte de mais de uma equipe. Em uma equipe, essa pessoa pode ser o líder; em outra, um dos colaboradores; em uma terceira, ser membro de uma equipe cujo líder integra uma equipe que ele lidera. As equipes são formadas e alteradas de acordo com a necessidade e, muitas vezes, têm poder para decidir e implantar as soluções.

Essas equipes podem ser temporárias ou permanentes. A avaliação do desempenho e dos resultados proporcionados por elas é bastante controvertida. Elas substituem o controle exercido pela chefia por um controle, frequentemente implícito, exercido pelos próprios membros da equipe. A pressão do grupo será ainda ampliada quando a empresa adota como parte do sistema de remuneração a opção ou a compra de ações. Resultados positivos pela utilização dessas equipes dependem da cultura da empresa. Elas não devem ser introduzidas em empresas tradicionais, hierarquizadas e burocratizadas. É necessário dar responsabilidade às pessoas, estimular a iniciativa e os esforços que visem aos objetivos desejados. Em empresas que estimulam a iniciativa e a criatividade, os resultados tendem a ser bons. Os membros se ajudam, usam técnicas modernas de solução de problemas, comunicam-se abertamente e proporcionam inovações nos processos e produtos, desde que todo o sistema de administração dos recursos humanos seja coerente com o uso de equipes com certo grau de autonomia. Uma característica das empresas que adotam esse sistema é a confiança que depositam nas pessoas.

Os esforços individuais continuam sendo necessários e desejáveis, mas o mais importante é a contribuição aos resultados da equipe. A flexibilidade, a facilidade de relacionamento e de adaptação a novas circunstâncias e condições de trabalho, a capacidade de trabalhar para o conjunto sem "esconder o jogo", a disposição para colocar os resultados da equipe acima de seus interesses sem ser sempre a "estrela" e a capacidade de assumir papéis diferentes ao mesmo tempo são qualidades que se tornam cada vez mais importantes nessa nova forma de operar e podem ser qualidades mais importantes que a qualificação técnica. Se não houver disposição para colaboração, participação e compartilhamento de riscos, o projeto não será bem-sucedido. Por outro lado, existem pessoas que não se adaptam ao trabalho em grupo e só conseguem atuar de forma individual. Gostam de ser solistas. Essas pessoas, se forem competentes, podem contribuir eficazmente para a empresa, se for possível arranjar para elas um trabalho individual.

Qualidades que aumentam de importância são as capacidades de sintetizar, de resumir, de se fazer compreender por pessoas que não são da mesma especialidade; de conhecer, compreender e avaliar os outros, isto é, de se comunicar e dialogar com pessoas de todos os níveis e especialidades.

As equipes representam um papel central para as empresas, porque proporcionam um contexto participativo, em que os indivíduos interagem uns com os outros em um diálogo constante, do qual depende a reflexão eficaz.[35] A disseminação do conhecimento só se dará se houver boa comunicação entre as equipes. Isso não é um processo natural: deve ser estimulado e administrado.

Uma tendência que reforça a necessidade de trabalhos em grupos é a convergência de tecnologias. Embora a convergência entre informática, comunicações, produtos eletrônicos e entretenimento sejam os exemplos mais citados, o conceito de convergência é bem mais abrangente.[36] Complementando essa convergência, temos as fronteiras tênues entre os setores: a linha divisória entre computadores pessoais e televisão é vaga, da mesma forma que a fronteira entre comunicação, computação e entretenimento ou entre microcomputadores e televisão.[37]

---

[35] NONAKA, 1991.

[36] PRAHALAD, C. K. Reexame de competências. *HSM Management*, nov./dez. 1999. p. 41-42.

[37] PRAHALAD, 1999, p. 42.

10.8.2 Criatividade e inovação

Os profissionais precisarão ser cada vez mais criativos. Será preciso valorizar as formas de organização que proporcionem condições para a criatividade e a inovação. As organizações deverão premiar as ideias bem-sucedidas e criar um clima em que não exista medo de inovar. As organizações que derem prioridade às punições pelos erros resultantes de inovações que não corresponderam ao esperado terão dificuldade em inovar e em vencer os competidores. É preciso aprender a aceitar o risco. As pessoas que, no longo prazo, tenderão a ser mais valorizadas serão as que tiverem aptidões para empreender. Uma sociedade em mudança precisa de empreendedores. Para inovar, não basta ter uma ideia, é preciso transformá-la em um projeto viável e implementá-lo.

Em um sistema de produção em evolução acelerada, a capacidade de inovar torna-se a primeira prioridade em relação à capacidade de racionalizar.[38] Isso significa que a eficácia se torna mais importante que a eficiência.

10.8.3 O aumento da importância dos recursos humanos

10.8.3.1 Principal recurso das organizações

Pessoas não são *commodities*, são o principal recurso em torno do qual se organizam os demais. A empresa deve estar à escuta se quiser começar o duro aprendizado de uma administração adaptada ao mundo pós-industrial.[39] As pessoas serão cada vez mais o recurso mais precioso das organizações.

10.8.3.2 Ambiguidade em relação às pessoas

Apesar disso, as organizações assumem posições ambíguas em relação às pessoas. As organizações são formadas por pessoas, embora sejam maiores que o conjunto das pessoas que as constituem, mas são as pessoas que tomam as decisões, que executam as atividades, que planejam e controlam os resultados. O conhecimento das organizações está principalmente na mente dos indivíduos que as constituem. Em função disso, as pessoas tendem a ser

[38] CROZIER, M. *L'Entreprise à l'écoute:* apprendre le management post-industriel. Paris: Éditions du Seuil, 1994. p. 29.

[39] CROZIER, 1994, p. 20.

valorizadas, especialmente as que têm mais conhecimento. Por outro lado, *as organizações modernas têm menos empregados.*

O avanço da tecnologia permitiu um aumento na amplitude de supervisão e consequente diminuição no número de níveis hierárquicos e de chefias. As estruturas organizacionais, portanto, tendem a ser menores. Aumenta o número de empregados temporários e de tempo parcial em relação ao total de empregados. Tem havido ainda aumento na rotatividade do pessoal. A competitividade global exige que todos estejam sempre ocupados em atividades produtivas, não sendo tolerável acomodações, tempo ocioso, tempo gasto em atividades inúteis que não produzem valor. *As pessoas menos qualificadas tenderão a ser pouco valorizadas.* Por outro lado, as pessoas muito qualificadas e com capacidade para trabalhar em equipe tenderão a ser mais valorizadas e somente elas terão êxito em um mercado de trabalho altamente competitivo que se visualiza para o futuro próximo.

Muitas empresas exageraram a política de reduzir o número de empregados. Outras erram ao tratar todas as pessoas de forma igual, como se fossem *commodities*, quando cada pessoa é diferente das demais. Em uma era em que se exige flexibilidade e diversidade, esse é um dos pontos a ser considerado.

10.8.3.3 Vantagens competitivas por meio das pessoas

As vantagens competitivas – habilidade para obter retornos econômicos acima do normal em períodos prolongados – não podem ser obtidas por meio da aquisição de recursos no mercado, pois qualquer um poderia fazer isso: contratar pessoal temporário ou fornecedores de produtos ou serviços. Coisas que podem ser compradas proporcionam pouco valor e pouca duração. Ou seja, elas não podem ser a base de sucesso competitivo, simplesmente porque os competidores podem rapidamente fazer o mesmo. A evidência sugere que é muito mais difícil duplicar a cultura de uma organização e seu modo de operar do que sua tecnologia, estratégia ou mesmo seus produtos e serviços. Esta é a razão pela qual a cultura e as capacidades das organizações são, cada vez mais, fontes importantes de sucesso. Se isso é verdade, *devem-se implementar práticas de alto desempenho e alto comprometimento com clientes e empregados*. Como obter isso em uma organização virtual? Qual seria a cultura de uma organização virtual? As organizações com cultura forte tendem a evitar rotatividade e não administram suas relações com os empregados como um *spot market*. Construir e manter capacidades exige que se retenha na organização os que possuem o conhecimento tácito necessário às vantagens competitivas.[40]

10.8.3.4 Novo tipo de profissional adaptável

Há uma alteração fundamental no tipo de profissionais desejados: *em vez de especialistas, desejam-se generalistas capazes de se adaptar às mudanças permanentes requeridas pelo trabalho. A qualificação básica forte e a educação permanente são as palavras de ordem. Aprende-se durante toda a vida.* As especializações se renovam com velocidade cada vez maior, ao passo que a formação básica permanece. O especialista fecha-se em si mesmo.[41] Veremos adiante que a vantagem competitiva só pode ser obtida por meio da forma como se administram os recursos humanos.

As pessoas capazes devem ser aptas a se adaptar às mudanças permanentes requeridas pelo trabalho. É necessário que os profissionais tenham *capacidade de aprender* para dominar as especialidades que se criam, algumas das quais eram inimagináveis na ocasião em que o profissional se graduou. As técnicas e os conceitos mudam várias vezes ao longo de uma vida profissional. O gosto pela reflexão e pelo pensamento crítico torna-se um ativo importante para os profissionais. Isso é tanto mais valorizado quando se verifica que as novas gerações são cada vez mais voltadas para resultados imediatos e operações. A qualificação generalista abrange o conhecimento do inglês, língua internacional atual, e, se possível, de outro idioma. O conhecimento de informática em nível de usuário é indispensável. Isso não deveria ser problema, pois as pessoas, em média, tendem a ser mais qualificadas do que no passado e são criadas utilizando desde cedo os recursos das novas tecnologias. Elas tendem, no entanto, a ter menos conhecimento da cultura clássica tradicional, que continua sendo importante no processo de conhecimento da realidade humana e do ambiente em que se vive.

Uma das qualidades mais importantes para qualquer profissional é, portanto, a capacidade de adaptação. Capacidade de adaptação a especialidades diferentes, técnicas diferentes, culturas diferentes, ambientes diferentes e até valores diferentes. Isso é mais difícil em uma era em que as pessoas nascem

[40] PFEFFER, J. Will the organization of the future make the Mistakes of the past? In: *Organizations of the future.* San Francisco: Drucker Foundation/Jossey-Bass Publishers, 1997. p. 48.

[41] PFEFFER, Jeffrey, 1997.

e crescem em famílias menores e, em muitos casos, têm menos interação com pessoas de sua idade. Essa "socialização" precisa ser parte do processo educativo para uma boa adaptação às necessidades das organizações e da sociedade.

10.8.3.5 O drama da necessidade de equipes "enxutas"

A necessidade de manter estruturas "enxutas" e flexíveis cria um problema em relação ao comprometimento dos empregados. Comprometimento é um valor que se supõe de duas mãos: da empresa com os empregados e vice-versa. As soluções que se preconizam em um futuro próximo são: manter as equipes sempre enxutas, para evitar demissões; assegurar o comprometimento de um grupo considerado chave para a organização. Quando houver necessidade de redução de custos, preserva-se esse grupo-chave. Em alguns casos mais críticos, deve-se mesmo dizer a algumas dessas pessoas que elas são consideradas estratégicas para a organização e que se espera um comprometimento da parte delas. Não se pode criar ostensivamente um grupo de privilegiados, considerados de alto potencial, para fins de desenvolvimento gerencial. As empresas que o fizeram pagaram caro por isso, pela desmotivação e pela falta de comprometimento dos demais. Na maioria dos casos, não há necessidade de se falar claramente: as pessoas de alto nível sabem interpretar os sinais. A administração superior, no entanto, deve saber quais empregados precisam ser mantidos para o êxito da organização.

As empresas deverão procurar evitar programas de *downsizing*, mas, quando se fizerem indispensáveis, devem fazê-lo de uma só vez, jamais em etapas. E precisarão também executar programas especiais de motivação e treinamento visando recuperar o comprometimento dos "sobreviventes" desses processos.

Dizia-se antigamente: "Quando tiver que optar entre proteger seu patrimônio ou seus empregados, escolha sempre proteger seu patrimônio". Alguns dizem atualmente: "Quando tiver que optar entre proteger seu patrimônio ou seus empregados, escolha sempre proteger seus empregados". Nenhuma das duas afirmativas é válida considerando-se a necessidade de flexibilidade indispensável nas organizações atuais. Os empregados-chave, que possuem as competências que diferenciam a organização dos competidores, devem ser privilegiados, mesmo à custa de algumas perdas patrimoniais, mas não se pode aplicar essa regra indistintamente a todos.

O pessoal qualificado tenderá a ser muito mais motivado pelo tipo de trabalho e pela realização e reputação pessoal e profissional do que pelo ganho material ou pela carreira. Algum tempo livre para o profissional se dedicar a um trabalho produtivo de que goste e que possa ser útil à empresa pode motivar muito.

10.8.3.6 Competência, conhecimento e comprometimento

As empresas que oferecerem amplas possibilidades de treinamento e valorização profissional tenderão a ter boas condições de atrair e reter os melhores. E atrair, reter e desenvolver os melhores será sempre um dos pontos mais importantes das organizações, senão o mais importante.

A oferta de pessoas altamente qualificadas e com grande capacidade de adaptação se tomará pequena diante da procura que já se pode visualizar para esse tipo de profissional. Assim, os recursos humanos de alto nível do tipo desejado pelas empresas estão cada vez mais raros.

No mundo globalizado e competitivo, vale a pergunta: como se distinguir em um mundo em que seus concorrentes podem copiar tudo o que você faz? A resposta seria: o que distingue a empresa da concorrência *é a capacidade, o conhecimento e o comprometimento dos que nela trabalham.*[42]

A criação de maiores oportunidades de trabalho ocorrerá no setor de serviços, ao passo que tenderá a diminuir as oportunidades nos setores primário e secundário. O setor de serviços já é o que mais emprega e isso só tende a aumentar.

10.8.3.7 Formação de líderes

Uma organização bem-sucedida deve ser capaz de formar líderes em todos os níveis. Formação de líderes requer apoio e encorajamento, e não punições pelos erros involuntários. É parte da responsabilidade da administração superior da organização a criação de um clima que propicie a formação de lideranças. Isso se faz pelo exemplo, pela orientação e pela delegação de responsabilidades, pelas decisões, pela criação de um clima de confiança recíproca. Cada administrador deve tornar-se líder, orientador e educador do seu grupo em vez de chefe autoritário.

---

[42] PFEFFER, J. Perigo: empresa tóxica. *HSM Management*, set./out. 1999. p. 116.

A formação de lideranças está entre as maiores preocupações das organizações atualmente. Assim como o desenvolvimento de competências organizacionais, o desenvolvimento de lideranças não contempla necessariamente as habilidades que tornaram as organizações bem-sucedidas no passado. Há uma lacuna entre as necessidades das organizações em relação à formação de líderes e o que o mercado oferece de soluções de aprendizagem. Múltiplas formas de aprendizagem que envolvam cursos *on-line*, ferramentas de aprendizagem de provedores novos e tradicionais e plataformas sociais são alternativas para minimizar essa lacuna.[43]

Uma ferramenta de desenvolvimento de líderes que vem recentemente sendo utilizada em larga escala é o *coaching*. Sua principal vantagem é a individualização, ou seja, a customização do desenvolvimento para cada indivíduo. Já sua principal desvantagem é seu custo elevado.

Na formação de líderes, deve-se ter especial preocupação com as pessoas que possuem as capacidades que constituem o núcleo das competências da organização. Dispêndios nessas competências devem ser considerados investimentos, e não custos.

Começa-se a formação de líderes no recrutamento e na seleção: selecionar sempre os melhores e com melhor potencial; treinar e desenvolver essas pessoas nas competências básicas da organização, que a diferenciam dos competidores; reter essas pessoas por meio de motivações adequadas, conhecendo-as, dando-lhes oportunidades de se realizarem profissionalmente. Em suma: administrando os recursos humanos visando às vantagens competitivas da organização.

10.8.3.8 A prioridade do cliente

O aumento da competição e o crescimento da oferta de bens e serviços trouxeram para o primeiro plano a importância e a prioridade que têm de ser dadas ao cliente. As atividades que adicionam valor para o consumidor ficam cada vez mais importantes, obrigando a uma análise permanente do que está sendo feito e por quê. As atividades que consomem esforços e não adicionam valor devem facilitar a execução das que adicionam valor ou ser eliminadas.

---

[43] MOLDOVEANU, M.; NARAYANDAS, D. O futuro do desenvolvimento de lideranças. *Harvard Business Review Brasil,* 13 mar. 2019. Disponível em: https://hbrbr.uol.com.br/o-futuro-do-desenvolvimento-de-liderancas. Acesso: 10 abr. 2020.

Cada vez mais, teremos que fazer as perguntas que Peter Drucker formulou há muitos anos:

1. Qual é seu negócio?
2. Quem é seu cliente?
3. O que é que seu cliente valoriza?

Todas as pessoas que trabalham na empresa devem "dormir" com isso na cabeça: a prioridade é o cliente. Elas precisam ser educadas para servir bem aos clientes e para trabalhar visando a esse objetivo.

CAPÍTULO 11

A VANTAGEM COMPETITIVA POR MEIO DOS RECURSOS HUMANOS

11.1 Em que consiste e como consegui-la

11.1.1 Em que consiste

As empresas que progridem são as que conseguem obter vantagem competitiva em relação a suas competidoras. Iniciamos essa discussão no Capítulo 10 (a partir da Seção 10.4.2) abordando, dentre as atuais exigências na Administração de Recursos Humanos, a importância de se obter vantagem competitiva por meio das pessoas. Neste capítulo, aprofundaremos essa temática definindo o que é vantagem competitiva e como consegui-la por meio de diferentes recursos organizacionais, dentre eles, as pessoas.

Vantagem competitiva é uma vantagem sobre os concorrentes, oferecendo mais valor para os clientes por meio de algo que o mercado valorize e os concorrentes tenham dificuldade em imitar, como preços mais baixos, ou proporcionando maiores benefícios que justifiquem preços mais elevados, ou seja, uma combinação de alguns fatores específicos, que colocam a empresa na frente dos competidores em termos de desempenho. Fica implícito, na conceituação de vantagem competitiva, que o valor oferecido a mais pela empresa se prolonga durante muito tempo, com o que se conclui que a vantagem competitiva consiste em fazer algo que, além de proporcionar valor, seja difícil de imitar.

Nos capítulos anteriores, já abordamos esse assunto. Vamos agora procurar enfeixar as várias afirmações em um contexto consistente e coerente.

11.1.2 Como obter a vantagem competitiva

11.1.2.1 Economias de escala

Algumas empresas procuram obter a vantagem competitiva por meio das economias de escala, partindo do pressuposto de que isso lhes dá custos unitários mais baixos, maior poder de barganha e eficiência. Com essa finalidade, elas procuram implementar fusões, incorporações e aquisições para crescer. A maior parte dessas tentativas fracassa no médio prazo por causa das diferenças das culturas empresariais e das dificuldades de compor os desejos e os interesses das pessoas das diversas empresas. Não se pode negar que uma fusão bem planejada e executada e o crescimento orgânico, a partir do reinvestimento dos resultados, podem ser bem-sucedidos, mas são processos lentos, que precisam ser bem conduzidos para produzir a vantagem desejada, e é preciso dar a devida atenção às pessoas.

11.1.2.2 Custos baixos ou diferenciação do produto

Michael Porter recomenda dois tipos principais de estratégia: custos baixos e diferenciação. É preciso alta produtividade para obter custos baixos e isso depende, em grande parte, das pessoas. Para obter diferenciação, é preciso qualidade, que também depende das pessoas.

11.1.2.3 Qualidade

Algumas empresas dizem que a vantagem competitiva é obtida a partir da qualidade. Nenhuma qualidade será obtida, contudo, se não houver comprometimento por parte do pessoal, que depende da forma como a equipe é formada e conduzida.

11.1.2.4 Globalização

Outras empresas acreditam que a vantagem competitiva é alcançada por meio da globalização. Embora ela possa trazer muitas vantagens, traz também alguns riscos e, em termos de vantagem competitiva, não há evidência empírica que a comprove. Muitas empresas nacionais conseguiram vantagens competitivas duradouras sem partir para a globalização. O ramo de negócio em que a empresa opera pode forçar uma globalização para assegurar o êxito, mas raramente isso acontece. Além disso, a globalização cria dificuldades adicionais para a administração dos recursos humanos, ainda que proporcione também, em alguns casos, oportunidades adicionais.

11.1.2.5 Marcas e patentes

Muitas empresas confiam em suas marcas ou em suas patentes para assegurar a tão desejada vantagem. Isso pode realmente ocorrer durante algum tempo, mas as patentes expiram e novos produtos precisam ser lançados. A fidelidade às marcas tem diminuído no passado recente. Além disso, os competidores podem lançar produtos mais avançados tecnologicamente ou de melhor qualidade, tornando pouco importantes algumas patentes. Não se pode confiar só nesses dois pilares para manter a vantagem competitiva no longo prazo, pois os ciclos de vida dos produtos têm se tornado mais curtos. Seria preciso estar continuamente aperfeiçoando os produtos existentes e lançando novos. As empresas que confiam em suas patentes precisam constantemente pesquisar, desenvolver e lançar novos produtos e, para isso, recrutar e selecionar pessoal altamente qualificado e motivado. Seu êxito vai depender muito da contribuição dessas pessoas. Uma tecnologia proprietária pode assegurar uma boa vantagem durante algum tempo, mas em um mundo em que tudo é passível de cópia ou imitação fica difícil confiar só em tecnologia para garantir a vantagem competitiva.

11.1.2.6 Uso de processos tecnológicos avançados

O uso de processos tecnológicos avançados pode assegurar alguma vantagem no curto prazo, mas os competidores podem também comprar ou desenvolver equipamentos e processos similares, tornando inócua a vantagem inicial. Além disso, o uso de tecnologia avançada requer pessoal qualificado, que, por sua vez, precisa ser bem administrado. É preciso uma seleção rigorosa, treinamentos adequados à estratégia da empresa e bem executados, bem como uma condução precisa do pessoal que o motive à obtenção de resultados. Finalmente, é possível conseguir retornos significativos em ramos de negócio de baixa tecnologia.

11.1.2.7 Ramo de negócio certo

Outros dizem que a vantagem competitiva consiste em estar no ramo de negócio certo, isto é, aquele que proporciona os maiores retornos. Isso costuma durar pouco, porque retornos altos atraem produtores que vão competir com os existentes, diminuindo os resultados de todos os competidores do ramo, a menos que existam fortes barreiras para a entrada de novos competidores. Mesmo assim, no médio prazo, essas barreiras acabam sendo superadas. No longo prazo, com raras exceções, não costuma haver correlação entre os resultados da empresa e o ramo de negócio em que atua.

11.1.2.8 Encontrar um nicho de mercado

Alguns garantem que é preciso encontrar o nicho de mercado ou de produto que proporcione a vantagem competitiva. Ninguém pode impedir, porém, que, no médio prazo, outras empresas se instalem no mesmo nicho. Esse nicho precisa ser permanentemente cultivado e aperfeiçoado e, para isso, a ação das pessoas é fundamental.

11.1.2.9 Acesso a recursos financeiros fáceis e baratos

Acesso a recursos financeiros em grande escala e com juros baixos pode ser uma grande vantagem no curto e no médio prazos, mas qualquer competidor com bons retornos financeiros acabará conseguindo a mesma vantagem, especialmente se for uma empresa global ou se tiver produtos exportáveis.

11.1.2.10 Conclusão

Onde está, então, a tão procurada fonte de vantagem competitiva duradoura? Terá de ser alguma coisa que os competidores tenham dificuldade em imitar. O que é mais difícil de ser imitado é a forma como a empresa administra seus recursos humanos e obtém deles o comprometimento e a dedicação.[1]

Tudo pode ser dito sobre estratégia mercadológica para conseguir a vantagem competitiva, mas ninguém pode impedir que os competidores imitem sua estratégia. Não há dúvida de que uma boa estratégia é importante, mas

[1] PFEFFER, J. *Competitive advantage through people:* unleashing the power of the work force. Boston: Harvard Business School Press, 1994.

mais importante que ela é ter o pessoal adequado para saber e querer implementá-la. O êxito depende mais da implantação e do contínuo aperfeiçoamento da estratégia do que de sua concepção. O mesmo pode ser dito sobre a instituição de uma logística eficiente, que é primordial, mas pode ser imitada e depende, também, das pessoas.

Concluindo: todas as estratégias mencionadas podem ser válidas e proporcionam vantagens durante algum tempo, mas para ampliar o período dessas vantagens é preciso uma atenção especial à forma de administrar as pessoas.

11.2 A vantagem competitiva por meio das pessoas

Pesquisando as empresas mais bem-sucedidas nos Estados Unidos no período de 1972 a 1992, verifica-se que as cinco que tiveram maiores retornos obtiveram sua vantagem competitiva não por meio de patentes, pelo uso de tecnologia avançada ou pelo ramo de negócios em que atuam, mas pela forma de administrar seu pessoal. Várias atuavam em ramos de negócios altamente competitivos e de baixo retorno.[2] Não é fácil implantar nem imitar a forma de administrar as pessoas; senão, todas as empresas já o teriam feito. O êxito de uma empresa deriva de sua habilidade em saber quem é seu cliente e o que ele deseja, isto é, o que ele considera valor para ele, seguindo-se a formação de uma equipe e sua condução e seu permanente aperfeiçoamento, a fim de proporcionar esse valor desejado a um preço que ele esteja disposto a pagar.

O ponto de partida é a formação de uma equipe competente: a qualidade do pessoal admitido é crítica. É preciso que não seja fácil para os competidores conseguir uma equipe com a mesma qualidade; a seguir, a condução dessa equipe para motivá-la e obter o comprometimento com a empresa e, finalmente, seu desenvolvimento para aprimorar sua competência e seu conhecimento, por meio de programas de treinamento formais e informais.

Nem sempre foi assim. No passado, a forma de administrar o pessoal, embora sempre tenha sido importante, não era a principal fonte de vantagem competitiva.

Além disso, é preciso ficar claro que também é preciso conduzir o pessoal na direção de uma estratégia válida.

---

[2] PFEFFER, 1994, p. 4.

Procurar a vantagem competitiva no lugar errado conduz a perda de recursos, esforços e tempo.

Se a vantagem competitiva é obtida principalmente por meio de uma boa administração dos recursos humanos, por que razão a maioria das empresas não prioriza esse ponto? Primeiro, a prioridade para o longo prazo, atualmente, é a exceção, e não a regra. Os administradores sofrem pressões permanentes para obter os resultados estabelecidos para o trimestre, não só para incrementar a própria avaliação, como também para aumentar a cotação das ações da empresa na Bolsa de Valores e melhorar sua remuneração pela opção de compras de ações. Segundo, os executivos superiores da empresa têm treinamento mais focado em finanças que em recursos humanos. Os currículos das escolas de administração focalizam muitas vezes as análises quantitativas: tomada de decisões, custos *versus* benefícios, análise estratégica, contabilidade, economia e outros assuntos correlatos.[3] Terceiro, os benefícios obtidos com o treinamento, com uma boa avaliação do pessoal, com uma reorganização que valorize as pessoas só aparecem no longo prazo.[4] Isso não favorece a importância que deve ser dada aos recursos humanos. Todos sabem que o urgente ganha prioridade sobre o importante. Quarto, os relatórios das empresas focalizam muito mais nos custos e nos resultados financeiros que nas perspectivas de longo prazo obtidas pela capacitação da sua equipe e pelas inovações introduzidas. Quinto, é difícil calcular o retorno dos investimentos feitos nas pessoas e, em consequência, não é fácil obter a aprovação para esses investimentos pela administração superior.

> *Estratégias não valem nada se não tivermos boas pessoas. Em meu modo de pensar, as pessoas devem vir em primeiro lugar. As estratégias vêm depois.*
>
> JACK WELCH[5]

3 PFEFFER, J. *The human equation:* building profits by putting people first. Boston. Harvard Business School Press, 1998.

4 PFEFFER, 1998.

5 WELCH, J. Em bate-papo durante a ExpoManagement em Madri, em 2003, publicado pela *HSM Management*, nov./dez. 2003. p. 20.

11.3 As medidas para obter a vantagem competitiva por meio das pessoas

As duas coisas mais importantes de uma empresa não aparecem nos seus demonstrativos financeiros: sua reputação e suas pessoas.

HENRY FORD[6]

Para Jeffrey Pfeffer, as medidas para obter a vantagem competitiva por meio das pessoas são as seguintes:[7]

11.3.1 Proporcionar segurança ao pessoal no emprego

Proporcionar segurança ao pessoal é uma das condições para se obter uma equipe comprometida e dedicada, mas isso deve vir acompanhado de outras medidas importantes. Uma pessoa que ocupa a mesma posição há muito tempo e sabe o que se espera dela pode ficar acomodada e anestesiada em relação aos riscos que a falta de desafios acarreta, e a percepção do risco é a base da formação pessoal. Se essa medida não for acompanhada pelas que se seguem, pode-se criar uma mentalidade de acomodação, que, às vezes, ocorre no serviço público, sem compromisso com o desempenho, em virtude, principalmente, da estabilidade. É preciso, principalmente, recompensar o desempenho das equipes mais produtivas, especialmente, por meio de participação nos resultados ou da compra de ações.

A segurança no emprego está na contramão das práticas atuais, que incentivam a terceirização e os contratos temporários. As razões para isso são várias: as vantagens da terceirização e dos contratos temporários manifestam-se no curto prazo, ao passo que as desvantagens só aparecem no longo prazo; as empresas são pressionadas para obter resultados no curto prazo, estimulando a adoção de medidas que prejudicam o longo prazo para obter vantagens imediatas; algumas atividades secundárias podem ser terceirizadas sem prejuízo para a empresa.

[6] Apud BOYER, L.; BUREAU, R. *600 citations pour réfléchir avant d'agir*. Paris: Les Éditions d'Organisation, 1997.

[7] BOYER; BUREAU, 1997, p. 27s.

Quando uma empresa está pressionada por problemas financeiros, cortar pessoal ou benefícios é uma forma rápida e fácil de reduzir custos. Daí a popularidade do *downsizing*. Na maioria dos casos, não se trata de uma medida válida em termos de longo prazo e não se pode obter vantagem competitiva por meio do *downsizing*, uma vez que qualquer um pode fazê-lo. Um *downsizing* bem planejado e bem comunicado pode, no entanto, ser válido e proporcionar vantagens de flexibilidade e agilidade.

Dar segurança não é proporcionar emprego vitalício. Nem mesmo a maioria das empresas japonesas usava essa prática no auge da euforia econômica daquele país. Se o funcionário não está produzindo adequadamente ou comete uma falta grave, ele deve esperar seu desligamento. O desempenho de cada um é importante: a empresa precisa dele.

A segurança no emprego sinaliza um compromisso de longo prazo da organização com seu pessoal. Comprometimento e confiança tendem a ser ruas de duas mãos. A reciprocidade sempre foi uma característica de todas as civilizações e não é exceção no caso das relações de trabalho. Por outro lado, um empregador que sinaliza a seus empregados que eles são descartáveis não conseguirá, no longo prazo, dedicação e comprometimento, mais importantes que qualquer outra variável para a obtenção de resultados positivos, pois sem pessoal comprometido não será possível inovar, satisfazer o cliente ou produzir com qualidade. Além disso, se a empresa prioriza o pessoal, estimula-o a ter uma visão de longo prazo de sua carreira e a se dedicar mais ao trabalho.[8] As empresas bem-sucedidas têm em comum duas características importantes: visão estratégica de longo prazo de seus executivos; e estabilidade de seus grupos de executivos.[9]

Além disso, é preciso que todos na empresa saibam que a empresa vive para satisfazer as necessidades de seus clientes e que todos precisam contribuir para isso.

Se a empresa quer obter a vantagem competitiva, ela deve procurar manter os ativos humanos que para isso contribuem, em vez de devolvê-los ao mercado para trabalhar para os competidores.[10] As pessoas que se sentem seguras não tendem a ficar mais motivadas, mas a empresa não perde a memória nem a experiência dessas pessoas, não perde os investimentos feitos

---

[8] PFEFFER, J., 1998.

[9] CASCIO, W. F. *Managing human resources:* productivity, quality of work life, profits. 5 ed. New York: McGraw-Hill, 1998. p. 409.

[10] PFEFFER, 1998, p. 173.

em seu treinamento e não cede o conhecimento dessas pessoas para seus competidores. Isso tende a tornar a empresa mais eficiente.

Muitas empresas não têm condições de proporcionar empregos de longo prazo para todo seu pessoal. Nesse caso, deve-se identificar quem são os que possuem as habilidades que proporcionam as vantagens competitivas para a empresa e que são difíceis de substituir. Para esses, deve-se procurar mostrar o interesse que a empresa tem em sua permanência a longo prazo. Esse grupo não deve ser pequeno, pois criaria um sentimento de desmotivação na maioria do pessoal. Para os demais, deve-se procurar assegurar a permanência até a conclusão de projetos específicos.

Existe uma alternativa, portanto, para um programa de retenção do pessoal: é inútil tentar impedir a saída de todas as pessoas. Assim, esses programas devem se voltar para aqueles que fazem a diferença. O programa deve ser abrangente, mas não universal. Para adotar essa estratégia, é preciso aceitar a realidade: o mercado, e não a empresa, determinará o movimento do pessoal.[11]

11.3.2 Alta seletividade na admissão

A segurança no emprego requer um esforço enorme para admitir as pessoas certas. Pesquisas realizadas em muitas empresas revelaram que os empregados mais produtivos, mesmo em uma linha de produção, tendem a produzir o dobro dos menos produtivos. A empresa que conta com pessoal mais experiente, dedicado e comprometido terá maior produtividade, que lhe permitirá proporcionar melhor remuneração sem aumentar os custos da mão de obra, os quais, como vimos, são medidos em unidades monetárias por unidade produzida, e não em unidades monetárias por unidade de tempo.

Além disso, um processo seletivo rigoroso tem um aspecto simbólico importante: os contratados ficam com a sensação de fazer parte de uma organização de elite.[12]

Uma empresa que se preocupa em manter permanentemente uma equipe "enxuta" pode, com mais facilidade, proporcionar segurança no emprego e mesmo efetuar algumas contratações de pessoas de bom nível nos ciclos recessivos, quando o pessoal disponível no mercado de trabalho tende a ser de

[11] CAPPELLI, P. A market-driven approach to retaining talent. In: CAPPELLI, P. *Finding and keeping the best people*. Boston: Harvard Business School Press, 2001. p. 27s.

[12] PFEFFER, 1998, p. 34.

melhor qualidade. A preocupação com a equipe "enxuta" deve ser permanente para não incidir na lei de Parkinson, que diz que o número de empregados de uma organização aumenta de forma permanente, independentemente do volume de serviço; diz ainda que, quanto mais tempo há para realizar um trabalho, mais esse trabalho demandará tempo para se realizar.

Para obter uma boa seleção, é preciso ter um universo grande de candidatos: quanto maior o número de candidatos, tanto mais fácil será encontrar o mais adequado para a posição disponível. É preciso também que esse universo já esteja de alguma forma constituído por aqueles que têm as qualidades desejadas pela empresa e os valores e as crenças condizentes com sua cultura, isto é, aqueles que terão mais facilidade em se adaptar à empresa. Finalmente, deve haver grande preocupação em admitir aqueles que já possuam as qualidades desejadas que sejam difíceis de adquirir com treinamento.[13]

11.3.3 Remuneração elevada

No mercado de trabalho, há a mesma tendência que existe em todos os demais mercados: você obtém pelo que você paga. Boas remunerações atraem pessoal mais qualificado, permitindo à organização ser mais rigorosa em seu processo seletivo. Esse rigor é necessário para conseguir as pessoas mais adequadas, não só em termos de preparo, mas também de características pessoais – pessoas que se comprometerão com a organização. A rotatividade diminui e a organização sinaliza que dá valor a seu pessoal.[14] As empresas bem-sucedidas costumam remunerar um pouco acima do mercado. O problema da remuneração é que ela pode ser replicada por qualquer concorrente.

Algumas empresas tentam diminuir os custos de mão de obra pagando mal a seu pessoal, esquecendo-se de que esse custo é diretamente influenciado pela produtividade e é medido em unidades monetárias por unidades produzidas. Além disso, em alguns ramos de negócio, o custo do pessoal não é significativo em relação a outros custos.

11.3.4 Incentivos financeiros e não financeiros

As pessoas são estimuladas por incentivos financeiros ou não: reconhecimento, segurança, perspectivas de realização pessoal e profissional são muito

[13] PFEFFER, 1998.

[14] PFEFFER, 1998, p. 35.

importantes. Interessante notar que na pesquisa da revista *Exame* de 2003 sobre as melhores empresas para se trabalhar, o primeiro lugar foi obtido pelo Magazine Luiza, que não está entre as que oferecem remuneração mais elevada, mas ganha das demais nos quesitos de credibilidade, respeito, imparcialidade, orgulho, camaradagem, ética, cidadania e desenvolvimento profissional. Além disso, as diferenças de remuneração entre os diretores e os demais funcionários são menores que na maioria das demais empresas da pesquisa. Cumpre destacar que os resultados financeiros foram excelentes, bem acima da média das demais. O faturamento em 2003 foi 26% maior que o de 2002. De 1994 a 2003, o número de lojas passou de 32 para 159 e o faturamento foi multiplicado por 10. Os investimentos em treinamento foram altíssimos em todos os níveis hierárquicos.[15]

A organização pode escolher entre formar uma equipe que se beneficie de forma mais ou menos equitativa dos resultados alcançados ou concentrar os ganhos na administração superior e nos proprietários: sócios ou acionistas. No último caso, o pessoal compreenderá que se trata de uma situação injusta, ficará desmotivado e os esforços diminuirão. Enquanto para um funcionário de nível intermediário ou inferior é difícil avaliar o desempenho de um principal executivo, sua remuneração, nas empresas de capital aberto, é conhecida e ela tem aumentado muito mais que a dos demais administradores da empresa. A prática de remunerar o pessoal da alta administração em função dos resultados da empresa e da cotação das ações na Bolsa teve por objetivo fazer coincidir os objetivos dos administradores com os dos acionistas. Essa prática, no entanto, aumentou consideravelmente a remuneração desses administradores, nem sempre com um aumento proporcional nos resultados e nas cotações das ações. Apesar disso, alguns continuam defendendo essa forma de remuneração para fazer os administradores terem os mesmos interesses dos donos. Existem, porém, problemas adicionais, como o foco no curto prazo e o corte de investimentos em pesquisa e desenvolvimento, que trariam grandes vantagens no longo prazo.

Pagar bônus e gratificações altíssimas à alta administração e, ao mesmo tempo, apelar para *downsizings* e congelamento de salários para reduzir custos não porporcionam diminuição nos custos da mão de obra, porque a produtividade provavelmente diminuirá.

---

[15] ONDE está a vara. *Exame*, 17 set. 2003, suplemento especial das Melhores empresas para trabalhar.

O texto abaixo, publicado em *The Economist*, em 11 de outubro de 2003, mostra bem essa última alternativa.

Onde está a vara?[16]

Há algo errado com o pagamento dos executivos. A solução está nas mãos dos acionistas

Administrar uma grande empresa de capital aberto é um trabalho estressante e importante. Milhares de empregados e associados e milhões de clientes e acionistas confiam no bom julgamento dos principais executivos dessas empresas, que têm que tomar decisões em um clima de constante incerteza. Apenas os mais capazes e mais determinados precisam se candidatar. Ultimamente, porém, esses adjetivos dificilmente vêm à mente quando os principais executivos dessas empresas são mencionados. Para muitos, os administradores superiores não são os mais fortes nem os de maior talento, apenas os mais gananciosos.

Uma série de escândalos nas grandes empresas, em anos recentes, da Enron até a WorldCom ou Tyco, revelou administradores superiores saqueando suas companhias com pouca preocupação com os interesses dos acionistas ou dos funcionários. E mesmo quando nada ilegal é alegado, enormes remunerações estão provocando raivas cada vez maiores. Pergunte apenas a Richard Grasso, que passou de herói popular a símbolo do excesso quase do dia para a noite quando foi revelado que ele deveria receber 188 milhões de dólares em benefícios acumulados.

O que está causando agora a indignação máxima, na Europa e nos Estados Unidos, são os "paraquedas dourados" e outros pagamentos que remuneram os executivos mesmo quando eles fracassam. Não só parece que os executivos estão sendo alimentados com "cenouras"[17] *cada vez maiores, mas também que se o golpe de vara finalmente é aplicado nas suas costas, eles saem com outro saco de cenouras para amortecer o golpe.*

Os casos mais conhecidos de pagamentos exagerados, infelizmente, não são exceções isoladas. O pagamento de executivos moveu-se inexoravelmente para cima, especialmente nos Estados Unidos. Em 1980, o pagamento médio do CEO (principal executivo) americano nas maiores

[16] Em alusão à expressão *stick and carrot*: cenoura e vara, ou seja, benefícios materiais e punições.

[17] Novamente, uma alusão à expressão *stick and carrots*: remunerações materiais e castigos corporais.

empresas oscilava em torno de 40 vezes sobre o pagamento médio de um operário de produção. Em 1990, era perto de 85 vezes. Em 2003, a relação é perto de 400. Os lucros das maiores empresas caíram em 2002 e as ações ainda estão bem abaixo do seu recorde de alta, mas a remuneração média dos principais executivos das companhias americanas cresceu mais de 6%.

Essa tendência para crescimento do pagamento dos executivos causou franzir de testas em ambos os lados do Atlântico. A oferta de bons executivos pode ser pequena, mas seria tão pequena, mesmo em tempos de recessão e de queda nos valores das ações? Uma recente pesquisa no Reino Unido revelou que 80% da população acredita que os diretores de topo têm remuneração acima do que deveriam. Neste verão, os clientes boicotaram um varejista holandês, Ahold, para expressar desaprovação pelo pagamento que era feito ao novo principal executivo.

O artigo de *The Economist* mostra o exagero a que chegaram muitas empresas, mas não conclui sobre os malefícios que isso causa à motivação do pessoal, embora possa estar implícito. A revista *Industry Week* fez uma pesquisa na qual 62% dos gerentes declararam que acham o salário dos altos executivos elevados demais. O salário da direção, revela a pesquisa, está exercendo um efeito desmotivador sobre as pessoas nas empresas.[18] Como já vimos, pagamentos de prêmios individuais são controvertidos. Alguns creem que possam prejudicar o desempenho pela falta de colaboração que podem induzir. No entanto, não há controvérsia quando se fala em premiar o desempenho de equipes, unidades organizacionais ou de toda a organização.

11.3.5 Participação acionária ou nos lucros

A participação acionária dos funcionários da empresa faz que eles passem a ser, ao mesmo tempo, capital e trabalho, e os incentiva a terem uma visão de longo prazo dos objetivos, da estratégia e das políticas de investimento da

[18] KOUZES, J. M.; POSNER, B. Z. *A credibilidade faz a diferença*. Belo Horizonte: Fundação Dom Cabral. p. 249. (Col. Gestão de pessoas).

empresa.[19] A experiência demonstra que esses incentivos aumentam a produtividade e os resultados da empresa. Além disso, a participação nos resultados transforma custos fixos em variáveis, facilitando a redução das despesas nos momentos de dificuldade e o comprometimento com a segurança no emprego.

11.3.6 Diminuição da importância da remuneração

A valorização de incentivos não financeiros pode diminuir a preocupação com aumentos salariais, ainda que uma justa remuneração seja sempre importante. Existem muitas formas de conseguir isso: admitir pessoas que gostem do trabalho que lhes cabe, proporcionar treinamento e perspectivas de aperfeiçoamento pessoal e profissional, reconhecer os resultados alcançados, oferecer ambiente agradável de trabalho, implantar a igualdade simbólica, etc. Um ponto importante é a diferença entre a remuneração dos administradores superiores e a que é concedida à média do pessoal.

Outro ponto primordial é a definição cuidadosa das funções de cada um. Nos níveis mais altos, pode ser necessário customizar as funções às habilidades e necessidades de seus ocupantes.

11.3.7 Partilhar informações

A adoção de incentivos financeiros ou de compra de ações requer ampla comunicação entre todos na empresa. A divulgação das informações financeiras passa a ser um direito para aqueles que são acionistas. Se a empresa espera que as pessoas sejam sua principal fonte de vantagem competitiva, é preciso partilhar as informações para que todos saibam quais são seus objetivos e o que se espera de cada um.

Não só informações financeiras devem ser partilhadas. Se o pessoal não tiver informações adequadas sobre os planos e a estratégia da empresa, ficará sem condições de dar uma colaboração eficiente em termos de ideias e inovações.

Uma das razões pelas quais os administradores tendem a esconder informações é que elas representam poder e é esse poder que eles não querem partilhar. Ter acesso a informações é sinal de *status* e as vaidades de cada um tendem a preservar esse *status*. Outra razão é o receio de que as informações venham a ser transferidas para os competidores, gerando uma desvantagem

[19] PFEFFER, 1994.

para a organização. Esta razão é típica das organizações que não confiam nas pessoas. É preciso saber em quem confiar. Uma organização que esconde informações sinaliza para seu pessoal falta de confiança. Se as pessoas sentem que a empresa não confia nelas, as melhores acabam deixando-a. Para aumentar a confiança entre a empresa e seu pessoal, uma alternativa é programar periodicamente encontros de executivos de alto nível com pequenos grupos para trocar ideias, ouvir sugestões, ceder informações úteis para o trabalho ou a motivação de cada um e avaliar a estratégia e os resultados. Confiança tende a ser uma rua de duas mãos. Ninguém confia em quem não confia na gente. Claro que existem indivíduos que abusam da confiança que lhes é concedida, mas esses devem ser logo identificados e afastados. Confiança e credibilidade são adquiridas aos poucos, por meio da presença física, dos atos e decisões, do contato pessoal, de um toque no ombro, de um movimento genuíno de escuta atenta, pelo diálogo.[20] Os líderes inacessíveis não podem esperar obter confiança pelo fato de terem um título.

Se a organização acredita que os recursos humanos são importantes, ela deve procurar facilitar os contatos entre as pessoas e os principais administradores, não só em encontros formais, mas também informais. Os líderes que não se escondem estão disponíveis para contatos com o pessoal, tendem a obter muitas informações importantes sobre a organização e evitam o isolamento.

Se quisermos saber se uma empresa partilha informações, basta perguntar aos funcionários se eles sabem qual é a estratégia utilizada por ela, quais seus resultados financeiros e como eles podem contribuir para ambos.

Finalmente, a verdade sempre acaba emergindo e, se os administradores não se comunicam adequadamente com seu pessoal, as informações fluirão de qualquer maneira, quase sempre de forma prejudicial à empresa.

11.3.8 Descentralização e *empowerment*

Partilhar informações é condição necessária para outro importante aspecto de muitos sistemas bem-sucedidos de trabalho: estímulo à descentralização das decisões, permitindo que os próprios empregados participem do controle de seus processos.[21] A experiência mostra que a participação aumenta a motivação, a satisfação, o comprometimento e, em consequência, a produtividade do pessoal.

[20] KOUZES; POSNER, 2001, p. 257.

[21] PFEFFER, 1994.

11.3.9 Formação de equipes e reformulação dos processos

A hierarquia tem por finalidade proporcionar orientação e controlar o desempenho para assegurar que os empregados cumpram seu dever e não tirem vantagens do empregador.

Como quase todas as pessoas são entes sociais e gregários, obtendo algum tipo de prazer pela interação com seus pares, os grupos exercem forte influência sobre os que os constituem. Como vimos nos estudos de Likert, os grupos que aceitam os objetivos e a cultura da organização tendem a aumentar a produtividade de seus membros, ao contrário dos grupos que não os aceitam. Assim, a formação de equipes comprometidas com a empresa tende a reforçar comportamentos apropriados que levarão a um aumento da produtividade e a uma melhora nos resultados da empresa. Os membros de uma equipe desse tipo tendem a proporcionar a orientação e o controle que era exercido com exclusividade pela autoridade de linha nas empresas hierárquicas e burocratizadas.[22] Isso requer uma reformulação dos processos e dos papéis de cada pessoa na organização.

Outra vantagem das equipes é a socialização que elas promovem. A lealdade às empresas está diminuindo, mas a lealdade aos colegas não está. Encorajando os laços sociais entre as pessoas-chave, as empresas podem diminuir a rotatividade daqueles que mais lhes interessam. É preciso tomar cuidado com essa medida, porque ela pode criar problemas quando alguém não imprescindível à empresa deve sair, mas lembre-se de que criar laços fortes entre os membros de uma equipe ajuda a mantê-la intacta até o final de cada projeto.[23]

11.3.10 Treinamento e desenvolvimento de habilidades

A autonomia do pessoal e a constituição de equipes autogerenciáveis, com remunerações e incentivos adequados, requerem pessoas não só com delegação para agir, mas com qualificações para melhorar os produtos e os processos. Consequentemente, uma parte integral desse conjunto de medidas é o treinamento e o desenvolvimento de habilidades para capacitar as pessoas para exercer bem os papéis que lhes cabem. Note-se, porém, que, como dissemos na Parte 4, é preciso montar um plano de aproveitamento desse pessoal,

---

[22] PFEFFER, 1994, p. 43.

[23] CAPPELLI, 2001, p. 36s.

de modo que eles tenham um trabalho à altura do desenvolvimento que receberam, isto é, que tenham condições de empregar suas habilidades.[24]

A empresa deve procurar desenvolver em seu pessoal múltiplas habilidades que facilitem seu aproveitamento em diferentes posições, pois em uma época em que tudo muda com grande velocidade é necessário que as pessoas tenham capacidade para se adaptar a situações diversas. Flexibilidade é a palavra-chave, tanto para as pessoas como para as empresas. As pessoas precisam compreender que existem mudanças que fazem que as empresas, por justas razões, não precisem mais das habilidades necessárias na época da contratação. Uma base generalista, a educação permanente, as múltiplas habilidades e competências, a capacidade de adaptação e a flexibilidade são ingredientes indispensáveis para permitir uma relativa segurança no emprego.

11.3.11 Rotação de funções e ampliação do trabalho

Fazer as pessoas realizarem diversos trabalhos traz inúmeras vantagens. Isso pode ser conseguido pela rotação de funções, já mencionada na Parte 4, pela ampliação do trabalho, relatada nos estudos de Argyris, ou mesmo fazendo uma pessoa exercer mais de uma função ou participar de mais de uma equipe autogerenciável. Isso torna o trabalho mais desafiante e proporciona contatos variados com as pessoas, tornando os processos mais transparentes e mais simples.

Como dissemos, habilidades múltiplas facilitam o objetivo de proporcionar confiança mútua entre trabalhador e empregador. Muitas vezes, uma empresa demite um bom empregado porque sua única habilidade não é mais necessária.

11.3.12 Igualdade simbólica

A comunicação entre os diversos níveis é grandemente ampliada pela oportunidade de encontros informais. Os administradores superiores conhecerão melhor o pessoal da empresa se puderem interagir de forma descontraída e frequente. Várias medidas podem ser usadas para isso: restaurantes na empresa abertos a todo o pessoal, comemorações de eventos importantes em que todos comparecem, encontros para treinamento em que boa parte do tempo é deixada livre para conversas casuais e conhecimento recíproco, entre

[24] CAPPELLI, 2001, p. 45.

muitas outras medidas. Redução nas diferenças de *status* tendem a proporcionar mais abertura nas comunicações.

Embora isso pareça fácil, muitas vezes é difícil implantar. O recém-admitido no círculo privilegiado, às vezes, não se conforma com a implantação dessa igualdade simbólica no justo momento em que ia começar a fazer parte do grupo superior.[25]

11.3.13 Prioridade para promoções internas

Já mencionamos esse assunto quando tratamos do recrutamento (*ver a Seção 3.1.4*). Repetimos: o aproveitamento do pessoal da empresa, em geral, motiva todos os empregados, sinalizando a disposição de promover a "prata da casa" e criar perspectivas de carreira. Além disso, essa prática estimula o treinamento e o desenvolvimento de habilidades, ajudando a diminuir a rotatividade do pessoal e aumentando os vínculos entre os empregadores e os empregados. O pessoal intermediário é mais conhecido pelos administradores de topo, facilitando a delegação, a confiança, a comunicação e a coordenação. Finalmente, à medida que o pessoal vai subindo na escala hierárquica, as pessoas em todos os níveis têm maior conhecimento dos negócios da empresa. A experiência mostra que, quando os administradores superiores não conhecem bem o dia a dia dos negócios, os resultados tendem a ser nitidamente inferiores, mesmo que sejam bons executivos. Cumpre lembrar a necessidade de se utilizar um bom sistema de avaliação do potencial e das qualificações das pessoas para que as promoções internas sejam bem-sucedidas.

11.3.14 Perspectiva de longo prazo

A má notícia sobre a tentativa de obter vantagem competitiva pela forma como são administrados os recursos humanos é que os resultados são sempre de longo prazo. É preciso, portanto, que a administração superior da empresa tenha uma perspectiva de longo prazo na forma de administrar. É muito fácil obter resultados de curto prazo cortando pessoal, diminuindo o treinamento e pagando pouco. Os resultados negativos virão, com certeza, no médio e longo prazos.

---

[25] CAPPELLI, 2001, p.49.

11.3.15 Avaliação das práticas adotadas

A avaliação das práticas administrativas é fundamental em qualquer processo empresarial, pois proporciona o *feedback* do que está sendo feito. Em um mundo em que as empresas são pressionadas a obter resultados de curto prazo para aumentar seu valor de mercado nas bolsas de valores, a falta de avaliação de qualquer medida compromete sua continuidade. Aqui temos outro problema, pois não é fácil quantificar os resultados de curto prazo dos programas de recursos humanos. Dessa forma, vale a pena ler o estudo de caso publicado pela *Harvard Business Review* de maio de 2003.[26] Fica claro que é preciso introduzir mecanismos adicionais que se revelarão no longo prazo: redução do absenteísmo e da rotatividade, do número de reclamações trabalhistas, do número de reivindicações de aumentos de remuneração; permanente avaliação da produtividade da empresa e dos custos de produção; comparação dos resultados com os dos competidores e com as práticas seguidas por eles; avaliação das variáveis intervenientes, de acordo com a definição de Likert, que, como vimos, influenciam diretamente as variáveis de resultado final com alguma defasagem.

11.3.16 Coerência com a cultura empresarial

Todas as práticas citadas estão inter-relacionadas e precisam ser calcadas na cultura empresarial: seus valores básicos, suas crenças, suas políticas e sua estratégia. A adoção de uma ou duas medidas isoladas pode ser até contraproducente. É preciso haver coerência e consistência entre as políticas de recursos humanos e a estratégia da empresa, bem como entre as políticas e práticas das diversas áreas.

Finalmente, é preciso reconhecer que não é possível obter vantagens competitivas sustentadas no longo prazo *apenas* com a administração de recursos humanos. É preciso também que seja estabelecida a estratégia correta para obter os resultados desejados. A obtenção de vantagens competitivas por meio da forma de administração dos recursos humanos se manifesta no longo prazo e, como as medidas são, em grande parte, qualitativas, é comum o abandono dessa prática antes que ela possa proporcionar os resultados previstos. Se fosse fácil implantar essa prática e obter resultados no curto prazo, todas as empresas já a teriam adotado.

---

[26] KESNER, I. F. Leadership development: perk or priority? *Harvard Business Review*, may. 2003. p. 29s.

A pergunta final que deve ser feita é: A administração dos recursos humanos da empresa está contribuindo para os resultados de forma positiva? Em que grau? A resposta a essa pergunta não será obtida imediatamente, mas por meio de uma avaliação que se prolongará durante um prazo relativamente longo.

11.3.17 Recolocação

Como dissemos na seção relativa ao desligamento (*ver as Seções 3.4.2, 3.4.3* e *3.4.4*), quando for indispensável demitir um funcionário dedicado por motivos alheios a seu desempenho, deve-se considerar uma das preocupações prioritárias os reflexos que essa decisão terá sobre os demais empregados. Nesses casos, a empresa deve ser generosa e a contratação de uma agência de *outplacement* beneficia o empregado que sai, causando boa impressão entre os que permanecem na empresa, melhorando sua imagem em seu ambiente interno e aumentando o comprometimento dos que ficam. Quando a demissão foi causada por uma redução de quadro, a maior preocupação da empresa deve ser em relação aos sentimentos dos"sobreviventes" desse processo. Imagine-se o que pode pensar um empregado:"Hoje ele saiu, apesar de ter sido comprometido e dedicado durante tanto tempo. Amanhã, eu serei considerado'descartável'". Para assegurar o comprometimento dos que ficam, a contratação de uma agência de *outplacement* é muito útil. A reação será: "Hoje, a empresa foi comprometida com ele, colocando-o em outra empresa em retribuição aos serviços prestados. Amanhã, se eu tiver sido comprometido e dedicado, devo provavelmente ter o mesmo tipo de tratamento".

Uma boa comunicação aos empregados ajuda muito, mas atos importam mais do que palavras. Além disso, a empresa colhe dois benefícios adicionais: um bom empregado que sai acaba, cedo ou tarde, arranjando uma colocação em outra empresa. Onde buscará pessoas competentes para trabalhar com ele? Onde as conhecer, isto é, na empresa de onde saiu. Mas não fará isso se tiver obtido a nova colocação por meio da empresa que o demitiu. Além disso, a empresa pode colaborar na escolha da qual admitirá seu antigo empregado e o fará zelando também pelos próprios interesses, procurando evitar que ele transfira conhecimentos importantes para competidores. Há ainda os reflexos que essa medida terá na imagem da empresa na comunidade, entre os clientes e fornecedores, e no público em geral.

CAPÍTULO 12

A IMPORTÂNCIA DA ÉTICA

12.1 A crise moral contemporânea

12.1.1 Conceituação e origens

Vivemos, na civilização ocidental, sob a égide de duas instituições: o sistema de produção industrial e a democracia. Buscamos, por meio dessas instituições, a qualidade de vida, a liberdade, a igualdade e muitos outros valores prioritários.

O progresso científico e tecnológico e sua aplicação ao sistema de produção permitiram a afluência da sociedade em níveis sem precedentes, ainda que os benefícios dessa afluência não se distribuam de maneira uniforme. A qualidade de vida passou a considerar a importância da preservação do meio ambiente, fato também inédito na escala em que hoje se observa.

Perguntamo-nos se, diante da complexidade da nossa civilização, considerando a crise moral que atravessamos, estamos ou não em uma encruzilhada da história. O que devemos fazer para aperfeiçoar nossa sociedade? Corremos o risco de uma decadência? Temos condições de preservar e fortalecer nossos valores prioritários?

Recorrendo ao estudo das civilizações anteriores, verificamos, nos trabalhos de Toynbee, que, para o êxito de uma civilização, é necessário que existam um *desafio e uma resposta positiva* a esse desafio. Tanto um quanto outro são indispensáveis para a criação e o desenvolvimento da civilização. No entanto, se o desafio for excessivamente severo, acabará abafando a criatividade e impedirá o progresso da civilização ou provocará sua decadência. A resposta positiva a um desafio leva a um progresso da sociedade, que só será contínuo se essa resposta bem-sucedida produzir nova dificuldade, que, por seu turno, provocará uma nova resposta positiva, e assim sucessivamente.

A noção de progresso inevitável é, porém, inadequada. Não há progresso assegurado, há sempre riscos de involução e retrocesso.[1] Algumas civilizações do passado entraram em colapso e, segundo Toynbee, a razão disso é que o sucesso nos torna preguiçosos, acomodados, arrogantes e convencidos, provocando, em alguns casos, falta de lideranças autênticas e criativas. Civilização avançada é sinônimo de problemas árduos. Quanto maior o progresso, maior o risco. A vida está, em média, cada vez melhor, mas também mais complicada. Claro que também são maiores os recursos para superar esses problemas complexos,[2] mas não há garantia de que o aumento dos recursos se verifique em proporções maiores que o da complexidade dos problemas. Existem problemas absolutamente novos. A desintegração das civilizações não é inevitável, mas, se o processo de acomodação continua, sem que haja uma resposta aos desafios, cada vez em maior número, as massas tornam-se distantes dos seus líderes. A sociedade é, então, ameaçada pelos bárbaros.[3]

De acordo com Rathenau, sociólogo alemão, o risco que corremos hoje não é o de uma invasão horizontal dos bárbaros, mas uma invasão vertical. Segundo ele, os bárbaros convivem geograficamente conosco, dentro das mesmas fronteiras, à margem da lei e dos princípios básicos sobre os quais se fundamenta a sociedade.

Não temos bárbaros nas fronteiras. Os bárbaros estão no seio da sociedade, dentro de nós mesmos. Tudo indica que essa invasão vertical dos bárbaros já começou.

Podemos agora nos perguntar: o declínio moral pode ser revertido? De acordo com a formulação de Toynbee, pode ser ele considerado um novo desafio à espera de uma resposta positiva, ou levará inexoravelmente à decadência da nossa civilização? Qual seria a resposta adequada a esse desafio?

A resposta positiva a esse desafio, antes que ele provoque nossa decadência, está na *ética* e na *educação*. Não na educação puramente intelectual, mas na educação que respeita os princípios éticos e morais. Trata-se de educar no sentido mais amplo, e não apenas nos aspectos de instrução. É preciso que cada um não

---

1 TOYNBEE, A. *A história das civilizações*. Oxford: Oxford University Press, 1972.

2 TOYNBEE, 1972.

3 TOYNBEE, 1972.

apenas conheça e defenda seus direitos, mas que aceite um alto nível de exigência pessoal pelas obrigações, pela responsabilidade e pela noção do dever.

Todos os principais valores da nossa sociedade, qualidade de vida, justiça, igualdade, liberdade, emancipação, ética e todos os demais pressupõem *educação*, no sentido mais amplo.

A educação é a resposta positiva ao desafio da crise moral, mas é uma solução de médio e longo prazos, que requer muita persistência, esforço e dedicação no decorrer de muitos anos para formar uma grande quantidade de cidadãos no sentido mais amplo.

No século XIX, já dizia Tocqueville: "Não há estado social nem lei alguma que possa tornar os homens mais semelhantes do que por meio da educação". Não se muda uma sociedade por decreto, muda-se por meio da educação. Não podemos, porém, nos iludir. A educação é uma condição absolutamente necessária, mas não suficiente para resolver todos os problemas da sociedade. Se não dermos a devida ênfase à educação, estaremos pondo em risco a própria democracia: Não há democracia sem democratas, não há democratas sem cidadãos esclarecidos, não há cidadãos esclarecidos sem educação.

12.1.2 A quem cabe educar

Todos devem exercer o papel de educador. Os pais, no seio da família; os chefes de unidades organizacionais nas empresas, especialmente os altos executivos; os professores na sala de aula e fora dela; toda a população do país, sempre que houver uma oportunidade.

A orientação da chefia é a principal forma de treinamento no trabalho. A forma como um chefe "educa" o subordinado vai definir o nível de qualidade desse tipo de treinamento. Cada vez que o chefe orienta o subordinado, ele está treinando. O próprio exemplo do chefe pode ser a melhor forma de treinamento no trabalho. O chefe deve ser um educador do seu grupo, tanto no plano técnico como no moral.

O êxito do desenvolvimento de executivos em uma empresa é resultado, em grande parte, da atuação e da capacidade dos seus gerentes no seu papel de educadores. Cada superior assume esse papel quando procura orientar e facilitar os esforços dos seus subordinados para se desenvolverem.[4]

---

4 RIEGEL, J. W. Executive development: a survey in fifty American corporations. Michigan: The University of Michigan Press/Ann Arbor, 1952. Apud PIGORS, P.; MYERS, C. *Personnel administration*. New York: McGraw-Hill, 1965. p. 49

A educação não se dá somente pela palavra. O instrumento mais importante da educação é o exemplo.

Os pais têm um papel fundamental na formação dos filhos, mas nem sempre as famílias são constituídas nos moldes tradicionais. Ainda assim, é preciso que haja um esforço de todos no sentido da educação. Nossa vergonhosa distribuição de renda é, em grande parte, consequência da nossa vergonhosa concentração da educação.

Os principais responsáveis pela educação, porém, são os professores universitários, formadores de opinião dos que vão dirigir o país no futuro.

12.2 A importância da ética

Nenhuma sociedade pode sobreviver e progredir sem um conjunto de princípios e normas que defina o tipo de comportamento socialmente aceito como ético. Desde tempos pré-históricos, as sociedades tinham padrões de comportamento socialmente aceitos como válidos e bons. Moisés precisou do decálogo para liderar o povo que o seguia. O homem primitivo sempre viveu com normas consuetudinárias que regulamentavam as relações entre os indivíduos e a comunidade e, ainda que de forma embrionária, já tinham um caráter moral.[5]

Deveríamos pautar nossas ações pela escola dos princípios universais, que se baseia na existência de valores válidos em qualquer cultura e situação como a honestidade, a equidade, a justiça, o respeito, a liberdade de consciência, o direito à segurança e o de propriedade. Sob esse enfoque, os princípios tornam-se mais importantes que suas consequências: se uma ação ou decisão viola um desses princípios, ela é antiética, mesmo que não prejudique ninguém.

Vivemos um período em que o respeito à ética parece ter diminuído. No entanto, seria ingênuo pensar que a ética já constituiu algum dia a base do comportamento humano de grande parte da sociedade. Em 1919, o filósofo inglês L. P. Jacks escreveu que, do ponto de vista moral, vivemos ainda na era neolítica: não somos completamente rudes, mas não deixamos para trás o estágio maior da rusticidade a fim de justificar qualquer celebração.[6]

---

[5] SANCHEZ VASQUEZ, A. *Ética*. Rio de Janeiro: Civilização Brasileira, 1970. p. 75.

[6] JACKS, L. P, apud GIANNETTI DA FONSECA, E. *Vícios privados, benefícios públicos?* – A ética na riqueza das nações. São Paulo: Companhia das Letras, 1993. p. 27-28.

Conquanto a moral nas várias culturas possa variar, os princípios éticos básicos deveriam continuar prevalecendo. O início do século XX notabilizou-se pela implantação de sistemas políticos e econômicos baseados em ideologias nas quais não é mais possível acreditar, pois fracassaram na prática, provocaram guerras, campos de extermínio e trabalhos forçados, e revelaram-se utopias. O final do século XX caracterizou-se por profundas mudanças, não só tecnológicas, mas também ideológicas. As referências tradicionais que orientavam o comportamento desapareceram e criaram um vazio que caracterizou essa época. A morte das ideologias causou a perda de referências para ações e decisões, bem como criou um ceticismo em relação a novas ideias no campo humanístico. Ao mesmo tempo, as tecnologias deram à humanidade poderes jamais imaginados, permitindo experiências inconcebíveis no século XIX e gerando receios em relação ao uso inadequado desses poderes. Isso reforçou a aceitação do neolítico moral.

Vivemos um momento em que as referências tradicionais desapareceram, não sabemos mais exatamente quais podem ser os fundamentos possíveis de uma teoria ética. Neste momento, em que as ações humanas se revelam cheias de perigos diversos, fomos mergulhados nesse niilismo, essa relação comparada ao "nada" do qual Nietzsche foi, no século XIX, o profeta e o clínico inigualável. É no niilismo que se origina a crise atual da ética, é nele que entram em gestação os novos valores da atualidade. No seio desse vazio, coloca-se então o problema dos princípios e os fundamentos da nova forma de agir. Como julgar? Como falar de erro, de normas éticas, de prescrições? A partir do quê? Quais são as grandes sínteses do pós-moderno? Quando se dissolvem as ideologias, nascem as formas contemporâneas do individualismo, propícias à aparição de novas formas de conduta. *O individualismo privilegia o indivíduo em relação à coletividade*. Quando se desfazem os discursos globalizantes no seio de uma modernidade que reprime o transcendente e as causas finais, é o indivíduo que se faz valor supremo.[7]

Jacqueline Russ relaciona o renascimento contemporâneo dos princípios clássicos:[8]

1. O princípio religioso.
2. O princípio da força afirmativa.

[7] RUSS, J. *La pensée éthique contemporaine*. Paris: Presses Universitaires de France, 1994. p. 8s.

[8] RUSS, 1994, p. 24s.

3. O princípio da realidade.
4. O princípio da responsabilidade.
5. O princípio da liberdade e da igualdade.
6. O princípio da diferença.
7. O princípio da autodeterminação.
8. O princípio do respeito pela vida.

Os textos citados, embora reconhecendo a necessidade de referências éticas para as ações humanas, dizem que essas referências reaparecerão pela própria necessidade da vida em comum em uma sociedade, mas partem da ideia de que os princípios éticos e morais desapareceram. Nem todos aceitam esse fato. Como disse Paul Valadier,

> *A moral, dizem, faria um retorno. Alguns ironizam: Jamais os comportamentos foram tão marcados pelo individualismo, a busca da felicidade pessoal, a procura do equilíbrio, a recusa das militâncias, o gozo momentâneo. Ou então, se existe moral, é a do indivíduo que coloca seu êxito em todos os níveis acima de tudo.*[9]

Ele ainda completa:

> *Aos que pretendem que a moral desapareceu de nossa sociedade, como aos que clamam que ela faz um retorno forçado, seria preciso sem dúvida contestar que a moral jamais desapareceu. Quem age em qualquer campo determinado, não faz o que bem entende, mas encontra solicitações de ações ou de linhas que orientam suas decisões, ou limites inelutáveis.*[10]

12.3 A ética nas empresas

12.3.1 Vantagens para as empresas

Por que razão a empresa deveria ser ética? O que ela ganha com isso?

[9] VALADIER, P. *Inévitable morale*. Paris: Éditions du Seuil, 1990. p. 15.
[10] VALADIER, 1990, p. 15.

Ações e decisões éticas têm um custo. Qual é o benefício?

Em primeiro lugar, há de se lembrar que os valores materiais não são os únicos a serem considerados, nem mesmo para as empresas. Existem outros valores: prestígio; respeito do público, dos empregados, dos fornecedores e dos consumidores; confiança nos produtos e nas decisões da empresa; entre muitos outros. Todos esses valores acabam, no longo prazo, contribuindo para os próprios resultados financeiros da empresa.

Em segundo lugar, a empresa ética atrai e retém empregados, clientes e fornecedores éticos e responsáveis. Não se pode esperar compromisso de empregados, clientes e fornecedores antiéticos. Trata-se de uma "rua de duas mãos". Se a empresa agir de forma antiética, não reterá empregados éticos, e de antiéticos pode-se esperar tudo, até roubo, boicote e chantagem. O mesmo ocorre com clientes e fornecedores.

Em terceiro lugar, há de se considerar não o sistema empresa, mas o sistema sociedade, pois uma empresa não terá como prosperar solidamente em uma sociedade antiética e rota, e a contribuição que a empresa dá para a formação da sociedade na qual opera se reflete, de alguma forma, no longo prazo, na própria empresa. Vale a afirmação de Keith Davis: "Há uma férrea lei de responsabilidade afirmando que, no longo prazo, quem não usa o poder de um modo que a sociedade considere responsável tende a perdê-lo".[11]

Se, *no longo prazo*, a postura ética tende a beneficiar a empresa, por que essa postura nem sempre é seguida?

Primeiro, há de se considerar que as organizações são semelhantes aos organismos vivos e, em consequência, colocam sua sobrevivência acima de tudo. Se uma empresa perde a competitividade se se comportar de forma ética, ela pode "apelar" para ações antiéticas para assegurar sua sobrevivência. Isso é perigoso, pois, cedo ou tarde, as consequências negativas aparecem.

Segundo, da mesma forma que as pessoas, existem organizações que privilegiam o curto prazo, sem se importar com o futuro. Procuram maximizar os ganhos imediatos. Estão hipotecando o futuro em benefício de uma situação mais favorável no presente.

Finalmente, devemos considerar que são os pequenos deslizes que levam aos grandes, como demonstrou o Padre Antônio Vieira, no século XVII, na sua

---

[11] DAVIS, K. Corporate responsibility. In: *Contemporary management*. Englewood Cliffs: Prentice-Hall, 1974. Apud STONER, J. A. F; FREEMAN, R. E. *Administração*. 5. ed. Rio de Janeiro: Prentice-Hall do Brasil, 1985. p. 73.

obra *A arte de furtar*. Muitas pessoas ou empresas, aparentemente éticas, acham que, em um momento de pressão, será válido cometer um pequeno deslize, esquecendo-se das consequências que isso pode acarretar no futuro. É possível, às vezes, superar o problema, mas existem riscos.

Uma nação que não se comporte de forma ética terá dificuldade para atrair investimentos e parceiros comerciais.

O professor Giannetti da Fonseca ressalta: "A sobrevivência, é verdade, é condição para tudo o mais. Mas, sem ética, a própria sobrevivência fica comprometida. Sem ela, não há ordem social, paz ou 'comida' – há desagregação, guerra e fome".[12]

O que seria uma empresa ética? A empresa ética é definida, pelos nossos padrões, como aquela que conquistou o respeito e a confiança de seus empregados, clientes, fornecedores, investidores e outros, estabelecendo um equilíbrio aceitável entre seus interesses econômicos e os interesses de todas as partes afetadas, quando toma decisões ou empreende ações.[13]

Até onde vão as obrigações éticas das empresas? Em um extremo, situa-se a posição de Milton Friedman:

> Há uma, e apenas uma, responsabilidade social das empresas: usar seus recursos e sua energia em atividades destinadas a aumentar seus lucros, contanto que obedeçam às regras do jogo e participem de uma competição aberta e livre, sem enganos e fraudes. A intervenção governamental é frequentemente indesejável. As autoridades burocráticas, responsáveis pela implementação de programas, têm, na verdade, pouco incentivo para resolver os problemas para os quais suas organizações foram criadas. Um sistema com muitos benefícios governamentais desencoraja o trabalho. Deve-se dar mais liberdade a cada indivíduo para tomar suas próprias decisões econômicas. Essa liberdade levará a menos desperdício e maior produtividade.[14]

Aqueles que adotam essa forma de pensamento argumentam que a melhor forma de ajudar o próximo é aumentar a produção e os lucros, para que

[12] GIANNETTI DA FONSECA, 1993, p. 95.

[13] AGUILAR, F. *A ética nas empresas.* Rio de Janeiro: Jorge Zahar, 1996. p. 26.

[14] FRIEDMAN, M. *Capitalism and freedom.* Chicago: University of Chicago Press, 1963. p. 133. Apud STONER; FREEMAN, 1985, p. 73.

possa haver mais investimentos, mais empregos, mais trabalho e mais consumo por parte de todos. Dizem ainda que as empresas são socialmente responsáveis quando cumprem seus interesses econômicos de acordo com a lei e que a tentativa de atingir metas sociais dilui o objetivo básico da empresa: a produtividade econômica. Finalmente, argumentam que os executivos de empresas não costumam ter o perfil mais adequado para tratar de assuntos sociais.

No outro extremo, estão os que argumentam que sobre toda propriedade pesa uma hipoteca social, que não é suficiente cumprir todas as "regras do jogo" impostas pela legislação e pelos princípios éticos universais e que cabe aos mais afortunados ajudar os mais pobres, não apenas reinvestindo e proporcionando mais empregos e trabalhos, mas também os beneficiando com alguma forma de assistência direta. Acrescentam que a colaboração na solução dos problemas sociais ajuda a melhorar a imagem da empresa e permite um relacionamento melhor com a comunidade. Argumentam que as empresas possuem grande poder na sociedade e quando o poder é maior que a responsabilidade, esse desequilíbrio pode estimular o comportamento irresponsável, contrário ao bem comum.

A conclusão de consenso a que podemos chegar é que o poder gera responsabilidade no seu uso. E responsabilidade gera obrigações para todos os que se relacionam com a organização detentora do poder. Podemos, então, nos questionar a respeito das obrigações que a empresa tem em relação a seus fornecedores, seus clientes, seus acionistas, seus empregados e suas famílias e a todos os seus *stakeholders* externos.

Como passar dos princípios para a prática? Nenhuma empresa pode ser ética se a alta administração não transmite uma cultura organizacional baseada em premissas éticas. O ponto de partida é, portanto, a vontade da alta administração de estabelecer objetivos, políticas, normas e padrões éticos a serem adotados pela empresa. Algumas chegam a definir e divulgar um código de ética a ser seguido por todos os que dirigem e trabalham na empresa, mas, se houver um código explícito, terá de ser obedecido.

Partindo desses princípios, será indispensável recrutar e selecionar empregados que estejam de acordo com essa cultura ética espelhada na cultura da empresa e treiná-los para que se comportem de acordo com os seus padrões. Será necessário que as decisões sejam calcadas nesses princípios e valores.

Dois casos ilustram as vantagens a longo prazo de uma postura ética:

1. Um grupo empresarial brasileiro decidiu jamais subornar fiscais para não lavrarem multas. Como o grupo empresarial tinha grande preocupação ética, sempre havia alguma forma de se defender judicialmente das penalidades aplicadas, o que era feito sistematicamente, com resultados positivos na maioria dos casos. A longo prazo, o número de "fiscais"que visitavam as empresas do grupo caiu drasticamente, resultando em um benefício para todo o grupo empresarial.
2. Uma das empresas mais reconhecidas internacionalmente pela sua postura ética é a Johnson & Johnson. Quando teve de enfrentar a crise provocada por um psicopata que envenenou cápsulas de Tylenol, ela teve a atitude que seria esperável por parte de uma empresa com o seu nome: recolheu todos os comprimidos existentes no mercado, incinerou-os, passou a utilizar uma embalagem de violação muito complicada e, meses depois, com intensa campanha publicitária, relançou o produto, que voltou a ser um dos mais lucrativos.

Se para uma empresa é importante um comportamento ético, com maior razão isso se torna vital para o profissional. O profissional vive do seu nome. Ninguém, construindo um nome, deve abdicar do direito de defendê-lo, pois não é só seu"corpo físico"que está em jogo, mas também a imaterialidade de seu conceito. É dever ético proteger um nome profissional.[15]

Indagada em qual tipo de empresa aconselharia um recém-formado a trabalhar, Luiza Helena Inácio Trajano Rodrigues, diretora-superintendente do Magazine Luiza, respondeu:

> Em empresas éticas. Jamais gostaria que um jovem entrasse em uma empresa que não fosse ética. Seria uma péssima primeira experiência. Se perceber que não há ética em determinada empresa, ele deve ir embora. Aliás, acredito que as empresas que sobreviverão serão as que têm ética e que visam ao bem-estar comum: funcionários, clientes e sociedade.[16]

[15] LOPES DE SÁ, A. *Ética profissional*. 2. ed. Rio de Janeiro: Atlas, 1998. p. 125.

[16] JÚLIO, C. A. Entrevista concedida por Luiza Helena Inácio Trajano Rodrigues, diretora-superintendente do Magazine Luiza, ao *HSM Management* e publicada em nov./dez. 2003. p. 39.

Finalmente, vale a pena lembrar que é proibido:

1. o trabalho infantil;
2. o trabalho forçado;
3. as discriminações de qualquer tipo (raça, credo, sexo, nacionalidade ou qualquer outra);
4. o assédio sexual.

12.4 Conflitos de valores

Em geral, não é muito difícil saber o que é certo e o que é errado. O problema é mais sério quando ocorrem conflitos de valores: quando se tem de optar entre duas alternativas que parecem ambas antiéticas. Podemos demitir um subordinado dedicado e comprometido porque a empresa está solicitando um corte na folha de pagamento? Devemos ir ao recital de piano de um filho ou permanecer na empresa para receber um importante cliente? Quando isso ocorre, devemos nos perguntar *quais das responsabilidades e dos valores que estão em conflito estão mais profundamente enraizados na vida do profissional em questão e na das pessoas e das comunidades que ele preza?* É preciso também considerar quais são as interpretações éticas dessa situação. Os administradores precisam determinar se suas visões éticas serão apoiadas pelos seus colegas, clientes, acionistas e subordinados.[17]

12.5 O custo da legalidade

Muitas organizações, que dizem que gostariam de ser éticas, não conseguem sê-lo sem pôr em risco a sua sobrevivência. Conforme diz Ghersi,

> Temos que admitir que é preciso fazer algo para lhes dar condições de operarem de forma ética sem esse risco. Provavelmente, elas não têm condições de cumprir a legislação e por isso não se

[17] BADARACCO JR., J. L. *The discipline of building character.* On Leardership. Boston: Harvard Business School Press, 1998. p. 89s.

consideram éticas. O problema pode estar no custo da legalidade. Na América Latina, o custo da legalidade está muito acima da renda da população, e aí reside o problema. O custo da lei deve ser proporcional à situação econômica de cada país.[18]

Os impostos crescem mesmo sem chuva.

PROVÉRBIO JUDEU

E naquele tempo foi publicado um decreto de César Augusto determinando que todos deveriam ser taxados.

EVANGELHO SEGUNDO LUCAS

Mais ainda do que as boas leis, o fundamento de uma boa república é a virtude dos cidadãos.

NORBERTO BOBBIO

Impostos exagerados criam empresas antiéticas, pela impossibilidade que algumas têm de cumprir as regras.

A ética na sociedade será fortemente influenciada pela ética dos administradores públicos e dos executivos das empresas, formadores de opinião e exemplos para os cidadãos comuns. É preciso que todos se comportem de acordo com os valores éticos socialmente aceitos se quisermos uma sociedade mais justa e mais segura.

12.6 A integridade do RH

Há alguns anos, David Ulrich e alguns de seus estudantes conduziram uma pesquisa junto a algumas centenas de organizações para determinar qual aspecto do RH achavam mais valioso. A pesquisa foi respondida pelos gerentes de linha e outros membros da organização que utilizavam os serviços de RH. Quando os resultados foram elaborados, eles descobriram que mais de 70%

[18] GHERSI, E. A corrupção como consequência. *Think Tank/Instituto Liberal*, jun. 2000. p. 22s.

consideravam a integridade do trabalho desenvolvido pelo RH nas organizações como o aspecto mais valioso. Essa integridade relaciona-se ao desafio de atender aos interesses, muitas vezes conflitantes, de todos os *stakeholders*, desde os empregados até o gestor sênior.[19]

A integridade do RH envolve particularmente a sua sensibilidade sobre como as escolhas e ações dos empregados são afetadas pela forma como o trabalho é desenhado e pelas expectativas sobre seus papéis. Não basta estar em consonância com a lei para atender de forma adequada os aspectos éticos.[20]

Embora haja a expectativa das organizações em relação à atuação íntegra do RH, seus profissionais parecem estar relutantes em assumir esse papel. Isso acontece, pois esses profissionais frequentemente encontram tensões e percepções conflitantes acerca do papel que deveria exercer em suas organizações.[21]

Para que o RH se comporte eticamente em seus papéis, é preciso a atuação do próprio RH e também da alta cúpula da organização. Quanto ao que compete ao RH, é preciso que a área demonstre integridade na forma como gerencia seus relacionamentos com todos os *stakeholders* de sua organização; precisa ser confiável com as informações fornecidas pelos gestores sêniores; necessita ser discreto com os problemas e ações dos empregados; tem de estar disposto a examinar de perto as suas práticas como desenho de tarefas, sistemas de recompensa e outras práticas de gerenciamento de desempenho para determinar os efeitos pretendidos e não intencionais na conduta humana; e precisa estar disposto a desafiar o *status quo* e questionar as suposições sobre práticas organizacionais quando percebe que seus líderes podem estar errados.[22] Já no que tange à alta cúpula da organização, o envolvimento e a modelagem do comportamento ético pelo gestor sênior, a abertura para que os valores organizacionais surjam e os procedimentos de RH sejam construídos são fundamentais para que o RH e os empregados atuem eticamente.[23]

---

[19] MACKAVEY, M. G. Practicing ethics in HR: where's the action? *The Journal of American Academy of Business*, v. 9, n. 2, p. 244-249, 2006.

[20] MACKAVEY, 2006.

[21] PARKES, C.; DAVIS, A. J. Ethics and social responsibility – do HR professionals have the "courage to challenge" or are they set to be permanent "bystanders"? *The International Journal of Human Resource Management*, v. 24, n. 12, p. 2.411-2.434, 2013.

[22] MACKAVEY, 2006.

[23] PARKES; DAVIS, 2013.

CAPÍTULO 13

O EQUILÍBRIO PESSOAL: DESEMPREGO, ESTRESSE E TRABALHO

13.1 As finalidades do trabalho

Vimos na primeira parte deste livro as finalidades do trabalho. Até a metade do século XX, as pessoas trabalhavam para "ganhar a vida". Hoje é o trabalho que ganha a vida de grande parte das pessoas.[1] O tempo era linear na vida das pessoas; a cada ano, as famílias acumulavam experiências e poupanças e sentiam o passar do tempo em cada melhoria ou prestação paga da casa ou no progresso material e social dos filhos.[2]

O aumento da produtividade graças, em grande parte, ao avanço tecnológico permitiu uma redução das jornadas e a dedicação de maior tempo ao lazer, mas essa redução não se deu de maneira uniforme.[3]

O trabalho, para a maioria das pessoas, deve ser um meio de vida, e não a finalidade da própria vida. Atualmente, quase sempre, é o trabalho que ganha a nossa vida.[4]

Na medida em que a vida produtiva, assim geralmente chamada, ganha terreno sobre o tempo da vida afetiva, é o cotidiano das pessoas que vai moldando uma sociedade em que os vínculos fundamentais são esvaziados de

---

[1] OLIVEIRA, R. D. *Reengenharia do tempo.* Rio de Janeiro: Rocco, 2003. p. 13.

[2] SENNET, R. *A corrosão do caráter:* consequências pessoais do trabalho no novo capitalismo. Rio de Janeiro: Record, 2005. p. 14.

[3] DE MASI, D. *O ócio criativo.* Rio de Janeiro: Sextante, 2000.

[4] OLIVEIRA, 2003, p. 13.

sua própria humanidade.[5] O tempo não é mais previsível. Uma das características da nova forma de trabalhar é o lema "não há longo prazo", mas os laços fortes dependem da associação a longo prazo. "Não há longo prazo" é um princípio que corrói a confiança, a lealdade e o compromisso mútuo. As experiências mais profundas de confiança são mais informais quando as pessoas aprendem em quem podem confiar. O esquema de curto prazo da maioria das empresas modernas limita o amadurecimento da confiança informal.[6] Com certa frequência, as condições de tempo na nova economia criaram um conflito entre caráter e experiência, a experiência do tempo desconjuntado ameaçando a capacidade das pessoas transformarem seus caracteres em narrativas sustentadas.[7] Mesmo as empresas que usam o tempo flexível de trabalho são obrigadas, para se manterem competitivas, a trocar o controle do tempo real pelo controle da localização das pessoas por meios eletrônicos.

Não basta mais trabalhar bem e cumprir as obrigações, esperando que as recompensas sejam automáticas. A preocupação com a competição global faz algumas empresas agirem, muitas vezes, de forma desumana, exigindo esforços cada vez maiores sem uma compensação adequada. A qualidade dos produtos e serviços, sem aumento de custo, tornou-se um requisito para a sobrevivência das empresas. A qualidade passou a ser o mínimo indispensável em vez do diferencial de antigamente.

O gerente intermediário foi o mais sacrificado com as medidas tomadas pelas empresas para competir globalmente: ele está espremido entre dois níveis, com grande volume de trabalho e cobrança permanente dos seus superiores. O *layout* dos escritórios foi refeito: não há mais salas individuais, no máximo, em alguns casos, divisórias, que delimitam o que é chamado de "baia", nome bem adequado ao espaço que lhe é destinado. O orçamento é um instrumento de gestão implacável, e as cobranças são contínuas e diárias. Ele precisa manter-se atualizado para não ser "passado para trás" e substituído por pessoas que presumivelmente conseguiram absorver melhor as novas tecnologias.

As pessoas na empresa se dividem em dois grupos: as que vão fazer as mudanças e as que vão ser mudadas.[8]

---

5 OLIVEIRA, 2003, p. 14.
6 SENNET, 2002, p. 21-25.
7 SENNET, 2002, p. 32.
8 MANDELLI, P. *Muito além da hierarquia*. São Paulo: Gente, 2001. p. 33.

Além disso, no passado recente, tem-se presenciado uma diminuição da remuneração do trabalho assalariado no processo produtivo, exigindo, na maioria dos casos, que duas pessoas da família trabalhem para conseguir manter o padrão de vida.

> *A máquina ganhou as pessoas, as pessoas se fazem máquinas: funcionam e não vivem mais.*
>
> GANDHI

13.2 A desarticulação da vida familiar

A manutenção das estruturas tradicionais da família, que repousavam sobre a presença da mulher no lar, está se tornando impossível com a entrada das mulheres no mercado de trabalho e a eliminação da divisão de trabalho que existia anteriormente. É o mundo do trabalho e a sociedade como um todo que precisam se reorganizar em razão da família que mudou.[9] Se as mulheres trabalham hoje tanto quanto os homens, como é possível que homens e mulheres continuem a trabalhar tanto quanto os homens trabalhavam antes? Se a vida dos homens não mudou e a das mulheres mudou muito, quem está fazendo o que as mulheres faziam antes?[10]

É difícil estabelecer um exemplo válido para os filhos. A mobilidade linear e ascendente é uma história do passado. A vida de trabalho dos pais, na maioria dos casos, não é um bom exemplo para a constituição de uma família com boa comunicação e fortes vínculos afetivos. As qualidades do trabalho bem-sucedido não são as mesmas do bom caráter. Transposto para a vida familiar, o lema "não há longo prazo" significa mudar, não se comprometer e não se sacrificar. Em lugar dos valores de "camaleão" da nova economia, a família deveria enfatizar, ao contrário, a obrigação formal, a confiança, o compromisso mútuo e o senso de objetivo. Todas essas são virtudes de longo prazo.[11]

---

9 OLIVEIRA, 2003, p. 23.
10 SENNET, 2002, p. 21-27.
11 SENNET, 2002, p. 24.

A crise moral que atravessamos no final do século XX e no início do XXI pode ser creditada em grande parte a esse fato: a desarticulação da vida familiar. Os indivíduos não se produzem do nada. Pais e educadores, os sistemas de ensino e formação, as atividades artísticas e lúdicas, participam dessa produção de capital humano, por intermédio da produção e da transmissão de valores.[12]

Parte das empresas exige que seu pessoal mude de cidade para assegurar uma carreira bem-sucedida. As consequências de uma mudança sobre a família podem ser muito grandes. Para o funcionário que se muda, isso significa, quase sempre, uma promoção e um aumento salarial. Para o resto da família significa ter de se adaptar em um novo ambiente, no qual, na maioria dos casos, não há pessoas amigas. Há de se restabelecer toda a rede de contatos e amizades. A família apenas marginalmente aproveita as vantagens da nova posição, tendo de arcar com custos consideráveis. Em alguns casos, os obstáculos iniciais são adequadamente superados, mas nem sempre isso ocorre. Pesquisas realizadas nos Estados Unidos revelam que aproximadamente a metade das famílias que trocou de cidade está satisfeita com sua vida familiar após o período de adaptação. No entanto, a outra metade não está. Não há ainda pesquisas no Brasil sobre esse assunto, mas a adaptação aqui deve ser mais difícil. No passado, a adaptação era muito prejudicada em razão das dificuldades de comunicação. Esse ponto, porém, já foi superado.

13.3 As inovações tecnológicas e suas consequências

13.3.1 As inovações tecnológicas e o desemprego

O século XXI começou com grandes inovações tecnológicas e agravamento do desemprego. A melhor forma de superar o problema do desemprego é o crescimento econômico, mas isso, embora condição necessária, não é suficiente. É preciso investir na educação e na qualificação das pessoas e flexibilizar as regras de contratação. A introdução de novas tecnologias provoca fortes deslocamentos entre ocupações e aumenta as exigências de qualificação dos trabalhadores.

[12] SENNET, 2002, p. 27.

O aumento da produtividade obtido por meio de aperfeiçoamentos tecnológicos tende a gerar, no curto prazo, aumento no desemprego. No entanto, esse aumento de produtividade gera também renda maior, pois os fatores de produção, no agregado, recebem mais, em função da produtividade mais alta, que proporciona consumo maior e, portanto, demanda maior, produção maior e mais empregos, ou pelo menos mais demanda por trabalho.

A experiência histórica nos mostra que, até o final do século XX, novas necessidades emergem com o aumento da produtividade, eliminando no longo prazo o desemprego que se observa no início do processo de substituição de tecnologias, pois os excluídos no início do processo acabam sendo reabsorvidos com a demanda maior por trabalho. A economia tende a se estabilizar em novo patamar, quase sempre mais alto. Se não fosse assim, teríamos que dar razão aos luditas, que, no século XIX, destruíram as máquinas das empresas para obrigá-las a contratar mais trabalhadores manuais.

Existem, porém, autores que dizem que, dessa vez, por dois motivos, o aumento do desemprego em vez de temporário será permanente. Primeiro, porque, pela primeira vez na história, o trabalho que está sendo substituído não é físico, e sim intelectual, embora não criativo. Segundo, porque como as horas trabalhadas já diminuíram a ponto de uma pessoa poder ter mais de um emprego, ou aumentar seu número de horas remuneradas sem grandes sacrifícios, provavelmente as novas demandas de trabalho causadas pela demanda maior de produtos e serviços estão sendo absorvidas pelo aumento de horas trabalhadas dos que já estão no processo produtivo, mantendo boa parte da população desempregada e, portanto, excluída.

O primeiro argumento só é válido na medida em que dificulta a reabsorção dos excluídos naquele primeiro momento da inovação, uma vez que eles não têm a qualificação necessária para as novas atividades que são requeridas. Domênico De Masi, que é um adepto dessa tese, defende a diminuição do número de horas de trabalho remunerado como solução para evitar o desemprego. Na prática, a diminuição de horas de trabalho vem ocorrendo nos países desenvolvidos, embora de forma muito gradual. Se lembrarmos que no meio do século XIX os empregados das empresas industriais trabalhavam, em média, 72 horas por semana, enquanto hoje a média de trabalho é de 40 horas semanais, verificamos que houve significativa redução, mas que foram necessários 150 anos para isso ocorrer. Acrescente-se a essa redução o fato de as crianças de 8 a 18 anos, nos países desenvolvidos, não estarem mais produzindo nas fábricas, mas estudando nas escolas.

13.3.2 Os ergomaníacos e os excluídos

Sob o ponto de vista macroeconômico, o volume de trabalho se mantém, mas com uma distribuição pior. Enquanto alguns trabalham exageradamente, outros ficam à margem do processo produtivo. Esse tem sido um fenômeno universal no passado recente, do qual o Brasil não escapou. As empresas americanas impõem cada vez mais aos que trabalham uma espécie de devotamento integral, que relega necessariamente a vida privada a um lugar secundário na ordem das prioridades. Inverte-se, assim, o sentido original do trabalho, que servia ao sustento da vida material e afetiva, colocando-se a vida afetiva a serviço do trabalho.[13]

As empresas, especialmente as americanas, não têm contribuído para resolver esse problema, pelo contrário: a moderna empresa americana estruturou seu processo produtivo apoiando-se na possibilidade de convocar a mão de obra necessária no momento e nas circunstâncias que melhor lhe convierem.

Em tempos de precariedade de emprego, a tendência dos empregados é aceitar essas condições, ao mesmo tempo que, justamente como resultado da flexibilidade, buscam manter outras empresas como suas clientes, respondendo também a essas sempre que são chamados.[14] É preciso lembrar, porém, que a massa de desempregados e excluídos representa um potencial para aumento de consumo, pois eles consomem muito aquém do que gostariam. O que os impede de fazê-lo é a falta de poder aquisitivo gerado pelo desemprego. As economias de tempo de trabalho, decorrentes dos imensos ganhos de produtividade gerados pelas novas tecnologias, podem beneficiar grande número de pessoas. Desde que as tecnologias não sirvam, como fazem hoje, para dividir a sociedade em dois grupos: de um lado, uma camada restrita, de indivíduos superativos, para quem o progresso tecnológico, em vez de encurtar, alongou a jornada de trabalho. Por excesso de solicitação, esses estão trabalhando mais do que antes, em alguns casos, com uma qualidade de vida pior do que tinham. De outro lado, uma massa crescente de marginalizados e excluídos, os que perderam a corrida tecnológica, desqualificados e deprimidos.

No caso dos superativos, o risco é que esse tempo liberado se transforme em um bumerangue e impacte suas vidas de maneira negativa, acelerando ainda mais seus ritmos, engendrando maior servidão produtiva e piorando

[13] OLIVEIRA, 2003, p. 86.
[14] OLIVEIRA, 2003, p. 107.

sua qualidade de vida. Segundo uma pesquisa da revista *Exame*, o nível de insatisfação chegou ao ponto em que dois em cada três executivos pensam em mudar de emprego. É um problema imediato para milhares de pessoas e, no médio prazo, para muitas empresas. O que é uma situação desconfortável para muitos executivos pode ser uma bomba-relógio para algumas empresas: enquanto não pode sair, o empregado cumpre a rotina, mas sua mente já não está lá. Quando a economia se recuperar, o problema vai ganhar maior visibilidade e os melhores tenderão a sair em busca de qualidade de vida. Uma pesquisa realizada pela Fundação Dom Cabral revelou que os profissionais ouvidos trabalham, em média, 11 horas e meia por dia, 68% trabalham regularmente nos fins de semana e 60% dizem que os celulares e os *laptops* os tornam "alcançáveis" a qualquer momento.[15]

No caso dos que perderam seu emprego, o tempo será necessariamente o da requalificação. Mas não só, será também o da reinvenção de si: da aquisição de novas competências.

Para uns e outros, a grande oportunidade que os progressos tecnológicos oferecem é a de uma ruptura paradigmática: a sociedade futura seria cada vez menos uma sociedade de "pleno emprego" e cada vez mais uma sociedade de "vida plena". O tempo liberado não apareceria, então, seja como uma perda para o superativo, seja como um desperdício de si mesmo, para o desempregado.[16] A ideia de trabalhar menos esbarra em vários tipos de incompreensão. Em primeiro lugar, sugere uma crítica ao trabalho, o que vai contra toda moral do bom trabalhador, que foi longamente inculcada. Surgem, então, os que se declaram apaixonados pelo que fazem, incapazes de viver sem trabalhar, como se a proposta fosse uma eliminação do trabalho, ou uma espécie de aposentadoria precoce e descabida. É certo que o trabalho pode ser espaço privilegiado de realização pessoal, e se assim não fosse as mulheres não teriam lutado tanto para romper as fronteiras dos territórios domésticos e ganhar o direito à realização profissional. O que se deseja é que o trabalho faça parte da vida, sem que ela deva se submeter inteiramente a ele. A luta pela redução da jornada de trabalho, bem conhecida de todos os movimentos sociais, supõe que o trabalho não seja o centro da vida, nem a fonte primordial da identidade.[17]

---

15 ROSENBURG, C.; MANO, C. Ainda vale a pena trabalhar nas grandes empresas? *Exame*, 3 set. 2003.

16 ROSENBURG, 2003, p. 93.

17 ROSENBURG, 2003, p. 89.

13.3.3 O desemprego e a flexibilidade de contratação

A maior parte do desemprego é causada pela inadaptação dos desempregados às novas demandas por trabalho, e seria solucionado com investimentos maciços em educação e treinamento e flexibilização das regras de contratação. Essas duas providências permitiriam incluir pelo menos uma parte desses desempregados na sociedade de consumo. Uma das formas de superar esse dilema consiste em se flexibilizar as formas de contratação. O mundo passa por uma revolução no campo do trabalho. A proporção de pessoas que trabalha com vínculo empregatício diminui, enquanto aumenta a proporção dos que trabalham em tempo parcial, por prazo determinado, por projeto, subcontratadas ou sob condições de teletrabalho: realizado em casa ou em ambientes de escritório denominados plataformas de trabalho.

Os avanços tecnológicos têm ocorrido com velocidade meteórica, criando demandas por talentos inexistentes e instigando a desigualdade social.

As tecnologias destroem e criam empregos. Ocorre que destruir empregos é rápido; criar é demorado. Por isso, os efeitos diretos e imediatos das novas tecnologias são mais facilmente identificados. Os indiretos e mediatos são de difícil registro, mas não podem ser desprezados. Quando as regras legais e contratuais são flexíveis, as sociedades conseguem acomodar as pessoas nas novas modalidades de trabalho. Quando as regras são rígidas, como ocorre no Brasil, os ajustes são difíceis e o desemprego explode. Entre 1992 e 1996, o Brasil cresceu 18,3% e, no entanto, o emprego formal reduziu-se em 0,21%. Nos últimos anos, até 2003, 85% dos novos postos de trabalho foram criados no mercado informal. Esse encolhimento do mercado formal guarda íntima relação com a Constituição Federal de 1988, que elevou os encargos sociais em cerca de 40% e estreitou o campo de negociação entre as partes.

O Brasil não possuía formas intermediárias de contratação para abrigar novas modalidades de trabalho: ou se contratava pagando 102% de encargos sociais ou se contratava informalmente pagando 0%. Por isso, o emprego formal diminui e o informal explode.[18] Como o empregado recebe em valor líquido um terço do que o empregador despende com ele, cortar empregos tornou-se uma obrigação. Entretanto, com a reforma trabalhista, ocorrida em novembro de 2017, novas modalidades de contratação foram criadas como o trabalho intermitente, em que não há horários e dias fixos de jornada; ou

[18] PASTORE, J. *O desemprego tem cura?* São Paulo: Makron Books, 1998. p. 5-10.

reformuladas, como o trabalho parcial que regulamentou a jornada de trabalho de 30 horas semanais ou 26 horas por semana com 6 horas extras.[19] Diante disso alguns resultados positivos começam a surgir como o aumento no número de contratações superando o número de desligamentos, conforme declaração do secretário especial de Previdência e Trabalho, Rogério Marinho.[20]

Não há escolha entre introduzir novas tecnologias ou não. Com a globalização, as empresas que não o fizerem estarão com os dias contados. Os avanços tecnológicos têm causado reduções enormes nos preços, beneficiando toda a população. Ninguém sabe com precisão qual será o cenário no século XXI, nem se o desenvolvimento tecnológico e o progresso social serão mutuamente exclusivos. Uma coisa, porém, é certa: as inovações tecnológicas serão as grandes responsáveis por uma completa reformulação do processo produtivo em escala planetária e, portanto, das formas de contratação no mercado de trabalho.[21] O progresso econômico sempre foi consequência da introdução de novas tecnologias, do investimento em processos produtivos e do aumento da educação e da qualificação do pessoal.

13.3.4 Tecnologia e desemprego

A relação entre tecnologia e emprego é uma verdadeira "caixa-preta", pois eles se relacionam com vários outros fenômenos de natureza econômica, institucional, educacional e política. Por isso, a coincidência de avanços tecnológicos com aumento do desemprego não é suficiente para concluir que a tecnologia seja destruidora de empregos. É verdade que os empregos em tempo integral têm diminuído, com aumento nos de tempo parcial e contratos especiais, mas os países que possuem leis trabalhistas flexíveis têm conseguido conviver com taxas de desemprego muito baixas. Isso não significa que as tecnologias sejam neutras em relação ao emprego. Ao contrário, elas provocam grande revolução nos processos produtivos, levando as empresas a demitir, admitir, treinar, reciclar e converter seus trabalhadores. É preciso, porém, que as sociedades possuam instituições capazes de acomodar as novas formas de trabalho, pois grande parte dos empregos criados é diferente

[19] JANKAVSKI, A. Só falta o emprego crescer. *Exame*, 30 out. 2019.

[20] JANKAVSKI, 2019. Entrevista realizada com o secretário especial de Previdência e Trabalho, Rogério Marinho.

[21] PASTORE, 1998, p. 28.

dos que foram destruídos. Isso faz que o processo de modernização tecnológica seja turbulento e doloroso do ponto de vista social.

O Brasil perdeu mais de um milhão de empregos industriais entre 1989 e 1996. Os trabalhadores mais atingidos foram os menos qualificados. No período de 1994 a 1996, 90% dos trabalhadores demitidos não tinham o primeiro grau completo. É preciso atenuar esses efeitos. No Brasil, é indispensável melhorar a qualificação da mão de obra e flexibilizar a legislação trabalhista.[22] Embora tenha havido, no passado recente, grande aumento nos anos de escolaridade da população economicamente ativa, o Brasil ainda se compara desfavoravelmente nesse aspecto com os demais países emergentes. Embora também exista desemprego de pessoas educadas, a recolocação e adaptação dessas pessoas tende a ser mais fácil, embora, às vezes, seja necessária a aceitação de remuneração menor.

Estudos recentes têm demonstrado que os efeitos da flexibilidade na contratação são mais importantes que os causados pela introdução de novas tecnologias. Os países que têm legislação flexível para contratação e demissão têm taxas de desemprego muito menores que os países que têm legislação trabalhista rígida. Os que argumentam que a flexibilização das leis significaria uma precarização do trabalho devem ser alertados para o fato de que o trabalho já está precarizado, uma vez que mais da metade dos trabalhadores são informais. A adoção muito lenta de novas tecnologias pode ter efeitos desastrosos sobre os níveis de emprego.

13.3.5 Custo da geração de cada emprego

Outro ponto a ser considerado é o custo do emprego que se eleva a cada ano, em virtude da necessidade de introdução de novas tecnologias e de proteção ambiental. Os setores de ponta da indústria são muito intensivos em capital (automobilística, química, petroquímica, papel e celulose, siderúrgica e outros) e empregam poucos trabalhadores de forma direta, de modo que o custo de cada posto de trabalho aumenta sempre. Na década de 1970, um emprego industrial no Brasil exigia investimentos de 30 mil dólares, na década de 1980, passou a 50 mil dólares e, na virada do século, para 90 mil dólares.[23]

---

[22] PASTORE, 1998, p. 25-32.

[23] PASTORE, 1998, p. 37.

13.4 A competição entre a família e o trabalho pelo uso do tempo

A vida pessoal e familiar e o trabalho competem por um fator escasso: o tempo de cada pessoa. O tempo para si mesmo não é só um tempo de lazer. É, muitas vezes, o momento da introspecção, de pensar na vida. Tempo de fazer projetos, de sonhar, de caminhar sem testemunhas. Um tempo não hipotecado.[24] Essa rivalidade entre família e empresa, mundo afetivo e mundo do trabalho, soa evidentemente estranha e de certa forma ameaçadora. Indica, para a sociedade americana, um caminho arriscado em que o objetivo central da vida dos indivíduos passa a ser garantir sua renda, mesmo que para isso sejam sacrificados outros aspectos da vida. O exemplo dessas empresas aponta para uma tendência que, no futuro, tende a se generalizar, influenciando as relações entre trabalho e vida privada e dando prioridade ao trabalho.

O fenômeno não é novo nos Estados Unidos e, com a intensificação da economia globalizada e a crescente utilização do"tempo planetário", necessário para aumentar a produtividade, os funcionários mais desejados são os que não têm residência fixa, não dormem nunca, não têm filhos e não têm um minuto a consagrar à vida privada.[25] A competição entre as empresas tornou-se uma verdadeira luta pela sobrevivência: as menos competitivas desaparecem. Essa competição tem beneficiários, que desfrutam as vantagens do aumento da produtividade e da aplicação das modernas tecnologias, mas também faz vítimas. Acrescente-se a isso a necessidade que se tem de uma educação permanente ao longo de toda a vida profissional, sob pena de se ser transferido para o"bloco"dos excluídos, e se visualiza um tipo de vida cuja qualidade está longe do que poderia ser se houvesse mais equilíbrio nas escolhas.

Compensação aparentemente natural das violências do trabalho, o tempo fora dele não traz para todos as vantagens que poderíamos esperar. Se levarmos em conta o custo financeiro das atividades fora do trabalho (esporte, cultura, formação profissional) e do tempo absorvido pelas atividades inevitáveis (tarefas domésticas, deslocamentos), poucos são os trabalhadores e trabalhadoras que podem organizar o lazer de acordo com seus desejos e necessidades.[26]

---

[24] OLIVEIRA, 2003, p. 107.

[25] OLIVEIRA, 2003, p. 87.

[26] DEJOURS, C. *A loucura do trabalho.* São Paulo: Cortez, 2002. p. 45.

13.5 A insatisfação e o estresse dos executivos

Neste início do século XXI, estamos assistindo a uma enorme pressão das empresas pela obtenção de resultados. Como reagem os executivos? A vida ficou mais difícil. Em uma enquete realizada no *Portal Exame* com 568 executivos de grandes empresas, 90% se queixaram do aumento de pressão e 68% disseram que pensam em deixar o emprego.[27] Pela pesquisa, verifica-se que nem sempre esses são os que não estão cumprindo as metas. O que é uma situação desagradável para as pessoas representa riscos para as empresas. Os profissionais de recursos humanos devem ter como preocupação adicional a necessidade de ajudar os executivos assoberbados a superarem ou atenuarem suas atribulações. Isso contribuiria para o bem-estar das pessoas e os resultados das empresas. Não se trata apenas da possível saída no momento em que o mercado de trabalho estiver mais favorável. Quem não está satisfeito não dá o melhor de si, não tem comprometimento com a empresa, faz o necessário para manter o emprego, mas não se esforça, não dá aquele "algo mais" para vencer a competição. Isso pode ser uma situação conjuntural em que o mercado mundial está recessivo, mas não há sinais de mudanças no horizonte.

Por que as empresas agem dessa forma? Na maioria dos casos, por uma questão de sobrevivência no curto prazo, mas, na verdade, algumas não "acordaram" para a situação. Aquelas que pautarem sua estratégia pela busca da vantagem competitiva por meio dos recursos humanos vão colher os frutos no longo prazo.

Os executivos são atualmente muito mais solicitados do que no século XX. No século passado, a situação das empresas era muito mais confortável: a competição era local e menos intensa, havia grande demanda reprimida por bens e serviços, as mudanças eram mais lentas. Em suma, era mais fácil vender. Quando a competição aumenta, o poder maior de barganha passa para o cliente e a empresa passa a exigir mais do seu pessoal, especialmente dos seus administradores. Hoje, as empresas estão dando cada vez mais trabalho para seus melhores administradores. Algumas os recompensam por isso, mas muitas não o fazem. Não há sinais de que essa tendência vá mudar no futuro próximo.

No século XIX e no início do século XX, o proprietário frequentemente dirigia a empresa e, embora o número de horas trabalhadas, naquela ocasião,

[27] ROSENBURG; MANO, 2003, p. 47.

fosse, em média, bem maior, o conhecimento pessoal e a proximidade física do dono/diretor conduzia a práticas administrativas mais benignas das que são praticadas de forma impessoal pelas grandes corporações modernas.

Cumpre lembrar: o que uma pessoa considera estressante outra pode considerar divertimento. A prática dos esportes radicais nos mostra isso. No entanto, são poucas as pessoas que gostam de ser submetidas a situações perigosas que apresentam riscos acima de determinado limite.

Um dos fatores que aumenta o estresse é a falta de controle das pessoas sobre os possíveis riscos. Isso causa medo. Medo de não conseguir realizar o que se espera. Medo dos riscos que não são controlados.[28] Outro fator de estresse é a exagerada pressão pelos resultados e o medo de não conseguir um desempenho satisfatório, bem como a falta de controle sobre algumas variáveis importantes para a obtenção dos resultados. Em um ambiente altamente competitivo, os fatores fora do controle da empresa podem ser grandes, causando um desgaste acima do que seria aceitável.

Talvez o pior medo seja o medo do fracasso. Ele não é mais uma situação normal dos mais pobres, ele atinge todas as camadas sociais. O fracasso é o grande tabu moderno. Nem sempre o fracasso se caracteriza pela perda do emprego ou pela falência pessoal, mas muitas vezes ele ocorre por meio de demoções, com perda de *status*, congelamento da remuneração e perda de benefícios. O pior é enfrentar essa situação diante da família. Os *best sellers* são, com frequência, livros que dão "receitas" sobre como vencer na vida.

Finalmente, existe o medo de perder o controle de suas vidas.[29]

13.6 A complexidade do sucesso

O sucesso depende de muitas variáveis e é julgado de forma diferente conforme os valores de cada pessoa.

Nash e Stevenson[30] mostram que o sucesso envolve bem mais que uma corrida até uma linha de chegada. Eles identificaram quatro componentes indispensáveis a um sucesso duradouro: felicidade (sentimentos de contentamento e satisfação com a vida); êxito (realizações que se comparam favoravelmente

[28] DEJOURS, 2002, p. 69.

[29] SENNET, 2002, p. 18.

[30] NASH, L.; STEVENSON, H. Success that lasts. *Harvard Business Review*, feb. 2004. p. 102s.

com os objetivos similares de pessoas em condições semelhantes); significado (o sentimento de que você obteve um impacto positivo nas pessoas com as quais se preocupa); legado (um modo de estabelecer seus valores e suas realizações a fim de ajudar os outros a encontrar sucesso no futuro).

Extensas pesquisas mostram que os que se preocupam apenas com uma das dimensões do sucesso acabam, na maioria das vezes, não o obtendo. Os que conseguiram ser bem-sucedidos compreenderam o paradoxo que se encontra no fundo dessa questão: para obter êxito nos vários componentes que constituem nossa medida de satisfação na vida, é preciso reconhecer que, às vezes, deve-se saber sacrificar um deles em benefício do conjunto.

Nem os ergomaníacos, nem os excluídos podem satisfazer à afirmação acima. Quando determinadas pessoas são reunidas em uma equipe para se obter a vantagem dos seus conhecimentos coletivos, inevitavelmente reúnem-se com essas pessoas seus preconceitos, suas paixões, erros de opinião, interesses locais e pontos de vista. Será possível obter uma produção perfeita de tal equipe?[31]

Os administradores devem atualmente ser mais orientados para os aspectos psicológicos do que o foram no passado: devem conhecer seu pessoal, suas prioridades, suas motivações, necessidades e aspirações da mesma forma que compreendem os demonstrativos financeiros.

13.7 A felicidade e o processo civilizatório

Chegamos assim ao ponto crucial do processo civilizatório e do processo produtivo. Qual é a sua relação com a felicidade humana? Esse é o ponto abordado com maestria pelo sociólogo e economista Eduardo Giannetti.

Quais as relações entre o processo civilizatório e a felicidade humana? Os benefícios da civilização são tangíveis e passíveis de mensuração. Um conjunto expressivo de indicadores biomédicos, sociais e econômicos atesta os ganhos de saúde, a escolarização, o acesso a bens de consumo e tantos outros feitos derivados do progresso científico e do aumento da produtividade. Mas quais têm sido os efeitos de todas essas brilhantes conquistas no tocante à felicidade, ou seja, tendo em vista a nossa satisfação de viver e o grau de realização

[31] FRANKLIN, B. Discurso na convenção constitucional americana, 1787.

que esperamos e alcançamos em nossas vidas? Até que ponto a civilização moderna tem promovido ou dificultado a busca da felicidade?

O que vem revelando o programa de pesquisa empírica sobre as relações entre indicadores objetivos e subjetivos de bem-estar? Existiriam custos embutidos no processo civilizatório?[32]

O grande divisor de águas no tocante à evolução da noção de progresso civilizatório e do seu impacto sobre a felicidade humana foi o iluminismo europeu do século XVIII – a "era da razão" baseada na fé sobre o poder da própria razão. Há pouca margem para dúvida de que os avanços no campo da ciência, da tecnologia e da produtividade trouxeram enormes benefícios na vida prática em termos de saúde, conforto, renda e condições de trabalho. Mas o sucesso do projeto iluminista, parece justo dizer, não foi uniforme. Em certo sentido, ele acabou ficando muito aquém do que sonhavam e prognosticavam os líderes do pensamento filosófico e científico do século XVIII. À luz do que foram os últimos dois séculos e tendo em vista o que sentimos e observamos ao nosso redor, quem se arriscaria hoje a vislumbrar um futuro de bem-aventurança terrena? O que falhou? O que fez que os resultados alcançados traíssem aquelas expectativas? Por que a promessa de felicidade do projeto iluminista não se cumpriu? O termo felicidade é, de fato, muito vago e traiçoeiro.[33]

Só há um caminho para a felicidade: pare de se preocupar com aquilo que está fora do seu controle.

Epictetus

As pessoas são tão felizes quanto se convencem de que o são. Em suma: a felicidade é um estado de espírito.

Abraham Lincoln

A felicidade será sempre incompleta, afinal os sonhos têm fronteiras infinitas.

Anatoly Karpov

[32] GIANNETTI DA FONSECA, E. *Felicidade.* São Paulo: Companhia das Letras, 2002. p. 19.

[33] GIANNETTI DA FONSECA, 2002, p. 29s.

> *Se quisermos ser felizes, poderemos sê-lo, mas se quisermos ser mais felizes que outra pessoa, será impossível, porque sempre acreditamos que as pessoas são mais felizes do que realmente o são.*
>
> Barão de Montesquieu

Podemos lembrar que Tolstoi, na obra *Anna Karenina*, diz que as famílias felizes são todas iguais, enquanto as infelizes são todas diferentes, pois cada uma é infeliz à sua moda. Giannetti da Fonseca concluiu, em seu livro *Felicidade*, que o contrário de felicidade não é infelicidade, mas ausência de felicidade, e o contrário de infelicidade não é felicidade, mas ausência de infelicidade. Podemos fazer uma analogia entre essa afirmação e os estudos de satisfação e insatisfação no trabalho, conforme definidos por F. Herzberg (*ver a Seção 4.5.5*), nos quais ele conclui que o contrário de satisfação no trabalho não é insatisfação no trabalho, mas ausência de satisfação no trabalho e o contrário de insatisfação no trabalho é ausência de insatisfação no trabalho, e não satisfação no trabalho. As pessoas podem não ter motivo para se considerarem infelizes, mas levar uma vida insossa, sem grandes prazeres e motivações, não produz a felicidade. Seu estado de espírito determinará se ela é infeliz ou se apenas não é feliz. Do mesmo modo, ela pode ter uma vida cheia de aventuras e felicidades, mas com grandes percalços, que a fazem considerar-se ao mesmo tempo feliz e infeliz.

Não pretendemos esgotar o tema, aliás, inesgotável, mas apenas lançar uma semente para reflexões.

CAPÍTULO 14

AVALIAÇÃO DE RESULTADOS EM RECURSOS HUMANOS

Carolina Aparecida de Freitas Dias

14.1 Contextualização

Muitos líderes organizacionais querem acreditar que as pessoas são seu ativo mais importante, todavia, não conseguem vislumbrar como a função de gestão de pessoas pode concretizar essa visão. Essa situação explica-se por ser difícil avaliar a influência da gestão de pessoas no desempenho da organização.[1]

A nova realidade econômica está pressionando a gestão de pessoas a ampliar o foco de seu papel, passando da atuação administrativa, que tradicionalmente tem desempenhado, à estratégica. O impacto da gestão de pessoas na estratégia da organização é difícil de visualizar, porém, se os gestores de Recursos Humanos (RH) entenderem a estratégia da organização, planejarão ações para desenvolver e sustentar a sua vantagem no mercado.[2]

Os resultados da gestão de pessoas, em geral, são medidos por meio de *turnover*, remuneração, percentual de empregados que tiveram seu desempenho avaliado nos últimos 12 meses, custos de contratação e satisfação no trabalho, entre outros. No entanto, os atributos fundamentais para a implementação da estratégia de uma organização não são avaliados, havendo, assim, descompasso entre o que é importante e o que é mensurado. Para algumas organizações, são atributos fundamentais para a implementação da estratégia o desenvolvimento das competências essenciais dos empregados,

---

1 BECKER, B. E.; HUSELID, M. A.; ULRICH, D. *The HR scorecard:* linking people, strategy, and performance. Boston: Harvard Business School Press, 2001a.

2 BECKER; HUSELID; ULRICH, 2001a.

a capacidade e o comprometimento dos empregados e um sistema de treinamento que auxilie os empregados a aprenderem mais rapidamente que seus competidores.[3]

Lacombe e Albuquerque[4] averiguaram que os estudos que tratam o tema avaliação em gestão de pessoas dividem-se em dois tipos: pesquisas sobre o impacto das práticas de RH e pesquisas sobre mensuração de RH. O primeiro tipo de pesquisa compreende estudos em que o objetivo é estudar como as práticas de RH podem ser melhoradas, ou seja, procuram identificar práticas ou conjuntos de práticas que sejam comprovadamente melhores para uma ou mais organizações. De outro modo, o segundo tipo de estudo caracteriza-se por pesquisas quantitativas que buscam identificar a contribuição das práticas de RH sobre os resultados do negócio; esse tipo de estudo busca esclarecer o fluxo causal entre as ações de RH e o desempenho organizacional. É sobre este último tipo de avaliação que vamos nos debruçar neste capítulo.

O processo de avaliação e mensuração em gestão de pessoas não se resume ao estabelecimento de indicadores; mais que isso, envolve um processo amplo, no qual se estruturam procedimentos de mensuração e avaliação pela análise do processo em sua totalidade, desde a estratégia da organização até as práticas de RH.[5]

14.2 Importância

A área de Recursos Humanos tem sido chamada a atuar de forma estratégica, como verdadeiro parceiro do negócio, ao invés da tradicional atuação administrativa. Para isso, é preciso que entenda a estratégia da organização, atuando inclusive em sua formulação. Os objetivos do negócio precisam ser traduzidos em objetivos de RH, ou seja, quais são as responsabilidades de RH no alcance dos resultados organizacionais, estes últimos do ponto de vista dos CEOs são traduzidos em rentabilidade da empresa e valor para os acionistas.[6]

---

[3] BECKER; HUSELID; ULRICH, 2001a.

[4] LACOMBE, B. M. B.; ALBUQUERQUE, L. G. de. Avaliação e mensuração de resultados em gestão de pessoas: um estudo com as maiores empresas instaladas no Brasil. *Revista de Administração da USP (RAUSP)*, São Paulo, v. 43, n. 1, p. 5-16, jan./mar. 2008.

[5] LACOMBE; ALBUQUERQUE, 2008.

[6] BECKER, B.; HUSELID, Mark A.; ULRICH, D. *Gestão estratégica de pessoas com scorecard:* interligando pessoas, estratégia e performance. Rio de Janeiro: Elsevier, 2001b.

14.3 Desempenho organizacional

O desempenho organizacional é um fenômeno complexo e multidimensional, por isso há pouca concordância sobre como ele deve ser medido[7] e, consequentemente, não há uma definição única. Entretanto, um ponto comum é que o desempenho organizacional é uma forma de medir o sucesso organizacional.

Tradicionalmente, há o uso de medidas de desempenho financeiro, as quais, entretanto, não explicam o processo por trás delas, por isso as medidas não financeiras têm sido cada vez mais exigidas.[8] As medidas são classificadas em objetivas e subjetivas. As medidas objetivas são aquelas obtidas, em geral, junto aos protocolos de contabilidade e as subjetivas são as derivadas da percepção do sujeito pesquisado.[9]

As métricas de desempenho organizacional utilizadas em gestão de recursos humanos (GRH), assim como as de desempenho organizacional como um todo, devem ser multidimensionais, dado que uma visão simplista sobre essa medida pode não demonstrar de forma apurada a relação entre RH e desempenho organizacional. Assim, múltiplos critérios de eficácia organizacional são necessários, como os resultados de recursos humanos, os organizacionais, os financeiros e contábeis e os oriundos de mercado de capitais.[10] Alguns exemplos de indicadores desses critérios são:

- recursos humanos: rotatividade, nível de satisfação dos empregados, comprometimento dos empregados;
- organizacionais: eficiência produtiva, taxa de sucata, produtividade, participação de mercado, tempo de comercialização de produto, reputação, nível de satisfação dos clientes etc.;
- financeiros e contábeis: valor de mercado, lucro contábil, receita de vendas, ROE (retorno sobre patrimônio líquido), ROA (retorno sobre ativos), custo por transação, entre outros;
- mercado de capitais: valor das ações.

---

[7] JASHAPARA, A. Cognition, culture and competition: an empirical test of the learning organization. *The Learning Organization*, v. 10, n. 1, p. 31-50, 2003.

[8] JASHAPARA, 2003.

[9] GUEST, D. E. et al. Human resource management and corporate performance in the UK. *British Journal of Industrial Relations*, v. 41, n. 2, p. 291-314, 2003.

[10] OLIVEIRA, A. M. B.; OLIVEIRA, A. J. Gestão de Recursos Humanos: uma metanálise de seus efeitos sobre desempenho organizacional. *Revista de Administração Contemporânea*, v. 15, n. 4, p. 650-669, 2011.

14.3.1 Gestão de pessoas e sua relação com desempenho organizacional

Os trabalhos de Arthur[11] e de Becker e Huselid[12] são considerados pioneiros nos estudos sobre a relação entre gestão estratégica de recursos humanos e desempenho organizacional.[13] Esses estudos caracterizam-se como de avaliação sobre o impacto das práticas de RH, buscando identificar aquelas que são comprovadamente melhores. Vamos abordar cada um desses estudos a seguir e suas principais contribuições.

Arthur conduziu um estudo sobre a relação entre configuração ou sistema de políticas e práticas de recursos humanos e desempenho organizacional. No estudo conduzido com 30 mineradoras americanas, o autor investigou o impacto de duas distintas configurações de recursos humanos intituladas sistemas de "controle" e de "comprometimento". O objetivo do sistema de controle é a redução dos custos diretos relacionados ao trabalho, ou a melhora da eficiência, por meio do monitoramento de suas tarefas, garantindo que estejam de acordo com as regras e as normas e baseando seu pagamento em medidas mensuráveis. Já o sistema de comprometimento define comportamentos e atitudes por meio de ligações psicológicas entre os objetivos organizacionais e os dos empregados.

Os sistemas de recursos humanos foram medidos por meio da percepção do responsável pelos recursos humanos em relação a diversos aspectos de RH, entre eles, treinamentos (parcela das atividades de treinamento e desenvolvimento dedicadas à produção e manutenção dos empregados contabilizados como seminários e aulas; treinamentos não relacionados diretamente à área de trabalho etc.); habilidades (número de trabalhadores de manutenção e criação em relação ao número total de empregados); e percentual de sindicalização. Já o desempenho produtivo foi medido por meio da eficiência produtiva e taxa de sucata, as quais foram perguntadas ao gestor de recursos

---

[11] ARTHUR, J. B. Effects of human resource systems on manufacturing performance and turnover. *Academy of Management Journal*, v. 37, n. 3, p. 670-687, 1994.

[12] BECKER, B. E.; HUSELID, M. A. High performance work systems and firm performance: A synthesis of research and managerial implications. *Research in Personnel and Human Resources Management*, v. 16, p. 53-101, 1998.

[13] FISCHER, A. L. *As configurações de práticas de gestão de recursos humanos adotadas por um conjunto de empresas brasileiras e suas relações com o desempenho organizacional*. São Paulo: USP, 2015. Tese (Livre docência) – Faculdade de Economia, Administração e Contabilidade, Universidade de São Paulo, São Paulo, 2015.

humanos. Também foi pedido a esse gestor que indicasse o número de empregados da manutenção e produção que deixaram voluntariamente ou involuntariamente a organização no ano anterior e o número total de empregados de manutenção e produção da organização. Com esses dados, a rotatividade da área foi calculada, dividindo-se o número de empregados que saíram pelo número total de empregados.

Os resultados da pesquisa mostraram que o sistema de comprometimento está significativamente relacionado aos indicadores de desempenho produtivo, ou seja, a menos horas de trabalho por tonelada e menores taxas de sucata. Outro resultado importante foi que a rotatividade no sistema de controle é maior quando comparado ao sistema de comprometimento. Desse modo, o estudo mostrou que a classificação dos sistemas de recursos humanos está significativamente associada com variações no desempenho das mineradoras.

O segundo estudo pioneiro é o de Becker e Huselid que conduziram um extenso estudo longitudinal sobre a relação entre GRH e desempenho organizacional, realizado em 1992, 1994 e 1996. Foi um estudo nacional realizado com todas as organizações de capital aberto americanas com mais de 100 empregados, o que totalizou em torno de 4 mil companhias em cada ano. O objetivo do estudo foi averiguar a relação entre práticas de GRH e o desempenho da organização. Como resultados finais a partir das três edições da pesquisa, os autores concluíram que é mais efetivo melhorar os elementos do sistema de GRH de forma sistêmica do que cada elemento de forma individual e sugerem a utilização do *balanced scorecard* (BSC) como modelo de análise em futuras pesquisas. Para os autores, essa abordagem desenvolvida por Kaplan e Norton provê um método sistemático para descrever e mensurar a implementação efetiva da estratégia.

14.4 Integração e planejamento

Para apurar e avaliar o desempenho das práticas organizacionais sobre a implementação das estratégias do negócio, recomenda-se o gerenciamento por meio de sistemas. Esses sistemas são traduzidos em indicadores que buscam representar a realidade de forma clara, estruturada e precisa e são classificados em quantitativos ou qualitativos, financeiros ou não financeiros, de curto ou longo prazo, *lagging* (de resultados) ou *leading* (de tendências). Há até pouco tempo, os indicadores financeiros eram o foco das atenções nas organizações, todavia, dada as inúmeras limitações desses indicadores e com a introdução do *balanced scorecard* (BSC), abriu-se espaço para indicadores não financeiros.[14] Os indicadores financeiros são informações retrospectivas e os gestores tendem a se concentrar nesses indicadores sem atentar aos processos que levam aos resultados financeiros. Assim, o BSC tem por objetivo fazer que os gestores se envolvam ativamente no processo de implementação da estratégia em vez de se concentrarem apenas em monitorar os resultados financeiros.[15]

O *balanced scorecard* é uma das ferramentas de gestão integrada do desempenho mais utilizada. Criada por Robert Kaplan e David Norton, a princípio, sob a perspectiva contábil e de controle, a ferramenta passou a ser utilizada para comunicação e implementação da estratégia, pois evidencia relações de causa e efeito dos processos organizacionais.[16] Desse modo, fornece indicadores importantes que podem ser utilizados na avaliação de resultados em RH, como descrito a seguir.

14.5 Formas de avaliação

A avaliação de resultados em RH ocorre desde a década de 1970 e vem evoluindo desde então. Entre 1970 e 1980, a avaliação concentrava-se na auditoria de RH em que eram examinados os objetivos, políticas, sistemas e controles de recursos humanos, pois o objetivo era averiguar se as práticas de RH estavam sendo realizadas na organização com eficiência. Entre 1980 e 1990, são criados indicadores quantitativos de avaliação de gestão de pessoas, mensurando-se aspectos relacionados às práticas de RH. Por fim, entre 1990 e 2000, busca-se alinhar os indicadores e as práticas de RH à estratégia da organização.[17]

---

[14] HOURNEAUX JÚNIOR, F. Avaliação dos resultados. In: EBOLI, M. et al. (Orgs.). *Educação corporativa*: fundamentos, evolução e implantação de projetos. São Paulo: Atlas, 2010.

[15] BECKER; HUSELID; ULRICH, 2001a.

[16] HOURNEAUX JÚNIOR, 2010.

[17] OLIVEIRA, P. M.; MURITIBA, S. N.; FRANÇA, A. C. L. Avaliar resultados em gestão de pessoas? Estado da arte desta prática nas empresas. In: Encontro Nacional da ANPAD – EnANPAD, 1-15. *Anais*... Brasília, 2005.

Vamos nos concentrar na forma de avaliação mais recente e mais utilizada pelas organizações para medir seu desempenho: o BSC. Essa ferramenta estratégica foi estudada e descrita por Becker e Huselid[18] para ser utilizada especificamente em RH e tem por objetivo avaliar o impacto de RH no desempenho organizacional. A escolha dessa ferramenta ocorreu quando os autores identificaram em seus estudos a importância do alinhamento interno e externo do sistema de RH. O alinhamento interno busca coerência entre as práticas de RH, ou seja, seu reforço mútuo. Por exemplo, uma organização que incentiva seus empregados a trabalhar em equipes, remunera o desempenho atingido em grupo, e não o individual. Já o alinhamento externo tem por objetivo alinhar o sistema de RH à estratégia da organização.

Cabe destacar que os alinhamentos mencionados são alcançados quando os gestores: a) compreendem de forma efetiva como se cria valor na empresa e conseguem identificar o fluxo causal entre os determinantes financeiros e não financeiros; e b) estabelecem critérios de mensuração para esse fluxo.

Para implementar a mensuração do desempenho de RH, os autores criaram um processo de sete fases, as quais são descritas na sequência.

Fase 1 – Defina com clareza a estratégia do negócio. Os objetivos da organização precisam ser expressados em termos específicos e passíveis de serem medidos e, dessa maneira, o executivo de RH tem papel fundamental. Ao se concentrar no modo como implementar a estratégia, ele facilita o processo de divulgação das metas da empresa em toda a organização, pois busca expressar seus objetivos de forma que os empregados entendam seu papel.

Fase 2 – Desenvolva um argumento de negócios para RH como ativo estratégico. Nesta etapa, são identificados os vetores de desempenho de RH que impactam o alcance dos objetivos estratégicos, como o foco estratégico dos empregados. Estudos indicam que a implementação da estratégia, e não o conteúdo, determina o sucesso organizacional, ou seja, é mais fácil elaborar a estratégia que implementá-la, visto que, para isso, os empregados precisam ter consciência de seu papel e manifestar comportamentos alinhados aos objetivos da organização.

Fase 3 – Crie um mapa estratégico. A cadeia de valor da empresa é representada em um diagrama que demonstra o processo como a organização cria valor. Esse gráfico auxilia a todos na organização a apreenderem este processo

[18] BECKER; HUSELID; ULRICH, 2001a.

e a atuarem tendo-o por base. O mapa estratégico contém hipóteses sobre os processos da organização que afetam o seu desempenho.

Fase 4 – Identifique os produtos de RH no mapa estratégico. Nesta etapa, são identificados os produtos de RH que impulsionam o desempenho da organização. Para identificá-los, concentre-se nos tipos de comportamentos estratégicos que são função das competências, da organização do trabalho e das recompensas.

Fase 5 – Alinhe a arquitetura de RH aos produtos de RH. A questão que se coloca nesta fase é como estruturar o sistema de RH (treinamento e desenvolvimento, recrutamento e seleção, remuneração, desenvolvimento organizacional etc.) para fornecer os produtos de RH (comprometimento dos empregados, competências, organização do trabalho etc.) necessários à implementação da estratégia. Nesse momento, realiza-se a reflexão sobre os já citados alinhamentos interno e externo.

Fase 6 – Projete o sistema estratégico de mensuração de RH. A definição adequada dos produtos de RH e seus respectivos impulsionadores tornam-se fundamentais para a execução desta fase, pois, é nesse momento que são definidos os indicadores de mensuração dos produtos de RH. É importante destacar que, de forma geral, as áreas de RH têm controle de indicadores; entretanto, esses são operacionais, ou seja, relacionam-se a custos e quantidades e, portanto, não dialogam com a estratégia da organização. A compreensão clara do fluxo causal da cadeia de valor, com a inclusão dos produtos de RH, e sua aceitação pelos demais gestores abrem caminho para captar corretamente o impacto de RH sobre o desempenho organizacional. Todavia, a escolha adequada dos indicadores é de fundamental importância; dessa forma, utilizar indicadores que já são monitorados pelo negócio traz inúmeros benefícios, entre eles, faz que os gestores tenham mais confiança nos resultados apurados; a área de RH fala a linguagem dos negócios; e minimiza o esforço e o custo de RH em criar e monitorar esses indicadores.

Fase 7 – Implemente a gestão por mensuração. De nada adianta monitorar o impacto de RH no desempenho organizacional se essas informações não subsidiarem a tomada de decisões dos gestores de RH. Os resultados gerados fornecem informações para que o sistema de RH seja avaliado e seus componentes sejam revistos com frequência.

As principais etapas para utilizar o BSC foram descritas. Para conhecer a metodologia e suas ferramentas, recomenda-se a leitura do livro *Gestão estratégica de pessoas com* "scorecard"*: interligando pessoas, estratégia e performance*, de autoria de Becker, Huselid e Ulrich[19] e da obra *A estratégia em ação: balanced scorecard*, dos autores Kaplan e Norton.[20]

14.6 Desafios

A avaliação de resultados em RH é uma prática pouco realizada pelas organizações. Sua disseminação encontra diversas barreiras, entre elas:[21]

- o mito de que todos os resultados de RH são intangíveis e, desse modo, difíceis de mensurar; além disso, tentativas frustradas de avaliação contribuem para que essa crença se perpetue;
- a baixa participação do RH na estratégia da organização, percebida, muitas vezes, por carecer de compromisso da alta gerência e pela baixa importância dada à área pela alta administração;
- a falta de uma cultura de avaliação, reforçada pelo medo dos profissionais em avaliar seus projetos, e a inexistência de planejamento para adoção da prática;
- a ausência de clareza sobre os resultados que se deseja alcançar em RH e a busca por resultados que não dependem somente da atuação de Gestão de Pessoas, como motivação dos empregados; e
- o perfil do profissional de RH que, muitas vezes, apresenta formação e/ou experiência que dificultam o uso de métricas quantitativas, ou seja, há inexperiência e despreparo dos profissionais de RH para atuar com a avaliação.

O último desafio também é relatado de forma recorrente em outras pesquisas, reforçando a existência de lacunas na capacidade dos profissionais e da área de RH como um todo em desenvolver estudos analíticos. Essa falta de capacidade analítica é uma questão fundamental para o avanço da área.[22]

---

19 BECKER; HUSELID; ULRICH, 2001.

20 KAPLAN, R. S.; NORTON, D. P. *A estratégia em ação:* balanced scorecard. Rio de Janeiro: Elsevier, 1997.

21 OLIVEIRA; MURITIBA; FRANÇA, 2005.

22 PRICEWATERHOUSECOOPERS (PWC). *People Analytics:* Estágio atual da análise de dados aplicada à gestão de pessoas no Brasil, 2015.

Estes são os principais desafios para que a prática da avaliação de resultados em RH seja utilizada pelas organizações. Ao se conhecer essas dificuldades, os gestores de RH podem antecipar-se a elas por ocasião da implantação de um sistema de avaliação, tomando ações para minimizá-las.

14.7 Tendências

A tão almejada atuação estratégica de RH, garantindo um lugar à mesa nas discussões estratégicas, passa inevitavelmente pelo uso de métricas de RH feitas sob medida e técnicas de análise de dados, visto que há forte correlação entre o uso de *key performance indicators* (KPIs) e o papel estratégico de RH.[23] Todavia, além de avaliar o desempenho, é preciso realizar a sua gestão, ou seja, conduzir melhorias ou revisões na organização a partir das informações obtidas como já mencionado na seção anterior. Em pesquisa conduzida pela Society for Human Resource Management, junto aos seus membros, foi identificado que 53% dos profissionais de RH deram uma nota mediana para a gestão do desempenho em suas organizações, demonstrando que este ainda é um ponto a desenvolver.[24] Na mesma linha, outro estudo conduzido pela consultoria multinacional BCG reforça a falta de gestão do desempenho. Os pesquisadores identificaram que, mesmo entre as organizações com alto desempenho, a gestão disso não é realizada, ou seja, essas organizações fazem a mensuração dos resultados de RH por meio de KPIs, entretanto, não utilizam esses dados para a tomada de decisões. A partir dessa constatação, uma tendência é justamente a gestão do desempenho, que auxiliará o RH a priorizar ações com base em dados, identificando e dirigindo seus esforços para as prioridades mais urgentes de RH, isso pode diferenciar ainda mais as organizações e elevar seu desempenho.[25]

A escolha dos indicadores é algo extremamente importante. De nada adianta empreender esforço para mensurar as ações de RH, se os indicadores não refletirem os resultados de RH almejados pela organização. Por exemplo, muitas

---

[23] THE BOSTON CONSULTING GROUP (BCG); WORLD FEDERATION OF PEOPLE MANAGEMENT ASSOCIATIONS (WFPMA). *Creating People Advantage 2014-2015*, 2014.

[24] SOCIETY FOR HUMAN RESOURCE MANAGEMENT (SHRM); NATIONAL CENTER FOR THE MIDDLE MARKET (NCMM). *SHRM survey findings:* HR professionals' perceptions about performance management effectiveness key findings, 2014. p. 1-20.

[25] BCG; WFPMA, 2014.

organizações medem os elementos de entrada de RH, como número de empregados e custos, ao invés de elementos de saída, como produtividade.[26]

A estratégia, planejamento e análise de RH é a terceira tendência mais citada entre os profissionais de RH que responderam à pesquisa da BCG. A análise de RH contempla a mensuração e a tomada de decisões a partir dos dados.[27] Reforçando essa afirmação, uma das competências do futuro que o profissional de RH precisa desenvolver é a *analítica*, por meio da habilidade de alavancar o *big data* para tomar decisões baseadas em evidências e oferecer conselhos mais críticos e com qualidade superior.[28] Desse modo, uma forte tendência tem sido o chamado People Analytic que, em razão de sua relevância, será tratado em seção específica.

14.7.1 People Analytics

O People Analytics é um conjunto de práticas de análise de dados para gestão estratégica, acompanhamento de desempenho e solução de problemas de capital humano.[29] Utiliza-se a estatística para análise e interpretação dos dados, buscando-se a construção de modelos de causa e efeito; todavia, é preciso haver equilíbrio entre o rigor estatístico e a relevância prática.[30] Esse é um obstáculo a ser ultrapassado, pois encontrar esse equilíbrio não é tarefa fácil. O objetivo do People Analytics é explicar e prever comportamentos e resultados.[31]

O tema surge no meio acadêmico em 2006, a partir do trabalho pioneiro de Richard Wolfe, intitulado "Radical HRM innovation and competitive advantage: The Money Ball story", que conta a história do Money Ball, retratada em filme e livro, e como ela se aplica às organizações, em especial ao RH.

No Brasil, o tema foi alvo de pesquisa conduzida em 2015 e 2017 pela PriceWaterhouseCoopers (PwC) junto a 107 e 183 organizações, respectivamente, que atuam no país. Na edição de 2015, apenas 31% das áreas de RH

---

[26] BCG; WFPMA, 2014.

[27] BCG; WFPMA, 2014.

[28] SOCIETY FOR HUMAN RESOURCE MANAGEMENT. *Business and human capital challenges today and in the future*, 2015.

[29] PwC, 2015.

[30] RODRIGUES, S. V. A. et al. Um estudo bibliométrico sobre o uso de People Analytics na gestão de recursos humanos. XLIII Encontro da ANPAD – EnANPAD, 1-17, São Paulo, 2019. *Anais*... São Paulo, 2019.

[31] ANGRAVE, D. et al. HR and analytics: why HR is set to fail the big data challenge. *Human Resource Management Journal*, v. 26, n.1, p. 1-11, 2016.

participavam da formulação da estratégia do negócio, contribuindo como especialista de capital humano, enquanto, em 2017, esse número foi de 38%. Dentre as justificativas para esse fato, está justamente a ausência de evidências claras da contribuição do RH para o alcance dos objetivos e do desempenho organizacionais.[32,33]

A pesquisa classificou as organizações em quatro níveis de maturidade no uso do People Analytics e, na edição de 2015, 64% delas encontravam-se nos estágios iniciais, ou seja, utilizavam apenas informações básicas, como dados demográficos e contagens simples, para elaboração de relatório periódico (34%); e alguns indicadores para realizar comparações e planejamento de ações de curto prazo (30%). Esse quadro manteve-se na edição de 2017, visto que 66% das organizações respondentes se encontravam nos estágios iniciais.[34] Entre as organizações avançadas no uso da prática, em 2015, cerca de 27% realizavam análise por meio de correlações multidimensionais de dados, identificando relações de causa e efeito, e apenas 9% usavam os dados coletados para realizar previsões e/ou planejamento de cenários futuros, por meio do emprego de técnicas de análise de dados.[35] Em 2017, os números mantiveram-se muito semelhantes, 24% realizam análise de correlações multidimensionais e 10% empregavam a modelagem de dados.[36] Destaca-se ainda que ter a maior parte das empresas nos estágios iniciais é algo que não ocorre somente no Brasil; nos demais países, a situação é semelhante.[37]

Como mencionado anteriormente, os dados qualitativos são importantes e auxiliam na análise do desempenho organizacional e da área de RH. Eles formam uma importante base de dados para análise em People Analytics, e a pesquisa de opinião é um instrumento que fornece esse tipo de dado. Muito utilizada pelas empresas brasileiras (cerca de 70% usam), é de duas naturezas. A primeira empregada para coletar a percepção dos líderes e dos empregados sobre o ambiente organizacional, a chamada pesquisa de clima (84%); e a

---

32 PwC, 2015.

33 PRICEWATERHOUSECOOPERS (PwC). *People analytics.* Análise de dados aplicada à gestão de pessoas, 2017.

34 PwC, 2017.

35 PwC, 2015.

36 PwC, 2017.

37 PwC, 2015.

segunda conduzida sobre os serviços e processos de RH, conhecida como pesquisa de satisfação do cliente interno (33%).[38]

O sistema de coleta de dados é fator crítico para a prática, entretanto, os sistemas de informações em RH são frágeis. Apenas cerca de 20% das organizações realizam a coleta automática dos dados em sistemas integrados. Em sua maioria (41%), as organizações extraem os dados de forma mista, parte manualmente de sistemas desintegrados e/ou planilhas eletrônicas; e outra parte automaticamente de sistemas integrados. Há ainda um número expressivo de organizações (38%) que extraem seus dados manualmente. Esse cenário, além de dificultar a qualidade dos dados, impacta muito no tempo e no esforço que os profissionais precisam dedicar à atividade.[39] Para colher os benefícios do *big data,* é preciso investir em infraestrutura para a criação e o armazenamento de base de dados e em ferramentas para sua análise.

Big data são dados em grande quantidade, complexos e gerados rapidamente, armazenados de forma estruturada e não estruturada, o que os tornam difíceis ou impossíveis de ser processados usando os métodos tradicionais.[40] Em RH, em geral, são armazenados dados simples sobre os empregados contratados e candidatos não contratados, como histórico profissional, competências, educação formal, informações demográficas, desempenho, treinamentos até dados complexos como humor e moral, por meio de mapeamento de e-mails e relações sociais baseadas no uso de meios eletrônicos de comunicação.[41]

A importância de uma infraestrutura adequada para coleta, tratamento e análise dos dados passa por disponibilizar recursos tecnológicos, elaborar processos organizados e formalizados, capacitar as pessoas envolvidas e criar uma área ou equipe dedicada ao People Analytics.[42]

14.7.2 *Objectives and Key Results* (OKR)

O OKR é um novo método que utiliza ferramentas já existentes para avaliar os resultados nas organizações. Ele surge com a nova onda que invade as organizações, os métodos ágeis, e, dessa forma busca simplificar o processo de avaliação.

---

38 PwC, 2015.

39 PwC, 2015.

40 SAS. *Big Data*: What it is and why it matters. Disponível em: https://www.sas.com/pt_br/insights/big-data/what-is-big-data.html. Acesso em: 11 abr. 2020.

41 ANGRAVE et al., 2016.

42 PwC, 2015.

O método foi criado por Andy Grove, um dos fundadores da Intel, e se popularizou recentemente quando foi adotado pelo Google. Outras empresas do Vale do Silício e de tecnologia também utilizam a abordagem como Twitter, LinkedIn, Dropbox e Spotify. No Brasil, já é utilizado por companhias como Leão Alimentos e Bebidas, Locaweb, Grupo Tigre e Universidade Federal de Pernambuco.[43,44]

A necessidade de medir os resultados impeliu as organizações a criar indicadores e, a partir disso, surgiram os KPIs (*key performance indicators*), ou seja, os indicadores-chave de desempenho. Apesar de serem considerados chave, observa-se um grande número de KPIs (há companhias que monitoram 350 ou mais) que são apurados uma vez ao ano, desse modo, distantes das mudanças rápidas do mundo digital. Em contrapartida, no método OKR, dentre as centenas de KPIs, são escolhidos poucos indicadores, três ou quatro, para melhorá-los drasticamente; são estabelecidos objetivos de curtíssimo prazo, por exemplo trimestrais; e cada objetivo é convertido em resultados relevantes. O intuito é o monitoramento rápido para possibilitar a mudança de rota, caso os resultados esperados não estejam sendo alcançados, e minimizar os custos do curso anteriormente seguido. O lema é falhe rápido e mais barato, algo inimaginável tempos atrás.[45]

Assim como nas demais áreas, o executivo de RH tem responsabilidade sobre alguns OKRs, conectando o desempenho de RH ao do negócio e auxiliando as pessoas a visualizarem sua contribuição para o resultado organizacional.

14.7.3 *Net Promoter Score* (NPS)

No mesmo caminho dos OKRs, o *Net Promoter Score* (NPS) é uma métrica simplificada de avaliação do desempenho organizacional que busca identificar a satisfação dos clientes. É uma medida qualitativa que complementa a análise de indicadores financeiros, pois mede o que está por trás deles e tem sido largamente usada pelas organizações, inclusive no Brasil. O sucesso desse instrumento se deve principalmente à sua simplicidade e, consequentemente, à agilidade que traz ao processo de gestão.

---

[43] SIMÕES, M. O que é OKR. *Você RH*, dez. 2018.

[44] MACIEL, T. M. M., ARCOVERDE, D. Gestão por objetivos e resultados com OKR. XI Workshop de Tecnologia da Informação e Comunicação das Instituições Federais de Ensino Superior, Recife, 2017. *Anais...*, São Paulo, 2017.

[45] SIMÕES, 2018.

Criado por Frederick F. Reichheld e divulgado em artigo publicado na *Harvard Business Review*, em 2003, o NPS possibilita à empresa identificar quais são os clientes promotores, ou seja, leais à organização; os satisfeitos passivos; e os detratores.[46] Essa identificação ocorre por meio de uma simples pergunta: "Você indicaria a nossa empresa para um amigo ou conhecido?". E a resposta é dada em uma escala de 0 a 10, em que cada nota tem um significado, quais sejam: 10 (certamente), 9 (sim), 8 (sim com poucas restrições), 7 (sim, com restrições normais), 6 (sim, com muitas restrições), 5 (talvez), 4 (não), 3 (não com poucos comentários negativos), 2 (não, com comentários negativos normais), 1 (não, com muitos comentários negativos) e 0 (em hipótese alguma, nunca).[47] São classificados como promotores os clientes que respondem 10 e 9; como satisfeitos passivos os que atribuem 8 e 7; e como detratores os demais que respondem entre 6 e 0.

O NPS é uma medida que também pode ser utilizada em RH para verificar seu impacto no resultado do negócio. Por exemplo, ao monitorar esse indicador antes e depois de um treinamento, é possível atribuir parte do resultado dessa medida à intervenção educacional realizada.

O NPS, os OKRs e o People Analytics são ferramentas que precisam estar no radar dos gestores de RH para avaliar o sucesso de suas ações, utilizando-os para realizar a gestão da área, falar a mesma língua de seus clientes e, assim, alcançar a tão almejada atuação estratégica.

---

[46] REICHHELD, F. F. The one number you need to grow. *Harvard Business Review*, Dec. 2003. Disponível em: https://hbr.org/2003/12/the-one-number-you-need-to-grow. Acesso em: 9 mar. 2020.

[47] SILVA, F. H. M. R.; SILVA, C. E. S.; MORAIS, N. S. A contribuição do Net Promoter Score no processo de desenvolvimento de produtos. *Ingepro* – Inovação, Gestão e Produção, v. 2, n. 2, p. 112-123, 2010.

REFERÊNCIAS

AGUILAR, F. *A ética nas empresas*. Rio de Janeiro: Jorge Zahar, 1996.

ALLEN, L. A. *Management & organization*. New York: McGraw-Hill Book, 1958.

ANDELLI, P. *Muito além da hierarquia*. São Paulo: Nobilis, 2018.

ANGRAVE, D. et al. HR and analytics: why HR is set to fail the big data challenge. *Human Resource Management Journal*, v. 26, n.1, p. 1-11, 2016.

APGAR IV, M. The alternative workplace: changing where and how people work. *Harvard Business Review*, may/jun. 1998.

ARGYRIS, C. *Empowerment on managing people*. Boston: Harvard Business School Press, 1999.

_________. *Integrating the individual and the organization*. New York: John Wiley, 1964.

_________. Teaching smart people how to learn. *Harvard Business Review*, may/jun. 1991.

ARISTÓTELES. *Metafísica*. São Paulo: Abril Cultural, 1984.

ARTHUR, J. B. Effects of human resource systems on manufacturing performance and turnover. *Academy of Management Journal*, v. 37, n. 3, p. 670-687, 1994.

ASSOCIAÇÃO BRASILEIRA DE RECURSOS HUMANOS (ABRH-Brasil). *Presidente da ABRH-Brasil elenca 10 tendências em RH*. 2017. Disponível em: https://www.abrhbrasil.org.br/cms/ materias/noticias/presidente-da-abrh-brasil-apresenta-dez-tendencias--da-area-de-rh/. Acesso em: 4 abr. 2020.

BADARACCO JR., J. L. *The discipline of building character.* On Leardership. Boston: Harvard Business School Press, 1998.

BARALE, R. F.; RODRIGUES, B. Cultura organizacional: Revisão sistemática da literatura. *Revista Psicologia: organizações e trabalho*, v. 17, n. 2, p. 129-136, 2017. Disponível em: https://doi.org/10.17652/rpot/2017.2.12854. Acesso em: jun. 2020.

BARNARD, C. I. *As funções do executivo*. São Paulo: Atlas, 1971.

_________. *Organization and management*. Cambridge: Harvard University Press, 1948.

_________. *The functions of the executive*. Cambridge: Harvard University Press, 1938.

BARTLETX, C. A.; GHOSHAL, S. Características que fazem a diferença. *HSM Management*, jul./ago. 1998.

BARTOLOME, F. Nobody trusts the boss completely. *Harvard Business Review*, mar./apr. 1989.

BASSI, L.; McMURRER, D. How's your return on people? *Harvard Business Review*, mar. 2004.

BAUMANN, R. Uma visão econômica da globalização. In: BAUMANN, R. *O Brasil e a economia global*. Rio de Janeiro: Campus, 1996.

BECKER, B. E.; HUSELID, M. A. High performance work systems and firm performance: A synthesis of research and managerial implications. *Research in Personnel and Human Resources Management*, v. 16, p. 53-101, 1998.

BECKER, B. E.; HUSELID, M. A.; ULRICH, D. *The HR scorecard:* linking people, strategy, and performance. Boston: Harvard Business School Press, 2001a.

_________. *Gestão estratégica de pessoas com scorecard:* interligando pessoas, estratégia e performance. Rio de Janeiro: Elsevier, 2001b.

BELTÃO, H. *Descentralização e liberdade*. Rio de Janeiro: Record, 1984.

BENNIS, W. *Desenvolvimento organizacional:* sua natureza, origens e perspectivas. São Paulo: Edgard Blücher, 1972.

BENNIS, W; NANUS, B. *Líderes:* estratégias para assumir a verdadeira liderança. São Paulo: Harbra, 1998.

BENNIS, W.; O'TOOLE, J. Don't hire the wrong CEO. *Harvard Business Review*, may/jun. 2000.

BERGAMINI, C. *Liderança como administração do sentido*. Belo Horizonte: Fundação Dom Cabral, 2001. p. 90-91. (Col. Gestão das pessoas).

BERGAMINI, C. W. Liderança: a administração do sentido. *Revista de Administração de Empresas*, v. 34, p. 102-114, 1994.

BERGAMINI, C. W.; BERALDO, D. G. R. *Avaliação e desempenho humano na empresa*. São Paulo: Atlas, 1992.

BERGLAS, S. The very real dangers of executive coaching. *Harvard Business Review*, jun. 2002.

BLANCHARD, K.; CARLOS, J. R; RANDOLPH, A. *Empowerment:* exige mais do que um minuto. Rio de Janeiro: Objetiva, 1996.

BLANCHARD, K.; JOHNSON, S. *O gerente minuto:* como tomar decisões rápidas. Rio de Janeiro: Best Business, 2015.

BLECHER, N. *Exame*. 12 ago. 1998.

_________. O caldeirão dos bruxos. In: Prefácio do livro de MICKLETHWAIT, J.; WOOLDRIDGE, A. *Os bruxos da administração:* como entender a Babel dos gurus empresariais. Rio de Janeiro: Campus, 1998.

BOSSIDY, L. The job no CEOS should delegate. *Harvard Business Review*, mar. 2001.

BOYER, L.; BUREAU, R. *400 citations pour le manager*. Paris: Les Éditions d'Organisation, 1997.

_________. *600 citations pour réfléchir avant d'agir*. Paris: Les Éditions d'Organisation, 1997.

BRASIL. *Lei n. 3.397,* de 24 de novembro de 1888. Disponível em: http://www.planalto.gov.br/ccivil_03/leis/lim/LIM3397.htm#:~:text=LEI%20N%C2%BA%203.397%2C%20DE%2024,1889%20e%20d%C3%A1%20outras%20providencias. Acesso em: 23 jul. 2020.

BROWN, J. A. C. *Psicologia social na indústria*. São Paulo: Atlas, 1967.

BURNS, T.; STAVON BERTALANFFY, L. *Teoria geral dos sistemas*. Petrópolis: Vozes, 1973.

BUTLER, T.; WALDROOP, J. *The art of retaining your best people*: finding and keeping the best people. Boston: Harvard Business School Press, 2001.

_________. The art of retaining your best people. *Harvard Business Review*, sept./oct. 1999.

CABOT, L. W. On an effective board. *Harvard Business Review*, sept./oct. 1976.

CAPPELLI, P. A market-driven approach to retaining talent. *Harvard Business Review*, jan./feb. 2000.

_________. A market-driven approach to retaining talent. In: CAPPELLI, P. *Finding and keeping the best people*. Boston: Harvard Business School Press, 2001.

_________. Making them most of on-line recruiting. *Harvard Business Review*, mar. 2001.

CASCIO, W. F. *Managing human resources:* productivity, quality of work life, profits. 5. ed. New York: McGraw-Hill, 1998.

CASE, J. When salaries aren't secret. *Harvard Business Review*, may, 2001.

CASE, T. *Como conquistar um ótimo emprego*. 2. ed. São Paulo: Makron Books, 1997.

CERQUEIRA NETO, E. P. *Gestão da qualidade:* princípios e métodos. São Paulo: Pioneira, 1993.

CESPEDES, F. V; GALFORD, R. M. Succession and failure. *Harvard Business Review*, jun. 2004.

CHANLAT, A.; BÉDARD, R. La gestion une affaire de parole. In: CHANLAT, A.; BÉDARD, R. *L'Individu dans l'organisation*: les dimensions oubliées. Québec: Les Presses de l'Université Laval et les Éditions ESKA, 1990.

CIAMPA, D.; WATKINS, M. The successor's dilema. *Harvard Business Review*, nov./dec. 1999.

CITRIN, J. As cinco virtudes dos executivos extraordinários. *HSM Management*, mar./abr. 2004.

COELHO JÚNIOR, F. A., BORGES-ANDRADE, J. E. Percepção de cultura organizacional: uma análise empírica da produção científica brasileira. *Psico-USF*, v. 9, n. 2, p. 191-199, 2004. Disponível em: https://doi.org/10.1590/s1413-82712004000200010. Acesso em: jun. 2020.

CONGER, J. A. The necessary art of persuasion. *Harvard Business Review*, may/jun. 1998.

CONGER, J. A.; FINEGOLD, D.; LAWLER III, E. E. Appraising boardroom performance. *Harvard Business Review*, jan./feb. 1998.

CONTRERAS-PACHECO, O. E.; CAMACHO-CANTILLO, D. C.; BADRAN-LIZARAZO, R. M. Las Social Networking Sites (SNS) en los procesos de reclutamiento y selección del talento humano. Revisión de literatura. *Entramado*, Cali, v. 13, n. 1, p. 92-100, jun. 2017. Disponível em: http://revistasojs.unilibrecali.edu.co/index.php/entramado/article/view/488. Acesso em: 4 abr. 2020.

CORDEIRO, H. T. D. *Perfis de carreira da geração Y*. Dissertação (Mestrado em Administração) – Faculdade de Economia, Administração e Contabilidade, Universidade de São Paulo, São Paulo, 2012.

COUTU, D. L. The anxiety of learning. Entrevista concedida por Edgar Schein para a *Harvard Business Review*, mar. 2002.

_________. Putting leaders on the couch, uma entrevista concedida por Manfred F. R. Kets de Vries e publicada na *Harvard Business Review*, jan. 2004.

CRAINER, S. *Jack Welch:* dez segredos do gestor mais eficaz do mundo. Portugal: Abril/Controljornal, 1999.

CRIVELLARO, D. Como a inteligência artificial ajuda no recrutamento e na seleção. *Você RH*, 27 mar. 2018. Disponível em: https://exame.abril.com.br/negocios/como-a-inteligencia-artificial-ajuda-no-recrutamento-e-na-selecao. Acesso em: 4 abr. 2020.

CROSS, R.; PRUSAK, L. The people who make organizations go or stop. *Harvard Business Review*, jun. 2002.

CROZIER, M. *L'Entreprise à l'écoute*: apprendre le management post-industriel. Paris: Éditions du Seuil, 1994.

DAVENPORT, T. H.; PRUSAK, L. *Working knowledge:* how organizations manage what they know. Boston: Harvard Business School Press, 1998.

DAVIS, K. Corporate responsibility. In: *Contemporary management.* Englewood Cliffs: Prentice-Hall, 1974. Apud STONER, J. A. E; FREEMAN, R. E. *Administração.* 5. ed. Rio de Janeiro: Prentice-Hall do Brasil, 1985.

DAWSON, S.; WEDDERBURN, W. Introdução. In: WOOWARD, J. *Industrial organization:* theory and practice. 2. ed. Oxford: Oxford University Press, 1994.

DE MASI, D. *O ócio criativo.* Rio de Janeiro: Sextante, 2000.

DEJOURS, C. *A banalização da injustiça social.* 7. ed. Rio de Janeiro: FGV, 2011.

_________. *A loucura do trabalho.* 6. ed. São Paulo: Cortez, 2018.

DESSLER, G. *Administração de recursos humanos.* 2. ed. São Paulo: Prentice Hall, 2003.

DEVRIES, M. A síndrome da aposentadoria. *HSM Management,* nov./dez. 2003.

DOMINGUES, H. Sinal amarelo na governança de TI. *Gazeta Mercantil,* 12 jan. 2004.

DOOLEY, C. R. Training within industry in the United States. *International Labour Review,* v. 54 n. 3-4, p. 161, sept./oct. 1946. Apud PIGORS; MYERS, 1965.

DRUCKER, P. F. *Management:* tasks, responsibilities, practices. London: Heinemmann, 1974.

_________. *Management: tasks, responsibilities, practices.* London: Heinemmann, 1974. Trad. brasileira: Administração. São Paulo: Pioneira, 1976.

_________. *Management:* tasks, responsabilities, practices. New York: Harper & Row, 1993.

_________. Management's new paradigms. *Forbes Global Business & Finance,* 5 oct., 1998.

_________. Managing oneself. *Harvard Business Review,* mar./apr., 1999.

_________. *Prática de administração de empresas.* Rio de Janeiro: Fundo de Cultura, 1970.

DRUCKER, P. F. Seeing things as they really are. Entrevista concedida a Robert Lenzner e Stephen S. Johnson e publicada na revista *Forbes,* 10 mar. 1997.

_________. The coming of the new organization. *Harvard Business Review,* jan./fev. 1988.

_________. *The executive in action.* New York: Harper Collins Publishers, 1996.

_________. *The practice of management.* New York: Harper & Row, Perennial Library Edition, 1986.

DUTRA, J. S. A gestão de carreira. In: FLEURY, M. T. L. (Coord.). *As pessoas na organização.* São Paulo: Gente, 2002.

DYCHTWALD, K.; ERICKSON, T.; MORISON, B. It's time to retire retirement. *Harvard Business Review,* mar. 2004.

EBOLI, M. *Educação corporativa no Brasil*: mitos e verdades. São Paulo: Gente, 2004.

EMERSON, R. W., apud PFEFFER, J. *The human equation:* building profits by putting people first. Boston: Harvard Business School Press, 1998.

ETZIONI, A. *Organizações complexas*. São Paulo: Atlas, 1978.

FARKAS, C. M.; WETLAUFER, S. The ways chief executive officers lead. *Harvard Business Review*, may/jun. 1996. p. 110-122.

FERNANDEZ-ARAOZ, C. Hiring without firing. *Harvard Business Review*, jul./aug. 1999.

FIELDEN, J. What do you mean I can't write? *Harvard Business Review*, may/jun. 1964.

FINKELSTEIN, S. Reportagem de capa. *Exame*, 6 ago. 2003.

FISCHER, A. L. *As configurações de práticas de gestão de recursos humanos adotadas por um conjunto de empresas brasileiras e suas relações com o desempenho organizacional*. São Paulo: USP, 2015. Tese (Livre docência) – Faculdade de Economia, Administração e Contabilidade, Universidade de São Paulo, São Paulo, 2015.

_________. Um resgate conceitual e histórico dos modelos de gestão de pessoas. In: FLEURY, M. T. L. (Coord.). *As pessoas na organização*. São Paulo: Gente, 2002.

FLORY, C. et al. *Managers for tomorrow*. New York: The New American Library, 1965.

FOLLET, M. P. *Dynamic administration*. New York: Harper & Row, 1941.

_________. *Profeta do gerenciamento*. Coletânea de trabalhos compilados para a Harvard Business School Press. Rio de Janeiro: Qualitymark, 1997.

FONSECA, E. G. *Vícios privados, benefícios públicos?* – a ética na riqueza das nações. São Paulo: Companhia da Letras, 2007.

FRIEDMAN, M. *Capitalism and freedom*. Chicago: University of Chicago Press, 1963. Apud STONER; FREEMAN, 1985.

FRYER, B. In a world of pay. *Harvard Business Review*, nov. 2003.

GALFORD, Robert. What's he waiting for? *Harvard Business Review*, nov./dec. 1999.

GARVIN, D. Leveraging processes for strategic advantage. *Harvard Business Review*, sep./oct. 1995.

_________. *Uma nota sobre gestão do conhecimento*. Pesquisa n. 9-398-031, preparada para a Harvard Business School e publicada em 26 de novembro de 1997.

GESTNER, L. *Who says Elephants can't dance?* New York: HarperCollins, 2002.

GEUS, A. The living company. *Harvard Business Review*, mar./apr. 1997.

GHERSI, E. A corrupção como consequência. *Think Tank/Instituto Liberal*, jun. 2000.

GHOSN, C.; RIÈS, P. *Cidadão do mundo*. São Paulo: Girafa, 2003. p. 62.

GIANNETTI DA FONSECA, E. *Autoengano*. São Paulo: Companhia das Letras, 1998.

GIANNETTI DA FONSECA, E. *Felicidade*. São Paulo: Companhia das Letras, 2002.

_________. *Vícios privados, benefícios públicos?* – A ética na riqueza das nações. São Paulo: Companhia das Letras, 1993.

GOFFEE, R.; GARETH, J. Why should anyone be led by you? *Harvard Business Review*, sept./oct. 2000.

GOFFEE, R.; JONES, G. *What holds the modern company together?* Managing People. Boston: Harvard Business School Press, 1999.

GOLEMAN, D. What makes a leader? *Harvard Business Review*, jan. 2004.

GUEDES, P. Mais um Ministério? *Exame*, 16 dez.

GUEST, D. E. et al. Human resource management and corporate performance in the UK. *British Journal of Industrial Relations*, v. 41, n. 2, p. 291-314, 2003.

GUPTA, N.; SHAW, J. D. Employee compensation: the neglected area of HRM research. *Human Resource Management Review*, v. 24, n. 1, p. 1-4, 2014.

HALL, D. T. Careers in and out of organizations. London: Sage, 2002, apudVELOSO, E. F. R. *Carreiras sem fronteiras e transição profissional no Brasil:* desafios e oportunidades para pessoas e organizações. São Paulo: Atlas, 2012.

HALLOWELL, E. M. The human moment at work. *Harvard Business Review*, jan./feb. 1999.

HAMEL, G.; PRAHALAD, C. K. *Competing for the future*. Boston: Harvard Business School Press, 1994.

HAMMER, M.; CHAMPY, J. *Reengenharia:* revolucionando a empresa em função dos clientes, da concorrência e das grandes mudanças da gerência. Rio de Janeiro: Campus, 1994.

HAMMER, M.; STANTON, S. How process enterprises really work. *Harvard Business Review*, nov./dec. 1999.

HARRIMAN, B. Up and down the communications ladder. *Harvard Business Review*, sept./oct. 1974.

HEIFETZ, R. A.; LINSKY, M. A survival guide for leaders. *Harvard Business Review*, jun. 2002.

HERASYMENKO, O. O.; SHCHETININA, L. V.; RUDAKOVA, S. G. The remote employment: current trends in the organization and remuneration of labor. *Bìznes Inform*, v. 11, n. 478, p. 233-239, 2017.

HERZBERG, F. One more time: how do you motivate employees? *Harvard Business Review*, jan./feb. 1968.

HILMER, F. G.; DONALDSON, L. *Management redeemed:* debunking the fads that undermine our corporation. New York: The Free Press, 1996.

HOFSTEDE, G. Cultures and organizations: Software of the mind. London: McGraw-Hill, 1991. In: COELHO JÚNIOR, F. A.; BORGES-ANDRADE, J. E. Percepção de cultura organizacional: uma análise empírica da produção científica brasileira. *Psico-USF*, v. 9, n. 2, p. 191-199, 2004. Disponível em: https://doi.org/10.1590/s1413-82712004000200010. Acesso em: jun. 2020.

_________. Identifying organizational subcultures: an empirical approach. *Journal of Management Studies*, v. 35, n. 1, p. 1-12, 1998. Disponível em: https://doi.org/10.1111/1467-6486.00081. Acesso em: jun. 2020.

HOURNEAUX JÚNIOR, F. Avaliação dos resultados. In: EBOLI, M. et al. (Orgs.). *Educação corporativa*: fundamentos, evolução e implantação de projetos. São Paulo: Atlas, 2010.

JANKAVSKI, A. Só falta o emprego crescer. *Exame*, 30 out. 2019.

JASHAPARA, A. Cognition, culture and competition: an empirical test of the learning organization. *The Learning Organization*, v. 10, n. 1, p. 31-50, 2003.

JÚLIO, C. A. Entrevista concedida por Luiza Helena Inácio Trajano Rodrigues, diretora-superintendente do Magazine Luiza, ao *HSM Management*, nov./dez. 2003.

KAPLAN, R. S.; NORTON, D. P. *A estratégia em ação:* balanced scorecard. Rio de Janeiro: Elsevier, 1997.

KARLÖF, B. *Conceitos básicos de administração:* um guia prático. São Paulo: Nobel, 1994.

KATZ, D.; KAHN, R. L. *Psicologia social das organizações*. 2. ed. São Paulo: Atlas, 1976.

KATZ, R. Skills of an effective administrator. *Harvard Business Review*, jan./feb. 1955. p. 33; sept./oct. 1974.

KATZENBACH, J. R.; SMITH, D. K. Fundamentos da equipe: uma definição operacional e disciplinar no trabalho. In: KATZENBACH, J. R.; SMITH, D. K. *Gestão de pessoas*. Belo Horizonte: Fundação Dom Cabral, 2001.

KELLERMAN, B. Leadership: warts and all. *Harvard Business Review*, jan. 2004.

KELLY, F. J.; KELLY, H. M. *What they really teach you at the Harvard Business School*. New York: Warner Books, 1986.

KELVIN, W. T. Popular lectures and addresses in Bartletts's familiar quotations. Apud HILMER, F. G.; DONALDSON, L. *Management redeemed:* debunking the fads that undermine our corporation. New York: The Free Press, 1996.

KESNER, I. F. Leadership development: perk or priority? *Harvard Business Review*, may, 2003.

KESNER, I. F. The coach who got poached. *Harvard Business Review*, mar. 2002.

KOTTER, J. P. *The general managers*. New York: The Free Press, 1982.

_________. *What leaders realy do?* On leadership. Brighton: Harvard Business School Press, 1998.

KOUZES, J. M.; POSNER, B. Z. *A credibilidade faz a diferença*. Belo Horizonte: Fundação Dom Cabral, 2001. p. 237. (Col. Gestão de Pessoas).

_________. *O desafio da liderança*. 6. ed. Rio de Janeiro: Campus, 1997.

_________. *O desafio da liderança*. 6. ed. Rio de Janeiro: Alta Books, 2018.

LACOMBE, B. M. B.; ALBUQUERQUE, L. G. de. Avaliação e mensuração de resultados em gestão de pessoas: um estudo com as maiores empresas instaladas no Brasil. *Revista de Administração da USP (RAUSP)*, São Paulo, v. 43, n. 1, p. 5-16, jan./mar. 2008.

LACOMBE, F.; HEILBORN, G. *Administração:* princípios e tendências. São Paulo: Saraiva, 2008.

LAZER, R.; WIKSTROM, W. S. *Appraising managerial performance:* current practices and future directions. New York: Research Report from The Conference Board, 1979.

LIGHT, D. A. Who goes, who stays. *Harvard Business Review*, jan. 2001.

LKER, G. M. *The management of innovation*. 3. ed. Oxford: Oxford University Press, 1996.

LLORENS, J. J. A model of public sector e-recruitment adoption in a time of hyper technological change. *Review of Public Personnel Administration*, v. 31, n. 4, p. 410-423, 2011.

LOJACONO, S. Mildly Ill, back-up child care: a growing trend in employee benefits. *Compensation & Benefits Review*, v. 33, n. 5, p. 54–58, 2001. Disponível em: https://doi.org/10.1177/ 08863680122098630. Acesso em: jun. 2020.

LOPES DE SÁ, A. *Ética profissional*. 2. ed. Rio de Janeiro: Atlas, 1998.

LORSCH, J.; KHURANA, R. The board's role in CEO succesion: a roundtable with Philip Caldwell, George D. Kennedy, G. G. Michelson, Henry Wendt e Alfred M. Zeien. *Harvard Business Review*, may/jun. 1999.

MACCOBY, M. Narcisistic leaders: the incredible pros, the inevitable cons. *Harvard Business Review*, jan. 2004.

MACE, M. L. The board and the new *CEO. Harvard Business Review*, mar./apr. 1977.

MACHIAVELLI, N. *Discurso sobre a primeira década de Tito Lívio*. Brasília: Editora Universidade de Brasília, 1892. Livro II, Introdução, p. 191.

_________. *Il príncipe*. Roma: Tascabili Economici Newton, 1995.

MACIEL, T. M. M., ARCOVERDE, D. Gestão por objetivos e resultados com OKR. XI Workshop de Tecnologia da Informação e Comunicação das Instituições Federais de Ensino Superior, Recife, 2017. *Anais...*, São Paulo, 2017.

MACKAVEY, M. G. Practicing ethics in HR: where's the action? *The Journal of American Academy of Business*, v. 9, n. 2, p. 244-249, 2006.

MANDELLI, P. *Muito além da hierarquia*. São Paulo: Gente, 2001.

MARCH, J. G.; SIMON, H. A. *Organization*. New York: John Wiley & Sons, 1958. Tradução brasileira: MARCH, J. G.; SIMON, H. A. *Teoria das organizações*. 2. ed. Rio de Janeiro: FGV, 1972.

MARTINS, S. P. *Direito do trabalho*. São Paulo: SaraivaJur, 2019.

MAYO, E. *The social problems of an industrial civilization*. Boston: Harvard University Graduate School of Business, 1945, apud SCHEIN, Edgar. *Psicología de la organización*. Madrid: Ediciones del Castillo, 1972.

McGREGOR, D. *O lado humano da empresa*. São Paulo: Martins Fontes, 1980.

_________. Uneasy look at performance appraisal. *Harvard Business Review*, sept./oct. 1972.

McNEILLY, M. *Sun Tzu e a arte dos negócios*. Rio de Janeiro: Campus, 1998.

MEISTER, J. C. *Educação Corporativa*. São Paulo: Pearson Makron Books, 1999.

MILKOVICH, G.; BOUDREAU, J. *Administração de recursos humanos*. São Paulo: Atlas, 2000.

MINKOV, M.; HOFSTEDE, G. The evolution of Hofstede's doctrine. *Cross Cultural Management: An International Journal*, v. 18, n. 1, p. 10-20, 2011. Disponível em: https://doi.org/ 10.1108/13527601111104269. Acesso em: jun.2020.

MOLDOVEANU, M.; NARAYANDAS, D. O futuro do desenvolvimento de lideranças. *Harvard Business Review Brasil,* 13 mar. 2019. Disponível em: https://hbrbr.uol.com.br/o-futuro-do-desenvolvimento-de-liderancas. Acesso: 10 abr. 2020.

MOREIRA, P. A.; BENTO, P. A. O.; BORGES, R. C.; MURITIBA, P. M. Modelo de remuneração na gestão de pessoas: a estruturação tradicional de cargos e salários ainda pode trazer benefícios? *Future Studies Research Journal:* trends and strategies, v. 8, n. 3, p. 3-23, 2018. Disponível em: DOI: https://doi.org/10.24023/FutureJournal/2175-5825/2016.v8i3.282. Acesso em: jun. 2020.

MORGAN, G. *Imagens da organização*. São Paulo: Atlas, 1996.

MYERS, M. S. *Every employee a manager.* San Diego: Pfeiffer & Company, 1991.

NASH, L.; STEVENSON, H. Success that lasts. *Harvard Business Review*, feb. 2004.

NEWMAN, W. H. *Ação administrativa*. 3. ed. São Paulo: Atlas, 1970.

NICHOLS, R., G.; STEVENS, L., A. Listening to people. *Harvard Business Review*, sept./oct. 1957.

NICHOLSON, N. How hardwired is human behavior? *Harvard Business Review*, jul./aug. 1998.

_________. How to motivate your problem people. *Harvard Business Review*, jan. 2003.

NILUK, C. Breve histórico da seguridade e previdência social. *Jusbrasil,* 2015. Disponível em: https://carlaniluk.jusbrasil.com.br/artigos/171088435/breve-historico-da-seguridade-e-previdencia-social. Acesso em: 23 jul. 2020.

NONAKA, I. The knowledge-creating company. *Harvard Business Review*, nov./dec. 1991.

NONAKA, I.; TAKEUCHI, H. *Criação de conhecimento na empresa:* como as empresas japonesas geram a dinâmica da inovação. Rio de Janeiro: Campus, 1997.

OFFERMAN, L. R. When followers become toxic. *Harvard Business Review*, jan. 2004.

OLIVEIRA, A. M. B.; OLIVEIRA, A. J. Gestão de Recursos Humanos: uma metanálise de seus efeitos sobre desempenho organizacional. *Revista de Administração Contemporânea*, v. 15, n. 4, p. 650-669, 2011.

OLIVEIRA, P. M.; MURITIBA, S. N.; FRANÇA, A. C. L. Avaliar resultados em gestão de pessoas? Estado da arte desta prática nas empresas. In: Encontro Nacional da ANPAD – EnANPAD, 1-15. *Anais*... Brasília, 2005.

OLIVEIRA, R. D. *Reengenharia do tempo.* Rio de Janeiro: Rocco, 2003.

ONDE está a vara. *Exame*, ano 37, n. 19, edição 801, São Paulo, 17 set. 2003, suplemento especial das Melhores empresas para trabalhar.

OUCHI, W. *Teoria Z:* como as empresas podem enfrentar o desafio japonês. 10. ed. São Paulo: Nobel, 1988.

PARKES, C.; DAVIS, A. J. Ethics and social responsibility – do HR professionals have the "courage to challenge" or are they set to be permanent "bystanders"? *The International Journal of Human Resource Management*, v. 24, n. 12, p. 2.411-2.434, 2013.

PASTORE, J. *O desemprego tem cura?* São Paulo: Makron Books, 1998.

PEIPERL, M. Getting 360° feedback right. *Harvard Business Review*, jan. 2001.

PERROW, C. *Análise organizacional:* um enfoque sociológico. São Paulo: Atlas, 1972.

PETER, L. J.; HULL, R. *The Peter principle:* why things always go wrong. New York: William Morris & Co., 1969.

PETER, L. J.; HULL, R. *The Peter principle.* New York: Bantam, 1970. Tradução brasileira: PETER, L. J.; HULL, R. *Todo mundo é incompetente.* Rio de Janeiro: José Olympio, 1974.

PETERS, T. Uma liderança sob medida. *HSM Management*, maio/jun. 2002.

PFEFFER, J. *Competitive advantage through people:* unleashing the power of the work force. Boston: Harvard Business School Press, 1994.

_________. Perigo: empresa tóxica. *HSM Management*, set./out. 1999.

_________. Six dangerous myths about pay. *Harvard Business Review*, may/june, 1998.

_________. *The human equation:* building profits by putting people first. Boston: Harvard Business School Press, 1998.

_________. Will the organization of the future make the Mistakes of the past? In: *Organizations of the future.* San Francisco: Drucker Foundation/Jossey-Bass Publishers, 1997.

PIGORS, P.; MYERS, C. *Personnel administration.* New York: McGraw-Hill, 1965.

PORRAS, J. Não promova a dança das cadeiras. *Exame*, 21 out. 1998.

PORTER, M. What is strategy? *Harvard Business Review*, nov./dec. 1996.

PRAHALAD, C. K. Reexame de competências. *HSM Management*, nov./dez. 1999.

PRENTICE, W. C. H. Understanding leadership. *Harvard Business Review*, jan. 2004.

PRICEWATERHOUSECOOPERS (PWC). *People Analytics:* Estágio atual da análise de dados aplicada à gestão de pessoas no Brasil, 2015.

PRICEWATERHOUSECOOPERS (PwC). *People analytics.* Análise de dados aplicada à gestão de pessoas, 2017.

PROVOST, C. *La sélections des cadres*. Paris: Presses Universitaires Françaises, 1949.

QUINN, J. B.; ANDERSON, P.; FINKELSTEIN, S. Managing professional intellect: making the most of the best. Knowledge Management. Boston: Harvard Business School Press, 1998.

REDDIN, W. J. *Eficácia gerencial*. São Paulo: Atlas, 1970.

REICHHELD, F. F. Lead for loyalty. *Harvard Business Review*, jul/aug. 2001.

_________. The one number you need to grow. *Harvard Business Review*, Dec. 2003. Disponível em: https://hbr.org/2003/12/the-one-number-you-need-to-grow. Acesso em: 9 mar. 2020.

RIBEIRO, S. C. Construir o saber. In: RIBEIRO, S. C. Reflexões para o futuro. *Veja*, Ed. Especial, São Paulo, 1993, p. 207-208.

RIEGEL, J. W. *Executive development:* a survey in fifty American corporations. Michigan: The University of Michigan Press/Ann Arbor, 1952.

ROBBINS, H.; FINLEY, M. *Por que as equipes não funcionam.* 4. ed. Rio de Janeiro: Campus, 1997.

ROBBINS, S. P. *Fundamentos do comportamento organizacional.* 12. ed. São Paulo: Pearson Education do Brasil, 2014.

RODRIGUES, S. V. A. et al. Um estudo bibliométrico sobre o uso de People Analytics na gestão de recursos humanos. XLIII Encontro da ANPAD – EnANPAD, 1-17, São Paulo, 2019. *Anais...* São Paulo, 2019.

ROGERS, C.; ROETHLISBERGER, F. J. Barriers and gateways to communication. *Harvard Business Review*, jul./aug. 1952.

ROSENBURG, C.; MANO, C. Ainda vale a pena trabalhar nas grandes empresas? *Exame*, 3 set. 2003.

RUBIRA, B. Carteira de trabalho digital já substitui documento físico. *O Estado de S. Paulo:* São Paulo, 27 set. 2019. Disponível em: https://economia.estadao.com.br/noticias/geral,carteira-de-trabalho-digital-ja-substitui-documento-fisico,70003027365. Acesso em: 8 abr. 2020.

RUSS, J. *La pensée éthique contemporaine.* Paris: Presses Universitaires de France, 1994.

SANCHEZ VASQUEZ, A. *Ética*. Rio de Janeiro: Civilização Brasileira, 1970.

SAS. *Big Data*: What it is and why it matters. Disponível em: https://www.sas.com/pt_br/insights/big-data/what-is-big-data.html. Acesso em: 11 abr. 2020.

SCHEIN, E. *Organizational culture and leadership*. San Francisco: Jossey-Bass Publishers, 1985.

SECORD, P. F.; BACKMAN, C. W. *Social psychology*. New York: McGraw-Hill, 1964.

SENGE, P. *A quinta disciplina:* arte e prática da organização que aprende. São Paulo: Best Seller, 1998.

SENNET, R. *A corrosão do caráter:* consequências pessoais do trabalho no novo capitalismo. Rio de Janeiro: Record, 2005.

SIEVERS, B. La motivacion: un ersatz de significations. In: CHANLAT, J.-F. *L'individu dans l'organisation:* les dimensions oubliées. Québec: Les Presses de l'Université Laval/Éditions Eska, 1990.

SILVA, F. H. M. R.; SILVA, C. E. S.; MORAIS, N. S. A contribuição do Net Promoter Score no processo de desenvolvimento de produtos. *Ingepro* – Inovação, Gestão e Produção, v. 2, n. 2, p. 112-123, 2010.

SILVA, T. C. *Previdência complementar:* qual plano contratar? Rio de Janeiro: UFRJ, 2003. Monografia (Graduação em Administração) – Universidade Federal do Rio de Janeiro, Rio de Janeiro, 2003.

SIMÕES, M. O que é OKR. *Você RH*, dez. 2018.

SOCIETY FOR HUMAN RESOURCE MANAGEMENT (SHRM). Future insights: The top trends for 2014 according to SHRM's HR subject matter expert panels. Disponível em: https://www.shrm.org/hr-today/trends-and-forecasting/labor-market-and-economic-data/pages/toptrendsfor2014.aspx. Acesso em: 3 abr. 2020.

__________. *Business and human capital challenges today and in the future*, 2015.

SOCIETY FOR HUMAN RESOURCE MANAGEMENT (SHRM); NATIONAL CENTER FOR THE MIDDLE MARKET (NCMM). *SHRM survey findings:* HR professionals' perceptions about performance management effectiveness key findings, 2014.

SONNENFELD, S. When the CEO can't let go: HBR case study. *Harvard Business Review*, sept./oct. 1995.

SPENCER STUART & ASSOCIATES. *Relatório do verão de 1983*.

STEWART, T. A. *Capital intelectual: a nova vantagem competitiva das empresas*. 3. ed. Rio de Janeiro: Campus, 1998.

STIEGLITZ, H. The chief executive and his job. *The Conference Board. Studies in Personnel Policy*, n. 214, New York, 1969.

STONER, J. A. F; FREEMAN, R. E. *Administração*. 5. ed. Rio de Janeiro: Prentice-Hall do Brasil, 1985.

STYBEL, L. J.; PEABODY, M. The right way to be fired. *Harvard Business Review*, jul./aug. 2001.

SULL, D. Why good companies go bad. *Harvard Business Review*, jul./aug. 1999.

TANNENBAUM, R.; SCHMIDT, W. How to choose a leadership pattern. *Harvard Business Review*, may/jun. 1973.

THE BOSTON CONSULTING GROUP (BCG); WORLD FEDERATION OF PEOPLE MANAGEMENT ASSOCIATIONS (WFPMA). *Creating People Advantage 2014-2015*, 2014.

TOLSTOI, L. *Guerre et Paix*. Paris: Livre de Poche, 1972. v. II.

TOOLE, J. (vice-presidente do *Aspen Institute*). *Exame*, 12 ago. 1998.

TOYNBEE, A. *A história das civilizações*. Oxford: Oxford University Press, 1972.

_________. *A study of history*. Oxford: Oxford University Press, 1972.

TWAIN, M. Carta para George Bainton, em 15 de outubro de 1888.

VALADIER, P. *Inévitable morale*. Paris: Éditions du Seuil, 1990.

VELOSO, E. F. R. *Carreiras sem fronteiras e transição profissional no Brasil:* desafios e oportunidades para pessoas e organizações. São Paulo: Atlas, 2012.

WELCH, J. Conversa ocorrida durante a ExpoManagement de Madri, em 2003, publicada pela *HSM Management,* nov./dez. 2003.

_________. Em bate-papo durante a ExpoManagement em Madri, em 2003, publicado pela *HSM Management*, nov./dez. 2003.

_________. Speed, simplicity, self-confidence. In: WELCH, J. *Leaders on leadership:* an interview to Noel Tichy and Ram Charan. Boston: Harvard Business Review Book, 1995.

WELCH, J.; BYRNE, J. A. *Jack definitivo:* segredos dos executivos do século. Rio de Janeiro: Campus, 2001.

WIERSEMA, M. Holesat the top: why CEO firing backfire. *Harvard Business Review*, dec. 2002.

WILKIE, D. *Paying to fly nannies on work trips*? Companies get creative with child care benefits, 2008. Disponível em: https://www.shrm.org/resourcesandtools/hr-topics/employee-relations/pages/child-care-benefits-.aspx. Acesso em: 4 abr. 2020.

WONG, R. O sucesso é ser equilibrado. *HSM Management*, maio/jun. 2002.

WOOD Jr., T.; PICARELLI FILHO, V. *Remuneração estratégica:* a nova vantagem competitiva. São Paulo: Atlas, 1999.

WORTMAN, M. S.; SPERLING, J. A. *Defining the manager's job*. New York: American Management Association, 1975.

ZALEZNIK, A. *Managers and leaders:* are they different? On Leadership. Boston: Harvard Business School Press, 1998.